에베르게티노스 · I

에베르게티노스 · I
Evergetinos · I

초판 발행: 2020년 9월 12일
ⓒ 2020년 은성출판사
편저: 수도사 폴, 니코데무스
      (Paul, the founder of Evergetinos Monastery
      & St. Nikodemos the Hagiorite)
옮긴이: 엄성옥

발행처: 은성출판사
등록: 1974년 12월 9일 제9-66호
주소: 서울 강동구 성내로3길 16(은성빌딩 3층)
전화: (031) 774-2102
팩스: (02) 6007-1154
http://eunsungpub.co.kr
e-mail: esp4404@hotmail.com

출판 및 판매에 관한 모든 권한은 본 출판사가 소유하고 있습니다. 출판사의 사전 서면 허락 없이 번역, 재제작, 인용, 촬영 등을 할 수 없음을 알려드립니다.

이 도서의 국립중앙도서관 출판예정도서목록(CIP)은 서지정보유통지원시스템 홈페이지(http://seoji.nl.go.kr)와 국가자료종합목록 구축시스템(http://kolis-net.nl.go.kr)에서 이용하실 수 있습니다. (CIP제어번호: CIP2020037274)

ISBN: 979-11-89929-04-6
printed in Korea

Evergetinos · I
Εὐεργετινός

compiled by

Paul, the founder of Evergetinos Monastery
&
St. Nikodemos the Hagiorite

translted by

Sungok Eum

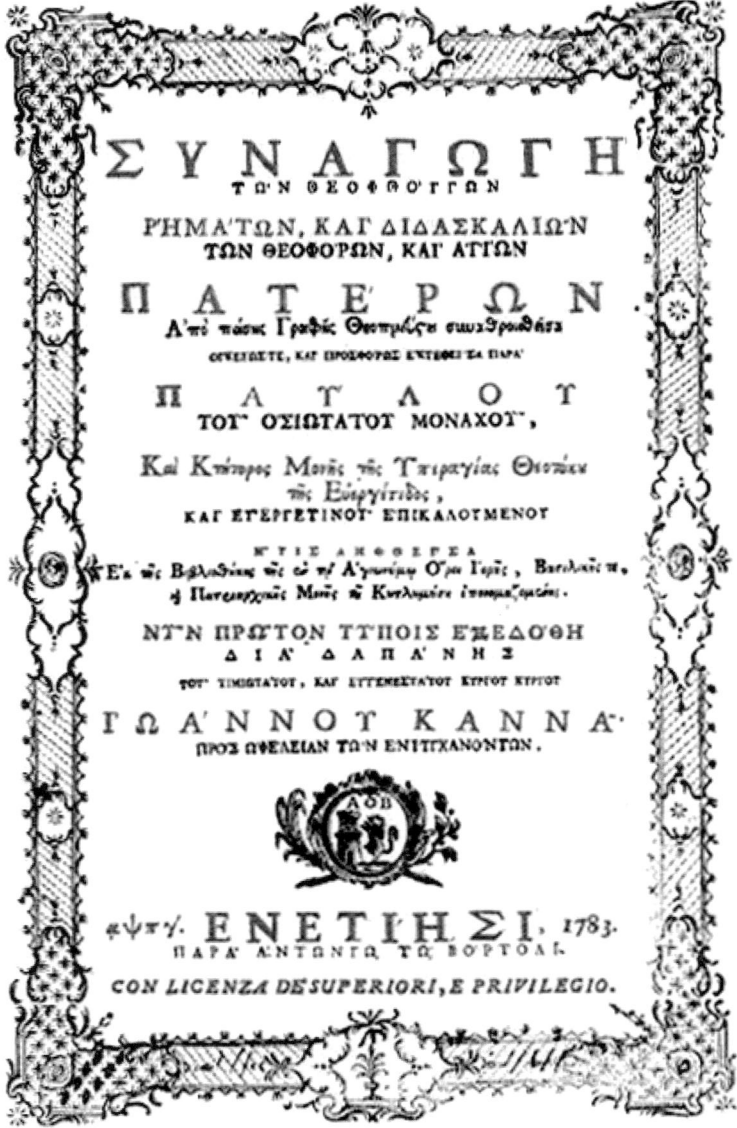

1783년 『에베르게티노스』(Evergetinos) 초판 표지

사막 교부들의 금언을 200개 주제로 정리한 책

에베르게티노스 · I

[거룩한 교부들의 말씀과 가르침: 성 데오토코스 수도원을 설립한 바울 수도사가 에베르게티노스라는 제목으로 정리한 것을 모은 글]

에베르게티노스 수도원 설립자 수도사 폴
및
성산 아토스의 성 니코데무스 편

엄성옥 옮김

차례

한글 역본 서문 / 9

서언 / 15

제1장: 많은 죄를 지었어도 낙심하지 말아야 한다. / 23

제2장: 현세에서 선을 행하라. / 59

제3장: 회개에 관하여 / 63

제4장: 고민하는 사람을 지도하는 방법에 관하여 / 71

제5장: 항상 죽음과 심판을 기억하라. / 73

제6장: 천국의 기쁨과 성도의 영광을 기억하라. / 87

제7장: 고결한 사람이 죽을 때 / 93

제8장: 죽었다가 다시 살아난 사람들의 이야기 / 107

제9장: 죽은 사람의 영혼은 어디로 가는가? / 119

제10장: 몸을 떠난 영혼이 당하는 시험 / 133

제11장: 죽은 후 영혼이 배정되는 곳 / 141

제12장: 아들이 시련과 유혹을 당할 때 / 147

제13장: 외딴곳의 유익함에 관하여 / 159

제14장: 하나님에 대한 두려움과 사랑이 시작하는 곳 / 171

제15장: 혈육과 친척을 대하는 태도 / 173

제16장: 신념과 삶이 다른 사람을 대할 때 / 187

제17장: 무소유에 관하여 / 191

제18장: 고결한 사람과의 교제에 관하여 / 197

제19장: 순종에 관하여 / 205

제20장: 자기를 신뢰하지 말아야 한다. / 215

제21장: 영적 지도자를 신뢰하라. / 239

제22장: 경솔한 사람과 세상 일을 멀리하라. / 263

제23장: 해를 끼치는 사람을 멀리하라. / 279

제24장: 하나님의 섭리에 복종하라. / 283

제25장: 덕을 추구하는 사람을 본받아야 한다. / 293

제26장: 수도사가 되려는 사람도 시험해야 한다. / 301

제27장: 수도 공동체의 일원이 되는 과정 / 323

제28장: 수덕생활의 출발점 / 331

제29장: 마귀가 공격하는 대상과 무관심하는 대상 / 345

제30장: 마귀는 깨어 있는 사람을 해치지 못한다. / 359

제31장: 수도 규칙에 관하여 / 367

제32장: 생활 규칙에 합당하게 실천하라. / 373

제33장: 윗사람의 명령에 순종하라 / 393

제34장: 죽기까지 장상에 순종하라. / 413

제35장: 주 안에서 윗사람의 명령에 순종하라. / 421

제36장: 영적 지도자에게 불순종과 불평은 큰 죄이다. / 433

제37장: 스승의 언행이 불일치하더라도 비난하지 말라. / 437

제38장: 겸손한 사람은 배우기를 거부하지 않는다. / 443

제39장: 자만하지 말고 영적 아버지를 믿어야 한다. / 451

제40장: 정주에 관하여 / 465

제41장: 독거에 관하여 / 497

제42장: 이웃을 비난하지 말라. / 513

제43장: 항상 하나님의 섭리에 따라야 한다. / 525

제44장: 마귀는 겸손을 이기지 못한다. / 529

제45장: 겸손의 특징과 그 열매에 관하여 / 539

제46장: 자신을 책망할 때 / 571

제47장: 명예나 특혜를 바라지 말라. / 575

제48장: 칭찬받을 때 방심하지 말라. / 579

제49장: 옷차림에 관하여 / 581

제50장: 정욕적인 욕망을 가지고 일하지 말라. / 585

색인 / 589

한글 역본 서문

지난 30여 년 동안 4세기 사막 수도사들의 영성에 매료되었다. 그래서 사막 수도사들과 연관된 문헌을 찾아서 번역 출판해왔다. 처음에는 그들의 언어를 우리말로 옮기기가 매우 어려웠다. 왜냐하면 그들의 언어에 맞는 적절한 우리말, 특히 개신교회 전통에서 보편적으로 사용하는 언어가 없었기 때문이었다. 어떨 때는 동방 기독교회를 찾아가서 의논하기도 했지만 결국 헬라어 발음을 그대로 표기한 후 역자주로 부연하기도 했다.

이러한 과정에서 영적 갈증이 심해졌다. 그들의 영성을 문헌으로만 대하는 것이 성에 차지 않아서 지난 십수 년 동안 나는 이집트 사막의 수도원들, 아토스 성산과 메테오라의 수도원들, 핀란드의 뉴발라모 수도원을 찾아다니면서, 무슨 말인지 모르는 이방 언어로 집행하는 리뚜르기아와 미사에도 참여하였고, 방문객을 맞는 수도사들과 이야기를 나누면서 그들의 전통과 삶과 추구하는 중요한 영성에 대해서 배우기도 했고, 그들의 중요한 축일에 행하는 금식에도 동참하기도 했다. 단독으로 배낭 여행하는 사람에게 금식이란 매우 힘든 일이었다.

이 열정은 어디서 온 것인가? 이 질문은 육체적·정신적으로 힘에 부칠 때마다 나에게 했던 질문이었다. 이 열정을 그치지 않고 더욱 활활 타올랐다.

몇 년 전부터 한국 개신교회 전통에서 유행처럼 불었던 부흥 집회, 기도원에서 시작된 성령은사 운동이 한계에 이르자, 그동안 그들이 의심스러운 눈초리로 보아왔던 "수도원"이나 "영성"이라는 단어를 사용하기 시작했으며, 오늘날 개신교회 전통 안에 건전한 작은 수도 단체들이 형성되고 있으며, 수덕적 영성에 관한 관심도 높아지고 있다.

오늘날 개신교회 전통 안에서 정교회 영성에 대한 관심이 커지고 있다. 이것은 고무적인 현상이지만, 어떤 면에서 위험을 수반한다. 초대 사막의 영성에서 시작한 동방교회의 수도원적 영성은 15세기를 이어왔지만, 그들을 한계 전통(marginal tradition)으로 여겼던 때보다 더 위험할 수도 있다.

이 책은 하나님 나라의 구현에 신앙의 궁극 목적을 두고, 그것의 장애들과의 처절한 싸움을 일생 싸웠던 교부들의 지혜서이다. 영적으로 온전함에 이르는 길은 전인을 요구하는 어려운 일이다. 그것이 어느 정도 성공하려면 올바른 지도를 따라야 한다.

오늘날 영적 완전을 갈망하면서도 견인, 인내, 책임, 충실함을 좋아하지 않는 사람, 영적 노력의 신속한 결과를 기대하는 사람이 얻은 지식은 올바른 영적 지도가 없이 바르게 실천하지 않을 때 오히려 해를 더 입을 수 있다.

1,500년이라는 시간과 수도원이라는 공간을 뛰어넘은 21세기를 사는 우리에게 이해가 안 되기도 하며 가혹하고 신비적인 이야기가 나온다. 그것을 문자적으로 읽을 것인가, 도덕적이며 풍유적으로 읽을 것인가는 독자 각자의 몫으로 남기겠다.

수도원 지도와 영적 지도가 없이 단지 책으로만 지식을 습득하는 상황을 고려하여 조금이라도 도움을 주기 위해서 그동안 출판했던 책들-『필로칼리아』, 『사막 교부들의 금언』, 『거룩한 등정의 사다리』 등-을 재판할 때마다 역자 주를 달아서 되도록 쉽게 이해할 수 있도록 하고 있다.

그리고 주제별 사막 교부들의 금언인 『지혜』에 역자 주를 달아서 출판할 즈음에 『에베르게티노스』를 발견했다. 이 책은 동방 기독교 영성의 중심인 아토스 성산 수도원에 있었던 사막 교부들의 금언을 모아서, 주제별로 분류하고, 편집한 책이다. 그러니까 그동안 여러 권 사막 교부들의 금언과 관련된 책을 이 한 권으로 해결할 수 있을 정도이다. 다시 말해서 이 책과 함께 『필로칼리아』를 읽는다면 초대 사막 교부들의 영성에 관해 거의 완벽한 독서가 될 것이다.

『에베르게티노스』(Evergetinos) 초판은 1783년에 아토스 성산의 헤시카스트요 위대한 신학자이며 성 니코데무스(St. Nikocemos, 1809년 사망)가 그리스 스미르나 출신 요한 칸나스(John Kannas)의 후원을 받아 베네치아의 안토니오 보르톨리 출판사에서 출판했다. 원제목은 『거룩한 교부들의 말씀과 가르침: 성 데오토코스 수도원을 설립한 바울 수도사가 에베르게티노스라는 제목으로 정리한 것을 모은 글』이다.

성 니코데무스는 그의 동역자인 코린도의 성 마카리우스(St. Makarios of Korinth, 1805년 사망)에게서 받은 『에베르게티노스』 원작으로 작업했다.[1] 그것은 아테네 대학 신학교 교수 파파도푸울루스(Stylianos

---

1) 성산의 성 니코데무스와 코린도의 성 마카리우스 이 두 사람은 『필로칼리아』

Papadopoulos)가 아토스 성산에서 발견한 사본을 마카리우스가 필사하고 편찬한 것이었다. 1812년부터 1813년 사이에 에프티미오스(Evthymios) 수도사제가 저술한 이 성인의 전기에 따르면, 니코데무스는 마카리우스에게서 받은 『에베르게티노스』를 교정하고 서문을 추가했다.

이 책의 초판 제목에서 보듯이 『에베르게티노스』는 원래 콘스탄티노플에 있는 에베르게티노스 수도원의 설립자 바울 수도사(1054년 사망)가 수집하고 정리했다. 그래서 이 수도원을 "바울 에베르게티노스"(Paul Evergetinos)라고 불렀고, 이 책의 제목도 이 수도원의 이름으로 지었다. 헬라어 "에베르게티노스"라는 말은 "후원자"라는 뜻이다. 이 수도원은 "후원자의 후원으로 인해 세워졌다"라는 뜻으로 이 수도원의 이름을 그렇게 지었다.

앞에서 잠시 언급했던바, 에베르게티노스 수도원 설립자 바울 수도사는 「사막 교부들의 금언집」(Apophthegmata) 또는 이집트 사막 수도사들의 금언(apophrism)에서 『에베르게티노스』의 자료를 취했다. 대부분의 자료는 4세기 또는 5세기의 것이다. 그것들은 금언을 말하거나 관련된 사람의 이름 또는 주제를 알파벳 순서로 배열하거나, 알파벳 순서로 된 선집에 배열된 순서를 따랐다. 바울 교부는 경건생활과 수도생활에 실천적이고 영적인 면을 다루기 위해서 알파벳 선집과 체계적 선집을 결합하여,[2] 다시 주제별로 정리했다.

도 집성하고 편집해서 출판했다.

2) 여기서 "알파벳 선집"(Alphabetical Collection)이란 교부들의 이름을 알파벳 순서로 묶은 것을 말한다. 한글 역본으로 『사막 교부들의 금언』(엄성옥

그동안 소개되었던 사막 교부들의 금언과 관련된 책은 대부분 서방 기독교의 라틴어 자료를 번역한 것인데, 이들은 헬라어 『금언집』(Apophthegmata)의 본문과 다를 뿐만 아니라, 『에베르게티노스』처럼 주제별로 편집된 것은 없다.[3]

『에베르게티노스』의 완전판은 총 4권에 총 200개, 그러니까 각 권에 50개 주제를 다루고 있다.

내용의 배치는 이렇다: (1) 원문에서 공통된 주제(제목) 200개를 정한 다음에; (2) 주제에 해당하는 텍스트들을 주제에 모으고; (3) 두 가지 형태의 소제목으로 나누어서 텍스트를 배치했다: 소제목의 하나는 **교부의 이름**; 또 하나는 **게론티콘**이다.

오늘날 헬라어권의 정교회 신자들은 『에베르게티노스』에서 사막 교부들의 지혜를 얻고 있다. 이제 한글 역본 『에베르게티노스』, 그리고 같은 편집자 성산의 니코데무스와 코린도의 성 마카리우스가 편찬한 『필로칼리아』와 쌍을 이루어 한국 기독교에 건전한 수덕생활을 소개하고 인도하는 동시에, 프로테스탄트가 지향하는바 복음주의적인 영성에 통합과 균형을 이루게 하는 데 지대한 역할을 할 것으로 기대한다.

역, 은성출판사)이다. 그리고 체계적인 선집"(Systematic Sayings)이란 사막 교부들의 금언을 주제별로 분류한 것을 말한다. 한글 역본으로 『사막 교부들의 지혜』(엄성옥 역, 은성출판사)이다.

3) 현재 출판된 주제별 한글 역본으로 『사막 교부들의 지혜』가 있지만, 이것은 헬라어 원문이 아니라 다른 모음집에서 번역했다는 주장이 있다(『지혜』 서문, 21쪽을 참조하라). 이 책은 헬라어 원문(파리 박물관에 있는 MS Coislin 126)을 M. Nau가 프랑스어로 번역하고, J. P. Mingne가 라틴어로 번역하고 (1962), Benedicta Ward의 영역본(1975)으로 서방 기독교에 소개되었다.

서언

성 니코데무스가 1783년 초판 『에베르게티노스』에 쓴 글

이해를 초월하시는 불가해하신 분이 이해할 수 있는 것들 가운데 존재하신다는 것을 믿어야 합니다. 영원 이전의 초본질적 정신(Mind)은 본질상 모든 선한 것을 지으신 분이기 때문에(무에서 우주를 지으시고, 이성을 통해서 그것을 완성하시고, 생명을 주는 영을 통해서 완전하게 하심으로써), 특정 제한과 법으로 경계를 정하려 하셨습니다. 지극히 선하신 그분은 저세상 법으로 지고한 지적 존재들을 다스리시며, 광채들은 신적 조화와 균형 안에서 그 법에 따라 움직입니다. 그보다 저급한 존재들은 고등한 존재들의 작용에 비례해서 이 광채를 받습니다. 그분은 물질계 안에 있는 몸 안에 생명력을 심어놓으셨습니다. 이 생명력은 일반적으로 "물리 법칙"(physical laws)이라고 합니다. 몸은 이 법의 자극을 받고, 이 법에 따라서 알맞게 행동합니다. "우주"(cosmos)라는 용어는 이러한 상태에 적합합니다. 그분은 인간 안에 본성적으로 비판적인 이성적 기능의 씨앗을 심으시고, 보조 수단으로 도덕법이라고 불리는 명령을 주셨습니다. 결과적으로 그러한 법에 따라 확실한 표준을 지향하는 인간은 악을 멀리하며(왜냐하면 악은 도덕법에서 탈선하는 것이기 때문이다), 이성적으로 선과 덕을 추구합니다. 이는 이것이 도덕 철학의 목적, 즉 선이기 때문입니다.

그렇다면 세상을 낳은 정신(Mind)이 이들에게 원하는 것은 무엇입니까? 그분은 질서 있고 조화로운 운동의 보편적인 법에 따라 자기 영광을 확보하기를 원하십니다. 성경에서 "하늘이 하나님의 영광을 선포하고"(시 19:1)라고 한 것처럼, 피조된 것 중에서 선한 것은 창조주를 영화롭게 하고, 악한 것은 창조주의 이름을 더럽힙니다. 인간에 대해서 "이같이 너희 빛이 사람 앞에 비치게 하여 그들로 너희 착한 행실을 보고 하늘에 계신 너희 아버지께 영광을 돌리게 하라"(마 5:16)고 기록되어 있습니다. 예외가 있지만, "주께서 그들을 위하여 정하여 주신 곳으로 흘러갔고"(시 104:8)라는 말씀처럼, 다른 모든 것들은 창조주의 명령에 주목하면서 자기 경계 안에 머물렀고, 말이 없는 소리로 조화롭게 하나님께 영광을 돌렸습니다. 그러나 인간에 대해서는 눈물 없이는 말을 계속할 수 없습니다. 세상의 만물 중에서 유일하게 자유의지라는 기능을 받은 인간이 악한 마귀의 시험을 받아 창조주에게 오만하게 행하며, 그 안에 심어진 바른 이성에서 벗어나 여러 번 받은 도덕법을 범하며, 덕과 선을 잊고서 엄청나게 많은 죄로 이어지는 정념의 고안자가 되었습니다. 그 결과 그는 하나님의 피조물인 인간이 하나님께 돌려야 하는 영광을 부인하고, 자기 몫의 영광마저 더럽혔습니다.

하나님의 외아들, 하나님이요 로고스께서 불운에 시달리는 이 인간을 불쌍히 여기셨고, 정해진 때에 인간이 되셨습니다. 그분은 위에 언급한 원래의 도덕법을 회복하셨습니다. 그분은 복음의 도덕 철학을 이전 것보다 더 일반적이고 완벽한 규칙과 조건으로 아름답게 장식하셨습니다. 그분은 자신의 행위로 이 철학을 성취한 최초의 인간이셨습니다. 그분은 이 행위로 세상에서 하나님을 영화롭게 하셨습니다. 그렇게 행하시면서 우리가 그분의 발자취를 따르면서 온갖 종류의 덕을 실천하고 창조주께 영광을 돌릴 수 있게 하시려고 우리에게 이 도덕 철학을 물려주셨습니다. 이는 그렇게 함으로써만 우리가 하나님이 원래 의도하셨던 것에게 돌아갈 수 있기 때문입니다. 게다가 그분은 이 도덕 철학을 꾸준히 따르고 실천하라고 명령하셨습니다. 그분은 이보다 더 많은 것을 행할 수 있는 사람들이 하나님을 향한 사랑에서 우러나 본받을 수 있는 본문을 더하는 것을 허락하셨습니다. 그분은 "이 말을 받을 만한 자는 받을지어다"(마 19:12)라고 말씀하실 때 동정성의 신비를 "고자"라고 언급하시면서 이것을 암시하셨습니다. 또 신·구약 성경을 상징하는 두 데나리온에 대해 말씀하시면서 "비용이 더 들면 내가 돌아올 때에 갚으리라"(눅 10:35)라고 말씀하셨습니다.

복음서의 도덕 철학은 모든 사람을 호출합니다. 이런저런 방식으로 특정 유형의 철학에 관여하는 사람들이 있습니다. 그들 중 어떤 사람은 수학이나 물리학 같은 것을 공부하는 데 평생을 보내며, 어떤 사람은 형이상학과 일반적인 주제에 관심을 집중합니다. 그러나 모든 유형의 철학 중에서 가장 중요하고 가장 필요한 것임에도 불구하고 그들은 도덕 철학을 소홀히 합니다. 이런 사람들은 하늘과 땅, 그리고 다른 모든 것의 조화와 질서를 연구합니다. 그러나 그들 자신을 조사하는 것이 다른 것들을 조사하는 것보다 탁월하다는 것을 알지 못하기 때문에, 그리고 지식 자체—즉 실질적인 적용이 없는 지식—는 실체를 갖지 못하며, 환상과 다를 바 없다는 것을 알지 못합니다. 그들 중 극소수는 어떻게 해야 도덕적 삶의 아름다움과 조화를 이루는지, 또는 경험을 통해서 참된 덕목을 배우려면 어떻게 해야 하는지 등을 물었습니다. 유물론 철학의 장점은 무엇이며, 영혼이 언제 자체에 대한 철학을 소유하면서 정념들의 공격을 받는가? 나는 그러한 철학에 장점이 없다고 생각합니다. 우리는 도덕 철학에 전념해야 합니다. 그렇지 않으면 자신에게 더 고등한 면이 부족하게 될 것입니다.

대부분의 사람이 물질적인 것에 더 관심을 둡니다. 그러나 하나님을 경외하는 교부들은 정신의 통찰력 있는 눈은 이 도덕 철학이 얼마나 유익하며, 이 체계 안에서 능숙해진다면 다른 철학으로 쉽게 진보할 수 있다는 것을 감지하고서 자기들의 거룩한 체계가 탁월하다고 확정했습니다. 그들은 도덕 생활이 사람과 함께 존재한다는 것, 그리고 그것이 오래된 것이기 때문에 다른 유형의 철학보다 우선한다는 것을 알기 때문에 다른 유형의 철학에 관심을 두지 않았다. 그들은 오로지 도덕 철학에 집중했습니다. 그러므로 그들은 "광야와 산과 동굴과 토굴"(히 11:38)에서 혼자 지내며 방해받지 않는 침묵을 선택하고 적극적으로 정확하게 열심히 정념의 원인을 찾고 제거했습니다. 그들은 누구나 할 수 있는 일인 단순히 덕을 향하는 성향을 획득하거나 우연히 덕을 경험하는 데 만족하지 않았습니다. 그들은 제2의 본성이 된 습관의 힘을 통해서 이 덕목들 안에 완전히 통합되고, 그 안에서 진보했습니다. 이 사람들은 수덕적으로 수고하고 땀을 흘리면서 이 덕목들을 성장시켰습니다. 다시 말해서 그들은 덕에 관한 복음의 일반적인 법을 자기의 개인 철학의 탁월한 원리로 삼고, 밤낮 그것을 실천했습니다. 이윽고 그들은 각각의 법에 포함되는 덕의 범주를 구분하게 되었습니다. 인간과 마귀가 주는 많은 시험을 받았고, 절제를 비롯한 육체적 엄격함으로 말미암아 쇠약해졌지만, 그들은 힘들게 경주한 후에 모든 덕을 성취했고, 그것에 대한 과학적 지식을 획득했습니다. 그들은 영적 지식을 가진 사람들에게 특별한 중요한 것, 복음의 부록을 작성했습니다. 그들은 자유롭게 선택하여 하나님이 인간에게 주신 계명을 뛰어넘었습니다.

교부들은 자기들에게 요구된 것에 이자를 더하여 덕을 주님께 갚아드리면서 하나님을 영화롭게 했습니다(이것이 인간에 대한 하나님의 주된 의도였다). 또 그들은 우리가 그들을 본받아 성장하여 덕으로 완전함을 이룰 수 있도록 저술을 통해서 덕에 대한 과학적 지식을 전해주었습니다. 생리학에 관심이 있는 사람이 여러 가지 도구를 사용하여 실험과 화학적 분석과 시험을 거친 후에 육체의 속성을 경험하듯이, 이 하나님의 사람들은 여러 해 동안 많은 시험을 당하고 시련을 겪고 경험한 후에 이 덕목을 지나치거나 부족함이 없도록 정련하시는 성령의 조명해주시는 인도하심으로 말미암아 도덕 철학의 깊이를 발견했습니다. 이 사람들은 이런 방식으로 정확성, 무정념, 완전함으로 이어지는 순종, 고결한 겸손, 하나님을 묵상하는 영적 분별, 환대, 하나님을 본받은 긍휼, 영혼을 구하는 구제, 끊임없는 기도, 철저한 통회, 참된 죄고백 등 덕의 금사슬로 우리를 인도합니다.

게다가 이 사람들은 육체적인 덕과 영적인 덕과 지성적인(noetic) 덕을 가르쳐주고, 그것들을 어떻게 어느 정도 실천해야 하는지 가르쳐주었습니다. 그들은 일반적인 정념과 특수한 정념의 구분, 나아가서 육체적인 정념과 영적인 정념과 지성적인 정념의 구분, 그리고 그것들을 쉽게 제거하는 방법을 가르쳐 주었습니다. 간단히 말하자면, 이 사람들은 그리스도 안에 있는 사람에 대해 말해주었습니다. 이 사막 교부들의 금언은 일상적인 대화체의 단순한 형태이지만 그 글을 읽는 모든 사람에게 영향을 줍니다. 하나의 논거—지혜로운 교부들의 행위—가 즉각적으로 듣는 사람과 독자들을 납득시켜 합의에 이르게 하지만, 많은 사람들이 한 본문의 다양한 번역본에 대해 이의를 제기할 수 있습니다. 지혜로운 고대인들에 따르면, 윤리학의 도구는 개연성을 토대로 한 논증입니다. 그러나 교부들의 논거는 어떤 면에서 이 개연성과 결합한 설득력을 수반합니다. 이는 그들이 행하는 모든 것 안에 진리의 표식이 있기 때문입니다. "청년이 무모하게 사막으로 가는 것은 원로가 그를 속였기 때문이다"라는 말이 이것(즉 교부들의 설득력)을 확인해줍니다. 거룩한 교부들의 말을 도덕 철학의 판단 기준이요 기초요 법이라고 부르는 사람은 진리를 말할 것입니다.

수도사 중에서 가장 거룩한 사랑이요 거룩한 성모 수도원—에베르게티스 수도원(여기에서 바울의 별명 에베르게티노스가 유래되었다)—의 설립자인 바울은 여기저기 흩어져 있는 이 이야기들이 전반적으로 유익하다는 것을 알았습니다. 따라서 그는 그것들을 주제별로 분류하여 네 권으로 된 전집을 만들었습니다. 이 책은 모든 전문가가 이해했고, 그들에게 유익을 주었음에도 불구하고, 난해하고 필사하는 데 비용이 많이 들었기 때문에 소수의 사람만 이용할 수 있었습니다. 결국 이 저서는 출판되지 못했고, 전문가가 아닌 사람들에게는 알려지지 못했습니다. 그러므로 누군가가 전반적인 유익을 위해 그것을 출판하여, 이 순수하고 합리적인 작품을 사람들에게 알려야 했습니다. 그러한 사람이 바로 모든 면에서 경건하고 고귀한 사람, 스미르나 출신의 기독교인 요하네스 칸나스(Ioannes Kannas)였습니다. 그의 영혼은 하나님을 사랑했고, 그의 태도는 그리스도를 본받았으며, 그는 가난한 사람들에게 친절했고, 그의 견해는 관대했습니다. 도덕적인 덕목들이 그의 영혼 안에 거했다고 말할 수 있을 것입니다.

　이 사람은 일등상을 받기 위해 노력했습니다. 그는 온갖 방법을 동원하였고, 일등상이 아닌 것에 만족하지 않았습니다. 공공선을 증진하는 일에 적극적이었기에, 위로부터 오는 은혜의 감화를 받고 횡재를 만난 듯이 동료를 위한 열정을 품고서 모든 것을 버리고 이 도덕적인 책에 친숙해지는 데 알맞은 도덕적인 덕으로 장식하고 이 일을 시작했습니다. 그러므로 그는 말 아래 숨겨져 있듯이 알려지지 않았던바 도덕 생활에 관한 등불 같은 이 책을 비용을 들여 인쇄하여 온 세상에 구원의 말씀이 전파되게 했습니다. 그렇게 하면서 그는 하나님의 영광을 증진했고, 모든 사람들을 깨워 덕을 실천하며, 하나님의 영광을 보게 했습니다. 하나님의 영광을 증진하는 것은 모든 영광을 능가하는 영광이므로, 이 사람이 얼마나 고귀한 영광을 얻었는지 알 수 있습니다.

　이 정확인 덕의 규칙, 지혜로운 옛 교부들의 무정념한 정신의 교사, 이 오래된 조언들의 기사, 도덕 가치를 모두 모아놓은 보고가 빛을 보게 되었습니다. 솔론(Solon) 같은 사람들은 잠잠하고, 리쿠르구스 같은 사람들은 사라지고, 소크라테스 같은 사람들은 망각 속에 묻히고, 아리스토텔레스와 플라톤 같은 사람들은 자신을 숨기십시오. 이들과 함께 과거나 현재 도덕적 가치에 관한 글을 쓴 모든 철학자도 자신을 숨기십시오. 이는 그들이 모든 선의 절정이신 하나님, 자신을 지향하는 모든 것에 대해 상을 주시는 분을 철학의 목표로 삼지 않고 본성적이고 일시적인 선을 목표로 삼았으므로 도덕 생활의 참 목표에서 벗어났기 때문입니다. 모든 행동이 그 목표에 따라 결정된다고 보면, 목표가 잘못되었으므로, 그들이 가르치는 덕은 참된 것이 아닙니다.

하나님만 바라보며 온갖 덕으로 영혼을 치장하려는 사람은 이 책의 내용을 받아들여 영혼 안에 쌓아야 합니다. 이것을 거룩하게 받아 품에 안아야 합니다. 꾸준히 이 책을 읽으면서 달콤한 덕의 열매를 따며, 자비로 이 책을 출판한 사람과 그와 함께 수고한 사람을 위해 주님 앞에 중보기도를 드리기 바랍니다. 이처럼 주께서 사랑하사 선택하신(신 10:15), "네 아버지에게 물으라 그가 네게 설명할 것이요"(신 32:7)라는 말씀처럼, 교부들을 향한 사랑 안에서 날마다 그들의 조언을 찾으며 하나님이 주신 그들의 지혜롭고 검증된 교훈에 따라 절제 있는 생활을 하기를 바랍니다. 이렇게 절제 있게 생활함으로써 도덕적인 덕을 실천하며, 덕을 실천하면서 하늘에 계신 아어비와 아들과 성령, 한 분 하나님께 세세토록 영광을 돌리기를 바랍니다.

제1장

많은 죄를 지었어도 낙심하지 말라.

많은 죄를 지었어도 낙심하지 말고, 회개함으로써 구원받을 것이라는 희망을 가져야 한다.

1. 팔라디우스[1]

리코폴리스 근처의 산에서 금욕 생활을 한 거룩한 요한[2]은 이성과의 교제를 피해야 한다는 것에 대해 다음과 같은 이야기를 했습니다.

리코폴리스에 무서운 죄를 많이 범한 청년이 살았습니다. 이 청년은 자신이 지은 많은 죄로 말미암아 양심의 찔림을 받았고, 하나님의 도우심으로 회개했습니다. 그는 공동묘지의 어느 무덤 속에서 지내면서 얼굴을 땅에 대고 마음 깊은 곳에서 끊임없이 신음하면서 과거의 생활에

---

[1] 수도원 운동의 발상지인 이집트의 초기 수도원 운동에 대해서 알려주는 두 가지 중요한 문서는 성 아타나시우스가 쓴 『성 안토니의 생애』(Life of Saint Anthony)와 팔라디우스가 쓴 『이집트 사막 수도원 탐방기』(Lausiac History)이다. 『성 안토니의 생애』는 A.D. 357년에 저술되었고, 팔라디우스의 『이집트 사막 수도원 탐방기』는 그보다 약 60년 뒤에 저술되었다.

팔라디우스의 『수도원 탐방기』는 자신이 직접 만나거나 이야기를 들은 약 60명의 수도사에 관한 삶을 간단히 기록하여 테오도시우스 2세의 궁에서 일하는 왕실 집정관 라우수스(Lausus)에게 헌정한 책이다. 한글 역본으로 『초대 사막 수도사들의 이야기』(은성출판사, 엄성옥 역)이 있다.

[2] 리코폴리스의 존에 대한 같은 내용인 『초대 사막 수도사들의 이야기』(은성출판사, 엄성옥 역) #35, 쪽에 언급되어 있다.

대해 탄식했습니다.

  이렇게 지칠 줄 모르고 회개하면서 한 주일을 지냈습니다. 어느 날 밤에 그의 삶을 파멸로 이끌었던 귀신들이 그의 주위에 모여와서 시끄럽게 하면서 다음과 같이 소리쳤습니다: "정욕적이고 음란하게 살던 불경한 네가 이제 건전하며 선하게 행동한다고 생각하게 하려느냐? 네가 이제 쾌락을 즐기지 않는다고 해서 기독교인이 되고 고결한 사람이 되기를 원하느냐? 네 안에 우리의 악이 가득한데 어떻게 삶에서 선한 것을 기대할 수 있겠느냐? 일어나 우리와 함께 네가 즐기던 죄와 타락의 장소로 가자. 타락한 여인들과 포도주가 너를 기다리고 있단다. 네 욕망을 마음껏 충족시키자. 네가 오늘까지 온갖 죄를 지었으니 너에게는 구원의 소망이 없다. 그러니 이런 식으로 계속 너 자신을 죽이는 것은 저주를 향해 전속력으로 달려가는 것에 불과하다. 왜 저주받는 데 몰두하여 서두르느냐? 너는 우리와 함께 온갖 죄를 다 범했다. 그런데 이제 우리에게서 도망치려느냐? 우리의 제안을 따르렴."

  그러나 이 청년은 회개의 슬픔을 지속하였고, 귀신들의 권면을 듣는 체하지 않고 응답하지 않았습니다. 귀신들은 말로 그를 설득할 수 없다는 것을 알고서 그를 덮쳐 잔인하게 때려 거의 죽게 했습니다. 그런데도 청년은 자리에서 움직이지 않고 신음하면서 회개를 멈추지 않았습니다. 그동안 청년을 찾아다니던 친척들이 그를 발견했습니다. 그들은 청년이 귀신들의 공격을 받아 거의 죽게 되었다는 것을 알고서 그를 집으로 데려가려 했습니다. 그러나 그는 회개의 장소를 떠나려 하지 않았습니다.

  다음날 밤에도 귀신들은 그를 공격하며 한층 더 괴롭혔습니다. 다시 그를 찾아온 친척들은 그에게 자기들을 따라 그곳을 떠나라고 설득했지만, 그는 "강요하지 마세요. 이전의 방탕한 생활로 돌아가느니 차라리 죽겠습니다"라고 대답했습니다.

셋째 날 귀신들은 전보다 더 잔인하게 그를 공격하여 거의 죽게 했지만, 청년이 마음을 바꾸지 않았으므로 위협과 고문으로 아무것도 이루지 못한 귀신들은 그를 버려두고 떠나갔습니다. 그들은 도망치면서 "그가 우리를 정복했다! 그가 우리를 정복했다! 우리를 정복했다!"라고 울부짖었습니다.

그 후로 청년에게 나쁜 일이 일어나지 않았고, 그는 깨끗한 양심으로 온갖 덕을 실현했습니다. 그는 죽을 때까지 무덤을 은둔처로 삼고 지냈는데, 하나님은 그에게 기적적인 행위의 은사를 주셨습니다.

2. 성녀 신클레티케(St. Synkletike)의 삶[3]

성녀 신클레티케는 다음과 같이 말했다:

"선을 위한 싸움에서 쉽게 지치는 나태하고 게으른 사람, 쉽게 낙심하여 절망하는 사람을 칭찬해주어야 합니다. 만일 그런 사람이 아주 작은 것이라도 선을 나타낸다면, 그것을 칭찬하며, 선을 위한 그의 싸움을 격려해야 합니다. 그의 크고 심각한 허물을 볼 때 면전에서 그것이 주목할 가치가 없는 것이라고 평가해야 합니다. 만물을 파괴하거나 우리의 영

---

[3] 암마(Amma) 신클레티케의 금언은 『사막 교부들의 금언』(엄성옥 역, 은성출판사) 467~475쪽에 기록되어 있다. 이 시대에는 수도사는 대부분 남성이었으며, 여성이 수도생활을 한다는 것이 매우 힘든 일이었다. 남자 수도사로서 영적 지도자를 압바(Abba) 또는 교부라고 부르며, 여자를 암마(Amma) 또는 교모(敎母)라고 부른다.

적 멸망을 원하는 마귀는 다음과 같은 책략을 사용합니다. 마귀는 탁월한 금욕적 수도사를 다룰 때 그의 죄를 덮고 그것을 잊게 하여 그를 교만하게 하려 합니다. 반면에 아직 수덕생활에서 튼튼해지지 못한 초보자일 경우에 끊임없이 그의 죄를 그 앞에 드러냄으로써 낙심하여 수덕적 노력을 포기하게 하려 합니다.

"이런 까닭에 아직 결단하지 못한 영혼을 대할 때는 하나님의 무한한 긍휼과 자비를 끊임없이 상기시키면서 관대하게 돌보아야 합니다. 무엇보다 주님이 오래 참으시며 자비로우시다는 것, 그리고 악인이라도 확실하게 회개한다면 그에 대한 의로운 심판을 무효화하신다는 것을 강조해야 합니다.

"이러한 가르침이 설득력이 있으려면, 성경에서 취한 예—죄를 지었지만 회개한 사람을 불쌍히 여기시는 주님을 드러내 주는 것—를 제시해야 합니다. 예를 들면, 라합이 창녀였지만 믿음으로 구원받았다는 것, 기독교인들을 박해하던 바울이 회개하고 택함 받은 그릇이 되었다는 것, 그리고 골고다에서 그리스도와 함께 십자가에 달렸던 강도가 "예수여 당신의 나라에 임하실 때에 나를 기억하소서"라는 회개의 한 마디로 낙원의 문을 열었다는 것 등입니다. 주님의 제자가 된 세리 마태의 이야기나 탕자의 비유도 예가 될 수 있습니다. 전반적으로 회개의 가치를 강조하는 이야기, 회개하는 사람을 향한 하나님의 긍휼하심을 찬양하는 이야기 등을 상기시켜 주어야 합니다.

"약한 영혼을 낙심하지 않도록 격려해주어야 하듯이, 교만한 영혼을 알맞은 예를 제공하여 고쳐 주어야 합니다. 훌륭한 정원사는 병들어 제대로 자라지 못한 식물에 물을 넉넉히 주고 잘 돌보아 튼튼하게 자라게 하지만, 웃자란 식물을 보면 쓸데없는 싹을 잘라주는 것을 본받아야 합니다. 의사는 어떤 환자에게는 충분한 영양과 걷기를 처방하고, 다른 환자에게는 엄격한 식이요법과 휴식을 처방합니다."

3. 팔라디우스

"나는 스케테의 유명한 교부인 에티오피아 사람 모세[4]에 대해 다음과 같은 이야기를 알게 되었습니다. 그는 수도사가 되기 전에 어느 자유인의 종이었던 듯합니다. 모세의 성미가 고약하고 태도가 공격적이고 사나워서 주인이 그를 쫓아냈습니다. 쫓겨난 모세는 도둑이 되었는데, 힘이 매우 셌기 때문에 도둑들의 두목이 되었습니다.

"도둑으로서 그의 사나움을 보여주는 많은 행동이 있습니다. 어느날 밤 어느 목동의 양치기 개들이 그가 계획한 범죄를 실행하는 것을 방해했으므로, 그는 그 목동에게 복수하려는 마음을 품었습니다. 그는 목동을 찾아내어 죽이기 위해 그 지역을 세밀하게 정찰했습니다.

"목동이 나일강 건너편에 있다는 것을 알아낸 그는 즉시 자기의 목적

---

4) 에티오피아 사람 모세에 관한 같은 내용은 『초대 사막 수도사들의 이야기』 (은성출판사, 엄성옥 역) #19, 쪽에 언급되어 있다.

『사막 교부들의 금언』(은성출판사, 엄성옥 역, 299~309쪽)에 그의 금언이 기록되어 있으며, 모세의 다른 이름은 검둥이 또는 강도라고 불린다. 모세는 원래 해방된 노예로서 니트리아에서 강도질을 하며 살았다. 말년에 그는 수도사가 되어 사제인 압바 이시도어에게서 훈련을 받았다. 그는 사제로 임명되었고, 스케테의 위대한 교부 중 한 사람이 되었다. 그는 대 마카리우스의 충고를 받아 페트라로 들어가서 살았다. 그는 일곱 사람과 함께 야만인 침입자들에게 살해되어 순교했다.

을 이루기 위해 그곳으로 가기로 했습니다. 그 시기는 일 년 중에 나일강이 최고로 범람하는 때였습니다. 모세는 입고 있던 짧은 상의를 벗어서 머리에 쓰고, 칼을 입에 물고, 강에 뛰어들어 헤엄쳐서 강을 건넜습니다. 멀리서 모세가 헤엄쳐오는 것을 본 목동은 도망쳐서 은신처에 숨었습니다.

"계획대로 복수하지 못한 모세는 양들에게 광기를 쏟아부었습니다. 그는 마치 목동을 붙들 듯이 가장 좋은 양 네 마리를 붙잡아 차례로 묶었습니다. 그런 후에 다시 헤엄쳐서 나일강을 건넜습니다. 그는 둔덕에 가서 양을 죽여 가죽을 벗긴 후 불을 피워 가장 좋은 부분을 구웠습니다. 그리고 양가죽과 교환한 이집트의 아스완에서 만든 고급 포도주를 실컷 마셨습니다. 배불리 먹고 화를 가라앉힌 후에 약 200km 정도 떨어져 있는 은신처로 돌아갔습니다.

"이 사납고 힘센 도둑은 얼마 후 우연한 사건으로 말미암아 하나님의 은혜로 통회하고 과거의 생활을 뉘우쳤습니다. 깊이 진지하게 회개한 그는 수도생활을 받아들이고 스케테로 갔습니다. 그는 수실에서 나오지 않고 엄격한 수덕생활에 전념했습니다.

"그가 수도생활을 시작했을 때 도둑 네 명이 그를 습격했습니다. 도둑들은 자기들이 공격한 수도사가 모세라는 것을 알지 못했습니다. 과거 도둑이었던 사람이 들의 습격을 당하는 동안 무슨 일이 일어났을까요? 모세는 쉽게 그들을 제압하고 결박하고 볏단을 들어 올리듯이 가볍게 어깨에 얹고 교회로 데려가서 형제들에게 "나는 누구에게도 나쁜 짓을 하지 않기로 작정했습니다. 나에게 강도질하려 한 이 네 사람을 어떻게 해야 할지 충고해 주십시오"라고 말했습니다.

"스케테의 형제들은 도둑들을 풀어주고 자유롭게 떠나도록 허락했습니다. 그제야 도둑들은 모세를 알아보았습니다. 그들은 모세의 회개를 보고서 자기들도 과거의 도둑 생활로 돌아가지 않으려 했습니다. 그들은 모세의 본을 따라 악한 삶을 버리고 수도사가 되었으며, 고결한 삶과 수덕생활을 위한 노력으로 유명해졌습니다.

"그 후 모세는 완전한 금욕생활을 했습니다. 그는 흔들림 없이 귀신들과 싸웠고, 금욕적으로 인내하고 견뎠기 때문에 성령의 큰 은사를 받았고, 장로로 임명된 완전한 교부 중 하나가 되었습니다. 그가 임종할 때 제자가 칠십 명이었습니다."

4. 게론티콘(Gerontikon)[5]

1. 어느 군인이 압바 미오스(Mios)에게 "아버지, 하나님이 정말 죄인의 회개를 받아주십니까?"라고 질문했다. 미오스는 그에게 여러 가지 교훈적인 말을 한 후에 갑자기 "형제여, 당신은 군복이 찢어지면, 그것을 버립니까?"라고 질문했다. 군인은 "아니요. 꿰매고 기워서 다시 입지요"라고 대답했다. 미오스는 친절하게 "자네가 찢어진 옷도 버리지 않고 소중히 여기는데, 하나님께서 자기 자녀를 얼마나 아끼시겠는

---

[5] 게론(gerōn)이란 "노인"을 말한다. 여기서 노인이란 나이를 말하는 것이 아니라 영적인 진보를 이룬 사람을 지칭한다. 수도사들의 순서는 수도사가 된 날짜순으로 정한다. 여기서 게론티콘(Gerontikon)이란 사막의 교부들이 남긴 금언을 의미한다.

가?"라고 말해 주었다.[6]

2. 어느 형제가 압바 푀멘(Abba Poimen)[7]에게 "아버지, 내가 큰 죄를 지었습니다. 3년 동안 회개하면 될까요?"라고 질문했다. 푀멘은 "너무 오랜 기간입니다"라고 대답했다. 곁에 있던 사람들이 호기심을 가지고서 "40일 동안 회개하면 될까요?"라고 물었는데, 푀멘은 "그것도 너무 깁니다. 내 생각에 사람이 마음으로 회개하고 다시 죄를 짓지 않는다면, 사흘이면 하나님께서 그의 회개를 받고 용서해 주실 것입니다"라고 대답했다.

3. 어느 형제가 압바 푀멘에게 "죄를 지은 사람이 회개한다면, 하나님이 용서해주십니까?"라고 질문했다. 푀멘은 깊이 생각하고서 "사람들에게 용서해야 한다는 계명을 주신 분께서 그 계명을 실천하시지 않겠

---

[6] 같은 내용이 『사막 교부들의 금언』(은성출판사, 엄성옥 역), 미우스(Mius), 325쪽에 있다.

[7] 푀멘의 금언이 알파벳 집록의 1/7분을 차지할 정도로 영향력이 크다. 푀멘의 금언은 『사막 교부들의 금언』(344~406쪽)에 총 209개의 금언이 실려있다. 푀멘의 이 금언은 『사막 교부들의 금언』, 353쪽에도 기록되어 있다.

다른 교부들의 금언에 푀멘과 관련된 이야기가 등장한다. 그래서 푀멘의 금언은 한 사람인지는 분명하지 않다. 왜냐하면 푀멘, 즉 "목자"라는 칭호는 이집트에서 흔한 호칭이었기 때문이다. 370년대에 피스피르에서 루피누스가 푀멘이라는 이름을 가진 사람을 만났는데 안토니, 암모나스, 피오르, 팜보, 조셉 등과 관결된 금언은 이 사람임에 분명하다.

여기에 나오는 푀멘은 390년대 스케테에서 생활한 노인으로서, 408년에는 일곱 형제와 함께 스케테를 떠났고, 아르세니우스(449년 사망)보다 오래 살았던 사람일 것으로 추정한다. 그는 스케테가 멸망할 무렵 난쟁이 요한, 아가톤, 모세 등을 만났던 사람이다.

습니까? 그분은 베드로에게 회개하는 죄인을 일흔 번씩 일곱 번 용서하라고 말씀하셨습니다"라고 말했다.

4. 어느 형제가 압바 푀멘에게 "회개란 무엇입니까?"라고 질문했다. 푀멘은 "회개란 죄를 반복하지 않으려는 굳은 결심입니다. 이런 까닭에 의인들이 떳떳하다고 말합니다. 이는 그들은 죄를 버리고 의를 나타냈기 때문입니다"라고 대답해주었다.

5. 어느 형제가 압바 시소에스(Abba Sisoes)[8]에게 "아버지여, 내가 죄를 지었습니다. 어떻게 해야 할지 말씀해 주십시오"라고 말했다. 시소에스는 "넘어지면 다시 일어나십시오"라고 대답해주었다. 형제는 "아버지여, 나는 일어났다가 다시 같은 죄에 빠집니다"라고 말했다. 시소에스는 형제가 낙심하지 않게 하려고 "계속 다시 일어나십시오"라고 대답했다. 실망한 젊은 형제는 "제가 얼마나 오랫동안 그렇게 할 수 있겠습니까?"라고 말했다. 시소에스는 형제를 격려하면서 "형제여, 당신은 죽을 때까지 죄에서 벗어나려 하거나 다시 죄에 빠질 것입니다. 사람은 선한 상태이든지 악한 상태이든지 임종하는 순간의 상태에서 심판을 받아 벌을 받거나 상을 받을 것입니다"라고 말했다.

---

[8] 시소에스는 스케테에서 오르(Or)와 함께 은둔 수도생활을 했다. 그는 안토니가 사망한 후 스케테가 너무 유명해져서 번잡한 관계로 스케테를 떠나서 안토니 산에 정착하여 27년 동안 거기서 지냈다. 시소에스의 금언은 『사막 교부들의 금언』(434~452쪽)에 총 54개의 금언이 실려있다. 이 금언은 447쪽에 38번째 금언에 기록되어 있다.

6. 이집트의 어느 형제가 수실에서 금욕하면서 매우 겸손하게 살았다. 이 수도사의 여동생은 도시에서 창녀 생활을 하고 있었다. 날마다 그녀 때문에 많은 사람이 영혼을 잃었다. 원로들은 여러 번 이 형제에게 동생을 만나라고 촉구했다. 어느 날 그들은 오빠가 권면하면 바라는 결과를 낳아 그녀가 죄를 멈출 수 있을 것이라고 말하면서 그를 떠나보냈다.

형제가 여동생이 있는 곳에 도착했을 때, 그들을 아는 사람이 수도사를 보고 여자에게 달려가서 "당신의 오빠가 아래층 문 앞에서 당신을 찾고 있어요"라고 말해주었다. 여자는 이 말을 듣자마자 동료들을 버리고 머리에 두건조차 쓰지 않고서 오빠를 맞으러 달려 나갔다. 그리하여 남매가 만났다. 여자가 기뻐하면서 오빠를 포옹하려 할 때, 오빠는 이렇게 말했다: "애야, 네가 끝없는 지옥의 고통을 당할 것을 보니 네 영혼이 불쌍하구나. 너는 네 영혼을 잃었을 뿐만 아니라, 많은 사람이 너 때문에 영혼을 잃었단다." 오빠의 권면을 듣고 감동한 여자는 진심으로 회개하면서 "지금이라도 제가 확실히 구원받을 수 있을까요?"라고 물었다. 오빠는 "네가 원한다면 구원받을 수 있지"라고 대답했다.

여자는 눈물을 흘리면서 오빠의 말 앞에 엎드려 구원받기 위해서 자기를 광야로 데려가 달라고 간청했다. 동생의 갑작스러운 회심에 감동한 오빠는 "머리에 수건을 쓰고 나를 따라오너라"라고 말했다. 그러나 여자는 "빨리 떠나요. 머리에 아무것도 쓰지 않고서라도 이 악한 곳을 떠나 다시는 죄의 작업장에 가지 않는 것이 내 영혼이 유익하고 바람직하니까요"라고 말했다.

두 사람은 광야를 향해 출발했다. 형제는 회개의 열매를 열거하면서 친절하게 동생에게 조언해 주었다. 여자는 말없이 집중하여 그 말을 들었는데, 그때 하나님의 은혜가 회개한 죄인의 영혼을 서서히 자기편으로 끌어당겼다.

얼마쯤 가다가 남매는 맞은편에서 몇 사람이 걸어오는 것을 보았다. 형제는 그 사람들에게 추문을 낳지 않으려고 동생에게 "네가 내 동생이라는 것을 모두가 알지는 못하니, 추문이 생기지 않도록 저 사람들이 지나갈 때까지 잠시 길에서 비켜나 있으렴"이라고 말했다. 동생은 즉시 길에서 조금 떨어진 곳으로 비켰다. 그들이 지나간 후에 형제가 여동생을 불렀는데, 대답이 없었다. 그는 동생이 있을 만한 곳을 찾아보았는데, 놀랍게도 동생은 이미 죽어 있었다. 그가 보니 동생이 맨발이었기 때문에 두 발이 갈기갈기 찢어져 있었다.

형제는 이 사건을 원로들에게 이야기했는데, 그들은 여동생의 구원에 관해 의견이 일치하지 않았다. 어떤 사람은 그녀가 구원받았다고 주장하고, 어떤 사람은 그녀의 영혼이 버림받았다고 주장했다. 결국 기도한 후에 다른 사람들보다 더 고결하고 통찰력이 있는 것처럼 보이는 원로가 다음과 같은 계시를 받았다: "그 죄인은 구원받았다. 오빠가 충고할 때 거룩한 은혜가 그녀의 마음을 움직여 그녀가 회개했고, 물질적인 것을 조금도 생각하지 않았기 때문이다. 그녀는 자기 몸에 관심을 두지 않았고, 여행 중에 당한 고통과 상처에 대해 불평하지 않았다. 이런 까닭에 그녀의 회개가 받아들여졌다."

5. 성 암필로치오스(St. Amphilochios)[9]

절망을 피하는 것에 관하여

1. 어느 형제가 날마다 음란죄를 지었습니다. 그는 그때마다 주님 앞에 엎드려 눈물을 흘리고 기도하여 용서를 받았습니다. 그는 뉘우치고 나서 다음 날이면 다시 부끄러운 습관에 끌려 죄에 빠지곤 했습니다. 그는 죄를 지은 후에 교회에 가서 예수 그리스도의 성상 앞에 엎드려 눈물을 흘리면서 "주님, 나를 불쌍히 여기사 이 두려운 유혹에서 벗어나게 해주십시오. 그것은 나를 무척 괴롭히고 쾌락의 맛으로 상처를 줍니다. 주님, 다시 나를 씻어주사 햇빛보다 더 거룩한 주님의 얼굴을 보고 내 마음이 부드러워지고 감사가 넘치게 해 주십시오"라고 기도했습니다.

그는 이렇게 기도하고 교회를 나서자마자 다시 죄를 짓곤 했습니다. 그런데도 그는 자기의 구원에 대해 절망하지 않고, 악한 행위를 돌이키고, 교회에서 또다시 인류를 사랑하시는 주님께 같은 기도를 드리면서 다음과 같이 덧붙였습니다: "내 주님, 다시는 이 죄를 범하지 않기로 맹세합니다. 지극히 선하고 자비로우신 주님, 지금까지 지은 모든 죄를 용서해 주십시오."

그러나 이렇게 엄숙하게 기도하자마자 악한 죄의 포로가 되곤 했습니

---

[9] 이코니움의 암필로치오스(ca. 339/340~394/340)는 가파도키아 교부 중 신 신학자 나지안주스의 그레고리의 친구이자 4촌이었다. 안디옥에서 법학을 공부했지만, 그만두고 나지안주스와 함께 신앙생활을 했다. 그는 역시 대 바실의 영향을 받았으며, 374년에 이코니움(Iconium)의 대주교가 되었다. 381년에 나지안주스의 그레고리와 함께 콘스탄티노플 공의회에 참석하여서 아리우스파 등 이단과 맞서 싸웠다.

다. 인류를 향한 하나님의 사랑과 무한한 선 앞에서 우리는 놀라지 않을 수 없습니다. 하나님은 날마다 그 형제의 반복되는 악한 행위와 무례함을 참아 주셨습니다. 지극히 자비하신 하나님은 그 악한 형제의 회개를 꾸준히 받아주셨습니다. 주님은 끝없이 참으시며 무한히 사랑하십니다. 끝없이 참고 견디시면서 우리에게 자비를 보이시고, 끔찍한 죄를 용납하십니다. 지극히 자비하신 하나님은 이 형제가 죄를 짓지 않겠다고 맹세하고 나서 다시 죄를 범하곤 했지만 진노하지 않으셨습니다.

어느 날 같은 일이 반복되어 죄를 지은 형제는 교회에 가서 탄식하고 신음하면서 하나님께 자기를 불쌍히 여겨 음란의 죄에서 벗어나게 해달라고 기도했습니다. 그가 인간을 사랑하시는 하나님을 부르자 영혼을 파괴하는 악한 마귀는 자기가 죄로 이루어놓은 것을 형제가 회개로써 지웠다는 것을 알고 화가 나서 형제의 눈앞에 모습을 나타냈습니다. 마귀는 그리스도의 성상을 마주 보면서 다음과 같이 말했습니다:

"예수 그리스도여, 우리 두 사람이 어떻게 되겠습니까? 이 죄인에 대한 당신의 동정심이 나를 패배시키고, 내가 확보한 기지를 제거했습니다. 이는 당신이 날마다 당신을 조롱하고 당신의 권위를 비웃는 이 방탕한 사람을 받아주기 때문입니다. 왜 당신은 이 사람을 불태워 버리지 않고 참아줍니까? 어느날 간음하고 방탕한 사람들 모두를 정죄하고 모든 죄인을 멸하시려는 의도 때문입니까?

"당신은 공정한 재판관이 아닙니다. 당신의 능력은 때때로 관대하게 적용되고 어떤 일을 못 본 체 넘어갑니다. 나는 조금 교만했다고 해서 천국에서 심연으로 쫓겨났는데, 여기 이 사람은 부도덕한 사람이요 탕자임에도 불구하고 당신의 성상 앞에 엎드렸다는 이유만으로 긍휼하심을 보여주고 있습니다. 그런데 어떻게 당신을 공정한 재판관이라 할 수 있습니까? 당신은 개개인은 매우 친절하게 받아들이지만, 전반적으로 정의를 무시합니다."

마귀는 콧구멍으로 검은 불길을 내뿜으면서 이렇게 신랄하게 말한 후에 잠잠해졌습니다. 그때 성소에서 다음과 같은 음성이 들려왔습니다: "교활하고 파괴적인 용아, 너는 아직도 세상을 집어삼키는 악하고 파괴적인 욕구에 만족하지 못하느냐? 너는 통회하면서 나의 자비를 구하러 온 이 사람을 죽이고 삼키려고 노력해왔다. 내가 이 사람을 위해 십자가에서 흘린 귀중한 피가 작용하지 못할 정도로 충분한 죄를 바칠 수 있겠느냐? 내가 그의 죄를 용서하기 위해 당해야 했던 나의 죽음을 보아라.

"그 형제가 다시 죄를 향할 때 너는 그를 네 편으로 끌어들이려고 그를 징계하지 않았고, 죄짓는 것을 막지도 않고 기뻐하면서 받아들였다. 그러나 나는 인류를 사랑하는 자비로운 자, 베드로에게 일흔 번씩 일곱 번 용서하라고 충고했던 나(마 18:22)는 그에게 자비와 긍휼을 보여주지 않았느냐? 나는 죄인들과 그들의 구원을 위해 십자가에 달렸다. 원하는 사람들이 내 안에 피하고 구원받게 하려고 흠 없이 깨끗한 내 두 손이 십자가에 못 박혔다. 이런 까닭에 나는 하루에 여러 번 실족하고 다시 돌아오는 사람이 슬퍼하면서 나의 성전을 떠나지 않게 하려고 그를 외면하거나 거부하지 않는다. 이는 내가 세상에 온 것은 의인을 부르려 함이 아니라 죄인을 불러 회개하게 하려 함이었기 때문이다."

마귀는 이 음성을 듣는 동안 꼼짝하지 못하고 두려워 떨면서 도망치지도 못했습니다. 그 음성은 다시 말하기 시작했습니다: "미혹하는 자야, 너는 내가 공정하지 못하다고 말했지만, 나는 무엇보다 더 공정하다. 나는 어떤 사람이든지 그의 상태 그대로 심판한다. 이 사람을 보아라. 그는 몇 분 전에 죄에서 돌이켜 회개했고, 죄를 버리기로 진지하게 결심하고 내 발 앞에 엎드림으로써 너를 정복했다. 그가 구원을 위해 힘들게 노력하면서 희망을 잃지 않았으므로, 나는 즉시 그의 영혼을 받아들이고 구원할 것이다. 그가 내 앞에서 회개함으로써 얻은 큰 공적을 보아라. 그것 때문에 나는 그를 존중한다. 너의 미움이 산산이 깨질 것이며, 너는 치욕을 받을 것이다."

회개한 형제는 이 음성을 들으면서 주님의 성상 앞에 엎드렸습니다. 그는 얼굴을 바닥에 대고 슬피 탄식하면서 자기의 영을 주님께 바쳤습니다. 회개한 형제가 주님께 가는 순간 천국에서 오는 불같은 큰바람이 사탄을 덮쳐 삼켰습니다. 이 사건을 통해서 하나님의 무한한 긍휼과 사랑을 깨달아 다시는 죄 때문에 낙심하지 말고, 열심히 구원을 보살펴야 합니다.

2. 어느 형제가 자신이 범한 모든 죄를 회개하고 평안을 얻었습니다 (그는 다시는 악행이나 죄를 범하지 않았습니다). 그 직후에 그가 바위에 걸려 넘어져 발을 다쳤는데, 출혈이 심하여 의식을 잃고 결국 숨을 거두었습니다. 그가 죽은 후 귀신들이 그의 영혼을 데려가려고 왔지만, 천사들이 그들을 저지하면서 "저 바위와 그가 주님 사랑을 위해 싸우다가 흘린 피를 보아라"라고 말했습니다. 천사들은 이렇게 말하고 죄에서 벗어난 그의 영혼을 데리고 천국으로 올라갔습니다.

3. 죄를 범한 형제에게 사탄이 나타나서 "너는 크리스천이 아니다"라고 말했습니다. 그 형제는 마귀의 속삭임에 넘어가지 않고 "오늘 내가

어떤 상태에 있든지 이제부터 너에게서 도망치겠다"라고 대답했습니다. 사탄은 그를 절망하게 하려고 "너는 정말 지옥에 갈 것이다"라고 말했습니다. 그러나 형제는 용기를 잃지 않고 "너는 나의 하나님이 아니고 재판관도 아니다"라고 대꾸했습니다. 그리하여 사탄은 아무것도 얻지 못한 채 떠나갔습니다. 형제는 하나님 앞에서 성실하게 회개하고 용감하게 분투하는 사람이 되었습니다.

4. 슬픔과 우울함에 빠진 형제가 원로를 찾아가서 물었습니다: "어떻게 해야 합니까? 내가 세상을 부인한 것이 헛된 일이며, 내가 구원받지 못할 것이라는 생각이 듭니다." 원로는 깊이 생각하고서 다음과 같이 대답했습니다: "형제여, 우리가 약속의 땅에 도착하지 못한다 해도, 두려운 노예 생활의 땅 이집트로 돌아가기보다는 광야에서 죽는 편이 낫습니다."

5. 다른 형제가 이 원로에게 "아버지, 시편 기자가 '그는 하나님께 구원을 받지 못한다'(시 3:3)라고 말한 것은 무엇을 언급합니까?"라고 질문했습니다. 원로는 다음과 같이 대답했습니다: "그가 귀신들이 '지금이나 이후에나 하나님이 너를 구원할 수 없다'라고 말한 것은 죄인 앞에 둔 절망의 생각을 언급합니다. 귀신들은 그렇게 속삭이면서 죄인을 절망에 빠뜨리려 합니다. 이 생각을 '내 눈이 항상 여호와를 바라봄은 내 발을 그물에서 벗어나게 하실 것임이로다'(시 25:15)라는 말씀과 비교해 보아야 합니다."

6. 사막의 어느 교부는 다음과 같은 유익한 이야기를 했습니다: "데

살로니키에 수녀원이 있었습니다. 그런데 그 수녀원의 수녀 하나가 미혹자에게 넘어가 수도원을 떠나 창녀가 되었습니다. 그녀는 여러 해 동안 이 혐오스러운 음란의 죄 속에 머물렀지만, 얼마 후에 인간을 사랑하시는 하나님의 도우심으로 뉘우치고 수녀원으로 돌아가려고 길을 떠났습니다. 그러나 그녀는 수녀원에 들어가지 못하고 문 앞에서 쓰러져 죽었습니다. 그녀의 죽음은 어느 거룩한 사람에게 계시되었습니다. 그는 환상에서 그녀의 영혼을 데려가려고 온 천사들과 영혼을 뒤쫓아가는 마귀들을 보았습니다. 천사들은 그 수녀가 뉘우치고 수녀원으로 돌아갔으므로 자기들의 것이라고 주장했지만, 마귀들은 '그녀가 여러 해 동안 우리를 위해서 일했으므로 그녀의 영혼은 우리 것이다. 게다가 그녀가 수녀원에 들어가지 못했는데, 어떻게 회개했다고 주장할 수 있느냐?'라고 대답했습니다.

"천사들은 전능하신 하나님은 그 수녀가 목표한 것이 회개였다는 것을 인식하신 순간 기꺼이 그녀를 받아주셨고 그녀가 의롭게 되었다고 말하면서 그들을 저지했습니다: '그녀는 의도했던 목표에 도달하면서 자기의 회개의 주인이 되었고, 그녀의 생명을 주관하시는 주님은 만유의 주인이시다.' 마귀들은 이 말을 듣고 좌절하여 영혼을 천사들에게 넘기고 떠나갔습니다. 이 환상을 본 거룩한 사람은 그것을 사람들에게 말해 주었습니다."

7. 압바 알로니오스(Abba Alonios)는 "간절히 바라는 사람은 조만간에 하나님의 표준으로 돌아가 회개할 수 있다"라고 말했습니다.

8. 어느 형제가 압바 모세에게 "어떤 사람이 잘못을 범한 종을 때린다

면, 종은 무엇이라고 말해야 할까요?"라고 질문했습니다. 모세는 "선한 종이라면 '주인님, 내가 잘못했으니 불쌍히 여겨 주십시오'라고 말할 것입니다"라고 대답했습니다. 형제는 다시 "종이 다른 말을 하면 안 될까요"라고 질문했습니다. 모세는 "다른 말을 할 필요가 없습니다. 그가 자기의 잘못을 고백하고 '주인님, 제가 잘못했습니다'라고 말하면, 즉시 주인이 그를 불쌍히 여겨 용서해줄 것입니다"라고 대답했습니다.

9. 어느 형제가 압바 푀멘에게 "내가 죄에 빠지면, 양심이 나를 무섭게 책망합니다" 말했는데, 푀멘은 "죄를 지은 순간에 '내가 죄를 지었다'라고 말하면 양심이 괴롭지 않습니다"라고 말했습니다.

10. 타이시아라는 처녀가 부모가 죽고 홀로 남았습니다. 이 젊은 여인은 자기 집을 인근의 스케테에 거주하는 교부들을 위한 숙소로 개조하고, 여러 해 동안 교부들을 영접하고 환대했습니다. 그러나 얼마 후 그녀는 교부들을 접대하는 데 재산을 모두 사용하고 가난해졌습니다. 그녀는 좋지 않은 사람들과 사귀면서 생활 방식을 바꾸고 덕의 길을 버렸습니다. 타이시아는 한층 더 악한 생활을 하다가 결국 창녀가 되었습니다.

이 소식을 들은 교부들은 매우 슬퍼하면서 난쟁이 압바 요한을 찾아가서 이렇게 말했습니다: "자매 타이시아가 죄 가운데 살고 있다고 합니다. 그녀는 여유가 있을 때 우리를 사랑하고 환대했고, 휴식을 제공했습니다. 이제 우리가 그녀를 도와야 할 때입니다. 그러니 그녀를 만나서 하나님이 주시는 지혜로 설득하여 방탕의 흙 구덩이에서 꺼내 주십시오."

압바 요한은 타이시아가 머물고 있는 죄의 소굴로 갔습니다. 그는 창녀들의 집 문을 지키는 늙은 여인에게 "여주인에게 내가 만나러 왔다고 전해 주십시오"라고 말했습니다. 노파는 화를 내면서 "수도사여, 이곳에서 나가세요. 당신들 때문에 그녀가 가진 것을 모두 탕진하여 이렇게 가난해졌어요"라고 말했습니다. 압바 요한은 "제발 가서 내가 부탁한 대로 해주십시오. 나는 그녀에게 큰 유익을 주려고 왔습니다"라고 말했습니다.

노인은 위층으로 올라가더니 타이시아에게 어느 수도사가 만나러 왔다고 소리쳤습니다. 타이시아는 수도사가 자기를 만나러 왔다는 말을 들으면서 "그 수도사들은 홍해 근처에 살면서 귀중한 진주를 발견하곤 한다"라고 생각했습니다. 타이시아는 특별히 단장하고서 침대에 앉아 문지기 할머니에게 "수도사를 데려오세요"라고 말했습니다.

압바 요한은 방에 들어가 그녀 가까이에 앉았습니다. 그는 그녀의 얼굴을 자세히 바라보면서 "그대가 예수를 싫어하다니 어찌 된 일이며, 왜 이러한 상태에 이른 것을 그분의 탓으로 여깁니까?"라고 말했습니다.

그녀는 이 말을 듣고 온몸이 마비되는 것 같았습니다. 그때 요한은 고개를 떨구고 흐느껴 울기 시작했습니다. 타이시아는 "아버지여, 왜 우십니까?"라고 물었습니다. 요한은 고개를 조금 들었다가 다시 숙이고서 "당신의 얼굴에서 사탄이 놀고 있는 것을 보고 어떻게 울지 않을 수 있습니까?"라고 대답했습니다. 타이시아는 "아버지, 회개라는 것이 있습니까?"라고 물었고, 요한은 "물론이지요"라고 대답했습니다. 타이시아는 "그렇다면 저를 데리고 가서, 당신의 뜻대로 지도해 주세요"라고 말했습니다. 요한이 "그렇다면, 출발합시다"라고 손짓하자, 회개한 죄인 타이시아는 즉시 일어나서 그를 따라나섰습니다. 요한은 타이시아가 집안 문제를 정리하지 않고 그대로 따라나서는 것을 보고 놀랐다.

두 사람은 완전히 어두워졌을 때 사막에 도착했습니다. 요한은 타이시아과 잠잘 수 있도록 자리를 마련하고 십자성호를 그은 후에 "여기에서 주무세요"라고 말하고, 거기서 조금 떨어진 곳 땅바닥에 자기가 잘 곳을 마련하고 나서 기도를 마치고 누웠습니다. 한밤중에 잠에서 깬 요한은 이상한 광경을 보았습니다. 그는 타이시아가 자고 있는 곳에서 하늘을 향해 이어지는 빛나는 길이 있는데, 천사들이 회개한 타이시아의 영혼을 데리고 그 길을 걸어 올라가는 모습을 보았습니다.

그는 즉시 일어나서 타이시아가 있는 곳으로 달려가 발로 가볍게 그녀를 건드려 보았습니다. 그는 그녀가 죽은 것을 알고서 땅에 얼굴을 대고 엎드려서 하나님께서 그녀의 회개를 받으셨는지 알려달라고 기도했습니다. 그때 하나님으로부터 "이 여인이 회개한 한 시간이 여러 해 동안 회개한 많은 사람들의 시간보다 더 빨리 받아들여졌다. 이는 이 여인의 회개가 다른 사람들의 회개보다 더 진지했기 때문이다"라는 음성이 들려왔습니다.

5. 대 안토니의 제자인 단순한 바울(Paul the Simple)에 관하여

1. 교부들은 복된 바울(Blessed Paul)의 삶에서 일어난 특이한 사건을 이야기했다. 언젠가 바울이 형제들을 만나기 위해 수도원에 갔다. 그는 형제들과 인사를 나눈 후에 예배드리기 위해 그들과 함께 교회로 갔다. 그는 교회 안에 들어가는 사람들의 영혼의 상태를 알려고 문 앞에 서서

각 사람의 얼굴을 들여다보았다. 이는 그에게는 사람의 영혼의 상태를 보는 은사가 있었기 때문이다. 그는 모두가 기쁘게 환한 얼굴로 교회에 들어가는 것, 그리고 그들의 수호천사들이 함께 기뻐하는 것을 보았다. 바울은 이렇게 영적인 환상을 본 후에 교회에 들어간 사람들과 함께 기뻐하면서 수도사들의 영혼의 선한 상태에 대해 하나님께 감사했다.

그런데 잠시 후 그는 얼굴과 몸 주위가 어두운 사람이 들어오는데, 귀신들이 그를 결박하여 끌고 가는 모습을 보았다. 그의 수호천사는 슬퍼하면서 거리를 두고 따라가고 있었다. 이것을 보면서 압바 바울은 두려웠다. 그는 자기가 본 형제의 상태 때문에 교회 앞에 서서 손으로 가슴을 치며 슬피 울었다. 바울이 갑자기 영적으로 괴로워하는 것을 본 수도원의 형제들은 가까이 다가와서 그의 태도가 변한 이유를 말해달라고 요청하고, 자기들과 함께 교회에 들어가 예배를 드리자고 부탁했다. 그러나 바울은 그들에게서 떨어져 교회 밖에서 그 형제의 안타까운 상태를 탄식했다.

예배를 마친 형제들이 교회 밖으로 나왔다. 바울은 전처럼 교회에서 나오는 사람들 모두를 세심하게 바라보면서 그들의 영혼의 상태를 알려했다. 그는 얼굴이 어둡고 몸 주위가 음침하고 귀신들에게 에워싸였던 형제가 빛나는 얼굴로 온몸이 희게 되어 교회에서 나오는 것을 보았다. 그 형제를 에워쌌던 귀신들은 멀리 떨어져서 따라오고 있었고, 그의 수호천사는 그의 변화를 기뻐하면서 가까이에서 따라오고 있었다.

이 광경을 보고서 요한은 기뻐 뛰었다. 그는 기뻐서 하나님을 찬양하면서 "하나님은 인간을 무한히 사랑하시며 무한히 선하십니다"라고 소리쳤다. 그는 높은 곳으로 달려 올라가면서 "와서 하나님이 행하신 놀라운 일을 보십시오"라고 외쳤다.

이 소리를 듣고 모두가 이 거룩한 고행자의 말을 들으려고 몰려들었다. 요한은 모인 사람들 앞에서 형제들이 교회에 들어가고 나오는 동안 본 것을 상세히 이야기했다. 나중에 그는 그 형제에게 영혼의 변화를 모든 사람들 앞에서 증언하라고 요청했다.

그 형제는 이렇게 말했다: "나는 죄인입니다. 이제까지 음란하고 부패하게 살아왔습니다. 그런데 잠시 전에 하나님의 거룩한 집에 들어갈 때 이사야 선지자, 또는 하나님이 그 선지자를 통해서 '너희는 스스로 씻으며 스스로 깨끗하게 하여 내 목전에서 너희 악한 행실을 버리며 행악을 그치고 선행을 배우며 정의를 구하며 학대 받는 자를 도와 주며 고아를 위하여 신원하며 과부를 위하여 변호하라 하셨느니라 여호와께서 말씀하시되 오라 우리가 서로 변론하자 너희의 죄가 주홍 같을지라도 눈과 같이 희어질 것이요 진홍 같이 붉을지라도 양털 같이 희게 되리라 너희가 즐겨 순종하면 땅의 아름다운 소산을 먹을 것이요'(사 1:16~20)라고 하시는 말씀을 들었습니다. 이 말씀을 듣고 나는 하나님의 선하심으로 말미암아깊이 통회했고, 마음 깊이 탄식하면서 하나님께 '죄인을 구하러 세상에 오신 나의 주 하나님, 당신의 선지자의 말씀을 통해서 죄인에게 하신 말씀을 들었습니다. 그 말씀을 자격이 없는 죄인에게 적용해 주십시오. 그리하면 사람의 마음을 아시는 하나님께 지금까지 나를 사로잡고 있던 온갖 불법하고 부끄러운 행위를 버리기로 약속하겠습니다. 주님의 도우심과 은혜로 죄를 범하지 않을 것이며, 인간을 사랑하시는 하나님을 힘껏 섬기겠습니다'라고 기도했습니다. 이렇게 생각하고 결심하면서 위로부터 오는 은혜의 도움을 받고 그에 상응하는 행위로써 그 결심을 굳게 지키기로 하고 교회에서 나왔습니다."[10]

2. 어느 장로는 "색이 변한 주석을 닦으면 색이 밝아지듯이, 믿음이 있지만 죄로 어두워진 사람이 죄를 고백하고 회개하면 다시 밝아집니다. 이런 까닭에 믿음을 주석에 비교할 수 있습니다"라고 말했다.

7. 성 에프렘(St. Ephraim)[11]

형제자매들이여, 조심하십시오. 악한 자는 영적으로 분투하는 사람을 온갖 방법으로 공격합니다. 그는 위선적이고 교활하게 사람을 공격합니다. 원수는 사람이 죄를 범하기 전에 먼저 그것을 하찮게 여기게 합니다. 그는 무엇보다 육체적인 쾌락을 향한 욕망을 우리 앞에 놓는데, 우리가 그것에 굴복하기 전에 먼저 그것을 물 한 컵을 땅에 던지는 것처럼 하찮은 일로 보게 합니다. 그러나 육체적인 욕망이 충족되면 죄인의 양심 안에서 죄를 부풀리고 영혼 안에 지옥의 검은 파도처럼 무수한 절망의 생각을 일으키기 때문에 회개의 선한 생각은 그 파도에 삼켜지고, 그는 깊은 무력감에 빠집니다.

형제자매들이여, 앞의 말을 통해서 원수의 교묘한 책략을 알았으므

---

10) 10) 『사막 교부들의 금언』 424-427쪽에 "단순한 폴"의 금언이 기록되어 있다. 그리고 『팔라디우스의 초대 사막 수도사들의 이야기』(엄성옥 역, 은성출판사) 22번, 96~102쪽에 "순진한 폴"에 관한 기록이 있다.

11) 에프렘의 금언은 『사막 교부들의 금언』(155~156쪽)에 기록되어 있다.

로, 원수에게 속아 악행을 계속하고 자신의 구원에 대해 낙망하지 않도록 조심하십시오. 타락한 사람은 다시 일어나 주 하나님께 돌아오십시오. 하나님께서 당신을 불쌍히 여기실 것이라고 확신하십시오. 주님은 다정하고 긍휼하시며 자비가 풍성하고 오래 참으십니다. 주님은 성실하게 회개하는 사람을 벌하시지 않고 기뻐하며 맞아주십니다.

그러므로 영혼의 원수가 "너는 모든 것을 잃었다. 너는 구원받을 수 없다"라고 속삭이면, "나는 구원에 대해 절망하지 않는다. 이는 나의 하나님은 긍휼하시고 오래 참으시기 때문이다. 이러한 확신이 우리를 부당하게 대한 사람을 일흔 번씩 일곱 번 용서하라고 명령하신 분에 대한 믿음, 즉 그분이 자기에게 돌아오는 사람의 죄를 용서하실 것이라는 믿음 안에 나를 지탱해줄 것이다"라고 대답하십시오. 하나님의 은혜로 그렇게 깊이 묵상하면 사탄과의 싸움이 당신에게서 떠나갈 것입니다.

8. 압바 이사야(Abba Isaiah)

만일 당신이 회개하고 세상을 부인하고 하나님께 헌신했다면, 과거에 지은 죄가 용서받지 못했다는 듯이 양심이 괴롭히지 못 하게 하십시오. 주님의 계명을 실천하는 것을 무시하지 마십시오. 그렇지 않으면 과거에 지은 죄가 용서받지 못할 것입니다. 내 형제여, 슬픔을 가져다주는 영을 조심하십시오. 이는 그 영이 당신을 사로잡아 약하게 하려고 사용하는 계략이 많기 때문입니다.

하나님에게서 오는 슬픔은 그 안에 포함된 기쁨으로 당신의 인생관을 강화해주므로 당신은 자신이 하나님의 뜻 안에 거하고 있음을 알 수 있습니다. "네가 구원받기 위해 어디로 도망칠 수 있겠느냐? 너는 회개할 수 없다"라고 속삭이는 자는 인간의 원수입니다. 그는 인간이 절제하지 못하게 하려고 온갖 것을 행합니다. 하나님에게서 오는 슬픔은 사람을 공격하지 않으며, "두려워 말아라. 다시 덕을 위해 애쓰고 수고하여라"라고 부드럽게 말합니다. 이 슬픔은 사람이 약해진 것을 알고서 그를 튼튼하게 해줍니다.

두려워하지 말고 담대하고 신중한 마음으로 생각을 대면하면 생각이 가벼워질 것입니다. 생각을 두려워하는 사람은 그 무게 때문에 무력해집니다. 덕을 획득하고자 하는 사람의 힘은 이것입니다. 즉 사람이기 때문에 넘어져서 악을 행했어도 낙심하지 않고 회개함으로써 잘못을 고쳐야 합니다. 하나님의 선하시고 오래 참으심은 다음과 같은 것으로 이루어집니다: 언제든 사람이 죄에서 돌이킨다면, 하나님은 기뻐하시며 그를 받으시고, 탕자의 비유에서 보는 것처럼 과거에 지은 죄가 중요하지 않게 될 것입니다. 탕자의 비유에서 전형적인 회개의 모습이 제공됩니다. 회개한 탕자는 돼지 먹이, 즉 육체적인 욕망에서 돌이키고, 겸손하게 아버지에게 돌아옵니다. 그렇기 때문에 아버지는 그를 영접하고 깨끗한 옷을 입히고 성령이 주시는 양자됨의 약속을 주십니다.

복음서에서 "내가 너희에게 이르노니 이와 같이 죄인 한 사람이 회개하면 하늘에서는 회개할 것 없는 의인 아흔아홉으로 말미암아 기뻐하는 것보다 더하리라"(눅 15:7)라고 말씀하신 것처럼, 자비하신 주님은 우리가 돌아와 회개하기를 원하신다는 것을 잊지 마십시오.

하나님의 무한한 자비와 풍성한 긍휼을 마음껏 이용할 수 있음을 알고 마음을 다해 하나님께 돌아가면, 하나님은 사랑으로 우리를 영접하시고 영생에 참여하게 해주실 것입니다. 이렇게 회개를 통해 하나님께 돌아갈 때 "나는 죄인인데 어떻게 모든 덕을 붙들 수 있겠느냐?"라고 생각하고 무관심하지 않도록 마음을 살펴야 합니다.

그러한 회개는 회개하는 사람에게 덕을 요구하지 않습니다. 회개하는 사람이 죄를 버리고 하나님께로 돌이킬 때 회개가 즉시 그에게 거듭남을 주고, 마치 사랑하는 엄마가 아기를 다루듯이 거룩한 가슴으로 젖을 주고 양육할 것입니다. 아기는 어머니의 품 안에 있는 한 악의 위험에서 보호됩니다. 아기가 울면 어머니는 사랑으로 젖을 먹입니다. 만일 아기가 계속 불평하면, 어머니는 아기가 제멋대로 행동하지 않고 젖을 먹게 하려고 가볍게 엉덩이를 때립니다. 그래도 아기가 계속 울어대면, 어머니는 마음이 상하고 깊이 걱정합니다. 어머니는 아기를 흔들어주고, 입을 맞추고, 온갖 방식으로 달래어 젖을 빨게 합니다. 만일 어머니의 품 안에 있는 아기에게 금이나 은이나 진주 등을 준다면, 순진한 호기심으로 그것을 바라보겠지만, 아기는 다른 것에는 관심을 두지 않고 젖을 먹습니다.

또 아버지는 일하지 않는다거나 원수를 대적하여 싸우지 않는다는 이유로 아기를 벌하지 않습니다. 이는 아버지는 아기가 어리고 힘이 없다는 것을 알기 때문입니다. 아기에게 두 다리가 있지만 걸을 수 없고, 두 손이 있지만 무기를 잡을 수 없습니다. 그러므로 아기의 부모는 아기가 장성할 때까지 참습니다. 아기가 자라서 어린이가 되었을 때 누군가와 싸워 넘어진다면, 아버지는 화를 내지 않습니다. 왜냐하면 아이가 아직 어리다는 것을 알기 때문입니다. 그러나 아이가 자라 어른이 되어 아버지의 원수를 자기의 원수로 여길 때 그의 가치가 드러납니다. 그때 아버지는 아들이 자격이 있다고 여겨 자신이 가진 것을 모두 아들에게 맡깁니다.

그러나 부모가 온갖 노력을 했음에도 불구하고 아이가 자라서 방탕하고, 부모를 미워하고, 감사하지 않고, 부모의 원수와 친근하게 지낸다면, 부모이지만 그를 자식으로 사랑하지 않고, 유산을 주지 않고, 집에서 쫓아낼 것입니다.

형제자매들이여, 우리는 회개의 보호 아래 머물며, 그 거룩한 젖을 먹고 자라야 합니다. 회개의 가벼운 멍에를 매십시오. 그것은 하나님의 은혜로 우리가 거듭나고 하나님의 뜻 안에서 튼튼해져서 "온전한 사람을 이루어 그리스도의 장성한 분량이 충만한 데까지"(엡 4:13) 이르도록 우리를 가르칠 것입니다.

9. 압바 마가(Abba Mark)

대죄란 회개하지 않은 죄입니다. 사람은 결코 하나님만큼 선하거나 자비롭지 못합니다. 죄 속에 끈질기게 머물면서 회개하지 않는 사람은 하나님이라도 용서하시지 않습니다. 우리는 죄를 짓고 깊이 후회하면서도 온갖 핑계와 원인을 들이댑니다.

10. 게론티콘

1. 작은 수도원에서 사는 형제가 마귀의 유혹을 받아 규칙적으로 색욕에 넘어지곤 했다. 그렇지만 그는 수도복을 벗으려 하지 않았다. 그는 봉사와 기도를 마치면 신음하면서 다음과 같이 간구하곤 했다: "내 주여, 내가 원하든지 원치 않든지 나를 구원해 주십시오. 나는 진흙이

므로 죄의 악취를 갈망합니다. 그러나 전능하신 하나님은 내가 죄짓지 않도록 막아주실 수 있습니다. 주님이 의인을 불쌍히 여기신다면, 그것은 그리 중요하지 않습니다. 주께서 깨끗한 자들을 구원하신다면 그것은 그리 놀라운 일이 아닙니다. 왜냐하면, 그들은 노력과 덕의 분량 때문에 주님의 선하심을 누릴 자격이 있는 자들이기 때문입니다. 주님, 자비로 기적을 행해 주십시오. 나에게 무한한 사랑을 보여주십시오. 이는 덕을 모두 박탈당한 가난한 사람이 주님께 자신을 맡기기 때문입니다." 그 형제는 죄를 지었든지 짓지 않았든지 날마다 눈물을 흘리면서 이렇게 기도했다.

어느 날 밤에도 습관대로 음란한 죄에 빠졌다. 그러나 그는 한밤중에 기도하러 일어났다. 그를 죄 속으로 인도했던 마귀는 그 형제가 기도로 자신을 하나님 앞에 두고 뻔뻔스럽게 행동하게 하려고 미친 듯이 노력했다. 그는 그 형제 앞에 모습을 드러내고서 "불쌍한 녀석아! 어떻게 부끄러움을 모르고 하나님 앞에 설 수 있느냐? 어떻게 감히 하나님의 이름을 부를 수 있느냐? 감히 하나님을 찬양하다니 정말 뻔뻔스럽구나"라고 말했다. 그 형제는 이렇게 대답했다: "이 수실은 대장간이다. 너는 망치로 치고받는다. 나는 죽을 때까지 어디서든지 너를 대적하여 싸울 것이다. 조심해라. 나는 하나님의 무한한 선하심을 믿고 용기를 내어 맹세한다. 네가 공격을 멈출 때까지 나는 너에게 저항하면서 죄인을 불러 회개하고 구원받게 하려고 오신 분의 이름으로 쉬지 않고 기도할 것이다. 결국 네가 이기는지 하나님이 이기는지 보게 될 것이다."

마귀는 이 말을 듣고서 "이제부터 나는 너를 공격하지 않겠다. 그러니 네가 인내하여 승리의 면류관을 얻는 것과 관련하여 나에게는 책임이 없다"라고 대답했다. 그리고 원수 마귀는 형제에게서 떠나갔다.

그때까지 공격을 받았던 형제는 죄를 깊이 회개하고 앉아서 쉬지 않고 울었다. 그는 종종 "내가 우는 것은 좋은 일이다"라고 생각했다. 그러나 그는 이 생각에 대해서 "그러한 선을 없애라. 하나님께서 사랑의 영혼을 구원하시거나 구원하시지 않거나, 온갖 더러운 행위로 영혼을 더럽힌 사람이 그저 앉아서 탄식하는 것이 하나님이 바라시는 것이 아니다"라고 대꾸했다.

2. 스케테에 압바 파프노우티오스(Abba Paphnoutios)와 함께 사는 형제가 있었다. 이 형제는 방탕한 생각과 싸웠는데, 종종 정욕의 영향을 받을 때면 "여인 열 명으로도 내 욕망을 충족시키지 못할 것입니다"라고 말하곤 했다. 파프노우티오스는 그를 달래면서 "그렇게 생각하지 말게. 이것은 곧 지나갈 시험이라네"라고 말해주었다. 그러나 형제는 이 소중한 충고에 귀를 기울이지 않았고, 결국 이집트로 가서 자기의 욕망에 따라 어느 여인을 취했다.

몇 년 후 파프노우티오스는 스케테를 떠나 이집트로 가서 타락한 그 형제를 만났는데, 그는 깨진 질그릇 조각이 든 바구니를 들고 있었다. 그의 모습이 너무 비참했기 때문에 파프노우티오스는 처음에는 그를 알아보지 못했다.

타락한 형제가 압바에게 다가와서 "어르신, 저는 스케테에서 함께 지냈던 제자입니다"라고 말했다. 파프노우티오스는 형제를 알아보고 슬퍼 눈물을 흘리면서 말했다: "아들아, 어찌하여 존귀함을 버리고 이곳에서 이렇게 수치스럽고 비참하게 살고 있느냐? 네 말대로 정욕을 충족시키기 위해서 열 명의 여인을 취했느냐?" 그 형제는 한숨을 쉬고 눈물을 글썽이면서 "아버지여, 나는 육체적인 약함 때문에 단 한 명만 취했는데, 그 여인을 부양하기 위해서 힘들게 일하고 있습니다"라고 대답했다.

파프노우티오스는 부드러운 음성으로 "아들아, 돌아가자"라고 말했다. 형제는 괴로워하면서 "압바, 저에게 회개할 기회가 있을까요?"라고 물었다.

파프노우티오스는 형제에게 용기를 주면서 "물론이지"라고 대답했다. 이 희망의 말을 듣고서 그 형제는 모든 것을 버리고 파프노우티오스를 따라 사막으로 갔다. 스케테에 도착한 후 그 형제는 악한 행위를 통해서 얻은 경험 때문에 영적으로 호전적이고 선한 수도사가 되었다.

3. 어느 형제가 어느 원로에게 "아버지여, 만일 어떤 사람이 마귀의 역사로 말미암아 음란의 유혹에 빠진 것을 보고서 분개하는 사람에게는 어떤 일이 일어날까요?"라고 질문했다. 원로는 직접적인 대답을 하지 않고 다음과 같은 이야기를 해주었다:

"이집트의 공주수도원에 유명한 부제가 있었습니다. 그때 정치적인 신념 때문에 도시에서 추방된 사람이 박해를 피해 가족들과 함께 수도원으로 도피했습니다. 부제는 마귀의 영향을 받아 그 남자와 함께 온 한 여인과 죄를 범했습니다. 그 죄가 드러났을 때 모든 사람이 역겨워했습니다.

"부제는 존경하는 원로에게 가서 사건을 고백했습니다. 원로의 수실 뒤에 지하 묘지가 있었는데, 부제도 그 사실을 알고 있었습니다. 부제는 죄를 회개하면서 원로 외에 아무도 알지 못하게 그 무덤에 들어가서 지내게 해달라고 부탁했습니다. 원로는 그의 부탁을 받아들여 지하무덤을 내주었습니다. 부제는 그 어두운 곳에 들어가서 원로가 때때로 가져다주는 약간의 물과 음식 외에 아무것도 먹지 않고 끊임없이 탄식하면서 진지하게 하나님 앞에서 회개했습니다.

"부제가 이렇게 회개를 실천하고 있을 때 나일강의 수위가 낮아서 이집트 전역이 완전히 말라버릴 위험에 처해 있었습니다. 가뭄을 막기 위해서 모든 사람이 믿음으로 하나님께 기도했습니다. 그때 어느 거룩한 사람에게 다음과 같은 계시가 임했습니다: '어느 수도사의 수실에 숨어 있는 부제에게 기도를 부탁하지 않으면, 강물의 수위가 올라가지 않을 것이다.' 이 거룩한 사람은 자신이 받은 계시를 모든 사람에게 알렸습니다. 이 메시지를 들은 사람들 모두가 놀라서 함께 수도사의 수실로 가서 어두운 지하 묘지에 있는 부제를 불러내어 나라를 가뭄에서 구하기 위해 하나님께 기도하라고 요구했습니다. 부제가 기도하자마자 강의 수위가 높아졌습니다. 이 기적은 하나님께서 부제의 회개를 받으셨다는 증거였습니다. 그리하여 과거에 분개했던 사람들 모두가 그의 회개로 말미암아 큰 유익을 얻고 하나님을 찬양했습니다."

4. 어느 형제가 정욕의 귀신의 공격을 받았다. 그 형제가 이집트의 어느 마을을 지나가다가 아름다운 여자를 보았다. 그 여자는 이교 사제의 딸이었다. 그 처녀를 보는 순간 정욕이 일어났기 때문에, 그는 처녀의 아버지에게 가서 "따님을 아내로 주십시오"라고 말했다. 이교 사제는 "내가 섬기는 신에게 물어보아야 하니, 잠시 기다리게"라고 대답했다.

사제는 자기의 신에게 신탁을 받으러 가서 물었다(이 신탁을 통해서 마귀가 이야기했다): "어느 수도사가 내 딸과 결혼하겠다고 합니다. 허락해도 될까요?" 귀신은 신탁을 가장하여 "그의 하나님, 세례, 그리고 수도 서원을 버리겠느냐고 물어보아라"라고 대답했다.

이교 사제는 돌아와서 수도사에게 "당신의 하나님과 세례와 수도사로서의 소명을 버리겠는가?"라고 물었고, 수도사는 그 조건을 받아들였다. 그런데 그 순간 그의 입에서 밝은 것이 나와 비둘기처럼 하늘로 올라갔다.

이교 사제는 곧바로 귀신에게 가서 "수도사가 당신이 요청한 대로 했습니다"라고 말했는데, 귀신은 "네 딸을 그에게 주지 말아라. 그의 하나님이 그에게서 떠나지 않고 여전히 그를 돕고 있다"라고 말했다. 사제는 수도사에게 가서 "내 딸을 줄 수 없네. 자네의 하나님이 계속 자네 곁에서 돕고 있기 때문일세"라고 말했다.

이 말을 듣고 수도사는 깊이 감동하여 속으로 "선하신 하나님이 나에게 많은 선한 것을 주셨건만, 내가 그분과 그분의 거룩한 세례와 나의 수도 서원을 부인했구나. 내가 그렇게 부인했음에도 불구하고 하나님은 나에게서 떠나지 않으셨고, 내가 배반했음에도 불구하고 여전히 나를 돕고 계시는구나. 그러니 내가 그분의 무한한 선하심에 근거하여 그분에게 달려가야 한다"라고 생각했다.

이렇게 정욕에서 회복한 형제는 즉시 사막을 향해 떠나 원로에게 가서 자기가 하나님을 부인한 것과 잘못된 생각을 고백했다. 원로는 친절하게 "형제여, 나와 함께 이 동굴에서 지내면서 3주 동안 한 번에 이틀씩 금식합시다. 이틀 동안 금식하고 사흘째 되는 날에는 금식하지 마십시오. 그러면 내가 하나님께 당신을 용서해달라고 부탁하겠습니다"라고 말했다.

원로는 그 형제를 위해 근심하면서 하나님께 "나의 하나님, 이 수도사의 영혼을 나에게 주시고, 그의 회개를 받아주십시오"라고 간구했다. 자비하신 하나님은 이 원로의 진정한 사랑에서 나온 진지하고 뜨거운 기도를 들어주셨다.

수도사가 참회의 한 주간을 보낸 후에 원로는 그를 찾아가서 "형제여, 무엇을 보았습니까?"라고 물었다. 수도사는 "예. 내 머리 앞에서 하늘에 높이 떠 있는 비둘기를 보았습니다"라고 대답했다. 원로는 회개한 수도사에게 "조심하세요. 그리고 혼을 다해 쉬지 말고 용서해 달라고 기도하세요"라고 말하고, 그곳을 떠났다.

둘째 주간이 지난 후에 원로는 다시 수도사가 지내고 있는 동굴에 찾아왔다. 그는 아버지처럼 관심을 가지고 "형제여, 어떻게 지내고 있습니까? 이번에도 무엇인가 보았지요?"라고 물었고, 그는 "예. 내 머리 곁에서 비둘기를 보았습니다"라고 대답했다. 원로는 진지하게 기도하고, 영혼 안에 깨어 머물라고 권면하고 떠나갔다.

마지막 셋째 주가 지났을 때, 원로는 동굴 속의 수도사를 찾아가서 "무엇을 더 보았습니까?"라고 물었다. 수도사는 기뻐하면서 "비둘기가 내 머리에 앉았습니다. 내가 손을 내밀어 붙들려 했더니 내 입속으로 날아들었습니다"라고 대답했다. 원로는 이 말을 듣고 하나님께 감사하면서 회개한 수도사에게 "형제여, 하나님께서 당신의 회개를 받아주셨습니다. 그러니 이제부터 조심해서 행동하십시오"라고 말했다. 형제는 감정이 북받쳐서 울면서 "아버지, 이제부터 당신 곁에 머물면서 죽을 때까지 떠나지 않겠습니다"라고 말했다. 실제로 그 수도사는 떠나지 않고 원로 곁에 머물렀다.

5. 어느 수도사가 원로에게 자기의 생각을 이야기했다. "수도사가 여러 해 동안 수덕 생활을 하다가 음란의 유혹에 빠진다면, 성공한 상태에서 죄에 빠졌으므로 어렵게 노력해야만 치명적인 몰락 상태에서 일어날 수 있다고 생각됩니다. 반면에 세상을 버린 지 얼마 되지 않은 사람은 초심자이므로 그렇게 큰 손해를 보지 않겠지요."

원로는 이렇게 대답했다:

"시험에 빠지는 수도사는 무너진 집과 같습니다. 주인이 이 집을 재건축하기로 하고 건축을 시작할 때 알맞은 재료, 즉 무너지지 않고 남아있는 도랑과 돌과 목재를 발견할 것입니다. 쉽게 재료를 발견할 수 있으므로, 쉽게 집을 다시 지을 수 있습니다. 그러나 기초를 파는 일을 시작도 하지 않은 사람, 아직 필요한 재료를 준비하지 않은 채 집을 완공할 것이라는 희망만 가지고 재료를 공급하기 시작한 사람은 많은 어려움을 겪을 것입니다.

"이 비유를 노련한 수도사와 미숙한 수도사의 차이에 적용할 수 있습니다. 여러 해 동안 수덕생활을 하여 경험이 많은 수도사가 실족한 후에 회복하기를 원한다면, 오랜 수덕생활로 습관이 된 것들—성경 연구, 시편 찬송, 손노동 등 그가 행하면서 보낸 세월 덕분에 익숙해져서 쉽게 행할 수 있는 것—에서 약간의 도움을 발견할 것입니다. 이런 까닭에 그는 죄가 파괴한 영혼의 집을 신속하게 재건할 수 있습니다. 반대로 수도생활의 의무와 그것을 실천하는 법을 배우기 시작한 미숙한 수도사는 실족한 후에 훨씬 더 오랫동안 노력해야 다시 일어설 수 있습니다. 왜냐하면, 그는 집을 건축하면서 동시에 재료를 수집해야 하기 때문입니다."

6. 어느 도시의 주교가 병이 들어 죽게 되었다. 그 도시에 있는 수녀원의 원장이 그 소식을 듣고 수녀 두 명과 함께 그를 찾아갔다. 그곳에 도착하여 수녀원장과 주교가 이야기하는 동안, 환자의 병상 가까이에 앉아 있던 수녀가 주교에게 열이 있는지 알려고 가볍게 주교의 발을 만졌다. 주교는 이 수녀 때문에 정욕의 시험을 받았다. 그는 방문객들이 돌아가려 할 때 수녀원장에게 "원장님, 나를 돌봐줄 사람이 없는데, 회복될 때까지 이 자매가 나를 돌보도록 해주십시오"라고 말했다.

수녀원장은 의심 없이 주교의 요청을 받아들여 수녀를 남겨 두고 떠났다. 마귀가 악한 욕망을 강화했으므로, 주교는 악한 생각의 공격을 묵인하려 했다. 그는 그 수녀와 더불어 죄를 범했고, 수녀는 죄의 열매인 아기를 잉태했다.

몇 달 후 그녀가 임신한 것을 사람들이 알아보게 되었다. 성직자들이 수녀를 범한 사람이 누구인지 알려고 수녀를 만나서 "누가 당신을 임신하게 했습니까?"라고 물었다. 수녀는 어떤 상황에서도 죄지은 사람을 밝히지 않았다. 성직자들이 그녀에게 죄인을 밝히라고 압박하고 있을 때, 주교는 "그녀를 내버려 두십시오. 내가 범인입니다"라고 말했다.

그는 이렇게 밝히고 나서 병들어 누워있던 침대에서 일어나 교회로 갔다. 그는 입고 있던 주교복을 제단에 올려놓고, 지팡이를 들고 아무도 자기를 알지 못하는 수도원을 향해 길을 떠났다. 주교가 수도원을 향해 가고 있을 때, 그 수도원의 원장은 곧 주교가 도착할 것이라는 계시를 받았다. 그는 문지기를 불러 "형제여, 주교가 우리 수도원으로 오고 있으니 잘 지키세요. 그분의 지위에 맞게 맞아들여야 합니다"라고 말했다. 문지기는 주교가 멋진 마차를 타고 수행원들과 함께 도착할 것이라고 기대했기 때문에 평범한 사람이 걸어서 수도원에 도착했을 때 조금도 관심을 두지 않았다. 그는 방문객이 누구인지 알지 못한 채 수도원장에게 알리러 갔다.

수도원장은 이 평범한 방문객이 기다리던 주교임을 알아채고 곧바로 그를 맞으러 갔다. 그는 교회의 권위자에 대한 존경의 표식인바 주교의 손에 입을 맞추고 "주교님, 우리 수도원에 오신 것을 환영합니다"라고 말했다. 전혀 알지 못하는 사람이 자기를 알아보았기 때문에 주교는 놀라서 다른 수도원으로 떠나려는 생각을 품었다. 그러나 예지의 은사를 가지고 있던 수도원장은 주교의 죄뿐만 아니라 회개하려는 진정한 의도를 알았기 때문에 형제의 사랑으로 "당신이 어디로 가든지 함께 가서 당신의 지위를 알리겠습니다"라고 말했다. 수도원장은 주교를 위로하고서 수도원으로 데리고 들어갔다. 그는 얼마 동안 수도원에서 지내면서 회개하고 탁월한 덕의 경지에 도달했다.

몇 년 후에 주교가 세상을 떠났는데, 하나님은 그의 죽음과 관련하여 많은 기적을 행하여 그의 회개가 진정하고 성실한 것이었음을 사람들에게 증명해주셨다.[12]

---

12) 이 금언은 『사막 교부들의 세계』(엄성옥 역, 은성출판사. VI. 32, 112쪽)에 기록되어 있다.

제2장

현세에서 선을 행하라.

현세에서 선을 행해야 한다. 죽은 후에는 아무것도 바로잡을 수 없기 때문이다.

1. 게론티콘

1. 어느 형제가 압바 푀멘에게 질문했다: "아버지여, 두 사람이 있었습니다. 한 사람은 수도사이고, 또 한 사람은 평신도였습니다. 어느 날 밤 수도사는 다음 날 아침에 수도 소명을 포기하려 했습니다. 같은 날에 평신도는 수도사가 되기로 작정했습니다. 그런데 두 사람이 같은 날 밤에 자기의 뜻을 실현하지 못한 채 죽었습니다. 그렇다면 그들이 어떻게 심판을 받을까요?"

압바 푀멘이 다음과 같이 놀라운 대답을 해주었다: "간단하지요. 수도사는 수도사로 죽고, 평신도는 평신도로 죽었습니다. 왜냐하면 그들은 임종하는 순간의 상태로 이 세상을 떠났기 때문입니다."

2. 어느 원로는 "'오늘 내가 너를 집으로 부를지도 모른다'라는 소리가 끊임없이 귀에서 울려 퍼져야 합니다"라고 말했다.

3. 어느 원로는 "이 세대는 '오늘'을 말하지 않고 '내일'을 말합니다 (즉 이 세대는 회개를 내일로 미룹니다)"라고 말했다.

4. 어느 원로는 "오늘은 잊고 내일 회개하거라"라는 생각이 들면, 되받아서 "오늘 회개하고, 내일은 하나님의 뜻에 맡기겠다"라고 말하곤 했다.

5. 어느 원로는 이렇게 말했다: "결실로 이어지지 않은 악을 악한 행위라고 생각해서는 안 됩니다. 또 의로운 것이라도 고결한 행동으로 변화되지 않은 것을 의롭다고 여겨서는 안 됩니다."

2. 성 에프렘(St. Ephraim)

1. 형제자매들이여, 우리는 세상에 사는 동안 시간을 활용하여 회개할 수 있습니다. 한 번도 원수의 그물에 잡힌 적이 없는 사람은 복되고 행복한 사람입니다. 그러나 원수의 그물에 잡혔던 사람이 그물에서 도망쳐 마귀의 포로가 되지 않을 수 있다면, 그는 자신을 복되다고 여겨야 합니다. 이는 우리가 비록 육체 안에 살지만, 물고기가 어부의 그물에서 도망치듯이 이런 식으로 영혼의 원수의 공격에서 도망칠 수 있기 때문입니다. 그물에 잡힌 물고기가 그물을 뚫고 나와 깊은 물 속에 들어간다면, 물속에 있는 한 안전합니다. 그러나 어부가 물고기를 그물에서 꺼내어 육지로 가져간다면, 어떻게 할 수 없습니다.

우리에게도 같은 일이 일어납니다. 즉 현세에 사는 한 우리는 하나님의 권위와 능력의 도움을 받아 원수의 악한 의도의 속박을 깨고, 회개를 통해서 죄짐을 벗고 구원에 이르고, 하나님 나라를 유업으로 받습니다. 그러나 만일 두려운 사망의 명령이 우리에게 임하여 영혼이 떠난 우리 몸이 무덤 속에 들어간다면, 물 밖으로 옮겨진 물고기가 생선 바구니에 들어가듯이, 우리는 구원받을 수 없습니다.

2. 형제여, "오늘 죄를 짓고 내일 회개하겠다"라고 말하지 마십시오. 내일을 장담할 수 없습니다. 내일을 위한 염려는 하나님께 속한 것입니다.

3. 압바 이삭(Abba Isaac)

나중에 회개할 것을 예상하고 다시 죄짓는 사람은 속임수라는 짐을 지고 하나님 앞에 갑니다. 이런 사기꾼에게는 예기치 않은 때에 불현듯이 죽음이 닥치기 때문에, 자신이 회개하겠다고 예상했던 날을 맞이하지 못합니다.

제3장

회개에 관하여

1. 압바 마가(Abba Mark)

수덕생활의 어려움과 수치에서 오는 슬픔을 피하려면, 다른 덕으로 회개할 수 있다고 기대하지 마십시오. 이는 어려운 일을 피하는 것과 허영이 실제로 죄에 기여하기 때문입니다. 어떤 종류든지 죄에 빠졌으면서도 자기가 범한 죄에 맞게 근심하지 않는 사람은 쉽게 다시 그 죄를 범할 것입니다.

2. 시리아 사람 이삭(St. Isaac the Syrian)

1. 당신은 선한 것을 망치는 데 사용한 것과 같은 수단을 사용하여 선을 회복해야 합니다. 당신은 하나님께 금을 빚지고 있습니까? 당신이 진주로 그 빚을 갚는다면, 하나님은 받지 않으실 것입니다. 다시 말해서, 당신이 성욕을 억제하지 못했습니까? 당신이 계속 음란 속에 머무는 한 하나님은 당신이 행하는 구제를 받지 않으실 것입니다. 당신이 마귀의 시기심에 정복되어 몸의 순결에 관한 하나님의 명령을 범했기 때문에 하나님은 당신에게서 몸의 거룩함을 받으려 하십니다. 철야하면서 잠을 극복하려고 노력하는 이유가 무엇입니까? 왜 끊임없이 금식합니

까? 당신이 방탕이라는 정념을 계속 배양하는 한 이런 것들이 그 정념을 다루는 데 유익을 주지 못합니다. 영혼의 병이든지 육체의 병이든지 모든 질병은 알맞은 약으로 치료해야 합니다.

2. 두 형제가 수도생활을 하려고 세상을 버렸습니다. 한 사람은 감람산에서 수도생활을 시작했습니다. 어느 날 찌르는 듯한 통회 때문에 그의 마음이 뜨거워졌습니다. 그는 즉시 예루살렘으로 내려가서 그곳 통치자에게 자기의 죄를 모두 고백하면서 "내가 법을 어겼으니 벌을 주십시오"라고 간청했습니다. 통치자는 자기에게 죄를 고백하는 사람의 통회와 회개에 놀라서 잠시 깊이 생각한 후에 이렇게 말했습니다: "당신이 자발적으로 죄를 고백하고 진지하게 회개했으므로, 하나님이 당신을 판단하기 전에는 당신을 판단하지 않겠습니다. 그분은 이미 당신을 용서해 주셨을 것입니다."

형제는 그 말을 듣고 그곳을 떠나 스스로 두 발과 목을 쇠사슬로 묶고 수실에 들어가 나오지 않았습니다. 누군가 그를 찾아와서 "누가 당신에게 이 무거운 쇠사슬을 얹었습니까?"라고 물으면, 그는 "통치자입니다"라고 대답하곤 했습니다.

그가 숨을 거두기 직전에 주의 천사가 와서 쇠사슬을 벗겨 주었습니다. 다음 날 시중을 드는 제자가 방에 들어가 그 수도사에게서 쇠사슬이 제거된 것을 보고 놀라서 "누가 쇠사슬에서 풀어주었습니까?"라고 물었습니다. 수도사는 "내 죄를 용서해주신 분입니다. 어제 주의 천사가 나타나서 '네가 보여준 인내 때문에 너의 모든 죄가 용서되었다'라고 말하고 손가락으로 쇠사슬을 만지니 즉시 그것이 나에게서 떨어졌습니다"라고 말했습니다. 수도사는 이렇게 말한 후 곧 영원한 잠에 빠졌습니다.

3. 이집트 사막에 있는 모니디아 산거(散居) 수도원[1]에서 혼자 사는 형제가 쉬지 않고 하나님께 기도했습니다: "주님, 나는 하나님을 경외하지 않습니다. 그러니 내 영혼이 소생하여 하나님에 대한 경외를 알도록 번개나 벌이나 질병을 내려 주십시오." 어느 때는 "내 주여, 내가 주님 앞에서 큰 죄를 지었고, 나의 악행이 무수합니다. 그러니 감히 용서를 요청하지 못합니다. 만일 나를 용서하실 수 없다면, 내세에서 나의 지옥이 가볍게 되도록 영원한 지옥에서 벌하지 마시고 지금 이곳에서 벌해 주십시오. 주님, 의분이나 진노로 벌하지 마시고 자비로 관대하게 지금 벌주시기만 요청합니다"라고 기도했습니다.

그렇게 일 년을 지냈습니다. 그동안 수도사는 혼을 다해서 눈물을 흘리면서 하나님께 용서해 달라고 간구하고, 금식하고, 철야하고, 영혼이 기진맥진할 만큼 통회하면서 회개했습니다.

언젠가 그가 땅에 앉아서 죄 때문에 슬퍼하고 신음하다가 잠이 들었는데, 그리스도께서 나타나셔서 매우 친절하고 배려하는 음성으로 "무엇이 잘못되었느냐? 왜 그리 가눌 수 없을 만큼 슬퍼하느냐?"라고 물으셨습니다. 수도사는 즉시 주님을 알아보고 두려워하고 공경하면서 "나

---

[1] 스케테(skete), 또는 라브라(lavra)를 산거(散居) 수도원이라고 부른다. 이 형태의 수도원은 한 사람의 영적 지도자, 도는 모 수도원을 두고 주중에는 흩어져서 독수도생활을 하다가, 주말에는 한 데 모여서 예배와 애찬을 나눈 후 다시 흩어지는 형태의 수도생활을 말한다.

는 넘어졌습니다"라고 대답했습니다. 주님은 "그렇다면 일어서거라"라고 말씀하셨습니다. "주님이 붙들어주시지 않으면 일어설 수 없습니다." 주님은 손을 내밀어 수도사를 붙잡아 일으켜 주셨습니다. 수도사는 일어나서 자기를 일으켜주신 주님 앞에 서서 다시 찌르는 듯한 슬픔으로 울기 시작했습니다. 이번에도 주님은 부드럽게 "왜 우느냐? 왜 슬퍼하느냐?"라고 물으셨습니다.

그 형제는 "내가 주님에게서 선한 것을 많이 받았으면서도 주님을 슬프게 하였으니 울며 슬퍼해야 하지 않을까요?"라고 말했습니다. 이 말을 들으신 주님은 다시 손을 뻗어 수도사의 머리를 가볍게 쓰다듬으시면서 말씀하셨습니다: "이제 더는 슬퍼하지 말아라. 네가 나를 위해 그러한 슬픔을 당해왔으니, 나는 너 때문에 슬퍼하지 않을 것이다. 나는 너를 위해 피를 흘렸는데, 너를 비롯하여 자기의 죄 때문에 진정으로 회개하는 모든 영혼을 용서하지 않겠느냐?"

이 형제는 이 환상에서 깨어나자마자 마음에 기쁨이 가득해졌습니다. 그의 내면의 생각은 하나님께서 그를 불쌍히 여기셨다고 알려주었습니다. 그러므로 그는 자기의 죄를 용서해주신 하나님께 감사하면서 겸손하게 일생을 살았습니다.

4. 어느 원로는 다음과 같이 말했습니다: "만일 당신이 죄를 지었는데, 거기서 벗어난 후에 슬퍼하며 회개를 시작했다면, 죽을 때까지 슬퍼하며 탄식해야 합니다. 그렇지 않으면 다시 같은 죄에 빠질 수 있기 때문입니다. 하나님에게서 오는 근심은 당신이 다시 넘어지지 않도록 붙잡아주는 영혼의 굴레입니다."

5. 압바 다니엘은 성 아르세니우스(Abba Arsenios)[2]가 일 년에 한 번만 야자잎 삶는 물을 바꾸었다고 말했습니다. 그는 물의 양이 적어지면 물을 조금 더 부었습니다. 그는 한밤중까지 야자잎으로 밧줄을 꼬았습니다. 이렇게 일하는 동안 고인 물에서 참을 수 없이 악취가 났습니다. 그의 수실을 방문하는 교부들은 왜 야자잎에서 나오는 물을 바꾸지 않고 악취를 참고 지내느냐고 물었습니다. 아르세니우스는 "나는 평신도로 살 때 향내음을 맡고 즐겼으니 악취를 참고 견뎌야 합니다."라고 대답했습니다.

이처럼 정념은 반대되는 약으로 다스려야 합니다. 우리가 누려온 육욕적인 쾌락에 대한 기억은 그에 상응하는 어려움으로 없애려고 노력해야 합니다.

6. 압바 페르메의 테오도르(Theodore of Pherme)[3]는 참회의 법을 실행

---

[2] 스케테(skete), 또는 라브라(lavra)를 산거(散居) 수도원이라고 부른다. 이 형태의 수도원은 한 사람의 영적 지도자, 도는 모 수도원을 두고 주중에는 흩어져서 독수도생활을 하다가, 주말에는 한 데 모여서 예배와 애찬을 나눈 후 다시 흩어지는 형태의 수도생활을 말한다.

[3] 페르메의 테오돌은 스케테에서 대 마카리우스(Macarius the Great) 밑에서 수도사 훈련을 받은 듯하다. 그는 유식한 사람이었으며, 부제(deacon)로 임명되었으나 겸손하게 거절했다. 제1차로 스케테가 황폐하게 되었을 때 페르메로 갔다. 팔라디우스는 그곳을 '광대한 스케테 사막과 경계를 이루는 이집트에 있는 산'이라고 했다.

여기서 산이라고 함은 보통 우리나라의 산과 다르다. 여기서 사막이란 모래 사막이 아니라 진흙이 딱딱하게 된 와디(wadi)이다. 이처럼 도시보다 높은 와디를 사막이라고 부른다.

페르메의 테오돌에 관한 금언은 『사막 교부들의 금언』(182~192쪽)에 총

하고 있는 사람은 법의 구속을 받지 않는다고 말했습니다. 즉 성실하게 회개하는 사람이 배정된 것보다 더 많은 일을 하려 한다면, 무엇으로도 그를 방해하지 않아야 합니다. 성령이 교회에 주신 법이 하나가 아니라 다수라고 생각해야 하듯이, 그에게 주어진 특별한 법도 마찬가지입니다.

7. 두 명의 수도사가 정욕의 귀신의 공격을 받아 수도처를 떠나 도시로 가서 여인을 취했습니다. 얼마 후에 그들은 이 일을 회개하고 서로 "우리가 거룩한 상태를 버리고 육욕적인 쾌락 속에 뒹굴면서 무엇을 얻었습니까? 그것은 궁극적으로 영원한 불 속에서 끝없이 지옥의 고통을 당하게 하는 원인이 될 것입니다. 이제 사막으로 돌아가서 회개합시다"라고 말했습니다.

그들은 사막으로 돌아가서 교부들에게 죄를 고백하고 참회의 법을 달라고 부탁했습니다. 원로들은 이 수도사들에게 일 년 동안 수실에서 나오지 말고 빵과 물만 먹고 지내라고 명령했습니다. (두 수도사는 얼굴이 서로 닮았습니다.)

교부들은 참회 기간을 마치고 수실에서 나온 그들을 보았습니다. 그런데 이상하게 그들의 얼굴이 닮았고 같은 음식을 먹고 같은 조건에서 살았는데 한 사람은 병들어 야위고 얼굴이 창백했고, 또 한 사람은 건장하고 쾌활했습니다.

두 사람이 같은 음식을 먹고 같이 폐쇄 상태에서 지냈는데 모습이 다

29개의 금언이 수록되어 있지만, 여기에 수록된 금언은 나오지 않는다.

른 것을 보고 교부들은 놀랐습니다. 그래서 창백하고 마른 수도사에게 "일 년 동안 밖에 나오지 않고 수실에서 지내는 동안 무슨 생각을 했습니까?"라고 물었습니다. 그는 "내가 지은 죄와 죽은 후에 가야 할 지옥을 끊임없이 생각했습니다. 영원한 벌에 대한 두려움 때문에 내 살이 뼈에 붙었습니다"라고 대답했습니다.

그들은 다른 수도사에게도 같은 질문을 했습니다. 그는 "나를 죄 가운데서 죽게 하지 않고 세상과 지옥의 더러움에서 건져내어 다시 이 거룩한 상태로 인도해주신 하나님께 감사했습니다. 그리고 끊임없이 하나님의 사랑을 기억하면서 영적으로 기뻐했습니다"라고 대답했습니다.

이들의 말을 듣고서 원로들은 "이 두 수도사의 회개가 하나님 앞에서 똑같이 가치가 있습니다"라고 말했습니다.

제4장

고민하는 사람을
지도하는 방법에 관하여

고민하는 사람을 회개의 행위 안에서 서서히 지도해야 한다.

1. 게론티콘

어느 형제가 유혹에 넘어가 죄를 지었다. 슬픔이 너무 컸기 때문에 그는 자기의 수도 규칙을 포기했다. 그는 회개를 원했지만, 슬픔이 방해했기 때문에 속으로 "어떻게 해야 이전의 상태를 회복할 수 있을까?"라고 말했다. 이렇게 태만했기 때문에 그는 수도사의 일을 할 힘이 없었다.

그는 어느 원로를 찾아가서 자기에게 벌어진 일을 고백했다. 그 수도사를 괴롭히고 있는 문제에 대한 말을 듣고서, 원로는 교훈적인 비유의 형식으로 다음과 같이 말해 주었다:

"어떤 사람에게 밭이 있는데 그가 소홀히 했기 때문에 잡초와 가시덤불이 밭을 뒤덮었습니다. 얼마 후 그 사람은 밭을 가꿔야겠다고 생각했습니다. 그래서 아들에게 밭을 개간하라고 말했습니다. 아들은 밭에 가시덤불이 가득한 것을 보고 낙심하여 '가시덤불을 모조리 뽑아낼 수 없을 것이다'라고 생각하고 누워서 잠이 들었습니다.

"아들은 잠에서 깨어 다시 많은 가시덤불을 보고 낙심하여 '문짝이 돌쩌귀를 따라서 도는 것 같이 게으른 자는 침상에서 도느니라 게으른 자는 그 손을 그릇에 넣고도 입으로 올리기를 괴로워하느니라' 라는 말씀처럼 땅바닥에 누워서 이리저리 뒹굴기도 하고 잠자기도 했습니다. 이런 식으로 며칠 동안 아무 일도 하지 않고 지냈습니다.

"이윽고 아버지가 아들이 일한 것을 보려고 밭에 왔습니다. 아버지는 아들이 태만하게 아무 일도 하지 않고 있는 것을 보고서 '얘야, 지금까지 아무것도 하지 않은 이유가 무엇이냐?' 라고 물었습니다. 아들은 '아버지, 산더미같이 많은 잡초와 가시덤불을 보니 일할 엄두가 나지 않아 누워서 잠들었어요. 그래서 오늘까지 아무것도 하지 않고 있습니다' 라고 대답했습니다. 아버지는 '아들아. 걱정하지 말아라. 날마다 네 침대 넓이만큼만 잡초를 뽑으면 언젠가는 일을 마칠 수 있을 것이다' 라고 말해주었습니다. 아들은 아버지의 충고를 따랐고, 얼마 후에는 밭에서 잡초와 가시덤불을 모두 제거했습니다.

"형제여, 당신도 이런 식으로 태만해지지 않고 조금씩 일할 수 있습니다. 하나님은 일하려는 당신의 마음을 보시고서 당신을 이전 상태로 회복해 주실 것입니다."

수도사는 원로의 충고를 듣고 인내하면서 실천했고, 마침내 하나님의 은혜로 자신이 찾던 평화를 획득했습니다.

제5장

항상 죽음과 심판을 기억하라.

항상 죽음과 장래의 심판을 기억해야 한다. 죽음과 장래의 심판에 대비하지 않는 사람은 쉽게 정념에 빠진다.

1. 성 안토니의 생애[1)]

성 안토니는 제자들에게 다음과 같이 말했다:

"태만하지 않으려면, 또는 수덕 수행에서 후퇴하지 않으려면, 항상 '나는 날마다 죽노라'라고 말한 사도의 말을 기억해야 합니다. 우리가 날마다 죽는 것처럼 산다면, 분명히 죄를 짓지 않을 것입니다. 내가 말한 것을 다음과 같은 방식으로 실현할 수 있습니다: 날마다 잠에서 깨어날 때 자신이 죽었다고 상상하십시오. 우리는 자신의 수명과 죽을 날을 알지 못하지만, 하나님의 섭리 안에서 날마다 계산됩니다.

"이런 식으로 생각한다면 죄를 짓지 않을 것이며, 아무것도 바라지 않을 것이며, 사람들을 미워하지 않을 것이며, 이 세상 보물을 얻으려 하지 않을 것입니다. 우리는 날마다 죽음을 기억하면서 물질을 없애고, 형제의 허물을 용서할 것입니다. 항상 죽음을 기억하고 심판 날을 대비하므로 여자를 바라지 않을 것이며, 부적절한 쾌락을 누리지 않을 것이며,

---

1) 『성 안토니의 생애』(아타나시우스 저, 엄성옥 역, 은성출판사)를 참조하라.

그런 것들이 다가올 때 혐오하고 피할 것입니다.

"죽음에 접근하는 데 대한 큰 두려움, 그리고 우리의 죄로 말미암아 우리를 기다리고 있는 고통에 대한 번민이 쾌락의 망상을 몰아낼 것이며, 죄로 기울어지는 영혼을 일으켜 세울 것입니다."

2. 자선가 요한의 생애

알렉산드리아 교회의 총대주교 요한(John the Great)은 죽음의 기억을 정신에 깊이 새기고 영혼의 눈으로 생생하게 보기 위해 자기의 무덤을 만들라고 명령했다. 그러나 그것은 반쯤 진행되다가 중지되어 완공되지 못했습니다. 후일 그는 공식적인 축제가 개최될 때마다 자기의 무덤 건축에 종사했던 사람들에게 축제 장소에 가서 사람들에게 큰 소리로 "주인님, 당신의 무덤이 아직 완공되지 못했습니다. 죽음이 도둑처럼 예기치 않게 임할 것이며, 아무도 그 시간을 알지 못하니, 우리를 다시 보내어 무덤을 완공하게 해주십시오"라고 말하라고 했다.

3. 게론티콘

1. 압바 아가톤(Abba Agathon)[2]은 수도사는 매순간 하나님의 두려운

---

2) 아가톤은 젊었을 때 테베로 가서 푀멘에게서 교육을 받았다. 푀멘은 그를 귀하게 여겼다. 푀멘의 금언에서(#61)을 보면, 압바 조셉은 압바 푀멘이 어린 제자를 "압바"라고 부르는 것에 대해 놀라움을 표현하고 있다. 압바 아가톤은 스케테로 가서 얼마 동안 압바 알렉산더와 압바 조일루스와 함께 살았다. 이들은 후일 압바 아르세니우스의 제자가 되었다. 스케테 지방의 첫 번째 멸망 후 그는 제자 아브라함과 함께 스케테를 떠나 나일강 근처 트로이

심판, 즉 그리스도의 재림을 기억해야 한다고 말했다.

  2. 어느 은수사가 요단강 주변에서 여러 해 동안 수도생활을 하고 있었다. 그는 하나님의 보호하심으로 말미암아 원수의 공격을 받지 않고, 마귀와의 싸움에 거의 시달리지 않고 지냈다. 그는 자기를 찾아오는 사람들의 영적 유익을 위해서 사탄을 조롱하면서 "사탄은 끊임없이 죄 속에 거하는 사람을 약하게 할 뿐이지 다른 사람들을 전혀 해치지 못합니다"라고 말하곤 했다. 그는 사탄이 공격하는 것을 허락하지 않은 하나님의 은혜 때문에 확신하고 이렇게 말했다.

  그의 생이 끝날 무렵 하나님의 은혜로 마귀가 그의 눈앞에 모습을 드러내고서 "내가 너에게 무슨 일을 했었느냐? 내가 너를 괴롭혔느냐?"라고 물었다. 은수사는 즉시 그의 얼굴에 침을 뱉으면서 늘 하던 대로 조롱하고, 마지막에 "사탄아, 내 뒤로 물러나라. 너는 그리스도의 종에게 해를 끼칠 수 없다"라고 말했다. 사탄은 "그래, 그렇지. 너는 아직 40년을 더 살 텐데, 그동안 내가 너를 넘어뜨릴 시간을 찾지 못하리라 생각하느냐?"라고 말하고 사라졌다.

  그런데 악한 생각의 씨앗이 은수사의 마음에 심어졌다. 그는 즉시 자기의 생각과 씨름하면서 "이 사막에서 오랫동안 어려움을 참고 견뎌왔는데, 하나님이 앞으로 사십 년을 더 살게 하셨다니? 그렇다면 세상에

(Troë)에서 그리 멀지 않은 곳에서 살았다. 그는 스케테에서 아모운, 마카리우스, 조셉, 피터와 함께 지냈다.

아가톤의 금언은 『사막 교부들의 금언』(83~96쪽)에 30개의 금언이 수록되어 있다. 이 금언은 그의 24번째 금언(93쪽)이다.

나가서 친척과 친구들을 만나야겠다. 그들과 함께 몇 해 동안 살다가 사막으로 돌아와 다시 수덕 생활을 시작해야겠다"라고 자신에게 말했다.

그는 이 생각을 실천에 옮겨 즉시 수실을 떠나 도시를 향해 출발했다. 그런데 인간을 사랑하시는 하나님은 이 은수사가 수덕적 노력을 포기하는 것을 원하지 않으셨으므로, 그가 수실을 떠나 얼마 되지 않았을 때 천사를 보내셨다. 천사는 그를 만나서 "압바, 어디로 가십니까?"라고 물었고, 은수사는 "도시로 갑니다"라고 대답했다. 천사는 "수실로 돌아가세요. 당신을 속이려 하는 사탄이 더는 당신을 괴롭히지 않을 것입니다"라고 말했다. 이 말을 듣고 은수사는 정신을 차려 수실로 돌아갔고, 사흘 후에 주님 품으로 돌아갔다.[3]

3. 어느 금욕적 원로는 나는 일하면서 굴대를 내렸다가 다시 끌어올리기 전에 죽음을 생각합니다"라고 말했다. 그는 또 "매 순간 죽음을 생각하는 사람은 영적인 심약함을 정복할 것입니다"라고 말했다.[4]

4. 어느 원로는 다음과 같이 말했다:

"어떤 일을 하든지 '지금, 이 순간에 하나님이 오신다면, 어찌 될 것인가?'라고 생각해야 합니다. 양심이 어떻게 대답할 것인지 생각하십시오. 만일 당신이 계획한 일과 관련하여 양심이 당신을 정죄한다면, 즉시 그것을 버리고 다른 일을 시작하여 담대하게 추진합니다. 선과 덕을 위

---

3) 이 금언은 『사막 수도사들의 세계』(122~124쪽, IV. 34)에 기록되어 있으며, 이에 대한 주석 설명이 달려있다.

4) 이 금언은 『사막 교부들의 세계』(170쪽, L. 121)에 기록되어 있다.

해 일하는 사람은 수실에서 작업하든지 거리를 걷든지 매 순간 영원한 길을 걸어갈 준비가 되어 있어야 합니다. 그러므로 일을 하든지, 산책을 하든지, 음식을 먹든지 항상 '내 영혼아, 지금 하나님이 너를 부르신다면, 어떻게 되겠느냐?'라고 자신에게 말해야 합니다. 양심의 대답에 주목하며, 그것이 알려주는 것에 주의를 기울이십시오.

"하나님의 자비가 당신에게 임했는지 알고 싶을 때도 양심에 물어보십시오. 하나님의 은혜가 마음을 조명해주며 '무슨 일이 있든지 하나님의 자비가 우리를 도울 것이다'라고 말해줄 때까지 계속 질문하십시오. 당신의 양심이 의심하면서 말하지 않으려면, 마음의 움직임을 세심하게 지켜보십시오. 만일 당신이 하나님의 긍휼하심을 받는 데 대해 조금이라도 의심이 든다면, 당신은 하나님의 자비에서 멀리 떨어져 있음이 분명합니다."

5. 압바 아르세니우스는 임종하는 순간에 울기 시작했다. 형제들과 교부들은 그가 우는 것을 보고서 "아버지, 당신도 죽음이 두렵습니까?"라고 물었습니다. 그는 "지금 내가 느끼는 두려움은 내가 수도사가 된 순간부터 나에게서 떠난 적이 없습니다"라고 대답하고 숨을 거두었다.[5]

---

5) 이 금언은 『사막 교부들의 금언』(80쪽), 아르세니우스의 금언 40번 마지막 문단에 나온다. 하나님과 사후 심판에 대한 두려움은 사람을 경성하게 하고 겸손하게 만든다.

4. 성 에프렘(St. Ephraim)

형제여, 날마다 죽음을 기다리십시오. 그리고 그 여정에 대비하십시오. 당신이 예상하지 못한 시간에 죽음의 명령이 임할 것입니다. 그때 준비가 되어 있지 않다면, 당신에게 화가 있을 것입니다.

만일 당신이 젊다면, 원수는 종종 당신의 정신 속에 다음과 같은 생각을 불어넣을 것입니다. "너는 아직 젊다. 아직 시간이 있으니 즐겁게 지내고, 늙어서 회개하여라. 많은 사람들이 세상의 쾌락을 즐기고 나중에 회개함으로써 천국의 기쁨을 수확했다는 것을 알지 못하느냐? 왜 너는 젊은 나이에 건강과 몸을 파괴하려 하느냐? 장차 병이 들 수도 있단다."

원수가 이렇게 교활하게 유혹할 때 다음과 같이 대답하십시오: "영혼을 죽이는 원수야, 그런 식으로 충고하지 말아라. 내가 오래 살지 못하고 젊어서 죽을 수도 있지 않느냐? 그렇다면 그리스도와 심판대 앞에서 어떻게 나를 변호하겠느냐? 나는 날마다 많은 젊은이가 죽고, 많은 노인들이 사는 것을 본다. 사람은 자기가 언제 죽을지 알지 못한다. 죽는 순간에 내가 심판관에게 '나는 죽기에는 아직 젊습니다. 그러니 회개할 수 있도록 보내주십시오'라고 말할 수 있겠느냐?

"나는 늙을 때까지 하나님을 위해 수고한 사람을 하나님께서 영화롭게 해주신다는 것을 알고 있다. 하나님은 예레미야에게 '내가 너를 위하여 네 청년 때의 인애와 네 신혼 때의 사랑을 기억하노니'(렘 2:2)라고 말씀하셨다. 그러나 젊어서부터 늙을 때까지 건전하지 못하고 기만적인 생각에 휘둘린 사람을 다음과 같이 비난했다: '너는 악 속에서 나이가 들었다. 이제 네가 젊어서 지은 죄가 너를 사로잡고 있다.' 성령은 젊어서부터 그리스도의 멍에를 어깨에 멘 사람을 축복하시며 '사람은 젊었을 때에 멍에를 메는 것이 좋으니'(애 3:27)라고 말씀하신다. 그러니 불법을 권하는 악한 자야, 나에게서 떠나라. 나의 주 하나님께서 너의 악한 계획을 파괴하시고, 능력과 은혜로 너의 교묘한 책략에서 나를 벗어나게 해주실 것이다."

그러므로 항상 죽을 날을 염두에 두십시오. 임종할 때가 되어 마지막 숨을 쉴 때 양심의 비난을 받을 이유가 있다면, 그 영혼은 무척 두렵고 떨릴 것입니다.

이 무상한 세상에서 선한 일을 한 사람, 다시 말해서 주님을 위해 조롱과 고통을 당하고 하나님이 기뻐하시는 일을 한 사람은 천사들의 호위를 받아 하늘로 들려 올라갈 것입니다. 온종일 지치도록 일한 사람이 보상과 휴식의 시간을 기다리듯이, 의인의 영혼도 마지막 순간을 기다립니다.

그러나 그때 죄인의 영혼은 큰 두려움과 공포에 사로잡힙니다. 관리에게 체포된 죄인이 받을 고통을 생각하여 법정으로 호송되는 동안 고민하고 두려워하듯이, 불의한 사람의 영혼은 영원한 불의 끝없는 고통과 무한히 많은 벌을 예상하고 고민하고 두려워합니다. 영혼이 자기를 붙잡고 있는 자들에게 "조금이라도 회개할 수 있도록 나를 놓아주십시오"라고 말해도 아무도 그의 말에 관심을 두지 않을 것입니다. 그를 호송하는 무자비한 자들은 "시간이 있을 때 회개하지 않았는데, 이제 회개하려느냐? 경기장이 열려 있을 때 영적 경기에 참여하지 않았는데, 경기가 끝날 시간이 되어 문이 닫혔는데, 이제서야 경기에 참여하기를 원하느냐? 주님이 '그러므로 깨어 있으라 어느 날에 너희 주가 임할는지 너희가 알지 못함이니라'(마 24:42)라고 말씀하신 것을 듣지 못했더냐?"라고 말할 것입니다.

이런 일에 대해 생각하고, 신랑이 오실 때 당신이 현세에서 하나님의 거룩한 뜻에 따라 행동한 깨끗한 영혼들과 함께 하늘나라의 신방에 들어갈 준비가 되어 있도록 항상 덕을 행함으로써 영혼의 등불을 꺼지지 않게 보존하십시오.

5. 압바 이사야

사람이 힘들게 얻는 것이 세 가지입니다. 이 세 가지는 영혼 안에 모든 덕을 보존하는 데 도움을 줍니다. 그것은 다음과 같습니다: 자기의 죄로 인한 슬픔과 눈물, 그리고 끊이없이 죽음을 기억하는 것. 날마다 죽음을 생각하면서 자신에게 "이 헛된 세상에 살 날이 오늘뿐이다"라고 말하는 사람은 하나님 앞에서 죄를 짓지 않을 것입니다. 반대로 자신이 오래 살 것을 기대하는 사람은 무수히 많은 죄를 지을 것입니다. 두렵고 큰 심판을 염두에 두고, 하나님 앞에서 자신의 모든 행위를 보고할 준비를 하는 사람이 살아갈 때 하나님은 그에게서 모든 죄를 제거해주실 것입니다. 그러나 무관심하게 살면서 "죽기까지 아직 시간이 있다"라고 생각하는 사람은 악한 자들과 함께 거주합니다.

하루의 일과를 시작하기 전에 영혼의 상태, 그리고 영혼이 이 썩어 없어질 몸을 떠나면 어디로 갈 것인지 생각하십시오. 단 하루도 자기의 영혼에 대해 태만하지 마십시오. 끊임없이 죽음을 생각하며, 생의 마지막과 영원한 지옥, 그리고 지옥에서 고통받는 자들을 눈앞에 두십시오. 자신을 살아있는 자로 여기지 말고, 영원한 지옥 불에서 타고 있는 자로 여기십시오.

임시 거주자로서 거주하고 있는 이 세상을 떠날 날이 다가오고 있는데, 세상의 무상한 것에 대한 관심에 묶여 있는 사람에게 화가 있습니다. 이 세상을 떠나 다시 돌아오지 못할 길을 가야 할 때, 귀중히 여겨 애착하던 것을 하나도 가져가지 못할 것입니다. 두려운 재판관 앞에서 악하고 더러운 생각 등 이 세상에서 행한 모든 것에 대해 책임을 져야 함에도 불구하고, 평생 무책임하게 살고 영혼에 무관심했던 사람에게 화가 있을 것입니다.

이러한 무관심 때문에 우리 앞에 꺼지지 않는 지옥 불, 잠들지 않는 구더기, 이를 악물고 갊, 그리고 천사들과 사람들과 모든 피조물 앞에서의 영원한 수치 등이 기다립니다. 벼룩, 이, 파리, 모기 등이 쏘는 것을 참지 못하면서도 영적인 용이 물어 멸망의 독을 주입하는 것에 반항하지 않고, 도망치거나 저항하지 않고 받아들이는 자에게 화가 있습니다.

현세에서 구원을 위해 노력하지 않으면서 어떻게 내세의 끝없이 두려운 고통을 참고 견딜 수 있겠습니까?

6. 게론티콘

1. 압바 에바그리우스(Abba Evagrios)[6]는 "항상 영원한 심판을 기억하

---

[6] 에바그리우스는 345-6년에 폰투스의 이보라에서 태어났다. 성 바질은 그를 성경 낭독자로 임명했고, 나지안주스의 그레고리는 그를 부제로 임명했다. 그는 그레고리를 수행하여 콘스탄티노플 종교회의에 참석했다. 382년에 예루살렘으로 갔으며, 그곳에서 중병에 걸려 멜라니아의 극진한 간호를 받았다. 383년에 이집트에서 가서 2년 동안 니트리아에서, 그리고 켈리아에서 알렉산드리아의 마카리우스의 제자로서 10년 동안 살았다. 그는 엄격한 수도 생활과 높은 학식으로 유명했다. 그는 오리겐 사상을 지지했다. 그

며, 언젠가는 죽어 죄를 짓지 않게 될 날이 온다는 것을 잊지 마십시오"
라고 말했다:

2. 어느 원로는 다음과 같이 말했다:

"수실에 있을 때 집중하여 죽음을 생각하십시오. 영혼이 없는 당신의 몸이 죽어 쓸모없게 될 것을 보며, 몸을 떠나는 영혼의 가슴 아픔을 생각하십시오. 이 세상을 지배하는 허영을 조심하며, 지옥의 벌을 생각하십시오. 지옥에 있는 자들의 영혼의 상태를 생각하십시오. 그들이 쓰라린 침묵 속에서 얼마나 두려워하고 떨며 신음하면서 재림의 최후 심판과 끝없는 슬픔을 기다리고 있는지 생각하십시오.

"날마다 모든 사람이 그리스도의 심판대 앞에 설 일반적인 부활의 날을 그려보십시오. 죄인들이 태초부터 하나님이 정하신 마지막 때까지 살았던 모든 사람들 앞에서, 그리고 하나님과 택하신 천사들 앞에서 영원한 수치를 당하게 될 두렵고 무서운 재판을 상상하십시오. 죄인들이 이렇게 수치를 당한 후에 지옥에서 끝없이 당한 견딜 수 없는 형벌, 꺼

러나 오리겐의 이단성에 대해 문제가 일어난 400년에 사망했다. 그는 훌륭한 교육을 받은 수도사였으며, 수도사들을 위한 글을 많이 남겼다. 그의 유명한 저서로는 Prakticos와 Chapters on Prayer가 있으며, 4세기 이집트 수도원의 신학을 정립했다. 그가 죽은 후에 이단으로 정죄되었지만, 정교회 전통에서는 그의 신학에 의심스러운 부분이 있더라도 실천적인 부분을 높이 평가하여 『필로칼리아』 제1권에 그의 글을 수록했다.

에바그리우스의 금언은 『사막 교부들의 금언』(162~166쪽)에 일곱 개의 금언이 실려 있으며, 그가 이집트 사막 수도원에 오게 된 이야기는 『팔라디우스의 초대 사막 수도사들의 이야기』 143~148쪽(38번)에 기록되어 있다.

이 금언은 『사막 교부들의 금언』 165쪽(그의 금언 4번)에 수록되어 있다.

지지 않는 지옥불, 잠들지 않는 구더기, 이를 갊, 바깥 어둠 등을 생각하십시오.

"또 햇빛보다 더 밝은 의인들을 그려 보십시오. 의인들이 그리스도와 함께 영원히 다스리고 말할 수 없는 영광에 참여하고, 천군들과 함께 영광의 왕께 승리의 찬송을 드리는 모습을 그려 보십시오. 세상에서 영적 싸움을 통해 주님을 기쁘시게 한 이 복된 사람들이 천국의 기쁨이 사라질 것을 염려하지 않고 끝없이 행복하게 천국의 즐거움을 누리며 사는 모습을 보십시오. 그곳에서 모든 고통과 슬픔과 탄식이 사라졌다고 기록되어 있습니다. 그러므로 의인들은 영원한 즐거움을 누릴 것이며, 이 모든 선한 것들을 빼앗길 염려 없이 소유할 것입니다.

"이런 것들을 끊임없이 생각하십시오. 항상 그것들을 연구하고, 죽은 후에 죄인을 기다리는 불운을 피하기 위해 조심하며, 의인을 위해 준비된 선한 것들과 행복을 얻으려고 노력하십시오. 이런 것들을 생각하고 상상하여 정신적으로 악한 생각에 시달리지 않는다면, 악한 생각을 피할 것입니다."

3. 압바 엘리아스(Abba Elias)는 "나는 내 영혼이 몸을 떠나는 순간; 나를 심판하실 하나님을 만날 순간; 두려운 재판관께서 나에게 정죄를 선언하실 순간 등 세 가지를 두려워합니다"라고 말했다.[7]

4. 어느 원로가 말했다: "재림 때 죽은 자들이 부활한 후에 영혼이 다

---

[7] 이 금언은 『사막 교부들의 금언』 압바 엘리아스 제1번(176쪽)에 수록되어 있다.

시 몸을 떠날 수 있다면, 모든 사람이 놀라고 두려워서 죽을 것입니다. 하늘이 열리고 진노하신 하나님이 나타나시는 것을 볼 때, 하늘의 모든 권세가 하나님과 함께 내려오고 모든 사람이 한곳에 모이는 것을 보면서 어떻게 놀라 죽지 않겠습니까? 그러므로, 항상 이런 것을 생각하고, 두려운 심판대 앞에 서서 우리의 행위에 책임을 져야 할 순간을 생각하십시오."

5. 어느 경건한 수도사가 시내 산에 가서 작은 수도처에 자리를 잡았다. 그곳에서 지내는 첫째 날 그는 그곳에서 살았던 교부가 "모세가 테오도르에게, 나는 지금 이곳에서 당신을 지켜 보고 있습니다"라고 적어 놓은 널빤지를 발견했다. 그는 날마다 이 널빤지를 보면서 그것을 기록한 사람이 수실에서 자기 앞에 있는 듯이 "당신은 지금 어디에 계십니까? 당신은 이곳에서 지켜보고 있다고 하지 않았습니까? 당신은 어디에 계십니까? 이것을 기록한 손은 어디에 있습니까?"라고 질문하곤 했다. 그는 날마다 죽음을 기억하고 끊임없이 울면서 이렇게 생활했다.

이 형제는 서예에 능했는데, 인근에 있는 수도사들이 종이를 가져와서 여러 가지 본문을 필사해 달라고 요청했다. 그러나 그는 사람들을 위해서 그것들을 필사하지 못한 채 죽었다. 그가 종이에 기록한 것은 단지 "나의 주님, 그리고 형제들이여, 나를 용서해 주십시오, 나는 다른 작은 일(작은 널빤지와 거기에 기록된 메시지)에 몰두해 있기 때문에 당신들을 위해 무엇을 필사할 시간이 없습니다"라는 것뿐이었다.

6. 어느 원로가 라이다우(Rhaithou)에 살고 있는 고행 수도사를 찾아가서 "아버지, 저는 제자에게 심부름을 시키려면 걱정이 됩니다. 제자가

돌아오는 것이 늦으면 걱정이 더 커집니다"라고 말했다. 수도사는 이렇게 대답했다: "나는 수행원을 심부름을 보내면, 문 앞에 서서 길을 바라봅니다. '그 형제는 돌아오지 않을 것이다'라는 생각 때문에 불안해지면, '다른 형제, 즉 주님의 천사가 와서 나를 주님께 데려간다면 어떨까? 그러한 만남에 대해 준비가 되어 있을까'라고 생각합니다. 그래서 나는 날마다 앉아서 내 죄 때문에 울고, 자신의 잘못을 고치려고 노력하면서 문을 지켜봅니다. 나는 울면서 '세상에서 오는 형제든지 천국에서 오는 형제든지, 다시 말해서 나의 제자든지 주님의 천사든지 그 형제가 더 일찍 오지 않을까?'라고 생각합니다."

원로는 이 말을 듣고 말없이 떠나갔다. 그날부터 그는 고행 수도사의 방법을 자기의 삶에 적용했다.

7. 라이다우에 어느 원로가 살았다. 그는 자기 삶의 마지막을 상기하기 위해서 다음과 같이 했다.

그는 수실에서 수심에 잠겨 고개를 숙이고 앉아서 신음하면서 "나는 장차 어떻게 될까?"라고 말하곤 했다. 그런 다음 잠시 말없이 쉬고 나서 다시 같은 자세로 같은 말을 했다. 그는 그렇게 하면서 밧줄을 꼬았다. 그는 평생 이런 식으로 살면서 영혼이 몸을 떠나는 순간에 대비하려 했다.

제6장

천국의 기쁨과 성도의 영광을 기억하라.

성도들이 누릴 영광이 형언할 수 없듯이, 천국의 기쁨도 형언할 수 없다. 그러므로 혼을 다해 천국의 기쁨과 성도의 영광을 기억해야 한다. 우리가 행하는 것은 그 기쁨과 영광에 비교될 수 없다.

1. 성녀 신클레티케[1]의 생애

신클레티케(St. Synkletike)의 말에 따르면, 우리는 이 세상에서 자신이 두 번째 자궁 안에 있는 것처럼 여겨야 한다고 한다. 우리가 어머니의 자궁 안에 있을 때의 삶은 태어난 후의 삶과 달랐다. 태아 시기에는 지금처럼 단단한 음식을 먹지 않았고, 지금처럼 일할 수 없었다. 이는 어머니의 자궁 안에는 햇빛이 비치지 않으며, 세상의 즐거움이 주어지지 않기 때문이다. 이런 까닭에 우리가 현세에 사는 동안에는 하늘나라에서만 누릴 수 있는 특별히 아름답고 놀라운 즐거움을 누릴 수 없다.

현세를 상세히 알게 되었으므로, 천국의 일들을 기억해야 한다. 세상 음식을 맛보았으므로, 하늘의 음식을 좋아해야 한다. 단명한 세상 빛에 만족해왔으므로, 이제 의의 해를 동경해야 한다. 위에 있는 예루살렘을

---

1) 성녀 신클레티케(St. Synkletike)를 『사막 교부들의 금언』에는 신클레티카(Syncletica)라는 이름으로 27개의 금언이 수록되어 있다(467~475쪽).

향한 강한 향수를 느끼며, 그곳을 고향으로 여기려고 노력해야 한다. 그러므로 영원히 선한 것을 누릴 수 있으려면 여생을 하늘의 복에 대한 소망으로 살아가야 한다.

태아가 어머니의 자궁 안에서 양분을 공급받으면서 서서히 자라다가 더 성숙한 유기체로서 완전히 성장하여 다양한 음식을 먹을 수 있게 되듯이, "그들은 힘을 얻고 더 얻어 나아가 시온에서 하나님 앞에 각기 나타나리이다"(시 84:6)라는 말씀처럼 의인들은 세상에서 행동한 방식으로 말미암아 완전해졌으므로 천상의 상태를 향해 출발한다.

죄인에게는 반대의 일이 발생한다. 그들은 모태 안에 정상적으로 형성되었지만 태어나기 전에 죽어 어둠에서 다른 어둠으로 사라진 태아와 같다. 세상에서 염려의 노예가 되어 근심 걱정하며 수고하면서 사는 죄인들이 이러한 태아와 같다. 그들은 선행과 회개라는 보물을 소유하지 못하고 죽어 지옥의 가장 어두운 곳으로 끌려간다.

그러므로 우리는 살면서 세 번 태어난다고 말할 수 있다. 한 번은 어머니에게서 태어나는데, 이때 세상 것에서 세상 것으로 나아간다. 나머지 두 번의 탄생에서는 세상 것에서 천상의 것으로 이동한다. 이 두 탄생 중 하나는 은혜의 탄생으로서 세례받을 때 실현되는데, 이것을 중생이라 부를 수 있다. 나머지 탄생은 회개, 그리고 선하고 고결한 행위로 이루어진다.

2. 게론티콘

1. 어느 원로는 사람이 천사가 될 수 있다는 것은 놀라운 일이 아니라고 말했다. 왜냐하면 우리는 천사들의 영광과 동등한 영광을 누릴 수 있

기 때문이다. 이 영광은 상을 제정하신 하나님을 위해 싸우는 사람에게 약속된 것이다.

2. 압바 히페레키우스(Abba Hyperechios)[2]는 항상 하늘나라를 생각해야 하는데, 그렇게 할 때 신속하고 분명히 그 나라를 유업으로 받을 것이라고 말했다.

3. 심하게 노동하는 원로에게 형제들 몇이 노동을 중지하라고 요청했는데, 그는 "자녀들이여, 아브라함은 무한히 많은 하늘의 은사를 보면서 살았을 때 더 노력하지 않은 것을 후회했을 것입니다"라고 대답했다.

3. 성 에프렘

형제자매들이여, 성도들이 누릴 영광은 크고 불가해한 데 반해, 현세의 영광은 쉽게 시들어버리는 꽃이나 빨리 마르는 연한 풀의 영광과 같습니다. 역사를 보면 많은 폭군과 왕들이 방대한 영토와 많은 도시를 정복했습니다. 그러나 이들이 거둔 승리는 곧 흔적도 없이 사라졌습니다. 그러한 왕들은 많은 국가를 지배하면서 자기의 이름을 영원히 남기기 위해 자신의 조각상이나 기념비를 세웠습니다. 그러나 그들이 죽은 후에 세력을 장악한 사람들이 그들이 세운 것들을 파괴했습니다. 어떤 침입자들은 기념비에서 전임 왕의 얼굴을 지우고 자기의 얼굴을 새겼습니

---

[2] 히페레키우스에 관한 금언 8개는 『사막 교부들의 금언』에 있다. 이 금언은 그 중 일곱 번째 금언(478쪽)이다.

다. 그리고 다음에 권력을 장악한 사람이 이 침입자들이 이룬 것을 제거했습니다.

어떤 왕들은 자기의 이름을 영원히 남기기 위해서 거대한 무덤을 만들고, 거기에 자기의 이름과 형상을 새겼습니다. 그러나 다음 세대가 이 무덤들을 통제했는데, 그 세대의 사람들은 이전의 흔적을 지우려고 왕들의 유해를 꺼내어 버렸습니다. 이렇게 영광을 추구한 왕들에게 귀한 무덤과 피라미드가 무슨 유익을 주었습니까?

하나님을 영화롭게 하는 사람들에게는 이런 일이 일어나지 않습니다. 이는 하나님께서 그들에게 영원한 생명과 끝없는 영광을 주셨기 때문입니다. 해와 달과 별의 빛이 희미해지거나 흐려지지 않고, 처음 피조된 날처럼 강하고 빛나며, 창조주께서 낮과 밤을 다스리도록 하늘에 이 천체들을 두시면서 정하신 한계에 따라 중단없이 빛을 비추는 것처럼, 하나님께서 자기를 사랑하는 자들을 위해 정하신 끝없는 기쁨과 하늘나라도 그렇습니다.

하나님께서 이러한 물리적 현상들을 만드실 때 부족함이 없었듯이, 사람들이 장래의 삶에서 기대하는 것들과 관련하여 약속을 이행하실 것입니다. 하늘과 땅의 유형적인 것들은 사라져 없어지겠지만, 성도들의 영광은 끝나지 않을 것입니다. 그러한 즐거움에 참여하지 못하고 견딜 수 없이 슬픈 장소인 영원한 어둠에 들어가지 않으려면 회개에 합당한 열매를 맺어야 합니다. 할 수 있다면 침실에 들어가서 창문과 문을 꼭 닫고, 빛이 들어오지 못 하도록 틈을 차단하고 어둠 속에 앉으십시오. 그리고 그 어둠이 얼마나 두려운 고통일지 느껴 보십시오.

이 세상에 있는 동안 고통이나 괴로움이 없이 잠시 후에 빛으로 돌아갈 수 있는 능력이 있음에도 어둠 속에서 큰 두려움을 느낀다면, 눈물과 이를 갊, 이러한 죄인들을 벌하는 꺼지지 않는 불이 다스리는 바깥 어둠이 얼마나 두려운 지옥인지 상상해 보십시오.

또 성도들은 말로 표현할 수 없이 아름답게 빛나는 선행의 옷을 입고 있는데, 우리는 세상에서 악한 행위와 낭비와 악한 쾌락을 준비했기 때문에 벌거벗었을 뿐만 아니라 더러워져서 악취가 나는 것을 볼 때 얼마나 부끄러울지 생각해 보아야 합니다. 그러므로 주 하나님의 자비와 긍휼하심을 얻으려면 그분 앞에서 울어야 합니다.

우리는 돈을 위해 싸우는 것이 아닙니다. 돈은 잃으면 다시 벌 수 있습니다. 우리가 대면하고 있는 위험은 영혼과 관련된 것입니다. 성경에서 "사람이 만일 온 천하를 얻고도 제 목숨을 잃으면 무엇이 유익하리요 사람이 무엇을 주고 제 목숨과 바꾸겠느냐"(마 16:26)라고 말한 것처럼, 영혼을 잃으면 회복할 수 없습니다.

또 이 세상 군인들을 생각해 보십시오. 그들은 세상 임금이 주는 상을 기대하면서 죽음도 불사합니다. 놀라운 약속을 받은 우리가 장래의 심판에서 구원받고 하늘의 좋은 것을 얻으려면 꾸준한 덕행의 노력에서 후퇴하지 말아야 합니다. 뜨거운 햇볕이나 고온을 견딜 수 없는데, 어떻게 우리를 소멸시키지 않고 끊임없이 타는 영원한 불을 견딜 것인지 항상 기억하고 생각하십시오.

이 세상에서 감각의 예민함을 시험해보면, 이 세상 불을 통해서 지옥의 견딜 수 없는 고통을 이해할 수 있을 것입니다. 등불을 켜고, 손가락 끝을 불길 속에 집어 넣어보십시오. 그때 고통을 참을 수 있다면, 다른 뜨거운 불도 참아낼 수 있을 것입니다. 그러나 작은 화상의 아픔을 참아낼 수 없다면, 영혼과 온몸이 꺼지지 않는 두려움 불 속에 던져질 때 어떻게 하겠습니까?

4. 압바 이사야

모든 성도들이 받은 영예와 그들이 증명한 열심을 항상 염두에 둔다면, 조금씩 선한 것에 끌려갈 것입니다. 또 죄인에게 예비되어 있는 굴욕을 기억한다면, 악한 것으로부터 보호될 것입니다.

5. 성 막시무스(St. Maximos)

인간을 하나님의 아들로 삼기 위해서 아버지 하나님의 말씀이 인자가 되셨으므로, 우리는 그리스도께서 온몸의 머리로 다스리시는 천국에서 이 성육신의 경륜의 목표가 실현될 것이라고 믿어야 합니다.

저세상에서 구원받은 자들과 은혜로 신이 된 사람들의 영적인 모임에서 하나님은 그들 가운데서 다스리시면서 구원받은 자들에게 천국의 복된 공적을 배당하시고, 자격이 있는 자들을 멀리하지 않으실 것입니다.

어느 지혜로운 해설자는 하늘나라는 자격이 있는 자들의 거처라고 말합니다. 또 어떤 사람은 하늘나라가 구원받은 사람들이 누릴 거룩한 상태에 비유된다고 주장합니다. 또 어떤 사람은 하늘나라가 하늘의 형상을 지니고 있는 사람들의 아름다움이라고 여깁니다.

나는 하늘나라에 대한 이 세 가지 견해가 일치한다고 생각합니다. 왜냐하면 장차 구원받은 사람들이 세상에서 행한 덕과 믿음의 행위의 질과 양에 비례하여 은혜가 주어질 것이기 때문입니다.

제7장

고결한 사람이 죽을 때

고결한 사람이 죽을 때 거룩한 것이 그 영혼을 덮어 기뻐하며 몸을 떠나게 해준다.

1. 성 그레고리 대화자(St. Gregory the Dialogist)

1. 이탈리아의 누르시아에 장로가 살았습니다. 그는 하나님의 섭리로 맡겨진 교회를 하나님을 경외하면서 지도했습니다. 이 장로는 그 직분에 임명된 순간부터 아내를 자매로서 사랑했습니다. 동시에 그는 그녀를 원수처럼 두려워하여 그녀가 건드리는 것조차 허락하지 않았습니다. 그는 그녀와의 결혼에 따른 모든 관계를 단절했습니다. 영혼을 장식해 주는 선한 특성을 지닌 거룩한 사람들도 이 특성—부적절한 일을 삼갈 뿐만 아니라 금지되지 않은 않은 일도 습관적으로 행하지 않는 것—을 가지고 있습니다. 이 장로는 자신이 아내와 더불어 실수하게 될까 두려워하여 생활에 필요한 일에서도 아내의 시중을 받지 않았습니다.

이처럼 신중하고 경계하면서 살면서 노인이 되었습니다. 장로가 되고 나서 사십 년이 되었을 때 그는 열병에 걸려 죽게 되었습니다. 아내는 그에게 죽음이 다가오고 있다고 생각하여 숨을 쉬는지 알려고 그의 코에 가까이 갔습니다. 죽어가던 장로는 그녀가 만지는 것을 느끼는 순간 이미 숨을 거두고 있었음에도 불구하고 남은 힘을 모아 마음에서 타고 있는 성령의 불길로 뜨거워져서 아내에게 "여인이여, 물러서세요.

내 안에 아직 불이 살아있으니, 짚을 치우세요"라고 말했습니다. 아내는 놀라 뒷걸음질 쳤습니다. 장로는 갑자기 몸에 힘이 생기는 것을 느껴 기뻐하면서 "어서 오십시오. 내 주인들이여, 들어오십시오. 어찌 나처럼 비천한 종에게 오셨습니까? 제가 가겠습니다. 감사합니다. 감사합니다"라고 소리쳤습니다.

주위에 모여 있던 사람들은 그가 같은 말을 반복하는 것을 보고서 호기심을 가지고 "지금 무슨 일이 일어나고 있습니까?"라고 물었습니다. 그는 자기에게 벌어지고 있는 일을 그들이 알지 못하는 것에 놀라며 "거룩한 사도들이 여기에 있는 것이 보이지 않습니까? 베드로와 바울 사도가 보이지 않습니까?"라고 대답했습니다. 그는 갑자기 베드로와 바울에게 말하는 것처럼 "알겠습니다. 곧 떠나겠습니다"라고 말했습니다. 이렇게 말하고서 그의 영혼은 떠났습니다. 이 경건한 사람은 실제로 사도들을 보았고, 자기가 그들과 함께 있다는 것을 확인해주었습니다.

이 사건으로 볼 때 의인이 죽을 때 인간을 사랑하시는 하나님께서 무엇인가를 주시는 것이 분명합니다. 임종하는 의인은 하나님의 섭리로 여러 성인들을 보므로, 죽는 순간에 두려움 때문에 낙심하지 않습니다. 영혼 깊은 곳에 그들이 곧 함께할 거룩한 사람들이 계시될 때 그들은 두려움이나 고통이 없이 쉽게 몸의 속박에서 벗어납니다.

2. 이탈리아 리에티의 프로부스(Probus) 주교에게도 같은 일이 일어났다고 합니다. 프로부스 주교가 중병에 걸려 죽게 되었습니다. 주교의 아버지 막시무스는 인근에 있는 의사들에게 도움을 청했습니다. 많은 의사들이 와주었습니다. 그들은 환자의 맥박을 재고 진찰한 후에 시중드

는 사람들에게 임종이 가까웠다고 말했습니다. 그러는 동안 저녁 식사 시간이 되었습니다. 병든 주교는 자신의 편안함보다는 자기를 돌보는 사람들의 편안함에 관심을 기울여 의사들에게 늙은 아버지와 함께 주교관 이층에 올라가서 식사하라고 청했습니다. 그리하여 병든 주교를 돌보기 위해 젊은 청년 하나를 남겨두고 모두가 식사하러 위층으로 갔습니다. 그 청년은 지금도 살아 있습니다.

주교의 침상 곁에 서 있던 청년은 갑자기 빛나는 옷을 입은 많은 사람이 방에 들어오는 것을 보았습니다. 그들의 얼굴은 입은 옷보다 더 빛났습니다. 사람들의 출현, 그리고 그들의 광채를 보고서 청년은 두려워서 땅에 엎드려 "이 사람들은 누구입니까?"라고 외쳤습니다. 청년이 외치는 소리를 들은 포로부스 주교는 몸을 움직여 방에 들어온 사람들을 바라보았습니다. 그는 즉시 그들이 누구인지 알아보았습니다. 그는 기뻐하고 즐거워하면서 두려워 소리치고 있는 청년을 위로하면서 "아들아, 두려워하지 말아라. 거룩한 순교자 유베날리스와 엘레우테루스께서 나를 찾아오셨구나"라고 말했습니다.

청년은 순교자들의 찬란함에 눈이 부셔서 환자의 방에서 뛰쳐나와 주교의 부친과 의사들에게 가서 자기가 본 것을 이야기했습니다. 그들은 즉시 환자의 방으로 내려갔는데, 주교는 이미 죽어 있었습니다. 청년이 보지 못할 만큼 빛나던 순교자들이 주교의 영혼을 데려갔을 것입니다.

3. 종종 택함 받은 사람의 영혼은 몸을 떠날 때 천국의 찬송 소리를 듣습니다. 그것은 영혼이 마지막 숨을 거두는 동안 찬송을 들으면서 몸으로부터의 분리를 느끼지 않게 하려는 하나님의 사랑의 섭리 때문입니

다.

 이제 말하려는 사건은 내가 복음에 관한 설교에서 언급했던 것입니다. 성 클레멘트 교회 입구 현관 근처에 불운한 사람이 살았습니다. 그의 이름은 세르불루스였습니다. 사지가 마비된 그 사람은 거리에서 구걸하곤 했습니다. 세르불루스는 물질적으로는 가난했지만, 덕에서는 매우 부유했습니다. 그의 육신은 병들어 마비되어 있었습니다. 내가 아는 바에 의하면, 그는 평생 마비되어 지내면서 똑바로 서지 못하고, 침대에서 일어나지도 못했고, 손과 발을 조금도 움직이지 못했습니다.

 어머니와 형이 이 사람을 돌보았습니다. 그는 기독교인들의 구제로 약간의 돈이 생기면, 어머니와 형을 통해서 다시 구제했습니다. 세르불루스는 교육을 받지 못했지만, 성경책을 구입하여, 자기를 찾아오는 경건한 사람들에게 그 성경책을 읽어달라고 부탁하곤 했습니다. 그리하여 그는 무식했음에도 불구하고 성경을 외워 영혼에 유익하게 사용할 수 있었습니다. 그는 밤낮 하나님을 찬송하고 영광을 돌리면서 영적으로 만족하며 용감하게 고통과 고난을 견뎌냈습니다.

 하나님께서 세르불루스의 인내에 대해 상 주실 때가 되어 그가 이 세상을 떠나 영원한 곳으로 가게 되었을 때 가장 먼저 사지의 아픔이 사라졌습니다. 그는 자기가 곧 죽을 것을 알고서, 자기가 거처를 제공했던 사람들에게 자리에서 일어나 함께 그의 영혼의 출발을 기대하면서 하나님께 찬송하라고 부탁했습니다. 갑자기 죽어가던 사람이 친구들의 찬송을 중단시키고서 두려움이 가득한 음성으로 "조용히 하세요! 하늘에서 찬송 소리가 들리지 않습니까?"라고 말했습니다. 죽음의 극심한 고통 속에서 이렇게 마음의 귀로 기뻐하면서 찬송에 집중하는 동안 그의 영혼은 육신에서 해방되었습니다. 영혼이 육신을 떠난 후 그곳에 향기가 가득하여 모든 사람이 그 냄새를 맡았습니다. 이로 보건대, 천국에서 찬송을 부른 영혼들이 세상을 떠나는 영혼을 받아들였음이 분명합니다. 이 감동적인 사건이 발생할 때 그곳에 있던 우리의 형제가 지금도 살아 있는데, 그는 눈물을 흘리면서 "우리가 그 복된 분의 시신을 매장할 때까지 이 달콤한 향기가 우리의 코에서 떠나지 않았습니다"라고 말했습니다.

4. 로마에 레뎀프타(Redempta)라는 수녀가 살았습니다. 그녀는 두 명의 영적 딸과 함께 살았는데, 하나의 이름은 로물라(Romula)였습니다. 세 수녀는 같은 집에서 물질적으로는 가난하지만 신앙과 덕에서는 부유하게 살았습니다. 그런데 로물라는 고행과 덕을 행하는 데 대한 갈망이 동료들보다 더 컸습니다. 인내와 완전한 순종으로 유명해진 그녀는 입을 열지 않으려고 노력했고, 침묵하며 참고 꾸준히 기도했습니다.

어떤 사람들은 외모를 보고 판단하여 많은 사람들을 완전하다고 생각합니다. 그러나 창조주가 보실 때 이 완전한 사람들에게 불완전함이 있을 수 있습니다. 조각상을 예로 들어 보겠습니다. 종종 예술가가 제대로 만들지 못한 작품이지만, 조각품에 대한 지식이 없는 사람은 그것이 완전하다고 생각할 수 있습니다. 그러나 자기의 작품을 많은 사람이 칭찬해도, 예술가는 조각을 한층 더 아름답게 만들려고 계속 망치로 치고 다듬습니다. 만물을 지으신 창조주의 뜻으로 이런 일이 로물라에게 일어났습니다. 그녀가 병들어 몸이 마비되었으므로 움직이지 못하고 침대에 누워 있게 되었습니다. 병마에도 불구하고 그녀는 낙심하지 않았고 신앙이 약해지지 않았으며, 오히려 영적인 힘을 얻었습니다. 그녀는 병 때문에 육체적인 작업과 고행을 할 수 없었지만, 더 경건하게 끊임없이 기도했습니다.

어느 날 밤에 그녀는 스승 레뎀프타와 동료 수녀를 곁으로 불렀습니다. 한밤중에 그들은 로물라의 침대 곁에 서서 놀라운 광경을 보았습니다. 예기치 않게 하늘에서 빛이 내려와서 수실을 가득 채웠습니다. 빛 때문에 눈을 뜰 수 없을 정도였으므로, 레뎀프타와 동료 수녀는 사지가 얼어붙는 것 같이 두려움을 느꼈습니다. 그들은 나중에 그 일에 대해 이야기했습니다.

그들이 놀라서 서 있을 때 수실 안에 사람들이 가득하고, 들어오는 사람들의 움직임 때문에 문이 부서지는 것같이 시끄러운 소리가 들려왔습니다. 레뎀프타와 제자 수녀는 눈부시게 밝은 빛과 두려움 때문에 눈을 감고 있었으므로 아무도 보지 못했습니다. 그런데 이 눈부신 빛에 기이한 향내가 동반되었습니다. 그 향내 속에서 여인들의 영혼은 기쁨을 느꼈습니다.

스승과 자매가 이 기이한 빛의 밝음을 견뎌내지 못하는 것, 그리고 스승이 두려워 떠는 것을 보고서, 로물라는 부드러운 음성으로 "어머니, 두려워하지 마세요, 나는 지금 죽지 않습니다"라고 위로했습니다.

로물라가 이렇게 말하는 동안 그곳에 있던 기이한 빛이 조금씩 사라졌습니다. 그러나 향기는 남아 있었습니다. 이틀, 그리고 사흘이 지났지만, 신비한 향내는 조금도 약해지지 않고 그대로 있었습니다. 나흘째 밤에 로물라는 영적 어머니를 불러 영원한 여정에 동행할 수 있도록 주님의 몸, 성찬을 베풀어 달라고 부탁했습니다. 그녀는 그 말대로 성찬을 베풀어주었습니다. 그때 수실 앞에 두 성가대가 나타나 찬송하기 시작했습니다.

영적 어머니와 동료 수녀가 나중에 이야기한 바에 의하면, 그들은 이 몸이 없는 성가대의 찬송에서 남자들과 여자들이 번갈아 찬송하는 것을 알 수 있었습니다. 다시 말해서 한 번은 여자들이 부르고, 다음에는 남자들이 불렀습니다. 수실 밖에서 들려오는 통회 가득한 천상의 찬송을 듣고 있는 동안, 로물라의 영혼은 육체의 속박에서 벗어났습니다. 그녀의 영혼이 하늘로 올라갈 때 찬송하는 성가대도 함께 올라갔으므로, 위로부터 찬송 소리가 계속 들려오다가 마침내 그들이 완전히 사라지고 음성과 향기도 없어졌습니다.

5. 육신을 떠나는 영혼을 위로하고 격려하기 위해서 생명의 주요 세상에서의 우리의 행위에 대해 상 주시는 분이 나타나시기도 합니다. 나는 종종 나의 숙모 타르실라(Tharsilla)와 관련된 사건을 이야기하면서 이것을 상기합니다. 타르실라 숙모는 두 명의 형제와 함께 끊임없이 기도하며 은둔 생활을 하셨습니다. 그분은 절제의 고지에 이르셨고, 놀랄 만큼 거룩해지셨습니다. 어느 날 밤 나의 증조부이시며 로마 교회의 총대주교이셨던 펠릭스가 환상 중에 숙모에게 나타나셔서 자애롭게 "내가 여기 이 빛나는 집에서 기다리고 있으니, 어서 오너라"라고 말씀하셨습니다.

얼마 후 타르실라 숙모가 열병에 걸려 거의 죽게 되셨습니다. 귀족들이 중병에 걸렸을 때의 관습(친척들을 위로하기 위해서 임종하는 사람의 집을 방문하는 것)에 따라 많은 사람이 임종하는 타르실라의 침상 주위에 모였습니다.

갑자기 거의 죽음에 이른 타르실라는 자기에게 오시는 예수님을 보려고 위를 쳐다보았습니다. 그녀의 영혼은 형언할 수 없는 기쁨에 사로잡혔습니다. 그녀는 죽음의 고통 속에서 설명할 수 없는 힘으로 손님들에게 "이제 가십시오. 주님이 오고 계십니다"라고 말했습니다.

타르실라가 오시는 예수님을 지켜보는 동안 그녀의 영혼은 몸을 떠났습니다. 그 순간 강하고 기이한 향기가 사방에 퍼졌습니다. 모든 사람이 그 향기를 맡았습니다. 그 향기는 그곳에 있던 모든 사람에게 형언할 수 없는 향기의 샘이신 믿음의 주께서 그곳에 계셨음을 지적해 주었습니다.

사람들이 죽은 자의 시신을 깨끗이 하는 관습에 따라 시신을 씻으려고 옷을 벗겼는데, 그녀가 끊임없이 엎드려 기도했기 때문에 무릎과 팔꿈치가 낙타 껍질처럼 단단해져 있었습니다. 그녀가 살아있을 때 행한 선한 행위를 시신이 드러내 주고 있었습니다.

6. 경건한 프로부스는 자기의 누이 무사(Musa)에 관해 다음과 같이 놀라운 이야기를 해주었습니다. 어느 날 밤 순진한 처녀 무사는 환상 중에 성모 마리아를 보았습니다. 성모 마리아는 함께 있는 한 무리의 소녀들을 가리켰는데, 무사는 그들에게 다가가고 싶었지만 그렇게 하지 못했습니다. 성모는 이 처녀들과 함께 지내기를 원하느냐고 물었습니다. 무사는 그렇다고 대답했고, 성모는 무사가 삼십 일 후에 성모와 함께 있는 처녀들과 함께 있게 되므로 어린아이처럼 행동하지 말며, 웃음과 장난감을 피하라고 명령했습니다.

그때부터 무사는 습관을 완전히 바꾸고 적절하게 행동했습니다. 딸이 갑자기 변한 것을 보고 놀란 부모님은 그 이유를 물었습니다. 무사는 환상 중에 성모가 나타나서 지시한 것, 그리고 자신이 환상에서 본 처녀들의 무리에 합류하게 될 날을 이야기했습니다.

25일째 되는 날 무사는 열병에 걸렸습니다. 그리고 30일째 되는 날 그녀의 영혼이 몸을 떠날 시간이 다가왔을 때 성모가 먼저 보았던 처녀들과 함께 와서 그녀를 불렀습니다. 무사는 얼굴이 붉어져서 평화로운 음성으로 "성모여, 지금 갑니다"라고 대답했습니다. 이렇게 말하고서 그녀는 숨을 거두어 처녀들의 반열에 합류했습니다.

7. 경건한 교부 스테픈(Father Stephen)에게 있었던 사건을 이야기하겠습니다. 그는 아주 가난하게 살면서 인내하고 끊임없이 기도에 전념했습니다. 그의 다른 덕목에 대해 알리려고, 그분의 삶에서 발생한 한 가지 사건을 이야기하겠습니다.

언젠가 그는 농사지은 밀을 수확하여 탈곡하려고 방앗간으로 가져갔습니다. 그것은 그와 제자들이 일 년 동안 먹고 지내야 할 유일한 양식이었습니다. 그런데 마귀의 도구인 악한 사람이 방앗간에 불을 질렀고, 스테픈이 수확한 밀이 모조리 타버렸습니다. 지나가던 사람이 우연히 이 사건을 보았습니다. 그는 스테픈에게 이것을 알려주면서 "스테픈 교부님, 참 끔찍한 일이 일어났습니다"라고 말했습니다. 그러나 스테픈은 전혀 동요하지 않고 평화로운 얼굴로 "형제여, 이 죄를 범하여 자기 영혼을 해친 방화범에게 재난이 있을 것입니다"라고 대답했습니다.

이 사건을 통해서 그의 생각과 정신이 물질에 대해 얼마나 무관심했는지 알 수 있습니다. 그는 일 년 동안 먹을 양식을 모조리 잃었지만, 동요하거나 괴로워하지 않았습니다. 그는 자신이 입은 물질적 손해보다 방화범이 자신의 영혼에 끼친 손해를 안타까워했습니다.

스테픈 교부가 임종할 무렵 이웃 사람들이 영적으로 그의 복되고 거룩한 영혼을 도우려고 모였습니다. 그들은 그의 침상을 둘러싸고 마지막 순간을 지켜보려 했습니다. 그가 죽은 후 그들 중 몇 사람은 천사들이 오는 것을 보았지만 한마디도 할 수 없었다고 말했습니다. 어떤 사람들은 아무것도 보지 못했지만 매우 두려웠다고 말했습니다. 천사들을 본 사람들과 아무것도 보지 못한 사람들 모두 겁에 질려서 임종하는 사람의 방에서 도망쳤기 때문에, 그의 영혼이 떠날 때 아무도 곁에 없었습니다. 이것은 세상을 떠나는 거룩한 영혼을 누가 받아주었는지 보여줍니다. 왜냐하면, 아무도 그 영혼의 영광스러운 출발을 목격하는 것을 감당할 수 없었기 때문입니다.

8. 위에서 이야기한 것 외에도 다음과 같은 사실을 알아야 합니다. 영혼의 상태가 항상 이 세상을 떠날 때 드러나는 것은 아니며, 죽은 후에 드러나기도 합니다. 불신자들의 무자비함을 참고 견딘 거룩한 순교자들의 예에서 이것을 볼 수 있습니다. 그들은 순교의 죽음 이후 날마다 그들의 유골에서 발산되는 기적들로 말미암아 영광과 빛을 발휘해왔습니다. 때로는 반대의 일이 일어나기도 합니다. 전능하신 하나님은 죽음 앞에서 용기를 잃은 사람들이 죽는 순간에 두려워하지 않게 하려고 다양한 계시로 용기를 주십니다.

예를 들겠습니다. 나는 안토니라는 젊은 형제와 함께 수도원에서 살았습니다. 그는 날마다 끊임없이 눈물을 흘리고 회개함으로써 천국의 말할 수 없는 기쁨을 얻으려고 노력했습니다. 그는 이 목적을 이루기 위해서 성경을 열심히 공부했습니다. 그는 지식을 얻으려 하지 않고 통회의 눈물을 획득하려 했습니다. 그는 자기의 정신을 지키고, 세속적인 것을 정복하며, 신비한 지식을 통해서 하늘 본향으로 올라가기 위해서 성경을 공부했습니다.

이 사람에게 환상이 주어졌습니다: "준비하여라. 주님이 이 세상을 떠나라고 명령하셨다." 안토니 수도사는 아직 떠날 준비가 되지 않았다고 대답했는데, 신비한 음성이 "네가 죄 때문에 준비가 되지 않았다고 주장하느냐? 네 죄가 이미 용서되었다는 것을 알아라"라고 말했습니다. 안토니 수도사는 이 말을 듣고 매우 두려웠습니다. 다음날 밤에도 같은 음성이 같은 말을 해주었습니다. 닷새 후에 그는 열병에 걸렸습니다. 이 택함을 받은 선한 형제와 작별하게 되었으므로 모든 형제가 눈물을 흘리면서 기도하는 동안 안토니의 영혼은 기뻐하면서 주님에게 갔습니다.

9. 같은 수도원에 메룰루스(Merulus)라는 형제가 있었습니다. 메룰루스 교부는 평생 사랑을 베풀고 한없이 눈물을 흘리면서 지냈습니다. 잠잘 때와 식사할 때 외에 그의 입에서 기도가 떠나지 않았습니다. 어느 날 밤 그는 흰 꽃으로 만든 면류관이 하늘에서 내려와 자기 머리에 씌워지는 환상을 보았다. 이 환상을 본 후에 메룰루스는 병이 들었고, 얼마 후 아무런 고통 없이 영적으로 기뻐하면서 세상을 떠났습니다.

메룰루스가 사망하고 나서 14년 후에 그 수도원의 베드로 원장이 메룰루스 교부의 무덤 곁에 있는 무덤을 정리하기 시작했는데, 메룰루스의 무덤에서 가장 향기로운 꽃을 모두 모아 놓은 것 같이 짙고 강한 향기가 풍겨나왔습니다. 이로 보건대 메룰루스가 본 환상이 참된 것이었음이 분명합니다.

2. 성 사바스의 삶

베다니 출신의 안티모스(Anthimos)라는 금욕적 원로가 살았다. 그는 성 사바스(St. Savvas)가 세운 피르고스(Pyrgos) 맞은편 협곡에 수실을 짓고 삼십 년 동안 금욕생활을 했다. 그는 병이 들어 고통 때문에 침대에 누워 지내게 되었다. 사바스는 늙고 병들어 고통받는 안티모스를 교회 내의 수실로 옮겨 형제들이 쉽게 그를 방문하고 시중들 수 있게 하라고 지시했다. 그러나 안티모스는 사바스의 제안을 받아들이지 않고 "나는 하나님께 소망을 두고 고행을 시작하면서부터 살아온 이곳에서 죽고 싶습니다"라고 대답했다.

얼마 후 어느 날 밤에 사바스는 조과(朝課)를 드리려고 밤중에 일어났다. 그런데 여러 사람이 부르는 듯한 찬송 소리가 들리는 것 같았다. 그는 자기가 들은 것이 조과 기도를 위한 아침 찬송이라고 생각하고서, 자신의 축복 기도가 없이 교부들이 아침 찬송을 시작한 것에 놀라 당황했다. 그는 서둘러 교회로 갔는데, 놀랍게도 교회 문은 닫혀 있었다. 그래서 그는 수실로 돌아왔다. 그런데 형언할 수 없이 부드러운 찬송 소리가 다시 들려왔다. 그들이 부르는 찬송은 "내가 전에 성일을 지키는 무리와 동행하여 기쁨과 감사의 소리를 내며 그들을 하나님의 집으로 인도하였더니"(시 42:4)였다.

그는 이 찬송이 어디서 들려오는 것인지 확신하고서 즉시 탈란톤(수도사들을 깨우거나 회의 소집을 알리는 데 사용되는 목재나 철제 도구)을 치는 책임을 맡은 수도사를 깨워 수도사들을 소집하라고 지시했다.

수도사들이 모두 모였다. 사바스는 몇 사람과 함께 원로의 수실에 갔다. 수실에 들어가 보니 원로는 홀로 영원한 잠을 자고 있었다. 그들은 그를 포옹하고 입을 맞추었고, 장례 예식을 거행한 후 안티모스의 시신을 매장했다.

3. 주상 고행 수도자 다니엘의 삶

주상고행(柱上苦行) 수도자 다니엘(St. Daniel the Stylite)이 죽기 사흘 전 한밤중에 모든 성인들과 선지자들과 사도들과 순교자들이 그를 만나기 위해 모였다. 다양한 하늘의 권세들도 그들과 함께했다. 피난처를 찾는 사람들의 구조자인 이 거룩한 무리는 다니엘에게 입 맞추었고, 거룩한 전례를 집례하고 다니엘에게 성찬을 받으라고 요청했다.

그가 임종하려 때 많은 사람이 성인과 함께하려고 왔는데, 그중에서 귀신 들린 사람이 그의 기둥에 접근했다. 이 사람은 다니엘을 방문한 성인들의 이름을 하나씩 부르고, 천사들도 그를 찾아왔었다고 확인하면서 소리치기 시작했다. 그는 그날 제3시에 다니엘 안에 여러 해 동안 거주하던 더러운 영이 하나님의 은혜로 쫓겨나 도망치고, 다니엘은 주님과 함께 떠날 것이라고 말했는데, 귀신 들린 사람이 예고한 시간에 그 일이 이루어졌습니다.

4. 게론티콘

교부들은 압바 시소에스(Abba Sisoes)의 말년에 대해 다음과 같이 말했다. 교부들은 임종하는 압바 시소에스 가까이에 서 있었다. 갑자기 시소에스의 얼굴이 밝게 빛나기 시작했습니다. 그는 기뻐하면서 "보세요. 압바 안토니가 오셨습니다"라고 말했다. 잠시 후에 그는 여전히 밝은 얼굴로 "보세요. 이제 선지자들의 성가대가 오셨어요"라고 말했다. 그는 한층 더 밝게 빛나는 얼굴로 "이제 사도들의 성가대가 도착했습니다"라고 말했다. 그는 보이지 않는 손님들과 대화하는 것처럼 보였다.

그곳에 있던 원로들이 "아버지여, 누구와 이야기하십니까?"라고 물었더니, 그는 "천사들이 나를 데리러 오셨습니다. 그런데 나는 회개할 수 있는 시간을 달라고 부탁하고 있습니다"라고 대답했다. 원로들은 "아버지, 당신은 회개할 필요가 없습니다"라고 말했다. 시소에스는 겸손하게 "나는 회개를 시작하지도 못한 것 같습니다"라고 말했다.

이윽고 마지막 순간이 되었다. 갑자기 시소에스의 얼굴이 해처럼 빛나기 시작했으므로, 모든 사람이 매우 무서워했다. 그는 놀란 원로들에게 "보이세요? 주님이 오셨습니다. 주님은 '사막의 택한 그릇을 가져오너라'라고 말씀하십니다"라고 말했다. 이렇게 말하고 그는 숨을 거두었다. 그의 영혼이 떠나는 순간 번개 같은 것이 나타났고, 시소에스의 수실에 향기가 진동했다.[1]

---

1) 이 금언은 『사막 교부들의 금언』, 시소에스의 금언 중 14번(438쪽)에 기록되어 있다.

제8장

죽었다가 다시 살아난 사람들의 이야기

하나님의 섭리로 죽었다가 살아나는 사람들에 관하여. 죄인이 살아있을 때 몇 번이나 지옥의 괴로움과 귀신들을 보고 두려워 떨는지, 그리고 그 두려움의 상태에서 영혼이 몸을 떠나는지에 관하여

1. 성 그레고리 대화자[1)]

피터(Peter)가 "많은 사람이 망상 때문에 몸에서 분리되어 잠시 죽은 것처럼 보이다가 살아나는 현상을 어떻게 설명할 수 있습니까?"라고 질문했다.

그레고리는 다음과 같이 대답했다:

"이 현상은 망상이 아니라 사람에게 주시는 하나님의 권면입니다. 이 현상은 전능하신 하나님이 섭리하셔서 자비의 선물로 주시는 것입니다. 그렇기 때문에 어떤 사람의 영혼은 몸을 떠났지만, 세상에 있을 때는 믿지 않았던 지옥의 고통을 영혼의 눈으로 보고 두려워서 다시 몸으로 돌아옵니다.

"피터라는 수도사가 있었습니다. 이 수도사는 스페인령인 발레아레

---

1) 교황 그레고리 1세(라틴어 Gregorius I; c.540~604년 3월 12일)를 정교회 전통에서는 성 그레고리 대화자(St. Gregory the Dialogist)라고 부른다.

스 제도의 이비사섬에 살았던 이비사 원로의 제자였습니다. 그는 그곳 외진 숲에서 금욕생활을 했습니다. 원로 이비사는 제자 피터에게 자신이 그 한적한 곳에 정착하기 전에 병들어 죽었다가 살아난 일에 대해 말해주었습니다. 살아난 그는 자신이 지옥의 고통과 불타고 있는 방들, 그리고 그 불 속에 세상의 많은 통치자들이 있는 것을 보았다고 말했습니다. 그가 그 고통과 불의 장소에 끌려 들어갈 때 흰 날개가 달린 천사가 나타나서 들어가지 못하게 막으면서 '가서 조심해서 사십시오. 이제부터 어떻게 살아야 할지 조심해야 합니다' 라고 말했습니다.

"이 말을 들은 후에 차가운 그의 시신이 따뜻해지기 시작했습니다. 죽음의 잠에서 완전히 깨어난 그는 주위 사람들에게 자신에게 있었던 일을 이야기했습니다. 그후 그는 지옥에서 본 고통을 생각하면서 엄격한 금식과 철야에 몰두했습니다. 그는 그 고통을 두려워했기 때문에 그것에 대해 말을 하지 않았지만 행동으로 전했습니다.

"하나님의 놀라운 섭리로 그는 일시적인 죽음을 경험하여 영원한 지옥의 죽음으로 정죄되지 않았습니다. 간혹 깊은 어둠이 사람의 마음을 사로잡지만, 그가 목격한 영원한 지옥의 고통이 그를 회개하게 할 수 있습니다. 영원한 지옥의 고통의 경험은 지옥의 고통을 목격하고 다시 살아났으나 과거와 마찬가지로 잘못을 고치지 않고 생활하는 태만하거나 무관심한 사람이 책망을 받아야 할 근거가 됩니다. 그들은 의롭다함을 받지 못합니다."

2. 성 그레고리 대화자가 부제 피터에게 한 말

영혼은 때로는 자체의 덕의 함양을 위해서, 때로는 그의 경험담을

듣는 사람의 덕을 함양하기 위해서, 몸 안에 있으면서 지옥에 있는
더러운 영들의 고통을 본다.

1. 테오도르라는 청년이 있었습니다. 그는 매우 다루기 힘든 청년이었는데, 개인적인 성향이나 소원 때문이 아니라 어쩔 수 없어서 수도사인 형을 따라 수도원에 갔습니다. 이 청년은 매우 반항적이었으므로 누군가가 그의 구원에 대해 좋은 말을 해주어도 그 충고에 따라 행동하려 하지 않았을 뿐만 아니라 충고 자체를 들으려 하지 않았습니다. 게다가 그는 수도사가 되려 하지 않았습니다.

이 청년이 선페스트에 걸려 허벅지에 종양이 생겨 죽을 지경에 이르렀습니다. 수도원의 형제들 모두가 그의 주위에 모였습니다. 그의 몸이 식기 시작했고 가슴에만 아주 조금 생명의 온기가 남아 있었습니다. 형제들은 그가 서서히 숨을 거두는 것을 보면서 몸을 떠나는 그의 영혼을 불쌍히 여겨 달라고 하나님께 기도하기 시작했습니다.

형제들이 기도하고 있을 때 갑자기 테오도르가 큰 소리로 수도사들의 기도를 방해하면서 말했습니다: "나에게서 도망치십시오. 나가세요, 나는 용에게 넘겨졌습니다. 여러분이 있기 때문에 용이 나를 완전히 삼키지 못합니다. 용은 이미 내 머리를 입에 집어넣었습니다. 내가 더 괴롭힘을 당하지 않고 용이 할 일을 더 빨리 할 수 있도록 나에게서 떠나세요. 이 용이 나를 삼키려 하는데, 왜 서서히 죽어야 합니까?"

이 말을 듣고 큰 두려움을 느낀 형제들은 테오도르에게 "가슴에 십자성호를 그으세요"라고 말했습니다. 테오도르는 비통하게 "용의 비늘이 내 머리를 누르고 있어서 십자성호를 그을 수 없습니다"라고 대답했습

니다.

테오도르는 이렇게 말하고 죽은 것처럼 되었습니다. 수도사들은 무릎을 꿇고 그를 무서운 용에게서 구해 달라고 간절히 기도하기 시작했습니다. 형제들이 얼마 동안 기도하고 간구했을 때, 갑자기 테오도르가 거칠게 움직이면서 힘을 다해 "형제님들, 하나님께 감사하십시오. 나를 잡아먹으려던 용이 도망쳤습니다. 그러니 하나님께 내 죄를 용서해달라고 기도해주십시오. 이 두려운 일을 겪고서 이제 회개하고 이 세상 생활을 버릴 준비가 되었습니다"라고 소리쳤습니다.

기력을 찾은 테오도르는 마음을 다해 하나님을 의지했고, 인생관을 완전히 바꾸었습니다. 이는 그의 잘못을 바로잡으시려는 하나님의 채찍이 효과적으로 작용했기 때문입니다. 그가 하나님을 기쁘시게 한 후 세상을 떠났습니다.

2. 테오도르는 죽음 뒤의 형벌을 보고 유익을 얻었습니다. 어떤 사람들은 살아있는 동안 악한 영이 가하는 형벌을 보았고, 우리의 영적 유익을 위해 그 이야기를 해주고 죽었습니다. 그들이 해준 이야기는 다음과 같습니다:

크리사우리우스(Chrysaorius)라는 유명한 사람이 있었습니다. 그는 부유해질수록 더 많은 정념에 사로잡혔습니다. 그는 허영심이 가득하여 육체의 정념에 복종하여, 탐욕 때문에 부를 더 축적하려 했습니다.

주님은 이 사람의 죄를 종식시키려고 그를 생명을 위협하는 중병에 걸리게 하셨습니다. 그는 삶의 마지막 순간에 눈을 뜨고 있었는데, 그의 앞에 어두운 얼굴을 한 무서운 영들이 나타났습니다. 그들은 그를 지옥문으로 데려가려 했습니다. 그는 얼굴이 창백해지고 땀을 흘렸습니다. 그는 절망하여 회개할 시간을 달라고 간청했습니다.

그는 불안하여 수도사인 아들 막시무스를 불렀습니다. "내 아들, 막시무스야, 내게 오너라. 나는 한 번도 너에게 잘못한 적이 없으니, 이제 네 믿음의 힘으로 나를 구해주렴."

막시무스는 울면서 크리사우리우스의 집에 있는 사람들 모두를 데리고 아버지에게 갔습니다. 그들은 모두 크리사우리우스를 괴롭히는 악령들을 보지 못했지만, 병자의 말과 창백함과 두려움 등을 볼 때 분명히 악령들이 그곳에 있다고 결론지을 수 있었습니다. 왜냐하면 병자는 악령들과 그 모습 때문에 두려워서 침대에서 몸을 이리저리 뒤척이고 있었기 때문이었습니다. 그가 침대 왼쪽으로 돌아 도우면 감히 대면하지 못하는 영들이 있었고, 벽 쪽으로 돌아 누워도 그 영들이 그의 앞에 서 있었다. 그는 그것들을 피할 수 없어 절망하여 "제발 내일 아침까지만 시간을 주십시오"라고 소리치면서 그의 영혼이 몸을 떠났습니다.

크리사우리우스가 본 것은 그 자신의 유익을 위한 것이 아니라 우리가 그 사실을 알고 두려워 행동을 고치게 하기 위한 것이었음이 분명합니다. 크리사우리우스가 죽기 전에 악령들이 나타난 것이 그에게 무슨 유익이 있었겠습니까?

3. 형제들을 섬기는 아타니시우스 장로는 다음과 같은 이야기를 했습니다. 그의 고향 이고니움에 "갈라디아"라는 수도원이 있었습니다. 그 수도원에 품위 있고 높은 덕에 도달했다고 여겨지는 수도사가 있었습니다. 그러나 그는 죽으면서 그가 보여준 덕과 거리가 멀었음을 밝혔습니

다.

어느 날 그는 자기가 죽을 것을 알고서 수도원의 형제들을 모두 불렀습니다. 형제들은 그의 주위에 모여 존경하는 고결한 고행수도사가 임종하면서 놀라운 말을 해주기를 기대했습니다. 곧 그는 두려워 떨고 신음하면서 이렇게 말했습니다: "여러분이 내가 함께 금식하고 있다고 생각하고 있을 때 나는 숨어서 음식을 먹었습니다. 나는 무서운 용에게 넘겨졌습니다. 이 무서운 용은 내 영혼을 빨아내고 뽑아내면서 꼬리로 내 두 발과 무릎을 꼬리로 휘감고 내 머리를 입에 넣었습니다."

그는 이렇게 말하고 나서 그 용에게서 벗어나기 위해 회개할 시간도 없이 곧 숨을 거두었습니다. 이 사건을 통해서 그가 이렇게 무서운 환상을 본 것은 그의 말을 듣는 사람들에게 유익을 주기 위한 것이었음이 분명합니다. 왜냐하면 그는 자신이 원수에게 넘겨졌다는 것을 사람들에게 알렸지만, 거기서 도망치지 못했기 때문입니다.

3. 사도 도마의 여행 이야기

주님은 사도 도마를 건축에 능한 상인 아반(Abban)에게 종으로 파셨다. 도마는 아반과 함께 인도에 도착했다. 그는 군다포르(Gundaphor) 왕 앞에 서게 되었다. 왕은 관심을 가지고 그의 솜씨에 대해 질문했고, 도마는 자기가 가장 탁월한 목수라고 장담하면서 솜씨를 보여주었다.

자기의 솜씨에 대한 도마의 말을 들은 사람들은 그를 훌륭한 목수로 여겼다. 왕은 그에게 많은 돈을 주면서 왕궁 건축을 맡겼다. 그런데 도마는 왕에게서 받은 돈을 모두 가난한 사람들에게 나누어주었다.

얼마 후 왕은 건축 상황을 알려고 사신들을 궁전 건축 장소에 보냈다.

돌아온 사신들로부터 도마가 건물의 기초도 세우지 않았고 왕이 맡긴 돈을 가난한 사람들에게 나누어주었다는 소식을 전해 들었다. 노한 왕은 도마를 손을 뒤로 결박하여 데려오라고 명령했다. 곧 왕의 명령대로 도마를 왕 앞에 데려왔다. 진노한 왕은 "내 궁전 건축을 마쳤느냐?"라고 물었다.

도마는 "예. 매우 아름다운 궁전입니다"라고 대답했다. 왕은 "그렇다면, 함께 가 보자"라고 말했다.

"폐하, 제가 폐하를 위해 준비하고 있는 성은 현세에서는 볼 수 없습니다. 그러나 폐하께서 이 세상을 떠나면 그것을 보시고 매우 기뻐하시며 그곳에서 사실 것입니다"라고 도마가 대답했다.

왕은 그의 말을 믿지 않았습니다. 그는 도마가 가난하기 때문에 그에게서 돈을 회수할 수 없다는 말을 들었다. 왕은 분노를 달래기 위해 도마를 죽이기로 했다. 그는 도마를 산채로 피부를 벗기고 불에 태우려 했다.

그런데 모든 일을 거룩하신 뜻대로 행하시는 전능하신 하나님은 왕의 동생 갓(Gad)에게 치명적인 타격을 주심으로써 상황을 변화시키셨다. 갓은 도마가 궁전을 짓지 못한 것 때문에 형보다 더 속상했고, 도마가 그들에게 사기를 쳤다고 생각하여 크게 노했다. 그는 왕에게 도마를 처형하라고 부추겼는데, 그 사이에 갓이 죽었다.

갓의 죽음 때문에 도마의 처형이 미루어졌다. 갓의 죽음으로 충격을 받은 왕은 도마를 처형하는 것을 잊고 갓의 장례에 몰두했다.

그런데 죄인의 죽음을 원하시지 않으며 죄에서 돌이켜 덕의 삶을 살기를 원하시는 하나님께서 놀라운 기적을 행하셨다. 갓이 죽을 때 천사들이 그의 영혼을 데려가서 죄에서 구원받은 사람들을 위해 내세에 마련된 영원한 거처를 보여주었다. 갓의 영혼은 하늘나라에 있는 이 거처의 아름다움과 장대함과 밝음에 압도되어 안내하는 천사에게 그 집의 가장 작은 방에서 살게 해달라고 간청했다.

그러나 안내자는 그 집이 그의 형 군다포르의 것인데 도마라는 외국인이 지은 것이라고 말하면서 그의 요청을 들어주려 하지 않았다. 이 말을 들은 갓은 천사 안내자에게 형에게서 이 눈부신 집을 살 수 있도록 세상에 돌려보내 달라고 부탁했다.

모든 것을 정하시는 분이 손짓하시면서 도마를 죽음에서 구하실 뿐만 아니라 죽은 갓이 살아나는 기적을 통해서 많은 사람을 구하려고 갓의 영혼을 죽은 몸으로 돌려보내셨다.

갓의 장례식을 위해 시신을 염하던 사람들은 갑자기 혼이 없는 육체가 서서히 살아나는 것을 목격했다. 그들은 놀라서 즉시 왕에게 가서 이 사건을 보고했다.

놀란 왕은 급히 죽은 동생에게 달려갔다. 놀랍게도 지금까지 죽어 있던 갓이 입을 벌리고 마치 잠에서 깨어난 사람처럼 형에게 조르기 시작했다: "형님, 나를 사랑하신다면 기독교 신자인 도마가 형님을 위해 천국에 건축한 아름다운 궁전을 나에게 파십시오."

왕은 이 말의 의미를 이해했고, 도마가 하나님의 사도라는 것, 그리고 도마가 전파하는 신이 인간을 사랑하시는 참 하나님이라는 것을 깨달았고, 즉시 그의 영혼은 믿음의 조명을 받았다. 그는 동생에게 대답했: "그 집을 쉽게 인수할 수 없기 때문에 나는 그 집을 팔 수 없단다. 내가 그 집을 인수하고, 너에게 그 집을 지은 사람을 소개해주는 편이 더 쉬

우리라 생각한다. 그 사람은 하나님의 섭리로 말미암아 아직 살아 있으니, 너를 위해서 비슷한 집을 지을 수 있을 것이다."

왕은 즉시 도마를 데려오라고 명령했고, 도마는 감옥에서 풀려났다. 도마가 나타나자, 두 형제는 그의 발 앞에 엎드려 자기들이 무지 때문에 행한 부당한 일에 대해 용서를 구했습니다. 그들은 자기들이 하나님과 그분의 계명을 알지 못하므로, 그분의 뜻에 따라 살면서 하나님께서 예견할 수 있다고 여기신 영원한 좋은 것들을 얻을 수 있도록 자기 나라에서 하나님을 전파해 달라고 부탁했다.

도마는 이 말을 듣고 하나님의 깊은 섭리에 놀랐다. 그는 즉시 하나님께 감사하며 그들에게 하나님에 대해 가르쳐주었다. 그 후 성부와 성자와 성령의 이름으로 그들에게 세례를 주었고, 기적을 보고 하나님을 믿게 된 많은 인도인들에게 세례를 주었다.

4. 게론티콘

어느 원로가 자기가 만든 수제품을 팔려고 사막을 떠나 도시로 갔다. 그는 우연히 이웃집 문 옆에 앉았는데, 그 집 주인은 죽어가고 있었다. 그는 보기만 해도 두려운 검은 사람들을 뚫어지게 바라보기 시작했다. 그 사람들은 검은 말을 타고 손에 불 칼을 들고 있었다. 이 검은 사람들은 이웃집 문 앞에 도착하여 말에서 내려 집 안으로 들어갔다. 병들어 죽어가던 이웃은 그들을 보고 절망하여 "주님, 나를 불쌍히 여겨 구해주십시오"라고 소리쳤다.

검은 사람들은 "해가 지고 있는데 인제야 하나님을 기억하느냐? 왜 밝을 때 하나님을 부르지 않았느냐? 이제 너에게는 구원이나 위로의 희망이 없다"라고 말하고 즉시 그의 영혼을 데리고 떠났다.

5. 성 에프렘

형제들이여, 죽는 순간에 느끼는 두려움은 매우 큽니다. 이는 영혼이 몸을 떠나는 순간 선한 것이든지 악한 것이든지 영혼이 행한 모든 행위가 영혼 앞에 드러나며, 동시에 천사들이 급히 영혼을 몸에서 데려가기 때문입니다. 죄인의 영혼은 자기가 행한 악행들을 보고서 떠나기를 망설입니다. 그 영혼은 자신의 악행 때문에 두려워 떨면서 천사들에게 "한 시간만 내버려 두십시오. 그 후에 떠나겠습니다"라고 말합니다. 그러나 영혼이 행한 모든 행위는 "네가 우리를 만들었으니, 우리는 너와 함께 하나님 앞에 서야 한다"라고 대답합니다. 그러므로 영혼은 두려워 통곡하면서 몸을 떠나 공의로우신 영원한 재판관 앞에 섭니다.

6. 게론티콘

어느 고행하는 원로는 다음과 같은 이야기를 했다:

"어느 형제가 세상을 버리고 수도사가 되려 했지만, 어머니가 막았습니다. 그러나 이 형제는 포기하지 않고 어머니에게 "내 영혼을 구하고 싶습니다"라고 말했습니다. 아들을 설득하여 곁에 둘 수 없었기 때문에, 어머니는 아들이 떠나는 것을 허락했습니다. 그 형제는 세상을 버리고 수도사가 되었지만, 부주의하게 살았습니다. 그동안 어머니가 죽었습니다.

"몇 년 후 형제가 중병에 걸려 죽게 되었습니다. 그는 의식을 잃었고,

그의 영혼은 몸을 떠나 심판대로 끌려갔습니다. 그는 그곳에 있는 저주받은 사람들 가운데서 어머니를 발견했습니다. 어머니는 그를 보고 놀라서 "아들아, 너도 이 저주받은 자들의 장소에 왔느냐? '내 영혼을 구하고 싶습니다'라고 말했던 네가 왜 이곳에 왔느냐?"라고 물었습니다. 그 형제는 이 말을 듣고 부끄러워서 아무 대답도 하지 못했습니다. 나중에 그는 "이곳에서 당장 나가라"라는 말을 들었습니다. 그는 즉시 무의식과 환상에서 깨어났고, 주위 사람들에게 자기가 보고 들은 것을 이야기하면서, 죄인을 구원하려 하시는 하나님을 찬양했습니다.

"병이 나은 형제는 수실에서 나오지 않고 지내면서 구원을 위해 노력했고, 전에 부주의하고 나태하게 지내면서 행한 모든 것을 울면서 회개했습니다. 그가 눈물을 흘리면서 깊이 통회했기 때문에, 보는 사람들은 안타깝게 여기면서 그에게 건강을 해치지 않도록 고행을 줄이라고 간청했습니다. 그러나 그는 위로를 원하지 않았으며, 모든 충고에 대해 "내가 어머니의 조롱을 참고 견디지 못한다면, 심판날에 그리스도와 거룩한 천사들과 모든 피조물 앞에서 어떻게 수치를 견뎌낼 수 있겠습니까?"라고 대답했습니다.

"형제들이여, 우리는 하나님 앞에서 한 약속, 그리고 하나님을 기쁘시게 하며 완전해지려고 떠난 사람들과 친척들의 존경에 합당하게 살려고 노력해야 합니다. 만일 부주의하고 나태하게 산다면, 심판받을 때 하늘과 땅의 모든 피조물뿐만 아니라 우리가 세상에 있을 때 하나님께 가까이 가면서 버리고 떠났던 친척들과 친지들 앞에서 어떻게 부끄러움을 감당할 수 있겠습니까?

"만일 부주의함과 나태함의 저주를 받아 온갖 불행과 지옥의 벌을 받을 뿐만 아니라 친척들과 친구들이 우리를 정죄한다면, 참으로 불행한 일일 것입니다. 만일 우리가 세속적인 생활의 기쁨을 버렸으면서도 제대로 수덕생활을 하지 못한다면, 친척과 친구들이 우리를 조롱할 것입니다.

제9장

죽은 사람의 영혼은 어디로 가는가?

죽은 사람의 영혼이 몸과 분리되어 어디로 가며, 어떻게 존재하는지에 대한 증거

1. 테베 사람 바울(St. Paul the Thebite)의 삶

대 안토니는 아타나시우스의 지시로 그의 제의(祭衣)를 가지고 테베의 바울에게 돌아갔는데, 사막을 횡단하여 오전 9시쯤 바울의 동굴 가까이에 도착했다. 그는 영혼의 눈으로 천사들, 사도들, 선지자들의 성가대, 그리고 순교자들의 무리를 보았는데, 그 가운데 눈보다 더 밝은 바울의 영혼이 기뻐하면서 천국으로 들어가는 것을 보았다.

2. 파코미우스의 삶[1]

언젠가 성 파코미우스(St. Pachomios)는 테베 지방의 케노보스키아 수도원이 설립한 수도 공동체에 거주하는 어느 형제가 병들어 고생하고 있다는 소식을 들었다. 그 형제는 원로인 파코미우스의 축복을 받게 해 달라고 부탁했다.

병든 수도사의 소원을 들은 파코미우스는 즉시 그를 방문하러 떠났

---

1) 공주 수도원의 창시자 파코미우스의 자세한 생애에 대해서 『파코우스의 생애』(엄성옥 역, 은성출판사)를 참조하라.

다. 파코미우스가 병든 형제가 거주하는 곳 근처에 도착했을 때 공중에서 아름다운 음악 소리와 함께 거룩한 음성이 들려왔다. 파코미우스가 눈을 들어 하늘을 바라보니 그 형제의 영혼이 노래하는 천사들에게 이끌려 기뻐하면서 복된 생명의 길로 가고 있었다. 파코미우스와 함께 있던 수도사들은 그 음성을 듣지 못하고 그 광경도 보지 못했다. 그들은 파코미우스가 한참 동쪽을 응시하며 서 있는 것을 보고 "아버지여, 왜 멈추어 계십니까? 늦지 않으려면 달려야 합니다"라고 말했다.

파코미우스는 "자녀들이여, 달려가도 소용이 없습니다. 나는 그 형제의 영혼이 영생으로 이끌려 가는 동안 내내 따라가고 있었습니다"라고 대답했다. 형제들은 그 복된 영혼을 어떻게 보았는지 이야기해달라고 부탁했고, 파코미우스는 보고 들은 것을 이야기해주었다.

파코미우스와 동행하던 형제들 중 몇 사람이 앞질러 케노보스키아 수도원으로 달려가서 그 형제가 죽은 시간을 확인했다. 놀랍게도 그들은 파코미우스가 그의 영혼이 영광중에 천국에 올라가는 것을 본 그 시간에 숨을 거두었다는 것을 알게 되었다.

3. 게론티콘

어느 고행 수도사는 다음과 같은 이야기를 했다:

덕과 신앙심이 탁월한 늙은 수녀가 있었습니다. 나는 그 수녀에게 왜 세상에서 도망쳤느냐고 질문했는데, 그녀는 이렇게 말했습니다: "존귀하신 아버지여, 내 아버지는 선하고 관대하신 분이셨습니다. 아버지는 병약하셨기 때문에 평생 침대에 누워 지내셨습니다. 아버지는 단순하신 분이어서 어쩔 수 없는 경우에만 말씀하셨습니다. 건강하실 때면 밭에서 채소를 가꾸어 집에 가져오시곤 했습니다. 그런데 아버지가 말씀이 없으셨기 때문에, 아버지를 알지 못하는 사람들은 벙어리라고 생각할 정도였습니다.

"어머니는 아버지와 정반대였습니다. 어머니는 게으르고 참견하기를 좋아하여 마을 밖에서 일어나는 일들에 대해서도 알려 하셨습니다. 어머니가 잠시라도 말없이 계시는 것을 본 사람이 없을 정도였습니다. 어느 때는 티격태격하고 말다툼을 벌이고, 어느 때는 농담으로 외설스럽고 음란한 말을 하곤 했습니다. 어머니는 거의 평생 술에 취해 있었고, 낭비벽이 있는 사람들과 어울리셨습니다. 가끔 가출하셨고, 음란하셨으며, 창녀처럼 가정을 거의 돌보지 않았으므로, 우리 집은 그리 가난하지 않았는데도 아버지가 가정 관리를 어머니에게 맡기셨기 때문에 우리는 그럭저럭 지내지도 못했습니다. 어머니는 이렇게 사셨는데도 병이 걸리지 않았고 조금도 아픔을 느끼지 않았습니다. 어머니는 평생 건강하셨습니다.

"아버지는 여러 해 동안 병마에 시달리시다가 결국 돌아가셨습니다. 아버지가 돌아가실 때 무슨 일이 일어났는지 아십니까? 아버지가 돌아가시자마자 무서운 바람이 불어 그 지역을 휩쓸었습니다. 천둥소리가 들리고 비가 억수같이 쏟아졌기 때문에 아무도 집에서 나오지 못했습니다. 이런 날씨가 사흘 동안 계속되었기 때문에, 우리는 아버지의 시신을 매장하지 못하고 집에 두었습니다.

"이웃 사람들은 이렇게 곤란한 상황을 보고서 죽은 아버지를 정죄하면서 '우리 가운데 무척 악한 사람이 살고 있었는데, 우리가 알지 못하고 있었네. 이 죽은 사람은 분명히 하나님의 원수인 것 같다. 그렇기 때문에 하나님은 그를 매장하는 것조차 허락하지 않으셨군' 이라고 말했습니다. 우리는 집 안에서 시신이 부패하여 악취를 내지 않게 하려고 억수같이 내리는 비를 맞으면서 시신을 공동묘지에 매장했습니다.

"그 후로 어머니는 훨씬 더 거리낌 없이 뻔뻔스럽게 난잡하게 먹고 마시고 방탕하게 살았습니다. 어머니는 대담하게도 우리 집을 악명높은 집으로 바꾸었고, 성적 쾌락에 몰입하여 재산을 완전히 탕진했습니다. 아버지가 돌아가시고 나서 몇 년 후에 어머니도 돌아가셨습니다. 어머니의 장례식은 자연도 협력한다고 말할 정도로 매우 화려하고 장대했습니다.

"어머니가 돌아가시고 내가 성년이 되면서 욕망의 불이 나를 유혹했습니다. 어느 날 밤에 '나는 어떤 인생의 길을 걸어가야 할까?' 라는 생각에 몰두하여 즉흥적으로 나 자신에게 다음과 같이 말했습니다: '아버지처럼 친절하고 절제하며 신중하게 사는 생활 방식을 선택해야 하지 않을까? 그런데 아버지는 고결하게 살면서 좋은 것을 즐긴 적이 없으셨음에도 불구하고 항상 병마와 불운에 시달리셨다. 아버지는 일반 사람들처럼 매장되지 못할 만큼 불행하셨다. 만일 아버지의 행동과 행위가 하나님의 마음에 드셨다면, 왜 그렇게 많은 불운에 시달리셨을까? 어머니의 삶은 어떠했는가? 어머니는 쾌락과 욕망의 삶에 빠져 계셨지만, 건강하게 사시지 않았는가? 그러니 나도 어머니처럼 살겠다. 나는 장차 임할 것에 대한 약속보다는 지금 볼 수 있는 것을 믿겠다.'

"내가 어머니처럼 살기로 작정할 즈음 밤이 깊어졌습니다. 나는 잠이 들었는데, 내 앞에 사나운 얼굴을 한 사람이 나타났습니다. 그는 화난 표정으로 나를 뚫어지게 쳐다보면서 무서운 음성으로 '네 마음에 있는 것을 말해 보아라'라고 말했습니다. 나는 겁에 질려서 그의 얼굴을 쳐다보지도 못했습니다.

"이 무서운 사람은 다시 '네가 어떻게 결심했는지 말해 보아라'라고 말했습니다. 내가 두려워서 꼼짝도 하지 못하고 정신을 차리지 못하는 것을 보고서, 그는 내가 방금 생각하고 있었던 것을 상기시켜 주었습니다. 나는 두려움과 놀람에서 회복되었지만, 그 사람이 말하는 것을 부인할 수 없었기 때문에 그 사람에게 용서해달라고 애걸하기 시작했습니다. 그 사람은 내 손을 붙잡고 '나와 함께 네 아버지와 어머니가 계신 곳으로 가보자. 그런 다음에 네가 원하는 생활 방식을 선택할 수 있을 것이다'라고 말했습니다.

"그는 나를 데리고 큰 정원으로 갔습니다. 그곳에는 각종 열매가 달린 아름다운 나무가 많았습니다. 그곳에서 이 무서운 사람과 함께 걷고 있는데, 아버지가 다가와 나를 안고 입 맞추시면서 '사랑하는 딸아'라고 말씀하셨습니다. 나는 기뻐 아버지를 얼싸안고서 아버지와 함께 있어도 되느냐고 물었습니다. 아버지는 '얘야, 그것은 불가능하단다. 그러나 네가 나와 같은 생활을 한다면 오래지 않아 너도 이곳에 있게 될 것이다'라고 말씀하셨습니다.

"나는 계속 아버지와 함께 있게 해달라고 부탁하려 했는데, 나를 데리고 간 천사가 손으로 나를 잡아당기면서 '이제 네 어머니를 만나러 가자. 그래야 네가 원하는 삶의 길을 직접 결정할 수 있을 테니'라고 말했습니다.

"그는 나를 아주 어두운 곳으로 데려갔는데, 그곳은 아주 어수선했고 신음소리가 들려왔습니다. 그는 불길이 솟아오르는 풀무를 보여주었습니다. 풀무 밖에서 겁에 질린 귀신 같은 사람들이 풀무 불을 바라보고 있었습니다. 나는 이 두렵고 끔찍한 고통의 장소에서 타오르는 풀무에 목까지 잠겨있는 어머니를 보았습니다. 무수히 많은 벌레가 어머니의 온몸을 갉아먹고 있었습니다. 두렵고 고통스러워서 이가 딱딱 부딪히기 시작했습니다.

"나를 보신 어머니는 가슴 아프게 소리치면서 '내 딸아, 나의 고통은 참을 수 없을 만큼 크며 끝나지 않는단다. 나는 몇 년 동안 즐거움과 악한 쾌락에 빠져 지내면서 이 끔찍한 벌을 자초했단다. 나는 참으로 불행한 사람이다! 무상한 세상에서의 덧없는 쾌락 때문에 이제 영원한 고통을 받고 있단다. 딸아, 불 속에서 타고 있는 네 어머니를 불쌍히 여기렴. 젖을 먹여 너를 기른 나를 기억하고 불쌍히 여기렴. 네 손을 내밀어 나를 이곳에서 끌어내 주렴'이라고 말했습니다.

"나는 어머니에게 다가가지도 않고 아무 행동도 하지 않았습니다. 어머니는 주위 사람들 앞에서 부끄러워하시고 눈물을 흘리면서 한층 더 강력하게 소리치셨습니다: '얘야, 나와 나의 탄식을 조롱하지 말고 나를 도와주렴. 불지옥에서 잠들지 않는 구더기에게 시달리며 고통받는 불행한 어머니를 못 본 체하지 말렴.'

"나는 어머니가 불쌍하여 무서운 지옥에서 끌어내리려고 손을 내밀었습니다. 지옥 불이 내 손에 조금 닿았는데도 무척 아파서 나는 신음하며 소리쳤습니다. 나의 탄식과 신음소리에 집 안에 있는 사람들 모두가 잠이 깨었습니다. 자리에서 일어난 그들은 등불을 켜고 내 침대로 달려와서 내가 잠자면서 소리치고 신음한 이유를 물었습니다. 잠에서 깬 나는 환상 속에서 본 것을 그들에게 말해주었습니다.

"그날부터 나는 아버지처럼 살기로 했습니다. 아버지의 생활 방식은 내가 동경하던 것이었습니다. 나는 아버지처럼 살다가 아버지를 다시 만나 함께 살게 해달라고 하나님께 기도했습니다. 왜냐하면, 하나님의 은혜로 나는 세상에서 경건하고 고결하게 살면서 준비한 사람들을 기다리고 있는 영광과 존귀, 그리고 세상에서 쾌락과 정욕에 빠져 산 사람들을 기다리는 무서운 지옥을 목격했기 때문입니다."

4. 성 그레고리 대화자

1. 하나님의 사람 성 베네딕트는 어느 날 수실에 앉아 눈을 들어 하늘을 바라보다가 거룩한 자매의 영혼이 흰 비둘기처럼 하늘로 올라가는 것을 보았습니다. 베네딕트의 영혼은 영적인 기쁨과 행복이 가득하여 하나님께 감사했습니다. 나중에 그는 그 자매의 죽음을 제자들에게 알리고, 그녀의 시신을 수도원으로 모셔오기 위해서 그들을 즉시 그녀가 살던 곳으로 보냈습니다. 이 자매가 살던 지역은 베네딕트의 수도원에서 그리 멀지 않았습니다.

형제들은 출발하여 수녀의 시신을 발견하여 수도원으로 모셔왔습니다. 베네딕트는 자신을 위해 마련해둔 무덤에 그녀를 매장했습니다. 그리하여 성령의 끈으로 결합하여 있던 이 두 사람의 시신은 죽어서도 서로 떨어지지 않았습니다.

2. 언젠가 이 하나님의 사람이 수실 창가에 서서 지극히 선하신 하나님께 간청하고 있었습니다. 갑자기 그는 하늘에서 이상한 것을 보았습니다. 예상치 않게 천국에서 밝은 빛이 나타나 밤의 어둠을 사라지게 했

습니다. 그 빛이 너무 밝아서 그 지역 전체가 낮보다 더 환한 것 같았습니다. 이렇게 빛이 홍수처럼 쏟아지는 기적이 발생한 후에 이어서 신비한 기적이 발생했습니다. 성 베네딕트는 이 기적에 대해 "마치 온 세상이 한 줄기 햇빛 끝에 모인 것 같았습니다. 나는 이 거룩한 빛을 집중하여 바라보다가, 천사들이 카푸아(Capua)의 주교 게르마누스의 거룩한 영혼을 하늘로 데려가는 것을 보았습니다"라고 말했습니다. 다음 날 이 의로운 사람은 제자를 카푸아로 보냈고, 베네딕트가 환상을 본 시간에 게르마누스가 숨을 거두었다는 소식을 전해 들었습니다.

베드로(Peter)가 "아버지여, 죽은 자들 모두가 부활하기도 전에 어떻게 온 세상이 한줄기 햇빛의 끝에 모인 수 있는지 말해 주십시오."라고 말했다. 그레고리 대화자는 다음과 같이 말했습니다:

"베드로여, 이제 내가 하는 말을 잘 들으십시오. 창조주를 볼 자격이 있는 영혼에게는 온 세상이 제한되고 한정되어 있습니다. 정신 안에서 거룩한 빛의 환상이 매우 커지며, 이 신비한 환상 때문에 정신은 자체의 한계 너머로 확대되어 모든 창조세계보다 더 높아집니다. 이 상태에 이른 정신은 자신이 얼마나 넓어졌는지 알게 되며, 아울러 비천한 몸 안에 있을 때는 생각조차 못했던바 자신이 실제로 얼마나 보잘것없는지 이해하게 됩니다.

"이 거룩한 사람이 하나님의 빛의 조명을 받고, 그 신적 조명으로 말미암아 매우 높이 들어 올려지고 확대된 상태에서 자기 앞에 인류 전체가 모여있는 것을 보았는데, 당신은 어디에서 특별한 것을 봅니까? 이런 일은 하늘과 땅이 한곳에 모였기 때문에 발생한 것이 아니라, 그 성인의 정신이 그 영적인 빛에 이끌려 하나님에게 올라갔기 때문에 발생한 것입니다. 그곳에서 그의 정신이 매우 넓어지기 때문에 그가 보는 것을 쉬운 일로 간주할 수 있습니다. 이는 존재하는 모든 것이 하나님의 영역 안에 있기 때문입니다. 그의 육신의 눈을 부시게 한 이 기적의 빛이 내적인 빛으로 그의 영적 눈을 밝혀 주었기 때문에 카푸아의 게르마누스의 영혼이 천사들에 이끌려올라가는 것을 보았을 뿐만 아니라, 이 낮은 세상의 모든 것이 얼마나 하찮고 제한된 것인지 알게 된 것입니다."

베드로는 "사부님의 말씀에 동의합니다"라고 말했습니다.

그레고리 대화자는 다음과 같이 말했습니다:

"이 거룩한 사람 베네딕트는 하나님과 함께 영원히 거하기 위해서 이 세상을 떠날 시간이 왔을 때 이것을 예견하고 멀리 있는 사람들을 포함하여 모든 제자들에게 이 사실을 알렸습니다. 그는 자기가 죽는 날 영혼이 몸을 떠났음을 모든 사람이 알 수 있는 표식이 있을 것이라고 말했습니다.

"그는 죽기 엿새 전에 제자들에게 자기의 무덤을 준비하라고 말했습니다. 그리고서 곧 열이 나기 시작하더니 엿새 후에는 온몸이 불덩이처럼 되었습니다. 엿새째 되는 날 그는 제자들에게 자기를 부축하여 교회로 데려가라고 말했습니다. 그는 제자들의 부축을 받아 교회에 도착하여 성찬을 받은 후에 그를 중심으로 둘러선 제자들의 부축을 받아 한가운데 서서 하늘을 바라보면서 기도하기 시작했습니다. 그는 이렇게 통회하는 자세로 하늘을 바라보며 열정적으로 기도하면서 영혼을 하나님께 맡겼습니다.

"그 순간 수실 안에 있는 형제와 먼 곳에 있는 형제가 같은 환상을 보았습니다. 두 사람은 각기 성인의 수실에서 동쪽으로 하늘로 이어지는 큰 도로를 보았습니다. 이 도로는 찬란한 제복과 비단으로 덮여 있었습니다. 훌륭하게 보이는 많은 사람들이 등을 들고 줄지어 그 길을 걸어가고 있었습니다. 갑자기 흰옷을 입은 빛나는 사람이 걸어가고 있는 사람들 가까이에 서서 "당신들이 경탄하면서 보고 있는 이 길이 누구를 위해 마련된 것인지 아십니까?"라고 물었습니다. 그들은 "우리는 알지 못합니다"라고 대답했습니다. 흰옷 입은 사람은 "이 길은 하나님이 사랑하시는 베네딕트가 하늘로 올라갈 때 걸어갈 길입니다"라고 말했습니다.

환상에서 깨어난 두 형제는 그것이 그 거룩한 사람의 죽음과 관련된 것이라고 이해했습니다. 그들은 그 환상이 거룩한 베네딕트의 마지막 순간을 보여준 것이라고 확신했습니다.

5. 게론티콘

1. 다음은 이집트 사람 압바 마카리우스가 제자들에게 말해준 사건이다. 언젠가 압바 마카리우스는 사막을 걷다가 땅바닥에서 해골을 발견했다. 그는 그것을 지팡이로 살짝 밀었는데, 놀랍게도 해골에서 음성이 들려왔다. 그는 두려워하지 않고 용감하게 해골에게 "너는 누구냐?"라고 물었다. 해골은 마치 산 사람처럼 "나는 이 부근에서 이교 신을 섬기던 그리스인들의 고위 사제였고, 당신은 사람 마카리우스입니다. 당신이 지옥에 있는 영혼들을 불쌍히 여길 때마다 그들을 위해 기도해 주십시오. 그리하면 그들이 어느 정도 위로를 받을 것입니다"라고 대답했다.

그는 다시 해골에게 "그 위로의 본질은 무엇이며, 지옥은 어떤 곳인가?"라고 질문했다. 해골은 "하늘이 땅에서 먼 것처럼, 지옥불도 깊습니다. 우리는 그 불 속에 똑바로 서 있습니다. 저주받은 사람들은 서로 마주 보지 못한 채 다른 사람의 등만 볼 수 있습니다. 그러나 당신이 우리를 위해 기도할 때 우리는 잠시 서로 얼굴을 볼 수 있습니다. 그것이 우리가 경험하는 위로입니다"라고 말했다.

마카리우스는 이 말을 듣고 한숨을 쉬면서 주님이 가룟 유다에 대해 말씀하신 것처럼 "화가 있으리로다. 죄인은 차라리 태어나지 아니하였더라면 제게 좋을 뻔하였구나"라고 중얼거렸다. 그는 다시 "지옥에 네가 말한 것보다 더 심한 고통이 있느냐?"라고 물었는데, 해골은 "이곳에는 훨씬 더 지독한 것들이 있습니다"라고 대답했다.

마카리우스는 "그곳에서 누가 벌을 받고 있는가?"라고 물었다. 해골은 "우리는 하나님을 알지 못했으므로 결국에는 어느 정도 하나님의 자비를 누립니다. 그러나 하나님을 알면서도 하나님을 부인한 사람들은 우리보다 더 깊은 지옥에서 훨씬 더 지독한 고통을 겪습니다"라고 대답했다. 대화를 마친 후 마카리우스는 해골을 땅에 묻어주고 길을 떠났다.[2]

이 이야기가 주는 교훈에 주목해야 한다. 지옥에서는 하나님을 부인한 사람이 불신자보다 더 심한 고통을 당하므로, 이 두려운 벌을 피하려면 어둠의 행위로써 하나님을 부인하지 않도록 조심해야 한다. 하나님

---

[2] 이 이야기는 『사막 교부들의 금언』, 대 마카리우스의 금언 38번(296-297쪽)에 나온다.

을 부인한다는 것은 말과 행위로 하나님을 거부하는 것뿐만 아니라 말로는 하나님을 믿는다고 고백하는 듯하지만 실제로 악하게 행동하는 것을 말한다. 사도 바울은 "그들이 하나님을 시인하나 행위로는 부인하니 가증한 자요 복종하지 아니하는 자요 모든 선한 일을 버리는 자니라"(딛 1:16)라고 선포했다.

2. 주님의 형제 야고보는 "만일 사람이 믿음이 있노라 하고 행함이 없으면 무슨 유익이 있으리요 그 믿음이 능히 자기를 구원하겠느냐…이와 같이 행함이 없는 믿음은 그 자체가 죽은 것이라"(약 2:14, 17)라고 말한다. 이 말씀에 진리가 담겨 있다. 하나님은 선지자를 통해서 "이방인들 가운데서 내 이름을 더럽히는 자들에게 화가 있도다"라고 말씀하셨다. 하나님의 백성인 우리가 죄로써 하나님을 모독하며, 불신자들이 그리스도의 선한 이름을 모독하는 원인이 된다면, 불신자들보다 더 깊은 지옥에 떨어지는 것이 공정한 일이 아니겠는가? 의로우신 재판관이신 주님은 "주인의 뜻을 알고도 준비하지 아니하고 그 뜻대로 행하지 아니한 종은 많이 맞을 것이요 알지 못하고 맞을 일을 행한 종은 적게 맞으리라 무릇 많이 받은 자에게는 많이 요구할 것이요 많이 맡은 자에게는 많이 달라 할 것이니라"(눅 12:47~48)라고 말씀하신다.

그러므로 지옥의 무서운 벌을 생각하면서 하나님이 주신 능력의 분량에 따라 선한 행위로써 모든 일에 신실하며, 매사에 하나님의 영광을 위해 일함으로써 우리의 선한 행위를 보는 모든 사람이 하나님의 이름을 찬양하도록 해야 한다.

3. 언젠가 압바 실루안이 형제들과 함께 앉아있다가 갑자기 황홀상태

에 빠져 쓰러졌다. 잠시후 그는 눈물을 흘리며 일어났다. 형제들은 "아버지여, 무슨 일인지 말씀해 주십시오"라고 말했다. 실루안은 "나는 하나님의 심판대 앞에 갔는데, 평신도들은 낙원으로 이끌려가고, 수도사들은 지옥으로 끌려가는 것을 보았습니다"라고 말했다.

이런 이유로 실루안은 항상 슬퍼했고, 수실에서 나오려 하지 않았다. 어쩔 수 없이 수실에서 나와야 할 때면 수도사들이 쓰는 둥근 모자를 내려써서 얼굴을 가리고, 그 위에 머리를 덮고 어깨까지 내려오는 베일을 덮곤 했다.

제10장

몸을 떠난 영혼이 당하는 시험

몸을 떠난 영혼은 공중에서 하늘로 올라가지 못하게 하는 악령을 만나 시험을 받는다.

1. 성 안토니의 삶

1. 어느 날 성 안토니(St. Anthony the Great)가 식사 준비를 하고 있었다. 그는 제9시에 관습대로 서서 기도했는데, 그 순간 자신이 영적으로 어디론가 옮겨졌다고 느꼈다. 이 특별한 일이 벌어질 때 그는 그곳에 서서 마치 자기가 몸을 떠난 것처럼 자기 자신을 바라보았다. 몇몇 존재들이 그의 영혼을 하늘로 데려갔다. 그는 공중에서 추하게 생기긴 두려운 것들이 그가 지나가지 못하게 하려고 그의 앞에 서 있는 것을 보았다.

그의 영혼을 인도하는 존재들이 이 무서운 피조물들과 언쟁을 벌이기 시작했다. 그 피조물들은 그들이 데려가고 있는 영혼이 자기들에게 진 빚이 있는지 계산할 것을 요구했다. 무서운 피조물들은 태어난 순간부터의 성 안토니를 평가하려 했고, 그를 안내하는 존재들은 "안토니가 태어나면서부터 범한 모든 잘못을 주께서 제거하셨다. 그가 수도사가 되어 하나님께 자신을 바친 후의 행위를 조사해 보아라"라고 말하면서 그들을 저지했다.

귀신들은 안토니를 고발했지만, 그것을 입증하지 못했다. 그러므로 그의 길에 장애가 없었다. 그 직후 그는 자신이 몸으로 돌아온 것을 보았고, 의식을 회복했다.

그런데 그는 먹는 것을 잊을 만큼 불안했고, 여생을 밤새 신음하면서 기도하며 지냈다. 그는 우리가 얼마나 많은 유혹과 싸워야 하며 공중의 귀신들이 주는 시련을 통과해야 하는지를 생각할 때면 망연자실했다. 그는 바울이 "공중의 권세 잡은 자를 따랐으니"(엡 2:2)라고 말한 것이 이것을 의미한다고 생각했다. 이 권세는 영혼의 원수에게 속하여, 우리를 대적하며 영혼이 하늘로 올라가는 것을 막으려 한다. 그러므로 바울은 한층 더 강력하게 "하나님의 전신 갑주를 취하라 이는 악한 날에 너희가 능히 대적하고 모든 일을 행한 후에 서기 위함이라"(엡 6:13)라고 권고한다.

2. 안토니가 이 환상을 본 후에 몇 사람이 그를 방문하여 영혼이 몸을 떠나서 가는 곳에 대해 토론하기 시작했다. 다음 날 밤 그는 "안토니야, 일어나 수실에서 나와 보아라"라는 소리를 들었다. 밖으로 나간 안토니는 하늘에서 다음과 같은 환상을 보았다.

크고 무섭게 생긴 귀신이 똑바로 서 있었다. 그 키가 구름에 닿은 것 같았는데, 많은 생물들이 날개를 단 듯이 그 주위를 날아다니고 있었다. 귀신은 손을 뻗어 그중 일부를 날지 못하게 하곤 했는데, 나머지 생물들은 그의 손을 피하여 더 높이 날아올랐다. 이 엄청나게 큰 귀신은 생물들이 자기를 피해 도망치면 이를 악물었고, 생물들이 가까이 다가와서 자기 손에 맞아 쓰러지면 기뻐했다.

그때 "안토니야, 네가 본 것을 이해하려고 해보아라"라는 음성이 들렸다. 안토니는 정신을 가다듬고 자신이 본 것을 곰곰이 생각해보았다. 그것은 영혼들이 천국으로 들어가는 통로였고, 똑바로 서 있는 엄청나게 크고 무섭고 사나운 것은 신실한 사람들을 멸시하는 마귀였다. 그는 죄지은 사람들을 붙잡고 지나가지 못하게 하려 한다. 그러나 마귀는 살아있을 때 그의 권고에 귀를 기울이지 않았던 사람을 붙잡지 못하므로, 그런 사람들은 마귀를 피해 높이 날아올라 천국을 향한다. 성 안토니는 이 환상을 보면서 전에 보았던 환상을 생각했고, 그 후로 날마다 고결한 삶에 매진하려고 노력했다.

2. 게론티콘

두 형제가 수도사가 되기로 했다. 그들은 삭발한 후에 어느 정도 거리를 두고 두 개의 수실을 지었다. 그들은 헤어져서 각기 침묵하기 위해서 수실에서 나오지 않고 지냈다. 그들은 여러 해 동안 수실에서 나오지 않았기 때문에 서로 만나지 못했다.

그런데 형제 중 하나가 병이 들었고, 교부들이 그를 찾아갔다. 그 수도사는 황홀상태에 빠져있다가 조금 후에 정신이 들었다. 교부들은 "아버지, 무엇을 보셨습니까?"라고 물었는데, 병든 수도사는 이렇게 대답했다: "하나님의 사자들이 나와 형을 천국으로 데려 가려고 오는 것을 보았습니다. 우리는 올라가다가 무섭게 생긴 무수히 많은 적대 세력을 만났습니다. 그들은 우리를 심하게 괴롭혔지만 성공하지 못했습니다. 우리가 이 사탄의 세력들 곁을 통과할 때 그들은 '순결이 영혼을 담대하게 하는구나'라고 말했습니다."

그는 이렇게 말하고 곧 숨을 거두었다. 교부들은 그가 죽었다고 생각하고 이 사실을 그의 형에게 알리려고 수도사를 보냈다. 그런데 수도사가 도착해보니 형도 죽어 있었다. 교부들은 하나님께 영광을 돌렸다.

3. 성 이사야

　형제여, 덧없는 세상에 빠져 지내는 사람들은 성공하여 이윤을 얻으면, 자신이 당한 시련을 계산하지 않고 자신이 이룬 진보를 기뻐할 것입니다. 형제여, 사람의 영혼이 하나님을 위해 영적인 일을 시작하여 성공적으로 마쳤을 때 경험하는 기쁨을 상상해 보십시오. 영혼은 시들지 않는 기쁨을 느낄 것입니다. 영혼이 세상을 떠나 천국으로 올라갈 때 세상에서 행한 선한 행위가 그보다 먼저 올라갈 것입니다.

　영혼이 몸을 떠날 때 천사들이 동행하기 때문에 이런 일이 일어납니다. 그때 어둠의 세력은 서둘러 영혼을 붙잡아 자기들의 일에 조금이라고 개입한 적이 있는지 세밀히 조사하려 합니다. 이때 영혼을 보호하기 위해 귀신들과 싸우는 것은 천사들이 아닙니다. 귀신들이 영혼을 건드리지 못하도록 영혼의 행위들이 영혼을 둘러쌉니다. 만일 영혼의 선한 행위들이 귀신들을 물리친다면, 거룩한 천사들은 영혼이 기뻐하고 즐거워하면서 하나님을 만날 때까지 영혼을 위해 노래합니다. 그때 영혼은 이 세상에서 행한 선행과 노고를 완전히 잊습니다.

　어둠의 세력이 고발거리를 찾아내지 못하는 자는 복됩니다. 그는 측량할 수 없는 가쁨과 영광과 안식을 발견할 것입니다. 그러므로 선하신 하나님이 우리를 불쌍히 여겨 도우셔서 우리의 길을 방해하는 악한 세력을 정복하려면, 영혼의 힘을 다하여 하나님 앞에서 울어야 합니다. 그러므로 무엇보다 하나님의 뜻을 행하는 데 매진해야 합니다. 장차 하늘에서 마귀들이 우리를 공격할 때, 그것이 그것들의 수중에서 우리를 구해줄 것입니다.

가난한 사람들을 향한 사랑을 기억하십시오. 탐욕의 죄가 우리를 공격할 때 그 사랑이 우리를 탐욕에서 구해줄 것입니다.

비천한 사람이나 위대한 사람들 모두와 화평하십시오. 증오가 우리를 공격할 때 그것이 우리를 지켜줄 것입니다.

매사에 모든 사람에 대해 참고 인내하십시오. 부주의함이 우리를 대적하려 할 때 그것이 우리를 지켜줄 것입니다.

형제자매를 미워하지 말며, 우리에게 부당한 일을 행한 사람에게 보복하지 말고 사랑하십시오. 미움과 보복의 귀신이 우리를 공격하려 할 때 형제 사랑이 우리를 지켜줄 것입니다.

이웃이 우리를 속이거나 상처를 주는 말을 해도 겸손하게 참으십시오. 교만이 공격할 때 겸손이 우리를 지켜줄 것입니다.

이웃에게 상처를 주거나 정죄하지 말고, 존중하십시오. 한담이 우리를 공격할 때 그것이 우리를 지켜줄 것입니다.

세상의 염려와 영광을 멸시하십시오. 우리의 넋을 빼놓는 악이 공격할 때 그것이 우리를 지켜줄 것입니다.

입으로 끊임없이 하나님의 계명과 의와 기도에 전념하십시오. 거짓이 우리를 공격할 때 그것이 우리를 보호해줄 것입니다.

위에서 언급한 악들은 영혼을 방해합니다. 그러나 우리가 획득한 덕목들은 영혼을 도와 그것들을 대적할 수 있게 해줍니다. 신중한 사람은 이러한 덕목을 획득하기 위해 필요한 수고에서 벗어나려고 자기 영혼을 영원한 죽음에 맡기지 않을 것입니다.

우리는 자신을 낮추기 위해 자기의 능력과 우리 주 예수의 능력으로 가능한 모든 일을 해야 합니다. 우리 주 예수 그리스도는 인간이 불쌍하다는 것을 알고 계십니다. 그러므로 인간이 숨을 거둘 때까지 죄에서 벗어나며 잘못을 바로잡게 하려고, 영혼이 몸 안에 있는 동안 그에게 회개를 주십니다.

4. 게론티콘

테오필루스(Theophilos) 대주교는 다음과 같이 말했다:[1]

"영혼은 몸을 떠날 때 엄청난 공포와 두려움을 느낍니다. 왜냐하면 그때 어둠의 세력이 다가와서 그 사람이 태어난 순간부터 숨을 거두어 영혼이 몸과 분리될 때까지 알고 지은 죄와 모르고 지은 죄를 모조리 드러내 주기 때문이다. 이 어둠의 세력들은 뻔뻔스럽게 가까이 와서 맹렬하게 고발합니다. 거룩한 세력인 천사들은 적대적인 어둠의 세력과 대면하면서 영혼이 행한 선한 행위에 초점을 두고 제시합니다.

"영혼이 재판관 앞에서 공정한 재판을 받을 때 경험할 고민과 공포를 생각해보십시오. 재판관이 판결하여 영혼이 자기를 붙들고 있던 세력에게서 풀려나기 전까지 느끼는 두려움은 말로 표현할 수 없고 상상할 수 없습니다. 영혼은 의로우신 재판관의 판결을 듣기 전까지 큰 고통을 느낍니다.

"그때 의로우신 재판관의 판결로 영혼에 자유가 주어진다면, 원수들

---

[1] 대주교 테오필루스의 금언은 『사막 교부들의 금언』에 5개의 금언이 수록(195-199쪽)되어 있다. 이 금언은 그의 네 번째 금언이다.

은 즉시 흩어지고, 천사들이 방해를 받지 않고 영혼을 말로 표현할 수 없는 기쁨과 영광으로 이끌어갑니다. 그러나 만일 영혼이 부주의하게 살았으므로 석방될 자격이 없다면, "악인들을 데려가 주님의 영광을 보지 못하게 하라"는 두려운 말을 들을 것입니다. 그때부터 영혼에 진노와 슬픔과 끊임없는 슬픔의 날이 시작됩니다. 영혼은 바깥 어둠에 넘겨지고, 지옥에 던져지고, 영원한 불 속에서 영원히 저주받게 됩니다.

"이 세상의 화려함과 팡파르가 그 영혼에 무슨 유익이 되겠습니까? 이 헛되고 무상한 세상의 허영과 즐거움과 기쁨이 무슨 소용이 있겠습니까? 돈이 무슨 소용이 있으며, 높은 신분이 무슨 유익을 줍니까? 부모, 형제, 친구들이 무슨 도움이 됩니까? 그것들이 지옥불 속에서 고통받는 불쌍한 영혼을 구해줄 수 있습니까?"

제11장

죽은 후 영혼이 배정되는 곳

죽은 후에 영혼은 세상에서 비슷한 방식으로 살았던 영혼들과 같은 장소에 배정된다.

1. 성 그레고리 대화자

"복음은 택함 받은 자들에 대해서 '내 아버지 집에 거할 곳이 많도다'라고 말합니다. 영원한 복을 받은 의인들이 똑같은 방식으로 선한 것들을 누린다면, 거처가 다수가 아니라 하나라고 믿을 이유가 있을 것입니다. 그러나 택함 받은 사람들이 함께 기뻐하고 즐거워할 수 있도록 그들의 자격에 따라 배정해줄 거처가 많습니다.

"택함을 받아 각기 다른 거처에 배정된 사람들 모두에게 한 데나리온이 주어진다는 것은 구원받은 사람들 모두가 누리는 복이 하나임을 보여줍니다. 그러나 택함을 받은 사람들 각자에게 돌아오는 분량은 그들이 행한 덕행에 따라 다릅니다.

"주님은 심판 날을 언급하시면서 죄인들에 대해 '내가 추수꾼들에게 말하기를 가라지는 먼저 거두어 불사르게 단으로 묶고'라고 말씀하십니다. 추수꾼들, 즉 천사들은 같은 죄를 범한 죄인들을 함께 지옥으로 보내기 위해 단으로 묶습니다. 따라서 교만한 자들은 교만한 자들과 함께, 음란한 자들은 음란한 자들끼리, 탐욕적인 사람들은 탐욕적인 사람들끼리, 거짓말쟁이들은 거짓말쟁이들끼리, 불신자들은 불신자들끼리 벌을 받습니다. 이들은 각기 죄의 종류에 따라 함께 묶여 천사들이 던지는 다양한 고통의 장소에서 불탈 것입니다.

베드로가 "근래에 전에 관심을 두지 않았던 영혼에 대해 많은 것이 계시되는 것은 어찌 된 일입니까? 뚜렷한 계시로 우리에게 제시된 장래의 세계를 보게 하기 위한 것입니까?"라고 물었다.

그레고리는 다음과 같이 말했다:

"당신이 말한 대로입니다. 이 세상 끝이 가까워짐에 따라 장래 세상의 존재가 조금씩 분명한 징조로 계시됩니다. 이 세상에서는 서로의 생각을 알 수 없지만, 장래의 세상에서는 우리 마음에 있는 것이 다른 사람들의 마음에도 있다는 것을 알 수 있을 것입니다. 그러므로 이 세상은 밤과 같고, 장래의 세상은 낮과 같습니다.

"밤이 지나면 해가 완전히 떠오르기 전에 밝아지기 시작하며, 밤의 어둠이 완전히 사라지고 낮의 빛에 정복되기 전에 어둠에 빛이 섞이듯이, 이 세상의 일도 그렇습니다. 이 세상의 종말은 내세의 새벽과 섞여 있으므로, 이 세상의 모호한 것들은 영적인 것들과 섞여 있기 때문에 알려집니다. 이런 까닭에 우리는 저세상 것들에 대해 배웁니다. 그러나 우리는 저세상 것들을 분명히 알지 못하고 희미하게 봅니다. 이는 우리가 해가 뜨기 전에 물질계의 사물을 감지하는 것과 같습니다."

2. 성 에프티미우스(St. Evthymios)의 삶[1]

엄격하게 고행 생활을 하던 에프티미우스가 죽어 무덤에 묻힐 때 오십 년이 넘도록 그의 생활을 본받아 생활하면서 그를 섬겨온 참 제자 도메티아누스는 에프티미우스가 없이 살 수 없고 낮의 빛을 볼 수 없다고 생각하여 엿새 동안 무덤에서 떠나지 않았다. 그런데 일곱째 날 밤에 에프티미우스가 밝은 얼굴로 나타나서 "와서 자네를 위해 마련된 영광을 누리게. 하나님께서 우리에게 이곳에서 함께 살 수 있는 특권을 주셨다네"라고 말했다.

도메니타누스는 즉시 형제들의 공의회에 가서 이 사실을 알렸다. 그런 후에 그는 장래의 좋은 것들에 대한 소망 가운데서 기뻐하며 이 세상을 떠났다.

3. 압바 이삭(Abba Isaac)

주님은 저세상에 거하는 사람들의 정신 수준을 아버지의 "거할 곳"(mansion)이라고 말씀하십니다. 정신 수준이란 구원받은 사람들이 각기 낙원의 복을 즐기고 누리는 방식을 말합니다. 주님은 낙원의 거할 곳의 특징을 다양한 장소로 언급하시지 않았고, 다양한 등급의 은혜의 선물을 "많은 거할 곳"이라고 말씀하셨습니다.

다시 말해서 태양이 많은 빛줄기로 나누지 않고 하나의 빛으로 머물

---

[1] 에프티미우스는 아토스 성산의 캅살라(Kapsala)에 부활의 은거처(Kelli of the Resurrection)에서 수도한 사제 은수사(隱修士)로서 정교회의 성인이다.

지만, 각 사람이 자신의 예리한 시각에 따라서 태양을 보는데, 내세에서 의인들도 그렇습니다. 의인들 모두가 한 곳에 거하지만, 각기 자기의 깨끗함의 수준에 따라 영적 태양의 빛과 기쁨을 끌어당길 것입니다. 다시 말해서 자신이 받아들여 동화할 수 있는 만큼의 빛과 기쁨을 누릴 것입니다.

4. 성 그레고리 대화자

베드로가 "존경하는 사부님, 인류는 헤아릴 수 없이 많은 정념에 예속되어 있으므로 거룩한 하늘의 예루살렘의 가장 많은 부분이 아기들로 채워져 있다고 생각됩니다"라고 말했다.

이에 대해 그레고리는 다음과 같이 말했다.

"세례를 받고 죽은 유아들은 확실히 천국에 들어갈 것입니다. 그러나 말하기 시작한 아기들 모두가 천국에 들어갈 것이라고 믿어서는 안 됩니다. 부모가 잘못 양육한 아기들은 천국에 들어가지 못할 것입니다. 이 도시에 사람들에게 알려진 사람이 살고 있습니다. 이 사람에게 다섯 살쯤 된 아들이 있었는데, 아들에 대한 사랑이 지극하여 제대로 훈육하지 않았습니다. 이런 까닭에 그 아이는 누가 자기를 저지하려 하면 하나님을 모독하곤 했습니다. 이것은 참으로 위험한 일입니다.

"삼 년 전에 그가 사는 지방에 전염병이 돌았는데, 이 어린 소년이 전염병에 걸려 죽게 되었습니다. 목격자의 말에 의하면, 아버지가 아들을 안고 있었는데, 아이는 악한 영들이 자기를 데리러 오는 것을 보았습니다. 아이는 두려워서 눈을 깜박거리며 절망적으로 '아버지, 나를 구해주세요. 나를 보호해주세요'라고 소리쳤습니다. 이렇게 소리치면서 마치 숨으려는 듯이 아버지의 가슴에 얼굴을 파묻었습니다. 아버지는 아들이 두려워 떠는 것을 보고 가슴이 아파서 무엇을 보았느냐고 물었습니다. 아들은 '검은 사람들이 나를 데려가려고 왔어요'라고 말했습니다. 아들은 이 말을 하고 나서 곧 하나님의 이름을 모독하고서 숨을 거두었습니다.

"전능하신 하나님은 그 소년이 어떤 죄 때문에 악한 영들에게 넘겨졌는지 보여 주시려고, 아이가 살았을 때 아버지가 저지하지 않았던 이 죄와 더불어 죽게 하셨습니다. 신을 모독하는 자로 살았던 이 아이는 부주의한 아버지가 자기의 죄를 잘 깨닫게 하기 위해서 하나님의 의로운 심판을 받아 죽을 때에도 신을 모독하는 것이 허락되었습니다. 이 아버지는 어린 아들의 영혼에 무관심했기 때문에 하찮은 죄인이 아닌 큰 죄인이 되어 불지옥에 가도록 양육한 것입니다."

5. 게론티콘

원로들은 "형제들이여, 자녀들 때문에 꾸짖음을 받지 않으려면, 자녀들을 꾸짖으십시오"라고 말했습니다.

제12장

아들이 시련과 유혹을 당할 때

부모는 자녀가 주님을 위해 시련과 유혹을 당할 때 기뻐하고 감사해야 한다.

1. 시나이와 라이다우의 거룩한 교부들을 죽인 사람 이야기

고결하다고 알려진 청년이 있었다. 그의 어머니는 아들이 고행수도자로 살던 수실에서 야만인들을 대적하여 싸우다가 죽었다는 소식을 들었다. 아들은 온몸에 무수한 상처를 입었지만, 야만인들은 그의 수실에서 아무것도 가져가지 못했고, 그의 수도복을 벗기지 못했다. 그들은 자기들이 요구하는 것 중 하나라도 행하면 살려주겠다고 약속했지만, 그는 동의하지 않고 용감하게 그들을 대적했다.

어머니는 이 소식을 듣고서 이 용감한 청년의 진정한 어머니라는 것을 보여주었다. 어머니는 아들이 죽었다는 소식을 듣고서 밝은색 옷을 입고 기쁜 표정을 지었으며, 두 손을 하늘로 향하고 주 그리스도께 다음과 같이 말했다.

"주님, 내 아들을 주님께 맡겼습니다. 이제와 장래에 그 아이가 구원받았으니 기쁩니다. 주님께 내 아들을 드렸습니다. 주님은 그 아이의 보호자이십니다. 나는 아들이 마귀로부터 해를 입지 않고 안전하게 보존되었음을 기뻐합니다. 나는 그 아이의 죽음이나 마지막에 대해서 생각하지 않고, 다만 죄의 위험에서 피했음을 생각합니다. 나는 그 아이가 많이 다친 것이나 안타깝게 죽었다는 사실을 생각하지 않고, 다만 아들의 영혼이 끝까지 흠 없이 깨끗하게 보존되었음을 생각하며, 그 아이의 영을 흠이 없으신 주님의 손에 맡깁니다.

"아들아. 나는 죽음을 상으로 여기고, 상처를 면류관으로 생각한다. 네가 더 많은 상처를 입었다면, 받을 상이 더 컸을 것이다. 너는 나에게 급료를 지불했단다. 너를 잉태한 것은 출산의 고통에 대한 보상이었고, 너를 양육한 것은 나의 영광이었다. 네가 성취한 것들과 관련하여 나를 파트너로 여기지 않으려느냐? 나는 너의 영적 싸움의 동반자이다. 너는 운동선수처럼 행하지 않았느냐? 너의 운동 솜씨가 흐뭇하구나. 야만인들의 사나움을 잘 견뎌냈느냐? 나도 어머니로서의 본성적인 고통을 잘 견뎌냈단다. 너는 분명히 죽음을 멸시했을 것이다. 나는 모성애를 무시했단다. 너는 잔인한 학살의 고통을 불평 없이 참고 견뎠구나. 나는 너를 잃은 데 대한 내적 고통을 잘 견뎌내고 있단다. 나도 네가 당한 것과 똑같은 고통을 느끼고 있다. 너는 고통의 쓰라림을 정복했다. 나도 너를 잃은 고통을 당하고 있다. 너에게 죽음이 두려운 것이었지만, 한 번으로 끝났을 것이다. 그러나 나는 너의 죽음으로 인한 아픔을 평생 느낄 것이며, 그것에 대해 철학적으로 사색할 수 있기 때문에 견딜 수 있을 것이다. 나는 네가 하나님과 함께 살고 있으며 잠시 후에 어떤 방식으로든지 이 몸이 깨지고 영혼이 자유롭게 될 때 영원한 생명으로 이동할 것을 믿기 때문에 이 고통을 참고 견딜 것이다.

"나는 어느 어머니보다 더 행복하다. 왜냐하면 이렇게 용감하게 싸운 너를 하나님께 바쳤기 때문이다. 나는 믿음 때문에 한층 더 용감해졌고, 내 아들이 그리스도를 위해 몸을 희생제물로 바치고 네 영혼이 그분과 함께 세세토록 끝없는 즐거움을 누릴 것이라고 자랑할 수 있어서 행복하고 복되다고 여길 것이다."

2. 앙카라의 주교요 순교자인 성 클레멘트의 삶

성 클레멘트(St. Clement)가 아주 어렸을 때 아버지가 세상을 떠났다. 과부가 된 그의 모친은 하나님 다음으로 아들에게만 희망을 두었다. 그녀는 클레멘트에게 어머니요 아버지요 교사였다. 클레멘트를 양육되고 가르치던 어머니는 자기가 곧 죽을 것을 감지했다. 그래서 아직 열 살이 되지 않은 아들, 자기의 재산 상속자가 아니라 천국 보화의 상속자로 만들려 했던 아들을 품에 안았다. 그녀는 사랑으로 아들에게 입을 맞추고 다음과 같이 말했다:

"사랑하는 아들아, 너는 아주 어려서 아버지를 잃었지만, 하나님이 아버지가 되셨기에 부자였다. 하나님은 네가 아버지를 잃은 것이 행운이 되게 해주셨다. 나는 육신으로 너를 낳았지만, 그리스도께서 영의 힘으로 너를 양육해주셨다. 너는 네 아버지를 알고 있다. 구세주의 아들의 자질을 버리지 말아라. 그리스도만 예배하고, 그리스도만 신뢰하여라. 그분은 참된 불멸이시다. 그분은 우리의 구원이시다. 그분은 우리를 위해 하늘에게 내려오셨고, 부활하심으로써 우리를 하나님의 자녀로 삼아 하늘로 데려가신 분이시다. 주님께 복종하는 사람은 모든 어려움을 피할 것이다. 그는 우상을 숭배하는 왕과 폭군 등을 정복할 뿐만 아니라 우상 숭배자들이 공경하는 귀신들과 그것들의 지도자인 마귀를 부끄럽게 할 것이다."

눈물을 흘리며 이렇게 말한 후 하나님의 은혜에 정복된 그녀의 영혼은 영의 눈으로 장차 아들에게 닥칠 것들을 보았고, 예언적으로 그것을 아들에게 말해 주었다.

"준비되지 않은 상태에서 시련을 당하지 않도록 준비하고, 영혼을 담대하게 하여라. 네가 해야 할 싸움은 일반적인 적을 대적한 싸움이 아니고, 일상적인 선한 것을 위한 싸움도 아니다. 이 싸움에서 네가 대적할 상대는 악 자체 및 그의 종과 추종자들이다. 이 싸움의 목표는 영생과 영광이다. 싸움에서 패한다면 영원히 끝나지 않는 수치와 영원한 저주를 받을 것이다. 그러므로 이 싸움에서 네가 경험하게 될 어려움 때문에 두려워하지 말고 선하고 유익한 것에서 힘을 얻어라.

"아들아, 군인들이 자기들과 마찬가지로 유한한 종인 이 세상 임금을 위해 기꺼이 죽으려 하는데, 너는 영원하신 왕을 위해 죽음을 견뎌야 하지 않겠느냐? 세상 임금을 섬기는 군인들이 죽을 때 왕에게서 가치 있는 것을 얻지 못한다는 것을 염두에 두어라. 목숨과 바꿀 만큼 귀한 것이 무엇이겠느냐? 죽은 사람에게 주어진 영예가 그에게 무슨 기쁨이 되겠느냐?

"만일 네가 모든 사람의 주이신 우리 주 그리스도를 위해 죽는다면, 너는 무상하고 덧없는 것 대신에 영생을 얻을 것이다. 사람들이 주는 덧없는 기쁨과 영광과 부귀 대신에 영원한 복의 즐거움을 누릴 것이다. 우리는 지금 죽지 않아도 머지않아 죽어 모든 사람이 지고 있는 파멸의 빚을 갚아야 할 것이다. 그러나 예수 그리스도 안에 있는 죽음을 죽음이라고 생각할 수 없다. 왜냐하면, 장래의 선한 것에 대한 소망의 힘으로 죽음에 대한 이러한 느낌이 사라지기 때문이다.

"아들아, 무엇보다 만물을 지으시고 인간을 지으신 분이 우리를 위해 인간이 되어 세상에 내려와 사람들 가운데 거하셨다는 것을 생각해야 한다. 가장 중요한 것을 말해 주어야겠구나. 자격이 없는 종들이 우리 주님에게 사형선고를 했고, 채찍으로 때리고 십자가에 매달아 죽였다. 주님은 죽음의 포학함을 폐지하고 옛 저주를 종식시키며 우리를 위해 천국문을 다시 열어주시려고 우리의 구원을 위해 이 모든 일을 당하셨다.

"아들아, 우리 모두의 주이신 분이 우리를 위해 그처럼 두려운 수난을 당하셨는데, 우리가 그분을 위해 아주 작은 일도 당하려 하지 않는 것은 용서받을 수 없는 일이 아니겠느냐? 아들아, 이것들을 기억하고, 절대로 그리스도의 사랑에서 벗어나지 말아라. 군주들의 위협이나 육체적인 괴로움, 세상 왕들을 두려워하지 말아라. 그들의 교만과 분노는 속히 사라질 것이며, 그들의 칼은 녹슬 것이다. 무엇보다도 순교자들을 위해 예비된 선한 것을 얻도록 해라. 네가 순교한다면 천국을 상으로 받을 것이다."

이것은 그녀의 내면에서 지혜의 영이 그녀를 통해서 매일 클레멘트에게 했던 말이었다. 그녀의 아들은 백발노인처럼 지혜로웠고, 이 심오한 권면을 필요로 했다. 경건한 어머니는 죽기 전에 다음과 같이 말했다:

"아들아, 네 어머니에게 다음과 같이 지불해 주렴. 그것이 사도 바울이 말한 것처럼 내가 출산함으로써 구원받고 아들의 지체를 통해서 영화롭게 되기 위해 너를 낳으면서 맛본 고통에 대한 삯이 될 것이다. 아들아, 나는 곧 은혜의 힘으로 이 세상을 떠날 것이다. 아침이 되면 이 세상 빛이 나를 비추지 못할 것이며, 그리스도의 능력으로 네가 나를 위한 빛이 되고 내 생명이 될 것이다. 너에게 둔 나의 소망이 헛되지 않기를 부탁한다.

"어느 유대 여인의 일곱 아들이 그리스도를 위해 순교함으로써, 그 여인이 일곱 번 순교했다고 한다. 너는 혼자이지만, 나의 영광을 위해 충분하다. 너 때문에 큰 영화를 누리는 한, 나는 어머니들 중에서 세 배나 복될 것이다. 아들아. 내가 너보다 먼저 영원을 향해 떠날 것이다. 오늘 나는 너와 작별할 것이며, 너는 눈으로 나를 보지 못할 것이다. 그러나 내가 죽을 때 내 영혼이 네 영혼과 결합할 것이며, 네 영혼과 함께 그리스도의 보좌 앞에서 담대하게 예배하며, 네 순교의 상처를 자랑할 것이다. 그러므로 나는 너의 희귀하고 장엄한 상과 기쁨에 동참할 것이다."

어머니는 이렇게 말하면서 아들의 온몸에 입 맞추면서 다시 "나는 순교자의 몸, 곧 그리스도께 제물로 바쳐질 몸에 입을 맞춘다"라고 말했다.

아들은 어머니를 사랑하는 아들이 해야 할 모든 것을 행했다. 그는 어머니의 시신을 매장했다. 그는 지체하지 않고 수도생활을 시작하여 어머니의 명령대로 그리스도를 사랑하기 위해 이 세상을 부인했고, 수도생활을 하는 동안 내내 정념의 불이나 감각의 풀무 불에 휩싸이지 않으려고 금식하여 몸을 강하게 한 세 청년을 기억하면서 야채만 먹었다. 후일 그리스도를 위해 목숨을 제물로 바쳤다.

3. 성 알리피우스의 생애[1]

---

1) 주상(柱上)의 알리피우스(Alypius the Stylite; 522~640)는 파플라곤아의 하드리아노폴리스(Hadrianopolis in Paphlagonia, 흑해 남안에 있는 작은

1. 성 알피우스(St. Alypios)는 하나님을 향한 불굴의 사랑으로 불탔고, 현세에서 굳게 서서 견인하기 위해서 무엇을 해야 할 것인지 신중하게 고려했다. 그는 끊임없이 자신이 갈망하는 대상과 연합하고, 정신을 다해 하나님을 분명히 보고 하나님과 연합하기를 원하여 결국 세상의 모든 것을 거부하고, 친척과 친지와 친구들, 심지어 자기를 낳아준 어머니와도 결별하고, 침묵 생활을 생활방식으로 선택하기로 했다.

그는 이 결심을 어머니에게만 털어놓으면서 "어머니, 나는 거룩한 침묵 생활을 선택한 많은 사람들이 영적으로 복되게 하나님을 사랑하면서 행복하게 살고 있는 동방으로 가기를 간절히 원합니다"라고 말했다.

아들의 결심을 들은 어머니는 그런 결정을 알게 된 평범한 어머니들처럼 반응하지 않았다. 아들이 떠나고 혼자 남을 것을 견디지 못하여 아들과 논쟁하려 하지도 않았다. 그녀는 아무 말도 하지 않았고, 아들의 거룩한 갈망을 꺾을 행동도 하지 않았다(그녀는 자기의 관심보다 아들의 관심을 더 존중했다). 그녀는 하늘을 바라보며 두 팔을 벌리고 마음을 다해 기도한 후에 알리피우스에게 이렇게 말했다.

"아들아, 가거라. 영이 인도하는 곳으로 가거라. 우리를 살게 하시는 능력의 하나님을 보아라. 너를 그분에게 맡긴다. 그분이 네 앞에 천사를 보내주실 것이며, 그분의 뜻을 발견할 수 있는 곳을 너에게 보여주실 것이다. 그분이 거룩한 처소에서 너에게 도움을 보내시고, 하늘의 예루살

도시로)에서 태어났다. 동방 교회 전통에 주상의 성자로 세 명을 꼽는데 시메온(Simeon Stylites the Elder), 다니엘(Daniel the Stylite), 그리고 알리피우스이다.

렘에서 너를 도와주실 것이다. 그분이 너에게 의의 흉배와 구원의 투구를 입혀주실 것이다. 아들아. 네가 고향과 부모보다 주님을 더 사랑하여 행하는 행위의 의로움이 한낮의 해처럼 빛나기를 바란다."

그 아들에 그 어머니였다! 그녀는 내면에 덕이 모성애보다 더 견고하게 놓여 있었으므로 결코 부당한 것을 말하거나 행하려 하지 않았다.

이렇게 말하고 그녀는 아들을 축복했고, 두 사람은 사랑으로 서로 얼싸안고 입을 맞추었다. 두 사람의 눈에는 눈물이 가득했다. 그런 후에 각기 제 길로 갔다. 어머니는 집으로 가고, 아들은 바라던 길을 출발했다.

며칠 후 모두가 알리피우스가 떠났다는 것을 알고 슬퍼했다. 그 소식을 들은 주교는 지체하지 않고 즉시 그를 뒤쫓아가서 에프차이타(Evchaita: 비잔틴 시대의 총대주교구였던 소아시아의 소도시)에서 따라잡았는데, 그곳에서는 성 테오도르 축일이 거행되고 있었다. 주교는 알리피우스에게 돌아가자고 간청했다. 주교는 눈물을 흘리면서 어머니에게 돌아가라고 강권했다. 그는 자신이 꿈에서 알리피우스가 목적지에 도착하지 못해도 슬퍼하지 말라고 충고하는 하나님의 음성을 들었다고 말해주었다. 꿈에서 나타난 사람은 우리가 복된 생활을 하는 데 성공할 수 있는 곳이면 어디든지 거룩한 곳이라고 말했다.

그리하여 그리스도의 뜻으로 알리피우스는 고향에 돌아왔다. 그는 도시 남쪽에 있는 산에 올라가 작은 오두막에서 금욕생활에 전념했다. 덕을 행하기로 하고 인내하면서 지내던 그는 더 고귀한 삶을 살려는 갈망을 느꼈다. 그는 항상 거룩하고 고귀한 것을 갈망했다.

그는 근처 무덤 위에 있는 기둥을 보고, 널빤지를 모아 기둥 위를 덮었다. 그는 이렇게 만든 임시변통의 은신처에 들어가서 변화하는 날씨에도 아랑곳하지 않고 지냈다. 이처럼 힘들게 노력할 때 어머니가 그를 도왔다. 어머니는 떠나지 않고 한결같이 열심히 그를 도와주었다.

알리피우스가 거룩하게 사는 데 분노한 악령들이 기둥 안에 모여 그에게 돌을 던졌기 때문에 그가 임시변통으로 덮어놓았던 널빤지 덮개가 무너졌고, 그는 꽤 큰 돌에 맞아 어깨를 다쳤다. 그러나 알리피우스는 겁내지 않았다. 그는 자신이 상처를 하찮은 화살로 여긴다는 것을 귀신들에게 보여주려고 아침 기도를 했고, 어머니에게서 도끼를 받아서 널빤지 지붕을 부수어 땅에 던졌다.

널빤지들이 깨져서 땅에 떨어지는 것을 본 그의 어머니는 당황하여 오른손으로 이마를 치면서 "아들아, 도대체 이게 무슨 일이냐? 너의 몸을 보호해주던 작은 덮개를 왜 깨뜨렸느냐? 추운 겨울을 어떻게 지내려느냐? 사나운 폭풍에서 어떻게 너를 보호하려느냐? 불같이 뜨거운 여름 햇볕을 어떻게 견디려느냐?"라고 말했다. 알리피우스는 이 말을 듣고 "어머니, 무엇이 문제입니까? 이곳에서 추위를 견뎌야 하고, 저세상에서는 더위를 견뎌야 하지 않습니까? 영원히 꺼지지 않은 불의 형벌을 피하려면 이 세상에서 낮의 더위를 견뎌야 하지 않겠습니까? 이러한 어려움을 당하지 않고서 어떻게 상을 받겠습니까?"라고 대답했다.

그는 이렇게 말하면서 자신이 널빤지를 없애는 것을 말리지 말라고, 그리고 겉옷을 벗어버리는 것도 말리지 말라고 어머니를 설득했다. 경건하고 거룩한 어머니는 그리스도를 위해 고난을 겪는 아들을 사랑했지만, 아들의 뜻을 꺾는 데 익숙하지 못했다. 그녀는 자식을 통해서 하나님이 주시는 더 큰 영광을 받으려고 모성애를 포기했다.

아들을 사랑하며 흐뭇해하는 어머니와 하나님을 사랑하는 어머니를 흐뭇해하는 아들의 행위가 하나님을 영화롭게 하는 모습이었다. 누구라도 이 순수한 어머니의 아들을 축복하지 않을 수 없을 것이다. 누구라도 이처럼 훌륭한 아들을 낳은 어머니를 축복하지 않을 수 없을 것이다. 이 거룩한 어머니의 가장 선한 특성은 다음과 같다: 그녀는 아들 가까이에 머물면서 아들의 시중을 들었다. 그녀는 아들의 기둥 가까이에 천막을 쳤고, 삶의 즐거움을 거부하면서도 자신이 낙원에서 그 아름다움을 누리고 있다고 생각할 정도로 행복했다. 그녀는 손으로 작업하여 두 사람의 생계유지에 필요한 것을 마련했고, 동시에 가난한 사람들을 보살폈다.

언젠가 다음과 같은 특별한 사건이 벌어졌다. 어떤 사람이 이 성인의 어머니에게 약간의 돈을 기부했다. 그녀는 그 돈을 가지고 있다가 어느 날 아들의 허락을 받고서 생활에 필요한 것을 사려고 도시로 내려갔다. 그런데 그녀는 산 물건을 가지고 움막으로 돌아오다가 자선을 구하는 가난한 사람들의 요청을 받고서 물건을 모두 그들에게 나누어주었다. 움막에 도착했을 때 어머니가 빈손인 것을 보고서 아들이 "어머니, 오늘 산 물건들은 어디 있습니까? 지금 당장 필요한 것들인데요?"라고 말했다. 그녀는 자연스럽게 "그것들을 하나님과 가난한 사람들에게 주었단다. 나는 우리가 그것들을 되찾으리라 생각한다. 나는 우리의 음식 중 작은 분량을 가난한 사람들에게 주지 않아 살아계신 하나님 앞에서 위선자가 되는 것이 옳지 않다고 생각했단다. 나는 그 가난하고 배고픈 사람들의 기도로 우리에게 하나님의 자비가 주어질 것이라고 확신한다"라고 말했다.

이 말을 들은 아들은 어머니를 축복하고, 모든 것을 감사하며 받아들였다.

2. 성녀 소피아는 믿음과 소망과 사랑이라는 이름의 딸들이 순교하기 전에 죽음과 순교의 싸움 앞에서 담대하라고 격려했다. 그녀는 딸들이 각기 순교하는 현장에서 그들이 당하는 고통을 보면서 위로하여 담대하게 해주었다. 그녀는 딸들이 모두 순교할 때까지 현장에 머물렀다. 딸들이 영화롭게 죽은 후에 그녀는 기뻐하면서 하나님께 감사했다. 그리고 사흘 후에 그녀도 딸들처럼 영원한 세상으로 떠나 그들과 함께 천국 영광의 상속자임을 나타냈다.

4. 거룩한 사십 명의 순교자

거룩한 사십 명의 순교자들(4세기 초 리키니우스 시대에 하부 아르메니아의 세바스테 근처에서 순교한 기독교 병사들)은 밤새도록 호수 한복판에 서서 매서운 추위를 견디고 있었다. 아침 일찍 그들은 해변에 일렬로 서서 곤봉으로 맞았다. 이러한 사태가 벌어지는 동안 사십 명의 순교자 중 한 사람의 어머니가 가까이에서 고문받는 아들을 지켜보았다. 그녀의 아들은 사십 명 중에서 가장 어렸다. 그녀는 어린 아들이 목숨을 사랑하여 비겁해질까 두려웠다. 그래서 그녀는 그런 일이 벌어지지 않도록 아들 가까이에서 조심스럽게 따라갔다.

그녀는 두 손을 내밀고 부드럽게 "사랑하는 내 아들, 이제는 하늘 아버지의 아들아, 잠시만 참고 견디면 완전해질 것이다. 고문을 두려워하지 말아라. 그리스도께서 보이지 않게 우리와 함께 계시면서 너를 돕고 계시므로 너는 아무것도 쓰라리거나 힘들게 느끼지 않을 것이다. 두려운 고통은 결국 끝날 것이다. 너는 이 모든 것을 용감하게 정복했다. 이제부터 그곳에는 기쁨과 즐거움과 안식과 행복만 있을 것이다. 너는 그리스도와 함께 다스리고, 너를 낳아준 나를 위해 그리스도와 함께 나의 중보자로 행동하면서 즐거워할 것이다"라고 말하여 용기를 주었다.

고문으로 죽은 그들의 영혼은 하나님께로 떠났다. 이교도 군인들이 근처 강둑에 시신들을 버리려고 수레를 가져와서 실었다. 그런데 가장 젊은 성인(이 사람의 이름은 멜리톤이었다)이 숨을 쉬고 있는 것을 보고서 그가 살기를 기대하여 처형장에 그대로 두었다. 그러나 아들만 남겨진 것을 본 어머니는 속이 상했고, 이것을 아들과 자신의 죽음으로 간주했다. 그녀는 여인의 약함을 무시하고 모성애도 잊고서 아들을 어깨에 들쳐업고 순교자들을 실은 수레를 따라갔다. 그렇게 해야만 아들이 다른 순교자들과 함께 순교자로 죽는 것을 볼 수 있을 것이라고 믿었다.

그녀가 업고 있을 때 아들이 숨을 거두었고, 그녀는 어머니의 책임에서 벗어났다. 그녀는 아들의 죽음을 가장 사랑스러운 큰 사건이라고 여겨 기뻐 뛰었다. 그녀는 아들의 시신을 가지고 다른 순교자들의 유해가 있는 곳으로 달려갔다. 그리고 사랑하는 아들의 영혼이 이미 순교자들의 영혼들 가운데 하나가 된 것처럼, 아들의 시신이 그들의 시신과 분리되지 않도록 그들의 시신 위에 아들의 시신을 올려놓았다.

그 후 마귀의 종들이 순교자들의 시신을 불태웠다. 기독교인들을 미워한 악인들은 기독교인들이 순교자들의 유해를 발견하지 못하게 하려고 유해를 강에 던졌다. 그러나 하나님의 섭리로 깊은 틈 속에 걸린 그들의 유해를 기독교인들이 꺼냈고, 우리에게 전달되었다.

제13장

외딴곳의 유익함에 관하여

세상을 버린 사람이 어떻게 외딴곳으로 가는지, 외딴곳은 어떤 곳이며, 거기서 얻는 유익이 무엇인지, 수덕생활에 알맞은 곳은 어떤 곳인지에 관하여

1. 게론티콘

1. 압바 라코포스(Abba Lakovos)는 나그네를 환대하는 것보다 우리가 그리스도를 위해 나그네가 되는 것이 더 가치가 있다고 말했다.

2. 압바 론기누스(Abba Longinos)가 루키우스(Loukios) 교부에게 "사부님, 내 영혼은 외딴곳에 살기를 갈망합니다"라고 말했다. 루키우스는 "당신이 혀를 제어하지 못한다면, 외딴곳에 가도 외딴곳에 있지 않을 것입니다. 그러나 혀를 제어한다면, 여기에 있어도 멀리 떨어져 지낼 수 있을 것입니다"라고 말했다.

3. 어느 금욕적 원로는 "영적으로 성장할 수 있는 곳을 알면서도 삶에 필요한 것들을 빼앗길까 두려워 그곳에 가지 않는 수도사는 하나님이 존재하신다는 것을 믿지 않는 사람이다"라고 말했다.

4. 어느 형제가 원로에게 "우리 세대 사람들이 우리 이전의 교부들의

금욕생활을 유지하지 못하는 이유가 무엇입니까?"라고 질문했다. 원로는 "우리 세대가 하나님을 사랑하지 않고, 사람들에게서 도망치지 않으며, 이 세상의 물질을 무시하지 않기 때문입니다. 이는 사람들과 물질주의를 피하는 사람의 영혼 안에서 자발적인 통회와 수덕생활을 향한 갈망이 생겨나기 시작하기 때문입니다. 밭에 붙은 불을 끄고 싶지만 밭에 있는 것들을 베어버릴 시간이 없으면 불을 끌 수 없듯이, 수고해야만 양식을 얻을 수 있는 곳으로 도망치지 않는 사람은 수덕생활에서 성공할 수 없습니다. 영혼은 보지 못하는 것을 원하지 않기 때문입니다"라고 대답했다.

5. 한 형제가 압바 시소에스에게 "아버지, 외딴곳으로 물러가라는 것이 무슨 뜻입니까?"라고 질문했다. 시소에스는 "외딴곳을 구하든지 구하지 않든지 침묵하고, 소유하지 마십시오. 그것이 진정 외딴곳으로 물러나는 것입니다"라고 대답했다.

6. 어느 형제가 원로에게 "외딴곳에 사는 것의 장점이 무엇입니까?"라고 질문했다. 원로는 그 대답으로 다음과 같이 말해주었다. "나는 은둔자로 사는 형제를 알고 있습니다. 언젠가 그 형제가 교회 식당에서 늘 하던 대로 줄을 서서 음식을 받은 후에 형제들과 함께 먹으려고 자리에 앉았습니다. 형제들 중 몇이 그에게 '누가 당신에게 여기서 음식을 먹으라고 했습니까? 일어나 나가세요'라고 말했습니다. 그는 즉시 일어나 식당에서 나왔습니다. 그런데 나그네에게 무례하게 행동한 것을 미안하게 여긴 다른 형제들이 그를 다시 식당으로 불러들였습니다. 그가 식탁에 앉았을 때 그들은 '우리가 당신을 무례하게 식당에서 내쫓았다고 다

시 불러들일 때 느낌이 어땠습니까?'라고 물었습니다. 나그네는 '그때 나는 쫓아내면 나가고 부르면 오는 개같다고 느꼈습니다'라고 말했습니다."

7. 어느 교부가 다음과 같은 이야기를 했다. "두 사람이 이웃에 살고 있었습니다. 한 사람은 외국인이었고, 또 한 사람은 그곳 토박이였습니다. 외국인은 약간 게을렀고, 토박이는 매우 근면했습니다. 그러다가 외국인이 먼저 죽었습니다. 예지의 은사를 받은 그들의 원로는 천사들의 무리가 그의 영혼을 천국으로 인도하는 것을 보았습니다. 영혼이 천국에 도착했을 때 천국에 들어갈 자격이 있는지 심사하였습니다. 그때 높은 곳에서 '그는 조금 게을렀지만, 세상에서 물러나 생활했으니 문을 열어주어라'라는 음성이 들려왔습니다. 얼마 후 토박이가 세상을 떠났고, 친척들 모두가 장례식에 참석했습니다. 예지력을 가진 원로는 천사들이 오지 않은 것을 보고 놀랐습니다. 그는 하나님 앞에 엎드려 눈물을 흘리면서 '게으른 외국인은 영광을 누렸는데, 근면했던 이 수도사가 영광을 경험하지 못하다니 어찌 된 일입니까?'라고 말했습니다. 즉시 하늘에서 '이 근면한 수도사는 세상에서 죽음의 순간이 다가올 때 친척들이 우는 것을 보았고, 그것이 영혼에 위로가 되었다. 그러나 외국인은 게을렀지만 임종할 때 아무도 곁에 없었다. 그는 외로움 때문에 울고 신음했는데, 하나님이 그를 위로해 주셨다'라는 음성이 들려왔습니다."

2. 압바 이사야

　당신이 하나님을 위해 나그네처럼 살기로 했다면, 당신이 가는 곳의 주민들과 사귀거나 관계를 맺으려 하지 마십시오. 차라리 혈육과 함께 지내는 편이 낫습니다. 만일 당신이 고향에서 수도생활을 한다면, 너무 많은 친구를 두지 마십시오. 당신이 병들었을 때 도와줄 사람 하나면 충분합니다. 외딴곳에서의 생활이 가져올 유익을 잃지 않도록 조심하십시오. 만일 당신이 어느 장소에 가서 살려 한다면, 수실을 얻기 위해서 그곳 사람들이 어떻게 사는지 알 때까지 기다리지 말고 즉시 수실을 구하십시오. 그리하면 친구들이 초래할 불편함이나 방해 등에 대한 의구심을 피할 수 있을 것입니다. 당신이 지혜로운 사람이라면 이 모든 것이 며칠 동안만 지속될 것이라고 여길 것입니다.

　하나님에 대한 믿음과 소망과 굳건한 의도를 품고 먼 곳에 가서 사람들에게 알려지지 않고 홀로 지내려 한다면, 무엇보다도 외딴곳으로 가야 합니다. 당신이 이렇게 하려 한다면, 마귀들이 당신을 에워쌀 것입니다. 그들은 시련, 호된 가난, 무서운 병 등에 대한 생각으로 당신을 방해할 것입니다. 그들은 당신을 수중에 넣으려고 당신의 정신에 "무엇을 하려느냐?" "너를 보살펴줄 사람이 있느냐?" "누가 너의 친구가 되어주겠느냐?"는 등의 불안한 생각을 심을 것입니다. 또 하나님은 당신의 하나님 사랑과 열심을 나타내시려고 당신을 시험하실 것입니다.

　만일 당신이 수실에서 혼자 지내면서 밖으로 나오지 않는다면, 귀신들은 당신의 정신 안에 여러 가지 비겁한 생각의 씨를 뿌리고 끊임없이 "외딴곳에서 생활하는 것만이 우리를 구원하는 것이 아니다. 계명을 지키는 것도 우리를 구원한다"라고 속삭일 것입니다. 그것들은 당신의 친척들 및 세상에서 만났던 사람들을 기억하게 하며 "이 사람들도 하나님의 종이 아니냐?"라고 말할 것입니다. 그다음에 계절의 변화와 육체의 짐 등을 생각하게 하여 정신을 산만하게 할 것입니다.

그러나 당신의 마음에 사랑과 소망이 있으면, 이러한 악한 속삭임이 효과를 얻지 못할 것입니다. 이는 당신이 유형적인 위로보다 하나님을 더 사랑한다면, 하나님을 향한 당신의 갈망이 표출될 것이기 때문입니다. 당신은 이유 없이 외딴곳에 들어간 것이 아니라 원수들을 대적하여 싸우며 알맞은 상황에서 각각의 원수를 쳐부수는 방법을 알아 자유를 얻고 무정념의 안식에 이르기 위해서입니다.

형제여, 만일 당신이 물질세계와 그 위로를 외면한다면, 큰 가난이나 슬픔 때문에 위대한 덕목들의 표준에 이르는데 실패하지 않도록 슬픔의 귀신을 조심하십시오. 덕목들의 표준은 다음과 같습니다: 자신을 대단하다고 여기지 않는 것, 모욕과 조롱을 참고 견디는 것, 그리고 세상에서 자신의 이름이 언급되지 않게 하는 것. 당신이 이러한 덕목을 얻기 위해 수고한다면, 그것들이 당신 영혼의 화환을 준비할 것입니다. 세상을 버리고 표면적으로 가난하게 사는 사람들만 가난한 사람이 아니라, 온갖 악에서 빈곤하게 되었으며 배고픈 사람이 음식을 생각하듯이 끊임없이 하나님을 생각하는 사람들도 가난한 사람이라고 여기십시오. 표면적으로 비통해하는 사람들만 무정념에 이르는 것이 아닙니다. 속사람의 잘못을 교정하는 데 관심을 두고 자기의 뜻을 잘라내는 사람들도 덕의 면류관을 받을 것입니다.

당신을 불안하게 하는 생각들이 어떤 핑계에서 생겨나는지 제대로 이해하여야 합니다. 당신의 생각은 이유 없이 당신에게 위치를 바꾸어야 한다는 개념을 주입하여 당신을 부주의하게 하지만, 그것을 뉘우치고 지금 있는 곳에 머물러야 합니다. 귀신들은 정신의 정신을 둔하고 불안정하게 하려고 이런 짓을 합니다. 이러한 생각의 비도덕적인 본질에 관해 생각해온 사람들은 동요하지 않으며, 자기에게 머물 장소를 주신 주께 감사합니다. 인내와 사랑이 있으면 힘들고 곤경에 처할 때 감사할 수 있습니다. 반대로 부주의함과 집중하지 않음과 위로를 바라는 사람은 칭찬받을 장소를 찾습니다. 그리고 많은 사람의 찬양이 감각을 약하게 할 때마다 정념이 그들을 정복하여 멸망하게 하며, 사치와 포만감은 내적 절제를 파괴합니다.

3. 성 디아도쿠스(St. Diacochos)

이 세상에 대해 완전히 무관심하게 되지 않은 영혼은 몸을 떠나려 하지 않습니다. 몸의 감각은 사람을 현재의 세상에 묶고, 믿음은 장래 세계의 완전함을 약속하므로, 몸의 감각은 믿음을 대적하여 싸웁니다. 그러므로 세상을 버리고 외딴곳에 은둔하여 분투하는 사람은 그늘을 만들어주는 나무나 시원한 샘물이나 꽃들이 만발한 정원이나 멋진 집을 생각하거나 가족들과의 관계를 기억하거나 세상에서의 영광을 생각하지 말고, 현세의 삶을 외국 생활로 여기고 육체적인 욕망을 멀리하면서 삶에 필요한 것만 감사하면서 사용해야 합니다. 이렇게 제어해야만, 정신이 영생에 이를 수 있을 만큼 완전하게 회복될 것입니다. 또 시각과 미각도 다른 감각들처럼 절제하지 않으면 마음을 흩어 집중하게 못하게 합니다.

이것을 행동으로 증명한 최초의 사람이 하와입니다. 그녀는 금지된

나무에 관심을 두기 전에는 하나님의 명령을 지켰습니다. 그런 까닭에 그녀는 하나님의 사랑의 날개를 덮고 있는 듯 자신이 벌거벗었음에 둔감했습니다. 그러나 그 나무가 매력적인 것을 알고 욕망을 품고 열매를 만지고 맛보면서 즉시 육체적 관계를 지향하는 육적인 성향 때문에 자신이 벌거벗었다는 것을 깨달았습니다. 그녀의 욕망이 정념에 맡겨졌기 때문에, 그녀는 현세의 즐거움에 굴복했고, 아담을 자신의 타락에 끌어들여 아름다운 열매를 맛보게 했습니다. 그때부터 인간의 정신은 어렵게 하나님과 그 계명을 기억합니다.

그러므로 우리는 끊임없이 마음 깊은 곳을 향하고 하나님을 기억하면서 우리를 속이는 현세를 장님처럼 통과해야 합니다. 참된 영적 철학의 특징적인 표식은 우리의 시선이 물질을 사랑하지 못하게 합니다. 경험 많은 사람 욥이 이 진리를 가르쳐줍니다: "만일 내 걸음이 길에서 떠났거나 내 마음이 내 눈을 따랐거나"(**욥 31:7**). 이것이 가장 완전한 절제 상태요 그 표식입니다.

4. 압바 이삭

이 세상은 아름다움을 원하며, 자신을 보면 동경하게 하는 방종한 여인과 같습니다. 조금이라도 이 세상에 대한 동경에 사로잡혀 세상에 개입하는 사람은 죽기까지 그 수중에서 벗어나지 못합니다. 그는 죽어 모든 것을 벗어버리고 고향을 떠날 때 비로소 이 세상이 거짓되고, 망상임을 이해하게 됩니다. 그러므로 이 세상에서 도망치며 세상의 덫을 보려는 사람은 세상을 멀리해야 합니다. 그리하면 그것의 추함을 이해할 것입니다.

5. 게론티콘

1. 스키토폴리스에 많은 죄를 짓고 온갖 방법으로 자기 몸을 더럽힌 귀족이 있었다. 그는 자기가 지은 죄에 대해 가책을 느껴 세상을 버리고 황량한 곳에 수도처를 짓고서 영혼을 돌보면서 금욕생활을 했다.

친구들이 그에게 빵과 대추야자 등 필수품을 규칙적으로 보내주었다. 이 은둔수사는 자신이 안식을 찾았다는 것, 그리고 부족한 것이 없다는 것을 알고서 "이 안식 때문에 내가 저세상의 안식을 누리지 못할 것이다. 내 영혼아, 이제부터 어려움을 추구하자. 이제까지 짐승처럼 행동해 왔으니, 짐승들이 먹는 것, 즉 풀을 먹고 살자"라고 말하면서 수도처를 버리고 떠났다.

2. 사람이 과거의 습관을 버리고 금욕하며 궁핍하게 사는 데 익숙해지려면 어떻게 해야 하는가? 몸의 기본 욕구를 충족시키지 않고 사는 것은 불가능하다. 그러나 정신을 약해지거나 산만해지지 않게 할 수 있듯이, 사람은 약해지게 하는 상황을 멀리할 수 있다. 이는 우리가 쾌락과 약해짐의 근원을 볼 때 내면에서 그것들을 향한 욕구의 불길이 일어나기 때문이다. 그때 우리는 이러한 욕구의 근원을 향하거나, 강력하게 대적하는 싸움을 시작한다. 이런 까닭에 대속자께서는 우리 자신과 나약함의 근원을 부인하고 벗어버리고 주님을 따르라고 명령하셨다. 주님도 인간으로서 마귀와의 싸움을 시작하셨을 때 광야에서 그를 대적하셨다.

3. 사도 바울은 그리스도의 십자가를 지고 영문 밖으로 나가라고 말

한다. 바울이 "그런즉 우리도 그의 치욕을 짊어지고 영문 밖으로 그에게 나아가자"(히 13:13)라고 말한 것이 무엇인지 정확하게 알아야 한다. 주님은 우리를 대속하시려고 영문 밖에서 고난받으셨다. 그러므로 사람이 세상과 세상에 속한 것을 버리고 떠날 때 이전의 생활 방식을 신속하게 잊으며, 여러 해 동안 세상 즐거움에 대한 기억으로 괴롭힘을 받지 않는다. 수도사가 수실에서 가난하고 궁핍하게 살며, 수실을 비우고 내면적으로 쾌락을 갈망하게 하는 모든 것을 제거한다면, 이 싸움에서 큰 도움이 될 것이다. 나약하게 하는 근원이 멀리 있으면 외적 싸움과 내적 싸움, 감각의 싸움과 생각의 싸움에 빠질 위험이 없다. 이런 까닭에 즐거움을 야기하는 것들을 멀리하는 사람은 수고하지 않아도 욕망을 야기하는 것들에 둘러싸여 있는 사람보다 더 쉽게 승리한다.

4. 압바 푀멘은 이렇게 말했다: "우리는 육체적인 것, 즉 물질을 피해야 합니다. 이는 그것들이 정념을 일으키기 때문입니다. 전쟁 중인 육체 가까이에 있는 사람은 깊은 구덩이 위에 매달려 있는 사람과 같습니다. 그가 그 위치에서 움직이려 할 때마다 원수는 쉽게 구덩이 속으로 끌어갈 수 있습니다. 그러나 육적인 것에서 멀리 있는 사람은 구덩이에서 멀리 떨어져 있는 사람과 같습니다. 그는 원수의 영향을 받아 구명으로 끌려간다 해도, 끌려가는 순간에 저항하며 하나님의 도움을 구할 것이며, 하나님은 곧 그를 도와 원수의 수중에서 잡아채실 것입니다."

5. 어떤 사람이 다음과 같은 이야기를 했다:
세 명의 근면한 형제들이 가까이에 살고 있었다. 그들의 영성생활 방식은 서로 달랐다. 한 사람은 "화평하게 하는 자는 복이 있나니"라는 복음의 말씀대로 다투고 싸우는 사람들을 화해시키는 일에 전념했다. 둘째 사람은 병자들을 찾아가 봉사하기로 했고, 셋째 사람은 사막에 가서 교부들과 함께 침묵하며 금욕생활을 하기로 했다. 첫째 형제는 사람들의 언쟁에 시달리고 그들 모두의 요구를 들어줄 수 없었으므로, 낙심하여 병자들을 돌보는 형제를 찾아갔다. 그러나 그 형제 역시 맡은 일을 완전히 이루지 못하여 슬퍼하고 있었다. 두 사람은 침묵의 금욕생활을 선택한 형제에게 어떤 일이 일어났는지 알려고 그를 만나러 떠났다. 그를 만난 두 형제는 먼저 자기들에게 있었던 일의 자초지종을 이야기했다. 즉 자기들이 많은 시련을 겪었고, 자발적으로 선택한 일에 성공하지 못했다는 것을 말했다. 그런 다음에 금욕하는 형제에게 침묵생활에서 무엇을 얻었는지 말해달라고 요청했다.

금욕 생활을 선택한 형제는 그릇에 물을 담고 "물속을 보세요"라고 말했다. 그릇에 담긴 물은 흔들리고 있었다. 잠시 후 그는 두 형제에게 "다시 물속을 들여다 보세요"라고 말했다. 물은 고요해져 있었다. 그들은 마치 거울 속을 들여다보는 듯이 물속에 비친 자기들의 얼굴을 보았다. 그때 금욕생활을 하는 형제는 이렇게 말했다. "형제들이여, 사람들 가운데 있는 사람도 이 물과 같아서 동요하기 때문에 자기 죄를 보지 못합니다. 그러나 세상을 멀리하고 외딴곳에 정착하여 감각을 잠잠하면, 하나님의 은혜의 도움으로 자기의 결점을 보고 고칠 수 있습니다."

6. 어느 원로는 이렇게 말했다: "사람들이 끊임없이 다니는 포장도로에서는 풀이 자라지 못하며 씨앗을 뿌려도 소용이 없지만, 사람들이 다니지 않는 땅에서는 쉽게 식물이 자랍니다. 사람들의 경우도 이와 같습

니다. 정신이 세상의 쾌락 가운데 있으면 끊임없이 세상의 염려에 시달리고 짓밟히기 때문에 영혼 안에 숨어 있는 정념들을 인식하지 못합니다. 그러나 만일 정신이 모든 분심거리와 염려에서 피하여 잠잠해지면, 내면에서 자라고 있는 정념들을 분명히 볼 수 있습니다. 전에는 그것들이 항상 내면에 있었음에도 그의 관심을 피했지만, 이제는 그가 관심을 가지고 그것들을 다룹니다."

7. 어느 형제가 원로에게 "제가 사막에 가서 사는 것이 좋을까요?"라고 질문했는데, 원로는 다음과 같이 대답했다. "애굽에서 탈출하여 장막에 거주하는 이스라엘 백성에게 하나님을 공경하는 방식이 계시되었습니다. 넓은 바다에서 폭풍을 만난 배는 아무것도 할 수 없지만, 항구에 도착하면 할 일이 주어집니다. 인간에게도 같은 일이 일어납니다. 그가 소란함을 피하지 않고 참으면서 침묵의 장소에 머물면, 진리의 지식에 이를 수 없습니다."

형제는 다시 "아버지여, 그렇다면 덕의 은사를 받으려면 어떻게 해야 합니까?"라고 물었고, 원로는 이렇게 대답했다: "장사를 배우려면 다른 관심을 버리고 장사에 매달리며, 겸손히 스승의 가르침을 받아들여야 합니다. 수도사에게도 같은 것이 적용됩니다. 그가 세상의 일을 모두 멈추고 자신이 누구보다 더 악하다고 여기지 않는다면, 또 궁극적으로 영적 교사를 철저히 의지하지 않는다면, 그는 결코 덕을 이룰 수 없을 것입니다."

8. 어느 원로가 다음과 같이 말했습니다.
"내가 젊었을 때 모시던 수도원장은 멀리 떨어진 사막에 가서 침묵하곤 하셨습니다. 어느 날 나는 '아버지여, 항상 사막으로 가시는 이유가 무엇입니까? 저는 세상 근처에서 세상을 보고 살면서도 그리스도를 위하여 세상을 외면하는 사람이 아무것도 보지 않는 사람보다 더 큰 상을 받는다고 생각합니다' 라고 말했습니다. 원장님은 '나를 믿으세요. 모세만큼 커서 하나님의 아들이 되어야만 세상이 유익을 줄 수 있습니다. 그런데 나는 아직도 아담의 아들이며, 내 조상처럼 죄의 열매를 보는 즉시 따먹으려 합니다. 나는 그것을 먹고 죽습니다. 이런 까닭에 우리의 교부들은 사막으로 도망쳤습니다. 그들은 그곳에서 사람을 정념으로 끌어가는 대상을 발견하지 못하므로 쉽게 정념을 잠재울 수 있었습니다' 라고 대답해주셨습니다."

9. 압바 티토에스(Abba Tithoes)는 외딴곳으로 물러난다는 것은 어디에 있든지 입을 닫는 것이라고 말했다.[1]

6. 성 에프렘

어디든 바르게 살 수 있는 곳이 안전한 항구입니다. 자기의 삶을 통제하지 않는 사람은 나뭇잎처럼 떨어집니다.

---

1) 티토에스의 금언이 『사막 교부들의 금언』(475-476쪽)에 일곱 개의 금언이 수록되어 있다. 이 금언은 그의 두 번째 금언에 해당하는데, 거기에는 "여행(pilgrimage)이란 사람이 자기의 입을 통제해야 한다는 의미입니다" 라고 되어 있다.

제14장

하나님에 대한 두려움과 사랑이 시작하는 곳

우리 안에 하나님에 대한 두려움과 사랑이 어디에서 처음 생겨나며, 우리는 어디까지 하나님을 두려워하고 사랑해야 하는가?

1. 게론티콘

1. 어느 형제가 압바 에프레피우스(Abba Evprepios)에게 "하나님에 대한 경외심이 어떻게 영혼에 임합니까?"라고 질문했다. 에프레피우스는 "우리가 겸손과 가난을 선택하면, 하나님에 대한 경외심이 신속하게 우리에게 옵니다"라고 대답했다.

2. 압바 이아코포스(Abba Iakovos)는 "등불이 어두운 곳을 밝히는 것처럼, 하나님에 대한 경외심은 사람의 마음에 들어오면 그를 조명해주고 모든 덕과 하나님의 계명을 가르쳐줍니다"라고 말했다.

3. 한 형제가 "하나님에 대한 경외심이 어떻게 영혼에 임합니까?"라고 물었는데, 원로는 이렇게 대답했다: "만일 사람이 겸손과 가난을 선택하고, 아무도 정죄하지 않고, 항상 자기 영혼을 살피며, 언젠가 하나님을 대면하게 된다는 것을 기억한다면, 하나님에 대한 경외심이 그에게 임할 것입니다."

제15장

혈육과 친척을 대하는 태도

세상을 버린 사람은 혈육의 친척에게 관심을 두거나 교제하지 말아야 한다.

1. 팔라디우스

1. 피오르(Pior)라는 이집트 출신의 청년이 하나님을 향한 사랑 때문에 세상을 버리고, 다시는 친척이나 친구를 만나지 않겠다고 하나님께 약속하고 아버지의 집을 떠났습니다.

오십 년이 지난 후 동생이 살아있다는 소식을 들은 그의 누이는 동생을 무척 만나고 싶었습니다. 그러나 사막 깊은 곳에 갈 수 없었기 때문에 그 지방 주교에게 사막의 거룩한 사람들에게 동생을 자기가 있는 곳에 보내달라는 편지를 써달라고 간청했습니다. 교부들이 강력하게 권했기 때문에 피오르는 순종하여 어느 고행자를 동반하여 도시로 출발했습니다.

그는 집에 도착하여 누이에게 "당신의 동생이 도착했습니다"라는 말을 전했습니다. 그는 누이가 자기를 만나러 나오는 것을 알고서 눈을 감고 "누님, 내가 동생 피오르입니다. 실컷 보십시오"라고 소리쳤습니다. 누이는 그가 동생인 것을 확인하고 하나님을 찬양했습니다. 그러나 아무리 설득해도 그를 집에 들어오게 할 수 없었습니다. 그는 문간에서 누이를 축복하고 다시 사막으로 떠났습니다.

2. 에바그리우스 부제는 아버지가 돌아가셨다는 소식을 전하러 온 사람에게 "신을 모독하지 마세요. 내 아버지는 영원하신 분입니다"라고 말했다.

2. 성 파코미우스의 생애

파코미우스의 고결한 상태를 알게 된 누이가 그를 만나려고 수도원에 찾아갔다. 이 소식을 들은 파코미우스는 문지기를 보내어 다음과 같이 전하게 했다: "내가 살아있다는 것을 알게 되셨군요. 그러니 가세요. 내가 만나주지 않는다고 해서 슬퍼하지 마세요. 누님이 나의 생활을 본받아 우리 두 사람 모두가 하나님의 자비를 얻기를 원하는지 생각해 보십시오. 만일 그렇게 원하신다면, 동생인 내가 누님이 혼자 침묵의 생활을 할 수 있도록 수실을 지어드리겠습니다. 주님이 다른 여인들을 보내주실 것이며, 그들도 주님 덕분에 구원받을 것입니다. 인간은 세상에서 선하고 하나님이 기뻐하시는 것을 행하지 않고서는 만족할 수 없습니다." 파코미우스의 누이는 이 말을 듣고 감동하여 눈물을 흘리며 울었고, 자신의 구원에 마음을 바쳤다.

파코미우스는 누이의 열심을 알고서 하나님을 찬양했고, 경건한 형제들에게 수도원에서 멀리 떨어진 곳에 누이를 위해 작은 수도처를 지으라고 지시했다. 그리하여 그녀는 하나님 안에서 분투했다. 많은 여인들이 그녀의 주위에 모였다. 여인들의 수가 날마다 증가했고, 그녀는 이들을 돌보기 위한 영적 어머니로 임명되었다. 그녀는 그들을 가르치면서 구원의 길을 보여주었다. 나중에 파코미우스는 그들을 섬기는 일을 나이 많고 경건한 피터에게 맡겼다. 또 그들을 위해 수도 규칙을 작성하고, 그것에 따라 살면서 하나님이 정하신 생활 방식을 따르게 했다.

얼마 후 테오도르(Theodore)라는 형제의 어머니가 파코미우스의 누이가 있는 수녀원을 방문했다. 파코미우스는 테오도르 형제의 대단한 순종과 수덕생활을 알았으므로 그를 매우 사랑했다. 사방으로 찾아다니다가 아들이 그 근처에 있다는 것을 알게 된 테오도르의 어머니는 주교들이 쓴 편지를 가지고 수녀원에 도착했다. 그 편지는 그녀에게 아들을 보내주라는 내용이었다. 여인들은 그녀를 환대했고, 그녀가 가져온 편지를 파코미우스에게 보내면서 아들을 만나게 해달라고 호소했다.

파코미우스는 테오도르를 불러 "자네의 어머니가 자네를 만나려고 이곳에 오셨다네. 그분은 주교들의 편지를 가져왔다고 하네. 그러니 편지로 부탁한 거룩한 사람들을 배려하여 가서 어머니를 만나 위로해 드리게"라고 말했다.

테오도르는 파코미우스에게 이렇게 대답했다.

"아버지여, 만일 내가 모든 것을 깨달은 후에 어머니를 만난다면, 주님이 재림하실 때 나에게 그에 대한 해명을 요구하시지 않을 것이라고 확인해 주십시오. 왜냐하면 여러 해 동안 어머니를 떠나 있었던 내가 다시 어머니를 만나는 것이 형제들에게 비방거리가 될 것이기 때문입니다. 은혜 앞에서 살았던 레위의 아들들이 하나님의 법을 지키기 위해 부모와 형제를 무시했는데, 하나님으로부터 큰 은혜를 누릴 자격을 받은 내가 하나님 사랑보다 부모나 친척을 더 사랑해야 합니까? 주님은 '아버지나 어머니를 나보다 더 사랑하는 자는 내게 합당하지 아니하고'(마 10:37)라고 말씀하셨습니다."

파코미우스는 그에게 말했다. "그것이 자네에게 가장 유익한 것이 아니라고 네 양심이 확인한다면, 강요하지 않겠다. 이것은 세상을 완전히 버리고 자기 자신마저 부인한 사람들 모두가 해야 할 일이다. 다시 말해서 수도사들은 세상과의 접촉을 피해야 한다. 왜냐하면 그것은 유익하지 않기 때문이다. 그들은 그리스도의 지체가 되어 자기를 완전히 부인하면서 그리스도를 섬기는 사람들을 똑같이 사랑해야 한다. 만일 누군가가 이것과 달리 행하려 하거나 '내 친척들은 나의 혈육이며, 나는 그들을 사랑한다'라고 말하면서 이것을 합리화하려 한다면, 그를 '누구든지 진 자는 이긴 자의 종이 됨이라'(벧후 2:19)는 말씀에 주목하게 해야 한다."

테오도르가 어머니를 만나지 않으려 했기 때문에, 어머니는 "하나님의 뜻이라면 언젠가 형제들과 함께 아들을 만나게 될 것이고, 아들 때문에 나는 내 영혼을 구원할 것이다"라고 생각하고서 그리스도 안에서 처녀인 자매들과 함께 수녀원에 남았다. 이처럼 하나님의 영광을 위해 취한 경건한 엄격함이 그 순간에는 괴로움을 초래하는 것처럼 보이지만, 그것을 참고 견딘 사람들에게 유익을 줄 수 있다.

3. 주상 고행 수도자 시메온의 삶

대 시메온(St. Symeon the Great)이 세상의 모든 것과 본성의 법을 포기한 후 27년이 흘렀다. 여전히 마음속에 아들에 대한 뜨거운 사랑과 애정을 품고 있던 그의 어머니는 오랫동안 보지 못했던 아들의 얼굴을 보고 목소리를 듣고 싶은 갈망을 억제할 수 없어서 아들을 만나러 떠났다.

율법과 관련하여 매우 엄격했던 시메온은 어머니가 오고 있다는 것을 알고서 어머니에 대한 존경심과 혈육에 대한 사랑을 금하는 법의 균형을 이루려고 신중히 대처했다.

그는 어머니 만나기를 거절하면서 "어머니, 만일 옳다고 생각하신다면, 우리가 서로 만나는 기쁨을 내세로 미루세요. 우리가 이 세상에서 하나님이 원하시는 대로 산다면, 세상을 떠날 때 서로 더 친밀하게 알고 더 잘 알아볼 것입니다"라는 말을 어머니에게 전했다.

그러나 어머니는 아들을 만나고픈 열망 때문에 그 말의 깊은 의미를 이해하지 못하고 계속 아들을 만나려 했다. 그래서 시메온은 "어머니, 저는 어머니가 우리 두 사람 모두에게 가장 좋은 상태에 도달하셨고 세상에서의 만남을 고집하지 않으시리라 생각했는데, 어머니의 바람이 다소 저속하다는 것을 알았기에 지금은 아무 말도 하지 않겠습니다. 잠시 후 어머니를 만나게 될 것입니다. 그것이 하나님의 뜻입니다"라고 전했다.

어머니는 시메온의 말을 받아들였다. 그녀의 영은 기뻐 날아올랐다. 만남에 대한 희망이 그녀를 한없이 기쁘고 즐겁게 했다. 그녀는 장래의 행복에 대한 이러한 기대에 몰입했다. 그녀는 실제로 아들을 품에 안고 입 맞추고 음성을 들을 것으로 생각하였다. 그러나 이런 일이 이루어지기 전에 그녀는 갑자기 죽었고, 그녀의 영혼은 하나님께로 갔다. 그녀는 복된 죽음을 맞을 자격이 있는 여인이었다. 그녀가 아들의 말에 복종함으로써 결국 아들이 덕의 고지에 이를 수 있게 되었다. 시메온은 여인들이 접근하지 못하게 하려고 자기가 살고 있는 기둥 주위에 담을 쌓았었는데, 어머니의 시신을 담 안으로 모셔왔다. 그는 약속했던 대로 비록 시신이었지만 어머니를 만났다. 그는 어머니를 위해 기도한 후에 기둥 곁에 매장했다.

그리하여 시메온은 어머니를 영광스럽게 했고, 주님의 계명을 실행했을 뿐만 아니라 힘들게 노력함으로써 새로운 차원을 부여했다.

4. 게론티콘

1. 사람들이 자기를 알아보지 못하는 곳에서 나그네처럼 살려고 고향을 떠났던 형제가 원로에게 "아버지, 고향으로 돌아가고 싶습니다"라고 말했다. 원로는 "자네가 처음 고향을 떠나 이 사막에 올 때 주님이 안내자였다는 것을 기억하게. 이제 자네가 고향으로 돌아간다면, 주님이 안내자가 되지 않을 것일세"라고 말했다.

2. 어느 수도사가 서둘러 도시로 가면서 원로에게 축복해달라고 부탁했다. 원로는 "급하게 도시에 가지 말고, 도시를 피하려고 노력하게. 그러면 구원받을 것일세"라고 말했다.

3. 경건한 수도사의 어머니가 도시에서 몹시 가난하게 살고 있었다. 그곳에 큰 가뭄이 들었으므로 수도사는 빵 몇 개를 어머니에게 드리려고 길을 떠났다. 그런데 도중에 "네 어머니를 돌보는 것이 너냐, 나냐?"라는 음성이 들려왔다. 수도사는 그 음성의 신적 능력을 이해하고 땅에 엎드려 "주님이 우리를 보살펴주십니다"라고 말하고 일어나서 즉시 수도처로 돌아갔다.

사흘 후 그의 어머니가 찾아와서 "우리가 아는 그 수도사가 밀을 조금

주셨단다. 그것으로 빵을 만들어 먹자"라고 말했다. 수도사는 어머니의 말을 들으면서 하나님을 찬미했다. 그리고 마음에 선한 소망을 품고 하나님의 은혜로 덕의 길을 나아갔다.

4. 스케테에 사는 수도사의 아들이 마을에 살고 있었다. 그런데 그 아들이 체포되었다. 아이의 어머니는 이 소식을 수도사에게 알리면서 아이가 석방되도록 총독에게 편지를 써달라고 부탁했다. 수도사는 소식을 가져온 사람에게 "만일 내 아들이 석방된다면, 그 대신에 다른 사람을 체포하겠지요?"라고 물었고, 그 사람은 "물론입니다"라고 대답했다. 수도사는 "아들이 석방되어 아이 어머니의 슬픔을 덜고 기쁘게 해주지만 다른 사람의 마음을 슬프게 하는 것이 무슨 유익이 있겠습니까?"라고 말했다.

5. 이 수도사는 열심히 일하여 수제품을 만들었다. 그는 필요한 것만 남기고, 나머지는 모두 가난한 사람들에게 나누어주었다. 그런데 그가 사는 지역에 큰 가뭄이 들었다. 수도사의 아내는 아들을 수도사에게 보내면서 빵을 달라고 부탁했다. 부탁을 들은 수도사는 아들에게 "마을에 너만큼 고생하는 사람들이 있느냐?"라고 물었는데, 아들은 "예. 많습니다"라고 대답했다. 수도사는 문을 닫으면서 눈물을 글썽이며 "얘야, 사람들에게 먹을 것을 주시는 분이 너에게도 양식을 주실 것이다"라고 말했다.

이 장면을 목격한 수도사가 "아버지여, 아들을 빈손으로 돌려보낸다고 생각하니 괴롭지 않습니까?"라고 물었다. 수도사는 "사람이 모든 일에 분투하고 참지 않으면, 하나님에게서 상을 받지 못할 것입니다"라고 대답했다.

  6. 어느 수도사의 동생이 세상에서 몹시 가난하게 살고 있었다. 수도사는 노동하여 번 것을 모두 동생에게 주었다. 그러나 수도사가 도와줄수록 동생은 더 가난해졌다. 수도사는 어느 원로에게 이 사실을 이야기했다. 원로는 "형제여, 이제부터 동생에게 아무것도 주시 마세요. 동생이 당신에게 와서 무엇을 부탁하면 '내가 가진 것을 너에게 주었으니, 이제 네가 여유가 있는 것을 모두 나에게 가져오너라'라고 말하세요. 동생이 가져오는 것을 받고, 나그네나 가난한 원로에게 그것을 주면서 당신의 동생을 위해 기도해달라고 부탁하세요"라고 말했다. 수도사는 원로의 충고를 실천에 옮기기로 작정했다. 동생이 찾아왔을 때, 그는 원로가 말해준 대로 말했다. 동생을 그의 말을 듣고 슬퍼하면서 떠났다.

  얼마 후 동생은 일하여 수확한 약간의 채소를 형에게 가져왔다. 수도사는 그것을 받아 원로들에게 주면서 동생을 위해 기도해달라고 부탁했다. 동생은 원로들의 축복을 받고 집으로 돌아갔다. 며칠 후에 다시 양배추와 빵 몇 덩이를 가져왔고, 수도사는 그것을 받았다. 동생은 원로들의 축복을 받고 돌아갔다. 얼마 후 동생은 많은 식량을 가져왔다. 심지어 생선과 포도주도 가져왔다. 수도사는 매우 놀랐다. 그는 가난한 사람들에게 그것을 나누어주었다. 그리고 동생에게 빵이 조금 필요하냐고 물었다. 동생은 "필요 없습니다. 전에 제가 형님에게서 조금이라도 받을 때면, 형님의 선물이 불길처럼 내 집 안에 들어왔으므로 내가 가지고 있는 적은 것마저 사라졌습니다. 이제 형님에게서 아무것도 받지 않으니, 하나님이 나를 축복해주십니다"라고 말했다.

동생에게서 이 말을 들은 수도사는 원로에게 가서 자초지종을 이야기했다. 원로는 "수도사가 하는 일은 불과 같아서 가는 곳에 있는 것을 태워버린다는 것을 알지 못합니까?"라고 말했다.

7. 압바 실루안의 제자인 압바 마가의 어머니가 많은 수행원을 거느리고 아들을 만나러 갔다. 실루안이 수실에서 나와 그녀를 맞았는데, 그녀는 "내 아들에게 수실에서 나와 나를 만나라고 말씀해 주십시오"라고 말했다. 실루안은 수실에 들어가서 제자에게 "나가서 어머니를 만나세요"라고 말했다. 그때 마가는 부엌에서 연기 때문에 더러워진 앞치마를 입고 있었다. 그는 스승의 말에 순종하여 수실에서 나갔지만, 두 눈을 감고 "여러분이 구원받기를 기원합니다"라고 인사했다. 그의 어머니는 그를 알아보지 못했다. 그래서 다시 원로에게 사람을 보내어 "아버지여, 내 아들을 보내 주십시오. 그를 만나게 해주십시오"라고 간청했다.

실루안은 제자 마가를 불러서 "잠시 전에 나가서 어머니를 만나라고 하지 않았습니까?"라고 말했다. 마가는 "스승님, 말씀대로 밖에 나가서 그들에게 '여러분이 구원받기를 기원합니다'라고 인사했습니다. 다시 밖에 나가라고 하지 마십시오. 그렇게 되면 말씀에 불순종할 수 밖에 없습니다"라고 대답했다.

그래서 실루안이 밖에 나가서 제자의 어머니에게 "방금 나왔던 사람이 당신의 아들입니다. 그 사람이 당신에게 '여러분이 구원받기를 기원합니다'라고 인사했습니다"라고 말했습니다. 이렇게 말하고 그녀와 작별했다.

8. 여러 명의 은둔수사들이 압바 푀멘을 만나러 갔다. 푀멘의 친척이

아들을 데리고 그들과 동행했다. 그런데 이 아이의 머리는 사탄의 작용으로 뒤로 돌아가 있었다. 친척은 아들과 함께 수도원 밖에 앉아서 울고 있었다.

원로 한 사람이 우연히 수도원에서 나오다가 이 사람이 울고 있는 것을 보고서 "왜 울고 계십니까?"라고 물었다. 그는 "저는 압바 푀멘의 친척입니다. 보시다시피 내 아들에게 이런 시험이 임했습니다. 그래서 아들을 푀멘에게 데려가고 싶지만, 만나주지 않을까 두렵습니다. 지금이라도 우리가 이곳에 있다는 것을 알게 되면 우리를 쫓아내라고 사람을 보낼 것입니다. 그러나 당신을 보는 순간 용기를 얻었습니다. 그러니 원하신다면 나를 불쌍히 여기시고 내 아들을 받아들이도록 기도해 주십시오"라고 말했다.

원로는 감동하여 아이를 안고 수도원에 들어갔다. 그는 신중하게 행동했다. 그는 곧바로 아이를 푀멘에게 데려가지 않고, 먼저 젊은 수도사들에게 "이 병든 아이 위에 십자성호를 그으세요"라고 말했다. 그들이 차례로 아이에게 십자성호를 그은 후 원로는 아이를 푀멘에게 데려갔는데, 푀멘은 아이를 건드리지도 않으려 했다. 교부들 모두가 "아버지, 교부들 모두가 한 것처럼 그 아이에게 십자성호를 그어주세요"라고 간청했다.

푀멘은 한숨을 쉬면서 "나의 하나님, 당신이 지으신 이 아이가 원수의 노예가 되지 않도록 고쳐 주십시오"라고 말했다. 그들이 십자성호를 그은 후에 아이는 즉시 병이 나았다. 그들은 기뻐하면서 아이를 아버지에게 데려다주었다.

5. 압바 이사야

하나님을 위해 나그네가 되려고 혈육의 친척을 멀리하려면, 수실에 있을 때 그들을 기억함으로써 영혼이 만족을 느끼게 하지 마십시오. 어머니나 아버지 때문에 슬퍼하지 말며, 형제나 자매를 기억하지 마십시오. 당신은 이미 모든 것을 버리고 떠났으니 자녀를 바라지 말고, 아내를 원하지 마십시오. 이 세상을 떠나는 순간과 죽음의 고통을 기억하십시오. 그때 이런 것들이 당신을 돕지 못할 것입니다. 어찌하여 덕을 위해 그것들을 포기하지 못합니까? 만일 어떤 이유로 고국에 가야 한다면, 혈육의 친척들로부터 당신 자신을 보호하십시오. 그들과 어울리거나 대화하지 마십시오.

6. 게론티콘

어느 교부는 압바 푀멘과 그의 형제들에 대해서 다음과 같이 말했다. 이집트에 살고 있는 어머니는 아들들을 보고 싶었지만 만날 수 없었다. 어느 날 그녀는 지켜보다가 그들이 교회로 가고 있을 때 그들을 만나러 갔다. 그들은 어머니를 보자마자 돌아서서 면전에서 문을 닫았다. 그녀는 문밖에 서서 눈물을 흘리면서 "사랑하는 아들들아, 너희를 보고 싶다"라고 소리쳤다.

그들이 수실 안에서 이 소리를 듣고 있을 때 압바 아노웁이 푀멘에게 "문 앞에서 울고 있는 노부인을 어떻게 하렵니까?"라고 물었다. 푀멘은 문 가까이 가서 "노부인, 왜 그렇게 소리치고 계십니까?"라고 물었다. 아들의 음성을 들은 부인은 한층 더 소리를 지르면서 "내 아들들아. 너희를 만나고 싶다. 내가 너희를 만나는 것이 너희에게 해가 되겠느냐? 나는 너희들의 어미가 아니냐? 내가 젖을 먹여 너희를 키우지 않았느냐? 이제 나는 늙어 백발이 되었다. 늙은 나를 불쌍히 여겨 잠깐이라도 만나주렴. 그러면 너희를 보고 싶어 타는 것 같은 내 마음이 진정될 것이다. 아들아, 어쨌든 지금 나는 네 음성을 듣고 있구나"라고 말했다.

푀멘은 "지금 우리를 만나고 싶습니까, 아니면 내세에 만나고 싶습니까?"라고 물었다. 어머니는 "여기서 만나지 않으면, 내세에서 너희를 만나게 될까?"라고 말했다. "만일 지금 자제하시고 우리를 만나지 않으시면, 분명히 내세에서 우리를 만날 것입니다." 어머니는 이 말을 듣고 기뻐 떠나면서 "그곳에서 영원히 너희들을 만날 수 있다면, 이곳에서 만날 생각이 없다"라고 말했다.

7. 성 그레고리 대화자

베네딕트 수도원 출신의 수도사가 태만의 귀신에 사로잡혔습니다. 이는 그가 생각에 자유를 허락하고 수도원의 엄격한 전통을 따르려 하지 않았기 때문이었습니다. 하나님의 사람 베네딕트는 그를 징계하고, 끊임없이 권고했습니다. 그러나 이 수도사는 베네딕트의 권면에 복종하지 않았을 뿐만 아니라 뻔뻔스럽게도 자기를 부모에게 돌려보내달라고 끈질기게 간청했습니다.

어느 날 그 수도사가 끈질기게 애걸했기 때문에 노한 베네딕트는 그에게 수도원을 떠나라고 명령했습니다. 수도사는 수도원을 떠나 부모님이 계신 곳을 향했는데, 곧 길에서 큰 용을 만났습니다. 용은 입을 벌려 그를 삼키려 했습니다. 그는 불안하여 떨고 두 팔을 흔들면서 절망하여

"용이 나를 삼키려 해요"라고 소리쳤습니다.

  형제들이 뛰어나왔는데, 용은 없고 그 형제만 절망하여 떨면서 두 팔을 흔들고 있었습니다. 그들은 이 수도사를 다시 수도원으로 데려갔습니다. 공포에서 벗어난 수도사는 죽을 때까지 어떤 상황에서든지 다시는 수도원을 떠나지 않겠다고 약속했습니다. 그는 끝까지 약속을 지켰고, 거룩한 교부들의 기도 덕분에 힘을 얻어 전에 보았던 두려운 용을 다시 보지 않았습니다.

제16장

신념과 삶이 다른 사람을 대할 때

혈육의 친척이 우리와 비슷한 생활을 한다면, 그들을 형제들처럼 사랑해야 한다. 그러나 그들이 우리와 다르게 행동한다면 해롭게 여겨 피해야 한다.

1. 성 파코미우스의 생애

테오도르는 세상을 버리고 수도사가 되고 나서 여러 해가 지난 후 파코미우스의 가장 훌륭한 제자가 되었다. 테오도르의 동생 파프누티오스(Paphnoutios)가 수도원에 가서 수도사가 되게 해달라고 요청했다. 테오도르는 (테오도르는 옛사람을 철저히 벗어버렸기 때문에) 그를 동생으로 취급하지 않았고, 그렇기 때문에 파프투니우스는 매우 괴로워하며 끊임없이 울었다. 이것을 알게 된 파코미우스는 테오도르에게 "형제여, 이곳에 도착한 사람에게 숙소를 제공하는 것은 해로운 일이 아닙니다. 새로 심은 나무에 많은 물을 주어야 하듯이, 수덕생활을 시작한 사람이 하나님의 은혜로 뿌리를 내리고 믿음 안에서 자조할 수 있으려면 많은 배려를 해주어야 합니다"라고 말했다. 테오도르는 이 말에 순종했다. 그는 파코미우스의 말을 충분히 이해했으므로 매사에 동생을 지원해주었다.

2. 성 요안니키우스의 생애

원로원 의원의 딸이 병들어 사지가 마비되었다. 이 처녀는 경건한 신자였다. 성 요안니키우스(St. Ioannikios)가 찾아와 기도하고 십자성호를 긋자 원로원 의원의 딸은 무서운 병에서 벗어났다.

한편 요안니키우스의 매부는 그리스도의 성상을 증오했다. 요안니키우스는 아무리 권고해도 매부를 설득하거나 집착에서 구해낼 수 없었고, 결국 벌을 주어야 했다. 그는 친척으로서의 감정과 동정심을 무시하고 기도하여 경건하지 못한 매부의 눈을 멀게 했다. 이처럼 하나님에 대한 강한 공경심은 자연까지도 정복하고, 하나님을 향한 참된 갈망이 가족의 통제보다 더 강력해질 수 있다.

친척이 아니었지만 신앙인이었기에 원로원 의원의 딸을 낫게 해준 성 요안니키우스에게서 이것을 볼 수 있다. 그러나 그의 매부는 거룩한 성상을 대적했기 때문에 성인의 매부였음에도 불구하고 시력을 잃었다. 그는 장님이 되는 벌을 받음으로써 영혼의 눈이 바르게 보아야 한다는 것을 보여주었다.

3. 게론티콘

경건한 생활을 사랑하는 카리온(Karion)이라는 사람이 있었다. 그는 고행 수도사들의 복된 삶에 대한 놀라운 이야기를 듣고서 그 생활을 갈망하여 혼자 스케테로 갔다. 카리온은 자카리우스라는 아들을 스케테로 데리고 가서 길렀다. 그곳에 있는 사람들 모두 자카리우스가 카리온의 아들이라는 것을 알았다. 청소년이 된 자카리우스는 말썽을 일으키기 시작했고, 많은 수도사들이 그에 대해 투덜거렸다. 이 사실을 알게 된 카리온은 아들에게 "교부들이 불평하고 있으니, 이곳을 떠나자"라고 말했다. 자카리우스는 "아버지, 모두들 내가 아버지의 아들이라는 것을 알고 있습니다. 그러나 우리가 다른 곳으로 간다면, 사람들은 우리가 부자 사이라는 것을 알지 못할 것입니다"라고 말했다.

카리온은 "일어나거라. 함께 테베로 가자"라고 말했다. 두 사람은 테베로 갔다. 그런데 그들이 정착하고 나서 며칠 후에 또다시 교부들 가운데 한 사람이 자카리우스 때문에 불평하기 시작했다. 압바 카리온은 또다시 "자카리우스야, 일어나라. 스케테로 가자"라고 말했다. 그러나 그들이 그곳에 가자마자 교부들은 이 소년 때문에 불평하기 시작했다.

자카리우스는 상부 이집트에 있는 니트론 호수로 갔다. 그는 옷을 벗고 코까지 잠기는 물속에 들어갔다. 그는 호수의 소석회 때문에 마치 문둥병자처럼 흉하게 될 때까지 물속에 있었다. 그는 호수에서 나와 옷을 입고 아버지에게 갔다. 그의 모습이 아주 흉하게 되었기 때문에 아버지도 간신히 그를 알아보았다.

수도원의 관습에 따라 성찬을 받으려고 자카리우스가 스케테에 있는 교회에 갔을 때, 스케테의 장로인 압바 이시도르에게 그동안 벌어진 일이 계시되었다. 그는 소년을 보고서 놀라면서 "지난 일요일에는 자카리우스 소년이 인간으로서 성찬을 받으러 왔었는데, 오늘은 천사가 되었구나"라고 말했다.

제17장

무소유에 관하여

수도사는 아무것도 소유하지 말아야 한다. 공주 수도원의 수도사가 개인적으로 무엇을 소유하는 것은 불행한 일이다.

1. 성 바르사누피우스(St. Barsanouphios)

"어느 형제가 원로에게 '아버지여, 내 친척들이 나에게 빚을 졌는데, 그것을 받아 가난한 사람들에게 주고 싶습니다. 그런데 그들이 쉽게 갚으려 하지 않으니 어떻게 해야 합니까' 라고 말했습니다. 원로는 '당신이 육적인 사고방식을 버리고 하나님이 주시는 무관심을 획득하지 않으면, 사람들의 마음에 들려 할 위험이 있습니다' 라고 말해 주었습니다."

2. 게론티콘

1. 어느 형제가 수도사가 되려고 세상을 등진 후 자기를 위해 조금만 남기고 재산을 모두 가난한 사람들에게 나누어주었다. 그는 안토니에게 가서 자기를 수도사로 삼아 달라고 요청했다. 그러나 안토니는 이 수도사 지원자가 소유의 일부를 남겨 두었다는 것을 알고 "수도사가 되고 싶으면 저쪽 마을에 가서 고기를 조금 사고, 옷을 벗고 고기를 어깨에 메고 이곳으로 오세요" 라고 말했다. 그 형제는 안토니의 말대로 했다. 벌거벗고 고기를 어깨에 메고 돌아오는데, 고기를 노리는 개와 새들 때문

에 그의 몸은 만신창이가 되었다. 이런 상태로 돌아와서 안토니에게 개들에게 물리고 새들에게 쪼인 몸을 보여주었다. 안토니는 그것을 보고서 "세상을 버렸으면서도 돈을 소유하려는 사람에게도 같은 일이 일어납니다. 마귀들이 그를 공격하여 토막 냅니다"라고 말했다.

2. 압바 이시도르는 탐욕은 무서운 정념이며 무슨 일이든지 하려 한다고 말했다. 그것은 획득할 수 있는 것에 만족하지 않으며, 사로잡은 영혼을 가장 큰 악으로 끌어간다. 그러므로 처음부터 힘껏 그것을 몰아내야 한다. 그것이 영혼 안에서 승리한 후에는 통제할 수 없다.

3. 어떤 사람이 세상을 버리고 수도사가 되려 했다. 그는 어느 위대한 원로에게 가서 "저는 수도사가 되기를 원합니다"라고 말했다. 그 원로는 "수도사가 되려면, 먼저 세상의 모든 것을 버리세요. 그리고 돌아와서 수실에서 침묵하십시오"라고 말했다.

이 수도사 지원자는 마을에 가서 자기 몫으로 동전 백 냥을 남겨두고, 나머지는 모두 사람들에게 나누어 주고서 다시 원로에게 갔다. 그 원로는 "당신은 수도사가 될 수 없습니다"라고 말했는데, 그는 "나는 수도사가 될 수 있습니다"라고 말했다. 원로는 "그렇다면 수실에 들어가세요"라고 말했다. 그는 수실에 들어가서 편안히 자리를 잡았다. 침묵하면서 며칠을 지냈는데 "수실 문이 낡아서 고쳐야 한다"는 생각이 떠올랐다. 그는 원로에게 가서 "아버지여, 내 수실 문이 낡아서 고쳐야 한다는 생각이 듭니다"라고 말했다. 원로는 "당신은 세상을 버리지 않았습니다. 가서 세상을 완전히 거부한 후에 이곳에 와서 지내십시오"라고 말했다.

이 수도사 지원자는 다시 떠나서 남겨 두었던 동전 90냥을 사람들에게 나누어주고 돌아와서 "이제 나는 세상을 버렸습니다"라고 말했다. 그는 다시 원로의 허락을 받아 수실에 들어가 앉았다. 그러나 자리에 앉자마자 그의 생각이 "여기에 있는 모든 것이 낡았다. 이곳은 다 허물어져 가고 있어서 사자가 와서 나를 잡아먹을 것이다"라고 속삭이며 그를 유혹했다. 그는 즉시 원로에게 가서 자기의 생각을 고백했다. 원로는 이렇게 말했다: "당신의 생각에 '나는 더 빨리 이 세상에서 구원받기 위해서 수실이 무너지든지 사자가 잡아먹으려고 들어오든지 어떤 일도 맞을 준비가 되어 있다'라고 말하세요. 이렇게 당신의 생각에 말하고 아무것도 두려워하지 말고 무엇에도 관심을 두지 말고 수실에 들어가 지내면서 끊임없이 하나님께 기도만 하세요."

그 형제는 원로의 충고대로 했고, 곧 그의 영혼이 편안해졌다.

4. 어느 부자 청년이 세상을 버리기를 원하여, 여러 번 시도했다. 그러나 수도원에 가려고 도시를 벗어나는 순간 처리해야 할 일들이 있다는 생각에 사로잡히곤 했다.

어느 날 또다시 자기의 소원을 실행하려고 단호하게 도시를 떠났다. 이번에도 유혹이 임하여 그를 방해하여 돌아가게 하려고 잡다한 생각이 그의 정신을 어둡게 했다. 그는 이 생각들의 도전적인 힘을 깨달았지만 대적할 길이 없었기 때문에 옷을 벗어 던지고 벌거벗은 채 수도원을 향해 달려갔다.

청년은 자기를 알고 있는 원로에게 달려가고 있었는데, 그때 하나님께서 그 원로에게 청년의 의도를 계시하시면서 "일어나 나의 운동선수를 맞이해라"라고 말씀하셨다. 사태를 파악한 원로는 친절하게 이 승리자를 영접했다. 그는 이 청년이 수도사가 될 자격이 있다고 여겼다. 그 후 그는 수도사들이 자기가 받는 시험에 대해 질문할 때 그것이 다른 문제에 관한 것이면 상황에 맞추어 대답해주었다. 그러나 세상을 포기하는 것과 관련된 문제일 때면, 그들을 제자에게 보내면서 "그 형제에게 문제에 대해서 질문하십시오"라고 말했다.

5. 어느 수도사가 병들었는데, 기본적인 생필품조차 없었기 때문에, 근처 수도원의 원장이 그를 받아들여 보살펴 주었다. 수도원장은 제자들에게 "여러분이 조금 피곤하더라도 이 병자를 보살펴 주십시오"라고 말했다. 그런데 병자는 금화가 가득한 항아리를 가지고 있었다. 그는 자기가 깔고 누운 짚으로 만든 멍석 밑에 구멍을 파고 항아리를 감추어 두었다. 얼마 후 그는 감추어둔 보물에 대해 아무 말도 하지 않은 채 숨을 거두었다.

수도사들이 그를 매장한 후 수도원장은 "이제 멍석을 치우십시오"라고 말했다. 멍석을 치우던 수도사들은 금화가 담긴 항아리를 발견했다. 구멍을 파고 두었기 때문에 항아리가 쉽게 눈에 띈 것이다. 놀란 수도사들은 그것을 수도원장에게 가져갔다.

수도원장은 그 보물을 어떻게 찾았는지 알고서 "그 수도사가 살아있을 때나 죽어가면서도 금에 대해서 밝히지 않고 그것에 모든 희망을 두었으므로, 나는 그것을 건드리지 않겠습니다. 그것을 가져다가 죽은 사람과 함께 묻어주세요"라고 말했다. 수도사들은 수도원장의 말대로 했다. 그들은 무덤에서 돌아오다가 하늘에서 불이 무덤에 떨어지는 것을 보았다. 그 일이 며칠 동안 쉬지 않고 계속되어 무덤의 흙과 바위, 그리고 무덤에 있는 것 모두가 불타 없어졌다. 수도사들은 이 무서운 광경을 보고 무척 놀랐다.

제18장

고결한 사람과의 교제에 관하여

구원을 원하는 사람은 고결한 사람과 교제하며, 영혼 구원에
필요한 모든 것을 그에게서 배우려 해야 한다.

1. 게론티콘

1. 압바 팔라디우스가 말했다: "경건한 영혼은 자기가 모르는 것을 성실하게 배우고, 자신이 배운 것을 사랑으로 가르쳐야 합니다. 이 두 가지 중 어느 것이라도 행하지 않는 영혼은 미친 영혼입니다. 배교의 출발점은 교훈적인 말의 풍부함과 가르치려는 갈망의 부족입니다. 이는 하나님을 사랑하는 영혼은 항상 하나님의 말씀을 갈망하기 때문입니다."

2. 어느 형제가 원로에게 "아버지여, 내가 간청했더니 원로들이 내 영혼에 대해 가르쳐 주셨습니다. 그러나 나는 그분들의 말씀을 조금도 적용하지 못하고 있습니다. 내가 아무것도 하지 않으면서 계속 그분들에게 질문해야 합니까? 나는 아주 추잡한 사람입니다"라고 말했다.

마침 가까이에 빈 그릇 두 개가 있었다. 원로는 수도사의 말을 듣고서 "빈 그릇 하나를 가져다가 그 안에 기름을 부으세요. 그다음에 뒤집어 깨끗이 씻어 제자리에 갖다 놓으세요"라고 말했다. 형제는 원로의 말대로 하면서 그릇을 두 번 씻어 기름을 완전히 제거한 후에 제자리에 갖다

두었다. 원로는 "두 개의 그릇을 모두 가져와서 어느 그릇이 더 깨끗한지 알아보세요"라고 말했다. 그 형제는 그릇을 살펴본 후에 "기름을 담았던 그릇이 더 깨끗합니다"라고 말했다. 원로는 "영혼에도 같은 일이 일어납니다. 아무 말도 담아두지 않고 이해하지 못한 사람의 영혼이 아무것도 묻지 않는 사람의 영혼보다 훨씬 더 깨끗합니다"라고 말했다.

3. 압바 팔라디우스는 다음과 같이 말했다: "우리는 거룩한 사람들과 함께 있기를 원해야 합니다. 그리하면 마치 깨끗하게 기록된 책을 읽듯이 자기 마음을 볼 수 있고, 그들의 삶과 대조함으로써 자기의 생활 방식이 나태하다는 것을 인식하게 됩니다. 고결한 사람에게는 경건한 생활 방식을 보여주는 얼굴, 입은 옷의 스타일, 단순한 성격, 겸손, 담화, 탐구적인 어조, 신중한 표현, 경건한 태도 등 영혼의 깨끗함을 증언해주는 특징이 많습니다. 이것들은 관심을 두는 사람에게 큰 유익을 주며, 영혼에 불변하는 덕의 원형을 새겨줍니다."

4. 어느 형제가 원로에게 "원로들을 방문하는 것과 자기 수실에서 침묵하는 것 중에 어느 것이 더 바람직합니까?"라고 물었다. 원로는 "원로들을 방문하는 것은 옛 교부들의 규칙이었습니다"라고 대답했다.

5. 어느 형제가 오후 늦게 난장이 압바 요한을 찾아갔다가 서둘러 떠나려 했다. 그는 영혼에 유익한 것에 대해 요한과 토론하기 시작했는데, 밤이 지나고 새벽이 된 것도 알지 못했다. 압바 요한은 형제를 배웅하려고 함께 밖으로 나갔다. 그런데 두 사람은 제6시까지 그곳에서 계속 대화했다. 요한은 형제를 자기 수실로 데려가서 함께 식사했다. 그런 후에

형제는 그곳을 떠났다.

6. 압바 카시아누스는 다음과 같은 이야기를 했다: "어느 원로가 사막에서 홀로 수도생활을 하면서 하나님께 간청하기를 영적이고 교훈적인 담화를 할 때 졸지 않으며, 한담이나 가십을 들을 때 깊이 잠들어 그 말의 독에 해를 입지 않게 해달라고 기도했습니다. 하나님은 그의 기도를 들어주셨습니다. 이 원로는 마귀가 한담을 만들어내는 자요 영적 가르침의 원수라고 말하곤 했는데, 다음의 예를 들어 그것을 확인해주었습니다: '언젠가 나는 찾아온 형제들과 영혼에 유익한 영적 문제에 관해 이야기하고 있었습니다. 그런데 내 말을 듣던 방문객들은 점차 졸기 시작하여 눈을 뜨지 못했습니다. 그들이 졸았기 때문에 나는 그것이 마귀의 작용이라는 것을 그들에게 알려주고 싶었습니다. 그래서 나는 한가하게 여러 가지에 대해 토론하기 시작했습니다. 나와 대화하던 사람들은 이 목적 없는 이야기를 듣자마자 잠에서 깨어나 즐겁게 대화에 참여했습니다. 나는 한숨을 쉬면서 "형제들이여, 우리가 하늘의 일에 관해 대화할 때 여러분은 잠에 빠졌었는데, 교훈이 되지 않는 헛된 이야기가 등장하니 잠에서 깨어났습니다. 형제들이여, 악한 마귀의 활동에 관해 잘 생각하고, 영적인 일이나 대화를 할 때마다 졸지 않도록 조심하십시오"라고 말했습니다.'"

7. 압바 푀멘이 젊었을 때 세 가지 생각에 관해 질문하려고 먼 곳에 있는 원로를 찾아갔다. 원로의 수실에 도착했는데, 그중 한 가지를 잊었으므로 나머지 두 가지에 대해서만 질문했다. 그는 원로의 권고를 경청하고 수실로 돌아왔다. 그런데 수실 문을 열려고 열쇠를 손에 잡는 순간

잊었던 것이 생각나서 다시 원로에게 갔다. 원로는 그를 보고 조금 놀라면서 "형제여, 빨리 다시 왔군요"라고 말했다. 푀멘은 "수실 문을 열려고 열쇠를 꺼내는데 질문하려 했던 것이 생각나서 곧바로 다시 왔습니다"라고 대답했다. 원로는 "푀멘! 천사들의 푀멘이여! 당신의 이름이 이집트 전역에서 전파될 것입니다"라고 말했다.

8. 세 명의 교부가 매년 거룩한 안토니를 찾아가곤 했다. 그중 둘은 여러 가지 생각에 대해서, 그리고 영혼 구원에 성공하려면 어떻게 해야 하는지에 대해서 질문했고, 셋째 교부는 말없이 침묵했다. 그들이 성 안토니를 여러 번 방문했지만, 그 교부는 항상 아무것도 묻지 않고 침묵했다. 어느 날 안토니가 그에게 "여러 번 나를 찾아오면서 왜 아무것도 묻지 않습니까?"라고 물었더니, 그는 "저는 당신을 보는 것만으로 만족합니다"라고 대답했다.

9. 압바 파프누티우스는 원로들이 살아있는 동안 한 달에 두 번 찾아가겠다고 말했다. 그의 수실은 원로들의 수실에서 19km 정도 떨어져 있었다. 그는 그들을 찾아가서 자기의 생각을 고백하곤 했는데, 그들은 언제나 "어디를 가든지 당신 자신을 생각하지 마십시오. 그러면 평안을 찾을 것입니다"라고 대답하곤 했다.

10. 어느 원로는 칠십 주 동안 한 주에 한 끼만 먹고 지냈다고 한다. 그동안 그는 하나님께 어느 성경 구절의 의미를 알려 달라고 요청했는데, 하나님은 그것을 계시해주시지 않았다. 그리하여 그는 "나는 무척 노력했지만, 아무것도 이루지 못했다. 내 형제에게 가서 물어보아야겠

다"라고 생각하고서, 형제에게 가려고 수실 문을 닫았다. 그때 하나님의 사자가 나타나서 "네가 금식한 칠십 주는 하나님께 이르지 못했다. 그러나 네가 자신을 낮추고 형제를 찾아가려 했으므로, 하나님은 네가 질문했던 구절의 의미를 알려주시려고 나를 보내셨다"라고 말했다. 천사는 그가 질문했던 것에 대해 말해주고 떠났다.

2. 압바 마가

사람은 이웃이 알고 있는 것에 따라 이웃에게 조언해줍니다. 하나님은 말씀을 듣는 사람의 믿음의 분량대로 조치하십니다. 지혜의 말을 경청하는 사람이 지혜로워지듯이, 관용하는 사람은 지혜로워집니다. 당신이 지혜로워도 배우기를 거부하지 마십시오. 이는 하나님의 섭리가 우리의 지혜보다 더 도움이 되기 때문입니다.

십자가를 지고 그리스도를 따르려는 사람은 지식이나 학식을 획득하기 전에 항상 자기의 생각을 조사하고 영혼 구원을 위해 노력하며, 자기와 비슷한 정신과 영을 소유한 사람, 자기와 같은 싸움을 하는 하나님의 종들에게 상담해야 합니다. 그리하면 어둠 속에서 등불이 없이 어디로 어떻게 가야 하는지 알지 못한 채 걸어가는 위험에 빠지지 않을 것입니다. 복음에 대한 지식과 분별력이 없이, 안내자가 없이 자기가 원하는 대로 걸어가는 사람은 자주 비틀거리고 악한 자의 덫과 구덩이에 빠집니다. 그는 매우 수고하지만 자신의 마지막이 어떠할지 알지 못한 채 다양한 위험에 빠지며 속임수에 넘어갑니다.

많은 사람들이 수고하고 금욕 고행하며, 하나님을 위해 많은 학대와 어려움을 당해왔습니다. 그러나 신중하지 못한 생활, 그리고 이웃에게 가장 좋은 것이 무엇인지 알지 못하기 때문에 그들의 수고는 무가치하게 되며, 결국 헛수고가 됩니다. 이러한 위험을 피하려면 다른 사람과 함께 살거나 아는 것이 많은 사람과 교제하여 어둠 속에서 행하지 않으려고 노력해야 합니다. 참지식의 등불이 없으면 그것을 소유한 사람과 교제하는 것이 좋습니다. 그리함으로써 어둠 속에서 먹을 것을 찾으며 신적 로고스의 등불이 없이 어둠 속에서 걷는 사람들을 붙잡아 쪼개려 하는 영적 짐승들의 덫이나 올무에 빠지는 것이나 그들에게 복종하는 위험을 피할 수 있습니다.

3. 시리아의 압바 이삭

항상 배워야 한다고 생각하십시오. 그리하면 사람들이 당신을 지혜롭다고 여길 것입니다.

4. 성 막시무스

부모가 자녀를 사랑하고 사모하듯이, 정신도 본성상 생각을 중요하게 여깁니다. 모든 사람이 가장 무식하고 우스꽝스럽다고 여기는 아이의 부모가 잘못된 사랑으로 아이를 양육하면서 자기 아이가 다른 아이들보다 더 잘 생기고 재주가 많다고 여기듯이, 바보는 다른 사람들 모두가 가장 어리석다고 여기더라도 자기의 말이 지혜롭다고 여깁니다. 바보는 자기 말이 참되고 유익한 것인지 판단하려 할 때 자기의 판단을 믿지 말고 지혜로운 사람에게 판단하게 해야 헛수고를 피할 수 있으며, 그 판단을 고려하여 자기 말의 가치를 확신할 수 있습니다.

5. 게론티콘

1. 어느 원로는 "향수 가게에 들어가면 향수를 사지 않아도 몸에 향기가 뱁니다. 마찬가지로 교부들을 방문하는 사람은 유익을 얻습니다. 그가 일하기를 원한다면, 교부들은 겸손의 길을 보여줄 것인데, 그것이 귀신들의 급습을 격퇴하는 방어벽이 됩니다"라고 말했다.

2. 어느 형제가 세상에 사는 평신도 몇 명과 함께 압바 펠릭스(Abba Felix)에게 가서 영혼에 유익한 말을 해달라고 부탁했는데, 펠릭스는 말없이 침묵했다. 형제가 끈질기게 부탁했기 때문에, 펠릭스는 "한마디라도 듣기를 원합니까?"라고 물었다. 방문객들은 그렇다고 대답했다.

펠릭스는 "형제들이 원로들에게 질문하고 그들이 말한 것을 적용할 때 하나님께서 그들에게 영적으로 유익한 한마디를 보내주셨기 때문에, 이제 한 단어도 남아 있지 않습니다. 그러나 형제들이 질문하고서도 들은 것을 적용하지 않으므로, 하나님께서 원로들에게서 말씀의 은사를 거두어 가셨으며, 고결한 말을 실현할 사람이 없으므로 원로들은 할 말을 찾을 수 없습니다"라고 말했다.

방문객들은 이 말을 듣고 탄식하면서 "아버지여, 우리를 위해 기도해 주십시오"라고 말했다.

6. 성 에프렘

당신이 유식해도 거룩한 사람들의 권고를 거부하지 마십시오. 왜냐하면 그것도 지식의 열매이기 때문입니다.

7. 압바 이삭

　당신의 생활 방식을 경험하지 못한 사람에게 충고를 받으려 하지 마십시오. 철학자에게 의논하기보다는 당신에게 문제가 되는 일에 대한 경험이 있는 사람에게 상의하는 것이 더 바람직합니다. 철학자는 문제가 되는 것에 대한 경험 없이 이론적인 관찰에 기초하여 논리적으로 말합니다. 경험이 있는 사람은 문제를 직접 다루는 데서 받은 지식이 없이 문제의 본질에 대한 논의를 시작하거나 그 다양한 측면을 살펴보지 않습니다. 경험이 있는 사람은 문제를 살피는 데 오랜 시간을 보냈으므로 그 유익함과 해로움을 직접 느낍니다. 어떤 것은 해로운 것처럼 보이지만 그 안에 큰 유익이 감추어져 있습니다. 반대로 어떤 것은 표면적으로 유익이 많은 것처럼 보이지만, 내적으로는 매우 해롭습니다. 이런 까닭에 많은 사람들이 외관상으로만 유익한 것처럼 보이는 것들 때문에 큰 해를 입습니다.

　그러므로 다양한 것들의 본질과 장점을 경험하여 알며, 그것들의 유익과 해로움을 식별하는 성향을 지닌 사람을 조언자로 삼아야 합니다. 내면에 있는 독립심을 제대로 통제하는 사람은 다른 사람에게 그러한 통제력을 나누어 준다고 신뢰할 만합니다.

제19장

순종에 관하여

순종에 관하여: 순종의 유익이 무엇이며, 그것을 이루려면 어떻게 해야 하는가?

1. 수도원장 성 테오도시우스의 삶

테오도시우스는 어른이 되어서 철학자가 되려는 열망을 품고 고향을 떠나 예루살렘으로 갔다. 그는 깨끗한 영혼으로 성지를 순례했다. 그 후 실질적인 철학 생활을 하는 방법, 그리고 철저히 은둔하여 고립 생활을 하는 것과 공주생활을 하는 것 중에 어느 길을 택할 것인가에 대한 생각이 이상하게도 그를 사로잡기 시작했다. 그러나 그 당시 그는 자신이 악령들과 싸우는 일에 경험이 없어서 홀로 침묵생활을 하는 것이 안전하다고 판단하지 않았기 때문에, 그 생활을 선택하지 않았다.

그는 다음과 같이 생각했다: "세상의 군인들 중에 무모하고 어리석어서 전쟁 경험이 없고 무기를 사용해본 적이 없으면서도 서둘러 진영을 떠나 적군을 향해 진군하는 사람이 없는데, 내가 손을 훈련하여 전쟁에 익숙하게 하고, 손가락을 단련시켜 전투에 익숙하게 하지 못했고, 위에서 주시는 힘으로 단단해지지 못했는데 어떻게 위험하고 치명적인 덫이 가득한 싸움, 이 세상 군주들의 세력과 사령관들, 즉 악령들을 대적하는 싸움을 시작할 수 있겠는가? 그러므로 나보다 먼저 이 싸움에서 단련된 거룩한 교부의 제자가 되어야 한다. 이 교부들 밑에서 영적 원수들을 대적한 전쟁에 대비하여 제대로 훈련을 받은 후에 헤시카즘의 열매를 거두려 해야 할 것이다."

이렇게 지혜롭게 생각한 테오도시우스는 즉시 가장 확실한 학습과 가르침이 경험에서 오는 것임을 잘 알고서 선을 학습하는 데 전념한 사람을 찾기 시작했다.

그리하여 그는 롱기누스(Longinos) 원로에게 자신을 맡겼다. 롱기누스는 함께 살고 있는 교부들 가운데서 매우 유명했다. 그는 롱기누스와 함께 음식을 먹으며 살았는데, 다윗이 "나의 영혼이 주를 가까이 따르니"라고 말한 것처럼, 또 사람은 자신이 교제하면서 마음에 드는 사람을 닮는다는 옛말처럼, 롱기누스와 영적으로 연합할 정도로 그의 태도와 행위를 흡족하게 여겼다.

2. 게론티콘

1. 압바 안토니는 순종과 자제에 사나운 짐승들마저 진압하는 힘이 있다고 말했다.

2. 압바 푀멘은 다음과 같은 이야기를 했다. 어떤 사람이 압바 파이시오스(Abba Paisios)에게 "내 영혼이 무감각하여 하나님을 두려워하지 않으니 어떻게 해야 합니까?"라고 물었다. 파이시오스는 "하나님을 두려워하는 사람에게 가서 매달리세요. 그 사람과 교제하면, 그에게서 하나님을 두려워하는 법을 배울 것입니다"라고 말했다.

3. 압바 이사야는 제자인 수련 수사들에게 페인트의 초벌칠은 덧칠처

럼 색이 바래지 않는다고 말했다. 또 어린 나뭇가지가 쉽게 휘듯이, 순종하는 수련수사들도 쉽게 복종한다고 말했다.

4. 압바 모세는 어느 형제에게 다음과 같이 말했다: "형제여, 진리에 순종하십시오, 겸손 안에 힘이 있으며, 기쁨 안에 인내가 있고, 인내 안에 관용이 있고, 관용 안에 형제우애가 있고, 형제우애 안에 통회가 있고, 통회 안에 사랑이 있습니다. 완전히 순종하는 사람은 하나님의 계명 모두를 깨달은 사람입니다."

5. 스케테에 사는 네 명의 형제가 동물 가죽옷을 입고 팜보(Pambo)에게 갔다. 그들은 각기 팜보에게 상대방의 덕을 말했다. 한 사람은 큰 믿음을 가졌고, 둘째 사람은 재산을 소유하지 않았고, 셋째 사람은 사람들을 향한 큰 사랑을 획득했고, 넷째 사람은 22년 동안 원로에게 순종했다. 팜보는 이들의 말을 들은 후에 "넷째 수도사의 덕이 나머지 세 분의 덕보다 더 큽니다. 왜냐하면 여러분은 각기 가진 덕과 상관없이 자기 의지로 그것에 도달했지만, 이 수도사는 자기의 의지를 잘라버리고 다른 사람의 뜻대로 행합니다. 이런 까닭에 그 사람이 여러분보다 우월합니다. 순종하는 사람은 믿음의 고백자들입니다. 왜냐하면 그들은 끝까지 순종하기 때문입니다"라고 말했다.

6. 압바 루포스(Abba Roupos)는 영적 아버지에게 순종하는 사람이 받는 상이 사막에서 홀로 은둔 생활을 하는 사람의 상보다 더 크다고 말했다.

7. 압바 루포스는 어느 교부에게서 들은 이야기를 제자들에게 해주었다. 그 원로는 루포스에게 다음과 같이 말했다.

"나는 천국으로 들려 올라가서 네 범주의 사람들을 보았습니다. 첫째 범주에서 병을 앓고 있으면서도 하나님을 기쁘시게 한 사람을 보았습니다. 둘째 범주에는 형제들을 환대하여 영접하고 돌보아준 사람이 있었습니다. 셋째 범주에는 사막에서 아무도 만나지 않고 혼자 생활한 사람이 있었습니다. 넷째 범주에는 영적 아버지께 순종하며 주님을 위해 매사에 복종한 사람이 있었습니다.

"이 사람들 중에서 넷째 범주, 즉 순종의 사람은 목에 금메달을 걸고 있었고, 나머지 사람들보다 더 큰 영광 속에 있었습니다. 나는 그의 영광을 보면서 안내자에게 '어째서 가장 어린 이 사람이 다른 사람들보다 더 많은 영광을 누립니까?'라고 물었습니다. 안내자는 '환대를 실천한 사람과 사막에서 은수사로 생활한 사람은 자기의 뜻에 따라서 그러한 덕을 선택했지만, 순종의 사람은 자기의 뜻을 완전히 포기하고 하나님과 영적 아버지를 의지했기 때문입니다. 그의 자기 부인이 나머지 사람들의 자기부인보다 더 영광스러웠습니다'라고 대답했습니다."

8. 압바 하이페레키우스(Abba Hyperechois)는 "수도사의 가장 귀한 보물은 순종입니다. 순종을 획득한 수도사는 하나님의 응답을 받을 것이며, 십자가에 달리신 분 곁에 담대히 설 것입니다. 이는 십자가에 달리신 주님은 죽기까지 순종하신 분이시기 때문입니다"라고 말했다.

9. 혈육인 두 형제가 수도원에 들어갔다. 형은 금욕생활을 택했고, 동생은 순종을 택했다. 동생은 영적 아버지에게 순종하면서 지시하는 모

든 것을 망설임 없이 행했다. 영적 아버지가 아침에 음식을 먹으라고 하면 먹고, 저녁때까지 먹지 말라고 하면 먹지 않았다. 전반적으로 영적 아버지가 지시하는 것을 기꺼이 행했다. 수도원의 모든 수도사들이 이렇게 순종하는 그를 칭찬했다. 이것을 본 형은 그를 시기하여 "그가 정말 순종하는지 시험해보겠다"라고 생각하고서, 수도원장에게 "동생과 함께 우리를 필요로 하는 곳에 가게 해주십시오"라고 말했다. 수도원장은 제자가 떠나는 것을 허락했다.

형제는 악어 떼가 있는 강가에 도착했는데, 금욕수행자인 형이 동생에게 "강물에 들어가서 건너가거라"라고 말했다. 동생 수도사는 순종하여 강물에 들어갔다. 그런데 악어들이 다가와 그의 몸을 핥았을 뿐 괴롭히지 않았다. 이것을 본 형은 " 강에서 나와라"라고 말했다. 동생은 조금도 다치지 않았다. 형제는 계속 걸어가다가 길가에서 벌거벗은 채 죽은 사람을 발견했다. 형은 "우리에게 시신을 덮어줄 낡은 옷이 있었으면 좋겠다"라고 말했고, 동생은 "그보다는 하나님께 기도합시다. 하나님께서 우리의 기도를 듣고 그를 살려주실 것입니다"라고 말했다. 형제는 기도하기 시작했다. 기도를 마치니 죽은 사람이 일어났다. 형은 자랑하면서 자기의 금욕수행 때문에 죽은 사람이 살아났다고 말했다.

하나님은 이 일을 수도원 원장에게 계시해 주셨다. 형제가 수도원에 돌아왔을 때 원장은 금욕수행자 형에게 "왜 강에서 위험하게 동생을 시험하려 했습니까? 조심하세요. 죽은 사람이 살아난 것은 동생의 순종 때문입니다"라고 말했다.

10. 압바 푀멘은 "당신이 이룬 업적을 생각하지 말고, 모범적으로 고

결하게 사는 사람에게 매달리십시오"라고 말했다.

3. 압바 마가

"죄의 멍에를 매고 사는 사람이 혼자 힘으로 육체의 욕망을 정복할 수 없습니다. 왜냐하면 그는 내면에 정념을 향하는 성향을 지니고 있기 때문입니다. 우리는 쉽게 정념에 굴복되므로, 기도하고 순종해야 합니다. 다른 사람의 도움이 없이 우리 안에 뿌리내린 습관과 싸우는 것은 매우 어려운 일입니다. 자기의 뜻을 거스르면서 순종하고 기도하면서 분투하는 사람은 현명한 운동선수입니다. 그는 육욕적인 것들을 삼감으로써 효과적으로 영적 싸움에 임합니다."

4. 성 디아도쿠스

"순종은 우리가 획득해야 할 기본 덕목 중에서 가장 좋은 것이라고 인정됩니다. 왜냐하면 그것은 우리 안에서 교만을 몰아내고 겸손을 만들어내기 때문입니다. 이런 까닭에 감사하며 순종하려는 사람에게 순종은 하나님을 향한 사랑이 들어오는 출입구입니다. 아담은 순종을 거부하고 지옥에 떨어졌습니다. 주님은 이 순종을 사랑하셨고, 하나님의 섭리로 성육하시면서 십자가에 달려 죽기까지 하늘 아버지에게 순종하셨습니다. 주님은 위대하심에 있어서 하늘 아버지보다 열등하지 않으심에도 순종하셨고, 순종을 통하여 인간의 불순종의 죄를 폐하셨고, 모든 사람을 순종하면서 살 영원히 복된 삶으로 인도하십니다. 마귀의 오만을 대적하여 싸우려는 사람은 무엇보다도 이 순종에 관심을 두어야 합니다.

왜냐하면 순종은 망상에 빠질 위험이 없는 덕의 길을 보여줄 것이기 때문입니다."

5. 성 카시아누스(St. Cassian)[1]

"마귀는 교부들의 가르침과 권고에 따라 살지 않고 우리 자신의 뜻을 따라 살라고 설득함으로써 효과적으로 우리를 타락의 심연으로 끌어당깁니다. 자기의 견해와 판단을 따르는 사람은 확신을 가지고 나아가지 못하며, 많은 장애물에 걸려 비틀거리고 미혹되며, 마치 어둠속에서 걸어가는 것처럼 많은 무서운 위험을 만날 것입니다.

"인류의 예술과 과학의 예를 따르면서 이 교훈에 주목해야 합니다. 우리는 예술과 과학에 관한 것을 조사할 수는 있지만 혼자 힘으로 배울 수 없으므로 훌륭한 교사가 필요합니다. 하물며 일반적인 예술과 학문보다 더 어려운 영적인 예술을 교사의 도움이 없이 배울 수 있다고 믿는 것은 얼마나 어리석은 일이겠습니까? 영적인 예술은 영혼을 목표로 삼고 하나님을 닮게 하는 것을 목적으로 하므로 물질계와 관련된 예술처럼 경험적이거나 가시적이지 않고, 보이지 않게 감추어져 있습니다. 이러한 예술에 실패하는 것은 현세에서 해를 초래하지 않지만, 영혼을 잃게 되며 영원한 죽음과 정죄를 가져옵니다."

---

1) 요한 카시아누스의 두 개의 저작 『담화집』(The Conference, 엄성옥 역, 은성출판사)과 『제도집』(The Institution, 엄성옥 역, 은성출판사)을 참조하라. 카시아누스의 글이 『필로칼리아』 제1권에도 게재되어 있다.

6. 성 막시무스

"아버지 하나님의 말씀이신 하나님(예수 그리스도)이 그분의 계명 하나하나 안에서 신비하게 발견됩니다. 아버지 하나님은 본질적으로 말씀과 완전히 분리될 수 없습니다. 그러므로 하나님의 계명을 받아 적용하는 사람은 그 안에 존재하는 하나님의 말씀도 받습니다. 우리는 계명을 통해서 말씀을 받으므로, 동시에 본질상 말씀이신 하나님과 함께 존재하시는 아버지 하나님을 받습니다. 또 본질상 그분과 공존하시는 성령을 받습니다. 복음서에서 '진실로 진실로 너희에게 이르노니 내가 보낸 자를 영접하는 자는 나를 영접하는 것이요 나를 영접하는 자는 나를 보내신 이를 영접하는 것이니라'(요 13: 20)라고 말합니다. 그러므로 계명을 받아 행하는 사람은 내면에 신비하게 성삼위일체를 받아 담고 있습니다."

7. 게론티콘

1. 테베의 압바 요셉(Abba Joseph)은 하나님 앞에서 중요한 것이 세 가지라고 말했다. 첫째는 사람이 병들어 시련을 겪으면서도 감사하며 참고 견디는 것이다. 둘째는 인간적인 것이 조금도 개입되지 않은 채 하나님 앞에서 깨끗하게 행동하는 것이다. 셋째는 영적 아버지에게 순종하고 자기의 뜻을 완전히 포기하는 것인데, 이 사람은 면류관을 하나 더 받는다.

2. 어느 원로는 "우리는 낙타처럼 자기의 죄를 들어 올리고, 순종으로 묶고, 하나님의 길을 아는 사람을 따라가야 합니다"라고 말했다.

3. 어느 형제가 원로에게 "나는 수실에서 임무를 모두 행했지만, 아직 하나님의 위로를 받지 못했습니다"라고 말했다. 원로는 "당신이 노력했지만, 아직 검증되지 않은 채 당신의 뜻대로 이루어지기를 바라기 때문입니다"라고 말해 주었다. 그 형제는 다시 "그렇다면 내가 어떻게 해야 합니까?"라고 질문했다. 원로는 "하나님을 경외하는 사람에게 매달려 당신의 뜻을 무시하고 그 사람 앞에서 자신을 낮추십시오. 그러면 하나님에게서 오는 위로를 경험할 것입니다"라고 대답했다.

8. 성 에프렘

"우리는 주님을 위해서 작은 고난도 참고 견디려 하지 않으므로, 자기 뜻과는 달리 좋지 않은 많은 고통을 당합니다. 또 우리가 주님을 위해 자기의 뜻을 포기하려 하지 않으므로, 우리 영혼에 손상과 멸망을 초래합니다. 우리가 주님을 위해 순종하며 멸시를 받으려 하지 않기 때문에, 의인들의 위로를 받지 못할 것입니다. 주님을 위해 우리에게 법을 제시하는 사람의 권고에 순종하려 하지 않으므로, 우리 자신을 악한 귀신들의 노리개로 만듭니다. 막대기로 상징되는 엄격한 훈육을 받아들이지 않으면, 꺼지지 않으며 위로를 주지 못할 불이 우리를 삼킬 것입니다."

9. 압바 마가

"교만을 배우지 않으려면, 자화자찬하는 사람의 제자가 되지 마십시오."

제20장

자기를 신뢰하지 말아야 한다.

매사에 자신을 신뢰하지 말고, 교부들의 조언에 주목하고, 마음의 비밀을 숨김없이 고백해야 한다.

1. 팔라디우스

1. 헤론이라는 알렉산드리아 사람이 이웃에 살았습니다. 이 사람은 나보다 어렸지만 점잖고 총명하고 깨끗하게 살았습니다. 수도사의 엄격한 생활 방식 때문에 그는 몸이 매우 약했습니다. 그를 아는 사람들은 그가 가끔 석 달에 한 번만 음식을 먹는다고 말했습니다. 그는 성찬, 그리고 자기가 사는 곳에서 자라는 잡초를 먹는 데 만족했습니다.

나는 헤론과 알비노스와 함께 스케테로 가면서 헤론을 더 잘 알게 되었습니다. 우리는 함께 걸어가면서 보통 두 번 음식을 먹고 마셨는데, 그는 아무것도 먹지 않고 시편 119편을 비롯한 15개의 시편, 히브리서, 이사야서, 예레미야서의 일부, 누가복음, 잠언 등을 암송하면서 맨발로 걸어갔습니다. 그런데도 우리는 그의 걸음을 따라잡을 수 없었습니다. 많이 수고하고 노력하여 덕과 금욕이 가득했던 이 사람이 교만해졌고 크게 타락했습니다. 교만해진 그는 자기가 교부들보다 더 위대하다고 생각하고서 모든 사람에게 화를 내면서 "그리스도께서 세상에 있는 사람을 교사라고 부르지 말라고 말씀하셨으므로 그리스도 외에 다른 사람을 교사로 대해서는 안 되기 때문에, 당신들의 가르침을 듣는 사람은 미혹된 사람입니다"라고 말했습니다.

교만 때문에 정신이 흐려지고 덕의 고지에서 떨어진 이 사람은 결국 수실에 틀어박혀 지내면서 성찬을 받으러 나오지도 않았습니다.

마침내 그는 교만의 귀신 때문에 내면에 강한 불이 타올랐으므로 알렉산드리아에 가서 규모 없이 지내면서 극장과 경마장과 술집에 자주 갔습니다. 그는 여인에 대한 음탕한 욕망에 굴복하여, 성적인 죄를 범하려는 생각을 품었습니다. 실제로 그는 여배우를 만났고, 그녀와 함께 이 정념에 대해 말했습니다.

이러한 상태로 지내는 동안 하나님의 섭리로 그의 생식기에 종기가 생겼습니다. 그 병이 여섯 달 동안 지속되면서 그의 생식기가 썩어서 몸에서 떨어져 버렸습니다. 그는 병이 나아 회복된 후 생식기가 없는 상태로 스케테로 돌아갔습니다. 그곳에서 그는 하늘나라를 기억하면서 경건한 생각을 회복했습니다. 그는 자기에게 있었던 일을 교부들에게 고백했지만, 며칠 후 세상을 떠났기 때문에 회개를 고결한 생활로 실현하지 못했습니다.

2. 프톨레미(Ptolemy)라는 고결하게 사는 사람이 있었습니다. 그는 처음에는 스케테에서 멀리 떨어진 클리막스라는 곳에서 금욕생활을 했습니다. 그곳은 우물이 멀리 떨어져 있어서 그때까지 수도사들이 살지 못하던 곳이었습니다. 프톨레미는 항아리 몇 개를 구하여, 12월과 1월이면 밤에 내리는 이슬을 스펀지로 모아 항아리에 담곤 했습니다.

이렇게 어려운 환경에서 15년 동안 지내면서 아무도 만나지 않았습니다. 그는 유익한 가르침을 받지 못했고, 교부들과 교제하지 못하고, 성찬에도 참여하지 못했습니다. 그 결과 그는 자동증(自動症)에 빠졌습니다. 다시 말해서 마귀가 그를 미혹하여 세상의 모든 것은 하나님이 창조하신 것이 아니라 우연히 창조되어 존재하는 것이라고 믿고 선포하게 했습니다.

원수가 프톨레미의 정신에 집어넣은 이 어리석은 망상이 그의 영혼에 들어갔습니다. 그는 "모든 것이 우연히 존재하며, 의도적으로 존재하는 것이 전혀 없는데, 너는 왜 불필요하게 자신을 괴롭히고 있느냐? 죽은 후에 주어지는 상이 없는데, 네가 무엇으로 이익을 얻겠느냐? 네가 수고한 데 대해 주어질 상이 있겠느냐? 누가 너에게 보상해주겠느냐? 모든 것이 목적 없이 존재하는데, 성경에서 위협하는 이 심판이란 대체 어떤 것이냐?"라고 생각했습니다.

프톨레미는 이 악한 생각에 사로잡혀 금욕생활을 포기하고 미쳤습니다. 그는 오늘까지도 누구에게도 말을 걸지 않고, 탐식하고 술을 마시면서 목적 없이 이집트에서 방랑하고 있습니다. 그는 비참하고 한탄스럽게도 말없이 시장을 배회하고 있으며, 수도생활에 대해 알지 못하는 사람들의 저주와 조롱의 대상이 되었습니다. 프톨레미가 교만하여 자기가 거룩한 교부들보다 더 훌륭한 이해력을 가지고 있다고 생각하고서 그들과 교제하면서 가르침을 받아 자신의 삶을 다스리지 않았기 때문에, 돌이킬 수 없는 재앙이 그에게 임한 것입니다. 그는 고집스러워져서 가장 깊은 영적 죽음에 떨어졌습니다. 자신의 삶을 제대로 다스리지 않는 사람들은 나뭇잎처럼 떨어질 것입니다.[1]

---

1) 이 내용보다 간결한 내용이 『팔라디우스의 초대 사막 수도사들의 이야기』

2. 성 사바스

언젠가 사바스(St. Savvas)가 사순절 기간에 늘 하던 대로 사막에서 지내고 있었는데, 예루살렘 출신으로서 무례하기로 유명한 이아코포스라는 제자가 평소보다 더 좋지 않게 행동하여, 수도사들을 선동하여 수도원을 떠나 헵타스토모스라는 계곡에 갔다. 그는 그곳에 수도원을 세워 수실들과 교회를 짓고, 수도원에 필요한 모든 것을 구비하려 했다. 그러나 형제들이 분개하여 건축을 진행하지 못하게 했으므로, 그는 모든 일이 수도원장 사바스의 뜻에 따른 것이라고 거짓말을 했다.

사순절 기간이 끝나 수도원에 돌아온 사바스는 그동안 있었던 일을 알고서 이아코포스를 만나 그가 진행하는 일을 멈추라고 호소했다. 이는 그것이 하나님을 기쁘시게 하지 않으며 형제들의 의견과 일치하지 않기 때문이며, 제대로 훈련받지 못한 이아코프스가 영적 아버지로서 다른 사람들의 영혼을 책임지는 것이 매우 위험한 일이었기 때문이었다. 사바스는 자애롭고 온유하게 충고했지만, 이아코포스가 반박하며 순종하려 하지 않았으므로, 관대한 태도를 버리고 엄격하게 말했다: "당신은 나의 유익한 충고에 순종하려 하지 않는군요. 당신이 자신에게 유익한 것을 배우지 못했으므로 결국 큰 해를 초래할 것입니다"라고 말했다.

이렇게 말하고 사바스는 수도원으로 출발했다. 이아코포스는 그 순간 온몸을 떨기 시작하더니 고열로 쓰러졌다. 그는 이 이상한 병으로 8개

(엄성옥 역, 은성출판사. 111~112쪽)에 나온다.

월 동안 병상에 누워 지냈다. 그는 병이 나을 것이라는 희망을 잃고 죽음을 눈앞에 두고서 자신이 사바스에게 순종하지 않았던 일을 기억했다. 그는 죽기 전에 용서를 구하려고 주위 사람들에게 자기가 누워 있는 침상을 들어 위대한 성인에게 데려다 달라고 부탁했다.

사람들은 그의 부탁대로 이아코포스를 사바스에게 데려갔다. 사바스는 온유하게 그를 바라보더니 "형제여, 무례함의 열매가 무엇인지 아셨습니까? 제대로 배우셨습니까? 훈련 부족과 불순종의 결과가 무엇인지 아시겠습니까?"라고 말했다. 이아코포스는 간신히 입을 열어 "존경하는 아버지여, 나는 마지막 여정을 앞두고 있습니다. 나를 용서해 주십시오"라고 말했다.

사바스는 사랑하는 마음으로 "형제여, 하나님께서 당신을 용서해 주시기를 기원합니다"라고 말하면서 병자에게 손을 얹었는데, 그의 손이 병든 이아코포스에게 힘의 원천이 되었다. 놀랍게도 죽음의 문 앞에 있던 사람이 일어나 앉았다. 그는 곧 성찬을 받고 음식을 먹었다. 이아코포스는 서서히 건강을 되찾았다. 그는 완전히 건강해져서, 건강한 사람들보다 더 쉽게 침대에서 일어나 사람들을 놀라게 했다.

이아코포스의 병이 완전히 나았으므로, 사바스는 그에게 불순종의 장소인 건설 현장에 돌아가지 말라고 명령했다. 사건의 전말을 알게 된 총대주교 엘리아스(Elias)는 이 불순종의 건축물을 그대로 두는 것이 좋지 않다고 간주하여 즉시 사람들을 보내어 철저히 무너뜨렸다.

그 후 사바스는 이아코포스가 순종하는 자식이라는 것을 보여주려고 그에게 방문객을 보살피는 일을 맡겼다. 어느 날 이아코포스가 콩으로 음식을 했는데, 음식을 요리하거나 필요한 음식의 분량을 계산해본 경험이 없고 배운 적이 없는 그가 너무 많은 콩을 요리했기 때문에 남은 콩을 사흘 동안 먹을 수 있었다. 다음 날 그는 남은 콩을 수도원 근처의 골짜기에 버렸다. 그런데 "지혜자는 그의 눈이 그의 머리 속에 있고"(전 2:14)라는 말씀처럼, 사바스가 이것을 알게 되었다. 그는 다른 사람이 눈치채지 못하게 가서 흩어져 있는 콩을 주워다가 말려 저장하려고 햇볕에 널었다.

얼마 후 그는 함께 식사를 하려고 이아코포스를 불렀다. 그는 얼마 전에 이아코포스가 골짜기에 버렸던 콩을 요리하여 대접했는데, 솜씨 좋게 조리했기 때문에 아주 맛이 있었다.

사바스는 이아코포스를 시험해 보려고 음식을 먹으면서 "형제여, 용서해 주시오. 나는 요리 경험이 많지 않아서 음식이 내가 기대했던 것만큼 당신의 입맛에 맞지 않는 것 같습니다"라고 말했다. 이아코포스는 "그렇지 않습니다. 이렇게 맛있는 음식을 먹어본 것이 언제인지 모를 정도입니다"라고 말했다.

사바스는 다시 "이 음식은 얼마 전에 당신이 골짜기에 버린 콩으로 만들었습니다. 생각해보십시오. 콩 한 단지를 하루에 필요한 분량만큼 적절히 나누어 사용할 수 없는 사람이 형제들을 제대로 지도하는 책임을 맡을 수 있을까요? 사도 바울이 '사람이 자기 집을 다스릴 줄 알지 못하면 어찌 하나님의 교회를 돌보리요'(딤전 3:5)라고 말한 것을 기억해 보세요"라고 말했다. 사바스는 이렇게 여러 가지를 이아코포스와 토론하면서 그의 낭비벽을 고치고, 경제 개념을 고취해주었다. 그리고 그의 이전의 오만함을 책망하고, 앞으로 그러한 정념에 사로잡히지 않을 것이라고 다짐해준 후에 기도하고 축복하여 이아코포스를 보내주었다.

얼마 후 이아포코스가 수실에서 쉬고 있는데 음란하고 정욕적인 생각이 떠올랐고, 내면에서 음란한 욕망이 견딜 수 없을 정도로 커졌다. 이아포코스는 한참 동안 이 음탕한 생각에 용감하게 저항했다. 그러나 공포를 느껴 이 시험이 그치지 않을 것으로 생각했다(이 생각은 악한 자의 교묘한 책략이요 교활한 방법에서 비롯된 것이었다). 정신이 어두워진 그는 거룩한 계율을 소홀히 했다. 그는 끔찍하게도 칼로 자기 생식기를 베어내어 악을 악으로 치료했다. 피가 멎지 않고 고통을 견딜 수 없었던 그는 근처 사람들에게 소리쳐 도움을 청했다.

달려온 수도사들은 이 끔찍한 자해 행위를 보고서 즉시 응급 처치를 하여 고통을 덜어주었다. 이 일은 사바스에게도 알려졌다. 사바스는 고통이 조금 완화된 이아코포스를 그 자신에 대한 원수요 악한 자해자로 간주하여 수도원에서 쫓아냈다. 그 후 이아코포스는 고통스럽게 회개했다. 그의 영혼은 양심의 가책 때문에 괴로워했다. 그는 하염없이 눈물을 흘리며 신음했다. 그 모습을 보는 것은 아주 고통스럽고 비통한 일이었다. 그를 보는 사람들 모두가 그의 불행을 동정했다.

이아코포스는 이처럼 슬픈 상태에서 테오도시우스를 찾아가서 울면서 자기를 괴롭힌 육욕적인 싸움과 자신의 자해에 대해 고백하고 수도원에서 쫓겨났다고 말했다. 테오도시우스는 그를 불쌍히 여겨 그와 함께 사바스에게 가서 이아포코스를 적절히 벌하고 용서하고 수도원에 받아들여달라고 간청했다.

천성이 선하고 동정심이 많은 사바스는 친구의 부탁을 받아들여 이아코포스를 수도원에 받아들였다. 그는 이아코포스에게 여러 가지 보속을 명했다. 그중에는 임무 수행하면서 어쩔 수 없는 경우가 아닌 한 누구도 만나지 말고 말을 걸지 말라는 명령이 있었다. 이아코포스는 다시 수실을 배정받아 그 안에서 침묵하면서 자신의 행위를 회개하면서 하나님께 간절히 용서를 구하여 마침내 용서를 받았다.

거룩한 사바스에게 눈부시게 빛나는 사람이 나타났다. 그 사람은 사바스 가까이에 서서 죽은 사람을 보여주었다. 그 죽은 사람은 이아코포스의 발 앞에 놓여 있었고, 이아코포스는 그 사람을 위해 기도하고 있었다. 그가 기도하는 동안 하늘에서 "이아코포스여, 네 기도가 응답되었다. 죽은 사람을 만져라. 그러면 즉시 그가 살아날 것이다"라는 음성이 들려왔다. 이아코포스는 죽은 사람을 만졌고, 그 사람은 즉시 일어났다.

이 빛나는 사람은 사바스에게 환상에서 본 일이 즉시 이루어질 것이라고 말했다. 사바스는 즉시 수실에서 나가 이아코포스를 형제들의 모임에 참여하게 하라고 명령했다. 이아코포스는 교회에 가서 형제들과 함께 이야기하고 그들에게 입 맞추었다. 그런 후에 테오도시우스에게 가서 서로 입 맞추었다. 사바스가 환상을 보고 나서 엿새가 되는 날 그는 기뻐하면서 세상을 떠났다.

3. 게론티콘

1. 언젠가 우리는 어느 교부를 방문하여 다음과 같이 질문했다: "유혹에 시달리는 사람이 유혹을 극복하는 것에 관한 교부들의 말을 여러 번 읽고 적용하려 했지만 성공하지 못하여 그 유혹에 정복된다면, 어떻게 해야 합니까? 그는 자기를 공격하는 유혹을 교부들에게 털어놓아야 합니까, 아니면 자신이 공부한 것을 적용하는 일에 몰두하고 양심적으로 만족해야 합니까?"

그 원로는 다음과 같이 대답했다:

"유혹의 공격을 받는 사람은 유익을 줄 수 있는 능력이 있는 사람에게 생각을 털어놓아야 합니다. 홀로 노력해서는 안 됩니다. 누구도 정념으로 흔들릴 때 스스로 해결할 수 없습니다. 내가 젊었을 때 다음과 같은 일이 있었습니다. 나는 어떤 영적 정념의 공격에 굴복했습니다. 나는 압바 제논(Abba Zeno)이 나와 비슷한 상황에 있는 많은 사람들을 고쳐 주었다는 것을 알게 되었고, 제논에게 나의 정념을 이야기하려 했습니다. 그런데 사탄이 내 영혼 안에서 '너는 무엇을 해야 하는지 알고 있으니, 책에서 배운 대로 행동해라. 왜 그 원로를 찾아가서 성가시게 하려 하느냐?'라는 생각으로 선동하면서 방해했습니다. 내가 원로를 방문하여 나를 괴롭히는 유혹을 털어놓으려 하면, 그 정념의 공격이 완화되었습니다. 이것은 분명히 마귀의 책략이었습니다. 그래서 나는 원로에게 가지 않으려 했습니다. 왜냐하면 가지 않기로 작정하면 다시 그 정념에 사로잡힐 것이기 때문이었습니다. 원수는 오랫동안 나를 이 덫에 가두고, 내가 받는 유혹을 원로에게 고백하지 못하게 했습니다. 나는 여러 번 원로에게 고백하려 했지만, 원수는 내 마음속에 수치심을 일으켜 가지 못하게 했습니다. 마귀는 내 생각 속에서 '너는 자신을 어떻게 고쳐야 하는지 알고 있는데, 다른 사람에게 너의 정념을 고백할 필요가 있느냐? 게다가 너는 태만하지도 않다. 너는 비슷한 상황에 대해 교부들이 말한 것을 알고 있다'라고 말했습니다.

"원수가 내 정신을 이렇게 만들었으므로, 나는 정념을 고백하여 치료받기를 포기했습니다. 그런데 그 원로는 내가 유혹을 받고 있다는 것을 알아채셨습니다. 그분은 나를 책망하지 않고, 내가 스스로 고백할 때까지 기다려 주셨습니다. 그분은 올바른 생활 방식에 대해 가르치시고, 축복하시면서 나를 보내주셨습니다. 그분을 방문하고 나서 나는 자신의 불행한 상태 때문에 슬퍼하면서 '불쌍한 내 영혼아, 얼마나 더 오랫동안 치료받지 않고 지내려느냐? 많은 사람이 먼 곳에 사는 원로에게 와서 고침을 받았다. 너는 가까이에 의사가 있는데도 치료받지 않는 것이 부끄럽지 않느냐?'라고 혼잣말을 했습니다. 이렇게 생각하면서 마음이 뜨거워졌으므로, 즉시 일어나서 '원로에게 가야겠다. 만일 그곳에 방문객이 없으면, 그것을 그분에게 내 생각을 고백하라는 하나님의 뜻으로 여길 것이다'라고 혼잣말을 했습니다. 그리고 원로의 수실에 갔는데, 그곳에 아무도 없었습니다.

"원로는 늘 하던 대로 영혼 구원, 그리고 부끄러운 생각을 깨끗이 제거해야 할 필요성에 대해 가르치셨습니다. (나는 수치심 때문에 이번에도 아무 말도 하지 못한 채 떠나려 했습니다.) 그분은 일어나서 나에게 축복하신 후 나보다 먼저 수실 문 앞까지 걸어가셨습니다. 그러나 내가 받는 유혹에 대해 원로에게 고백해야 할지에 대한 생각 때문에, 나는 망설이면서 그분의 뒤를 따라갔습니다. 그때 그분이 돌아서시더니 생각에 시달리는 나를 보시고서 다정하게 내 가슴을 툭 치시면서 '아들이여, 무엇이 잘못되었습니까? 나도 인간이랍니다'라고 말씀하셨습니다. 이 말씀이 내 마음을 열었습니다. 나는 무릎을 꿇고 눈물을 흘리면서 '아버지, 나를 불쌍히 여겨 주십시오'라고 말씀드렸습니다. 원로는 '무엇이 문제입니까? 무엇이 잘못되었는지 알지 못합니까?'라고 말씀하셨습니다. 원로는 마치 내 마음의 비밀을 아시는 듯이 '그것을 말해야 합니다'라고 말씀하셨습니다. 그 순간 나는 부끄러워하면서 나의 정념을 고백했습니다. 원로는 내 말을 들으신 후에 '무엇이 부끄러워서 그 일을 나에게 고백하는 데 그리 오래 걸렸습니까? 나도 인간이 아닙니까? 내가 알고 있는 것을 당신에게 털어놓기를 원하지 않았습니까? 왜 삼 년 동안 이러한 유혹을 받으면서 고백하지 않았습니까'라고 말씀하셨습니다.

"나는 이 말에 감동하여 '아버지 말씀이 옳습니다. 이제 주님의 사랑으로 나를 불쌍히 여겨 주십시오'라고 말했습니다. 원로는 '기도를 소홀히 하지 말며, 다른 사람을 비판하지 마세요'라고 말씀하셨습니다.

"나는 수실로 돌아가서 그리스도의 은혜로 끊임없이 기도했고, 원로의 기도로 말미암아 다시는 그 정념에 시달리지 않게 되었습니다. 일 년 후 '그 원로 때문이 아니라 하나님의 자비하심 때문에 하나님이 나를 불쌍히 여기셨을 것이다'라는 생각이 들었습니다. 나는 즉시 원로를 시험하려고 그분의 수실로 갔습니다. 나는 그분 앞에 엎드려 '아버지, 지난번에 고백했던 유혹 때문에 기도를 청하러 왔습니다'라고 말했습니다. 원로는 나를 무릎을 꿇은 채 내버려 두셨습니다. 그리고 잠시 침묵하시더니 '일어나세요. 당신에게는 믿음이 있어야 합니다'라고 말씀하셨습니다. 이 말을 듣는 순간 나는 너무 부끄러워서 땅속으로 숨고 싶었습니다. 자리에서 일어선 나는 원로의 얼굴을 볼 수 없었지만, 경탄하고 놀라면서 수실로 돌아왔습니다."

2. 어느 금욕적 원로는 "주님을 위해 바보가 되는 사람은 자신을 지혜롭게 할 것입니다"라고 말했다.

3. 어느 원로는 "나는 원로들과 교제하고 있는데, 왜 유혹을 받습니

까?"라는 질문을 받고 "원수는 우리가 받는 유혹을 고백하지 않을 때 가장 기뻐합니다"라고 대답했다.

4. 성 안토니는 "금욕적 수고를 많이 하며 자신의 행위에만 희망을 두고 '네 아버지에게 물으라 그가 네게 설명할 것이요 네 어른들에게 물으라 그들이 네게 말하리로다'(신 32:7)고 말씀하신 분의 명령을 기억하지 않기 때문에 정신을 잃은 수도사들이 있습니다"라고 말했다.

5. 성 안토니는 "수도사는 원로들 앞에서 자기의 영을 나타내 보여야 합니다. 수도사는 자신이 잘못된 일을 행하고 있는지 원로들에게 물어야 합니다. 가능하다면 몇 걸음을 걸어야 하는지, 또는 수실에서 물을 몇 방울 마셔야 하는지 질문해야 합니다"라고 말했다.

어느 교부에게 순종하는 형제가 사막에서 고요하고 한적한 곳을 발견하고서 영적 아버지에게 "그곳에 가서 사는 것을 허락해 주십시오. 그러면 제가 하나님과 아버지의 기도를 신뢰하고 힘을 얻어 많은 것을 행할 것입니다"라고 말했다. 교부는 허락해 주면서 "내가 알기에 자네는 많은 일을 할 능력이 있지만, 원로의 말을 들으려 하지 않네. 그리고 자네의 일이 하나님을 기쁘시게 할 것이라고 여기고 있네. 자네는 수도사의 임무를 제대로 행하고 있다는 자부심 때문에 힘써 행한 수고의 유익과 정신을 잃을 것일세"라고 말했다.

6. 압바 모세는 "영적 아버지 아래 있으면서도 순종하지 않고 겸손하지 않으며 제멋대로 금식하거나 자기가 선하다고 여기는 일을 행하는 사람은 결코 덕을 얻지 못하며, 제대로 수도사가 되지 못할 것입니다"

라고 말했다.

7. 압바 푀멘의 말에 의하면, 압바 테오나스(Abba Theonas)는 수도사가 자기의 의지로 어떤 덕에 도달해도, 하나님은 그가 이 덕을 보유할 수 있는 은혜를 주시지 않을 것이라고 말했다. 이는 수도사는 자기 자신의 행위를 절대적으로 신뢰할 수 없다는 것을 배워야 하기 때문이다. 만일 그가 조언을 얻기 위해 동료 수도사를 찾아간다면, 그 덕을 보유할 수 있을 것이다.

8. 어느 원로는 다음과 같이 말했다: "음탕한 생각에 시달린다면, 그것을 감추지 말고 즉시 영적 아버지에게 말씀드리고 확인해 보십시오. 생각은 숨길수록 더 증가하고 강해집니다. 다시 말해서, 구멍에서 나온 뱀이 제멋대로 기어가듯이, 악한 생각은 고백하는 순간에 사라집니다. 구더기가 목재를 못쓰게 하듯이, 악한 생각은 마음을 죽입니다. 생각을 고백하여 드러내는 사람은 속히 건강을 회복하지만, 감추는 사람은 교만해집니다.

9. 압바 마카리우스는 깊은 사막에서 홀로 살았다. 그가 사는 곳보다 낮은 곳에 있는 또 다른 사막에서 많은 형제들이 고행하며 살고 있었다. 어느 날 마카리우스는 수실 밖에 서 있다가 사람의 모습을 한 사탄이 지나가는 것을 보았다. 그는 구멍이 많은 베옷을 입고 있었는데, 각각의 구멍에 작은 병이 매달려 있었다. 마카리우스는 "여보게, 어디로 가는가?"라고 물었다. "수도사들을 악한 생각으로 괴롭히러 간다네"라고 사탄이 대답했다. 원로는 "그 작은 병들을 어디에 쓰려는가?"라고 물었

고, 사탄은 "병에 든 것을 수도사에게 마시게 하려네"라고 대답했다. 놀란 원로는 "왜 그렇게 병이 많은가?"라고 물었다. 사탄은 "하나의 병에 든 것을 좋아하지 않는 사람에게는 다른 것을 줄 생각일세. 만일 그것도 좋아하지 않으면, 또 다른 것을 주겠네. 어쨌든 그는 적어도 이것들 중 하나를 좋아할 것일세"라고 말하고 떠나갔다.

마카리우스는 그곳에서 사탄이 돌아오기를 기다렸다. 그는 사탄이 오는 것을 보고서 수도사들의 방식으로 "당신이 구원받기 위해 기도합니다"라고 인사했다. 사탄은 화를 내면서 "내가 어떻게 구원받을 수 있겠는가?"라고 대꾸했다. 마카리우스가 "왜 안 되는데?"라고 물었더니, 사탄은 "사람들은 누구나 나에게 화를 내고 짜증스럽게 여기기 때문이지"라고 대답했다.

"자네에게 친구가 있는가?"

"이곳에 단 한 사람이 있다네. 그는 최소한 내 말에 귀를 기울인다네. 그는 나를 보면 무척 기뻐하지."

"그 수도사의 이름이 무엇인가?"

사탄은 "테오펨프토스라네"라고 말하고 떠나갔다.

마카리우스는 즉시 수도사들에게 갔다. 수도사들은 마카리우스가 오는 것을 알고서 야자수 가지를 손에 들고 맞으러 나왔다. 그들은 각기 마카리우스가 자기와 함께 머물기를 바라면서 수실을 청소했다.

마카리우스는 테오펨프토스를 찾아 그의 수실에 들어갔다. 테오펨프토스는 무척 기뻤다. 두 사람은 앉아서 기도한 후에 영적인 문제에 관해 토론하기 시작했다. 마카리우스는 "어떻게 지내고 있습니까?"라고 물었는데, 테오펨프토스는 "어르신의 기도 덕분에 잘 지내고 있습니다"라고 대답했다.

"혹시 시험을 받고 있지 않습니까?"

테오펨프토스는 사실을 말하기가 부끄러워서 "지금까지는 잘 지내고 있습니다"라고 대답했다.

마카리우스는 아버지처럼 다정하고 관대하게 "자네도 알고 있듯이 나는 여러 해 동안 금욕생활을 하고 있으며, 모든 사람이 나를 존경하지. 그러나 지금도 음란한 생각이 늙은 나를 괴롭힌다네"라고 말했다. 테오펨프토스는 "아버지, 저도 같은 시험을 받고 있습니다"라고 말했다.

마카리우스는 자신이 다른 유혹과도 씨름하고 있는 체하여 결국 테오펨프토스가 모든 생각을 고백하게 했다. 테오펨프토스가 생각을 모두 고백한 후에 마카리우스는 "형제여, 금식은 어떻게 합니까?"라고 물었고, 그는 "제9시까지 금식합니다"라고 대답했다. 그 말을 듣고 마카리우스는 이렇게 충고했다: "당신은 밤늦게까지 금식해야 합니다. 열심히 금욕적 임무를 행하며, 복음서와 시편 구절을 암송해야 합니다. 혹시 악한 생각이 떠올라도 반응하지 말고, 세상 것에 관심을 두지 마세요. 항상 정신을 위로 향하세요. 지금 우리가 말한 이 휴혹을 당신의 영적 아버지께 고백하세요. 그러면 주님이 도와주실 것입니다."

마카리우스는 테오펨프토스에게 십자성호를 긋고 자기의 수실로 돌아갔다.

마카리우스는 수실에서 길 쪽을 바라보다가 먼젓번과 같은 옷을 입은 마귀를 보았다. 마카리우스는 그에게 어디로 가고 있느냐고 물었다. 사탄은 수도사들에게 악한 생각을 넣어주려 한다고 대답했다.

마카리우스는 이번에도 기다리다가 사탄이 돌아오는 것을 보고 "형제들이 어떻게 지내던가?"라고 물었다. 사탄은 불만스럽게 "끔찍해"라고 대답했고, 마카리우스는 그 이유를 물었다. 사탄은 "그들 모두가 나에게 격분하고 있어. 심지어 내게 복종하던 친구마저 변해서 나에게 복종하지 않으며, 그들 중에서 가장 심하게 나에게 화를 냈다네. 어떻게 해야 할지 모르겠어. 앞으로 오랫동안 다시는 그곳에 가지 않기로 맹세했어"라고 말하고 떠났다. 마카리우스는 수실에 들어가서 형제를 구원해주신 하나님께 감사했다.[2]

4. 성 에프렘

형제여, 마음속에 악한 생각이 생기지 않도록 조심하고, 그 생각을 받아들이지 말며, 영적 아버지에게 숨기지 마십시오. 옛날 아간에게 이와 비슷한 일이 있었습니다. 그는 제물의 일부를 자기의 장막에 감추었습니다. 이런 일이 엘리사의 하인 게하시에게도 일어났습니다. 이 두 사람은 은밀하게 이런 일을 행했지만, 하나님의 시선이나 사람들의 눈을 피할 수 없었습니다. 그들은 은밀하게 악을 행한 데 대한 공정한 열매를 공개적으로 거두었습니다. 아간은 가족들과 함께 사람들에게 돌에 맞았고(**수 6:18; 7:1~26**), 게하시와 그 자손은 문둥병에 걸렸습니다(**왕하 5:20~27**). "하나님은 업신여김을 받지 아니하시나니 사람이 무엇으로 심든지 그대로 거두리라"(**갈 6:7**)는 말씀은 거짓이 아닙니다.

---

2) 같은 내용이 『사막 교부들의 금언』(277~280쪽), 대 마카리우스 3번 금언에 나온다.

5. 압바 이삭

 형제여, 만일 당신이 무엇인가 잘못했다면, 부끄럽다고 해서 거짓말을 하지 말고, 엎드려 "나를 용서해 주십시오"라고 말하십시오. 그러면 즉시 당신의 잘못이 사해질 것입니다. 마음에 없는 말을 하지 마십시오. 하나님은 사람의 조롱을 받지 않으시며, 숨겨진 것과 공개된 것 모두를 보십니다. 그러므로 당신이 받는 유혹이나 염려나 욕망, 단순한 생각이라도 감추지 말고 거리낌 없이 영적 아버지에게 고백하십시오. 그분이 말하는 대로 성실하게 실천하십시오. 그렇게 하면 싸움이 쉬울 것입니다. 악한 영들은 선한 것이든지 악한 것이든지 자기의 생각을 말하지 않는 사람에게서 즐거움을 발견합니다.

 마음으로 영적 아버지에게 복종하십시오. 그리하면 주님의 은혜가 당신의 마음에 거할 것입니다. 원수의 수중에 떨어지지 않으려면, 스스로 지혜롭다고 생각하지 마십시오. 당신이 침묵하면서 생각을 드러내지 않는 것은 세상의 영예와 음란한 영광을 추구한다는 것을 보여줍니다. 용감하게 교부들 앞에서 자기 생각을 공개하는 사람은 정신 안에서 그 생각들을 거부합니다. 항상 영적 아버지의 조언을 추구하여 받으십시오. 그리하면 평생 평안할 것입니다.

5. 압바 카시아누스

 1. 행동뿐만 아니라 생각을 모두 영적 아버지에게 고백하는 것은 참된 겸손의 표식입니다. 이것은 수도사가 위험이나 해로움이 없는 곧은 길로 여행할 수 있게 해줍니다. 경험이 많은 사람들의 판단에 따라 사는

사람은 마귀의 속임에 넘어가지 않습니다. 옳지 못한 생각을 영적 아버지에게 털어놓고 고백하는 일은 그러한 생각을 약하게 하고 시들게 합니다. 어두운 구멍에서 나온 뱀이 급히 도망쳐서 보이지 않게 함으로써 목숨을 부지하듯이, 우리가 악한 생각을 진지하게 인정하고 깨끗이 고백하면, 그러한 생각들이 도망칩니다.

2. 압바 세라피온은 자신에 대해서 이와 비슷한 이야기를 했습니다:
"나는 젊었을 때 영적 아버지와 함께 식사할 때 마귀들이 선동하면 식탁에서 일어나면서 과자를 훔쳐 놓았다가 몰래 먹곤 했습니다. 오랫동안 이 나쁜 습관에 사로잡혀 자신을 제어할 수 없게 되었습니다. 양심의 가책을 받았지만, 부끄러워서 영적 아버지에게 말할 수 없었습니다.

"인간을 사랑하시는 하나님의 섭리로 형제들 몇이 영적 유익을 얻으려고 나의 영적 아버지를 찾아와서 자기들의 생각에 대해 질문했습니다. 그분은 생각을 영적 아버지에게 감추는 것이 수도사에게 해롭고 귀신들에게 기쁨을 준다고 말씀하셨고, 금욕에 관해서도 말씀하셨습니다. 그 말씀을 들으면서 나는 정신을 차려, 하나님께서 내가 지은 죄를 그분께 알려주신 것이 아닌지 의심했습니다. 나는 감동하여 울기 시작했습니다. 그래서 내가 나쁜 습관 때문에 훔쳐두었던 과자를 윗주머니에서 꺼내어 땅에 버리고, 그분께 용서를 구하고, 하나님께서 나를 안전히 보호해 주시기 위한 축복을 청했습니다. 그분은 '내가 아무 말을 하지 않아도, 당신이 잘못을 고백했고, 이제까지 털어놓지 못하게 함으로써 상처를 준 귀신을 죽였으므로, 당신의 고백이 자네를 자유롭게 해주었습니다. 그 귀신이 당신의 마음에서 나와 정체가 드러났으므로, 이제부터는 당신의 영혼 안에 자리 잡지 못할 것입니다'라고 말씀하셨습니다.

"그분이 말씀을 마치지도 않았는데, 불길같이 생긴 마귀의 능력이 내 가슴에서 나와 악취로 그곳을 가득 채웠기 때문에 그곳에 있는 사람들은 어디선가 유황이 타고 있다고 생각할 정도였습니다. 그때 그분은 '보세요. 내 말, 그리고 당신이 자유로워졌다는 증거입니다. 하나님은 방금 나타난 표적으로 진실을 분명히 보여주셨습니다'라고 말씀하셨습니다. 그 후 탐식의 정념 및 음식을 훔치려는 악한 욕망이 나에게서 떠나갔습니다. 그 후로 나는 그러한 생각조차 한 적이 없습니다."

3. 지금까지 말한 것으로 판단해보면, 우리가 생각을 교부들에게 고백하며 선조들의 전통을 무시하지 않는 것 외에 다른 구원의 길이 없다는 것을 알 수 있습니다. 우리의 선조들은 자기의 견해를 따르지 않았고 하나님의 가르침을 받고 성경에 뿌리를 두고 금욕생활에서 진보한 사람들에게 조언을 구할 것을 가르쳤으므로, 우리도 성경 본문, 특히 사무엘의 이야기에서 가르침을 받아야 합니다.

사무엘의 어머니는 어린 사무엘을 하나님께 바쳤습니다. 그는 하나님의 음성을 들었을 때 자기의 생각을 신뢰하지 않았습니다. 그는 하나님의 음성을 세 차례 듣고 제사장 엘리에게 의논하였고, 그의 가르침으로 말미암아 하나님께 대답하는 방법을 알게 되었습니다(왕상 3:2~10). 하나님은 음성을 들을 자격이 있는 사람이라도 웃어른의 가르침을 받아 겸손해지기를 원하십니다.

4. 사도 바울의 경우에 그리스도께서 친히 불러 함께 말씀하셨고 즉

시 눈을 뜨게 하여 완전한 길을 보여주실 수 있었음에도 불구하고, 하나님은 "너는 일어나 시내로 들어가라 네가 행할 것을 네게 이를 자가 있느니라"(행 9:6)라고 말씀하시면서 그를 아나니아에게 보내어 진리의 길을 배우게 하셨습니다. 주님은 이런 식으로 우리가 영성생활에서 진보한 사람들의 가르침을 따라야 한다고 가르치십니다. 바울은 이렇게 가르침을 받았으므로 행위로 그것을 실천했습니다. 그는 다음과 같이 묘사했습니다: "내가 바나바와 함께 디도를 데리고 다시 예루살렘에 올라갔나니 계시를 따라 올라가 내가 이방 가운데서 전파하는 복음을 그들에게 제시하되 유력한 자들에게 사사로이 한 것은 내가 달음질하는 것이나 달음질한 것이 헛되지 않게 하려 함이라"(갈 2:1~2). 셋째 하늘에 올라가서 사람의 말로 표현할 수 없는 말을 하나님에게서 들은 사람, 항상 성령의 은혜를 동반한 사람, 자신이 행한 기적으로 그분의 가르침을 확인한 사람이었음에도, 그는 자기보다 먼저 사도의 직무를 행한 사도들의 권고가 필요하다고 인정했습니다.

그러한 이야기를 들을 때 불의 지옥과 영원한 형벌을 두려워하듯이 두려워 떨지 않고 자기의 견해를 따르는 사람은 매우 주제넘고 교만한 사람입니다. 주님은 영적 아버지의 조언과 도움을 받는 것 외에 다른 완덕의 길을 보여주시지 않습니다. 이런 까닭에 하나님은 선지자를 통하여 "네 아버지에게 물으라 그가 네게 설명할 것이요 네 어른들에게 물으라 그들이 네게 말하리로다"(신 32:7)라고 말씀하십니다.

6. 압바 바르사누피우스

어느 형제가 원로에게 "저는 수도 공동체를 섬기기 위해 거룩한 도시에 파견되었는데, 이 기회에 원장님에게 허락을 청하지 않은 채 요단강에 기도하러 갔습니다. 이것이 잘한 일일까요?"라고 물었습니다. 원로는 이렇게 대답했습니다: "허락 없이 어디에도 가지 않아야 합니다. 왜냐하면 우리 자신의 생각에 따라 행하는 것은 비록 선하게 보여도 하나님을 기쁘시게 하지 못하기 때문입니다. 당신을 파견한 원장님의 명령을 지키는 것이 하나님을 섬기는 것이요 기도입니다. 주님은 '내가 온 것은 내 뜻대로 행하지 않고 나를 보내신 아버지의 뜻대로 행하기 위함이다'라고 말씀하셨습니다."

형제는 다시 "만일 내가 어떤 임무를 맡아 고국을 떠나 먼 길을 가면서 수도원장에게 어디에 묵어야 하는지 묻지 않았다면, 어떻게 해야 합니까?"라고 물었습니다. 원로는 "매사에 신중해야 하며, 무슨 일이든지 영혼의 유익을 위해 해야 합니다. 그러나 당신은 특별한 허락을 받지 않고 어떤 일을 행하므로, 자신이 명령을 범하며 제대로 행하고 있지 못하다고 생각하면서 행동해야 합니다. 이런 식으로 행동한 것을 원장님에게 알리면, 그분이 당신을 용서하실 것입니다"라고 말했습니다.

형제는 다시 "거짓 지식이란 무엇입니까?"라고 물었습니다. 원로는 이렇게 대답했습니다: "거짓 지식이란 사람이 자기의 이성을 신뢰하고, 자신이 원래 그런 상황에 익숙하다고 생각하는 것입니다. 거짓 지식에서 벗어나려 한다면, 자기 생각을 신뢰하지 말고, 그 생각이 선하다고 여기지 말아야 합니다. 그리고 '귀신들이 나를 조롱하고 있기 때문에 나는 내 지식이 바르고 참되다고 여겨 원로들에게 질문하기를 피하고 있다. 귀신들은 이런 식으로 나를 이끌어 다른 잘못을 범하게 한다. 나의 원로는 하나님의 가르침을 받으셨으며 귀신들의 노리개가 아니시므로 진실을 말씀하신다. 그러나 내 생각은 어리석고 조롱거리에 불과하다'라고 생각해야 합니다."

7. 게론티콘

1. 어느 형제가 한동안 음란의 귀신과 싸웠는데, 아무리 노력해도 거기서 벗어날 수 없었다. 어느 날 그는 수도사들과 함께 있을 때 또 이 정념의 공격을 느꼈다. 그는 자기가 귀신들에게 공격받고 있음을 형제들에게 고백하고 자기를 위해 기도해달라고 요청하기로 했다. 그렇게 하면 하나님께서 불쌍히 여겨 그 정념에서 구해주실 것이라고 여겼다. 그래서 그는 부끄럽다는 생각을 무시하고 모든 형제들 앞에서 남김없이 고백하면서 "아버지, 그리고 형제들이여, 저를 위해 기도해 주십시오. 저는 14년 동안 이런 식으로 싸워 왔습니다"라고 말했다. 놀랍게도 그 즉시 그가 나타낸 겸손 덕분에 음란과의 싸움이 그에게서 떠나갔다.

2. 음란과 싸우던 어느 형제는 이 욕망에 넘어가지 않으려고 엄격하게 고행했다. 그런데도 공격이 그치지 않았으므로 교회에 가서 자기를 넘어뜨리려 하는 싸움을 모든 사람에게 알렸다. 장로들은 그에게 한 가지를 명령했고, 모든 사람들이 일주일 동안 하나님께 기도했다. 마침내 그 형제는 싸움에서 벗어났다.

3. 어느 형제가 밤중에 음란의 공격을 받았다. 그는 즉시 일어나서 원로에게 가서 자기의 생각을 고백했다. 원로는 영적인 말로 그를 위로해 주었고, 형제는 수실로 돌아왔다. 그러나 다시 싸움이 시작되었다. 수도

사는 더 생각할 것도 없이 원로에게 도망쳐서 위로를 받고 수실로 돌아왔다. 그 후로 그는 정념에 시달릴 때마다 곧바로 원로에게 갔고, 원로는 기꺼이 그를 받아들여 권고하고 위로해 주었다. 그리고 그를 수실로 데려다주면서 낙심하지 말며, 육욕의 공격을 느낄 때면 자기에게 와서 그 귀신의 공격에 맞서라고 가르쳐주었다. 원로는 "음란 귀신을 몰아내는 가장 효과적인 방법은 겸손하게 믿음으로 죄를 질책하고 분명하게 고백하는 것입니다"라고 말했다.

 이러한 상황이 오랫동안 계속되었으므로, 그 형제의 견인과 원로의 인내를 보신 하나님은 형제에게서 이 공격이 떠나는 것을 허락하셨다.

제21장

영적 지도자를 신뢰하라.

분별력이 있는 교부에게 생각을 고백해야 한다: 신뢰할 수 있는 교부에게 어떻게 고백하며, 무엇을 요청해야 하는가? 교부들의 답변을 어떻게 신뢰하는가? 이 신뢰를 통해서 선을 얻기 위해 함께 일해야 한다.

1. 게론티콘

1. 떨어져 사는 두 형제가 만났다. 한 형제가 다른 형제에게 "압바 제논을 찾아가서 내 생각을 고백하고 싶습니다"라고 말했다. 다른 형제도 "나도 같은 생각입니다"라고 말했다. 그래서 둘은 각기 생각을 고백하려고 제논에게 갔다. 첫째 형제는 생각을 고백한 후에 원로의 발 앞에 엎드려 눈물을 흘리면서 자기를 위해 기도해 달라고 간청했다.

제논은 "가서 다시 죄짓지 마십시오. 다른 사람을 비난하지 말고 기도를 소홀히 하지 마십시오"라고 말했고, 그 형제는 치유되어 돌아갔다. 다른 형제는 원로에게 무심히 자기의 생각을 말한 후에 잘못을 바로잡을 의도가 없이 "아버지, 나를 위해 기도해 주십시오"라고 부탁했다.

얼마 후에 두 형제가 다시 만났다. 그중 하나가 "압바 제논에게 갔을 때 그분에게 말하고 싶은 생각을 털어놓았습니까?"라고 물었다. 다른 형제는 그렇다고 대답했다. 그 형제는 다시 "고백한 것이 유익했습니까?"라고 물었고, 질문받은 형제는 "물론입니다. 압바의 기도 덕분에 하나님께서 나를 치료해 주셨습니다"라고 대답했다. 그런데 첫째 형제는 "나는 생각을 고백했지만, 치유되지 못했습니다"라고 말했다.

"왜 치유받지 못했을까요? 압바 제논에게 무엇을 부탁했습니까?"

"나는 이 생각에 시달리고 있으니, 나를 위해 기도해 달라고 말씀드렸습니다."

그 말을 들은 형제는 "내가 생각을 고백하는 동안 눈물이 내 발을 적셨습니다. 나는 영적 고통을 느끼면서 그분께 나를 위해 기도해 달라고 부탁했습니다. 실제로 그분의 기도로 말미암아 하나님께서 나를 치유해 주셨습니다"라고 말했다.

이 이야기는 압바 제논이 말해준 것이다. 그분은 유혹에서 벗어나기 위해 교부들에게 상담하는 사람은 마음으로 고통을 느끼면서 부탁해야 한다고 말씀하셨다. 형식적으로 무심하게 고백하거나 영적 아버지를 시험하는 사람은 유익을 얻지 못할 뿐만 아니라 정죄된다.

2. 어느 원로는 중한 죄를 지은 수도사에 대해 말해 주었다. 그 수도사는 양심의 가책을 느껴 회개하고, 원로에게 고백하러 갔다. 그러나 그는 수치심 때문에 자신이 행한 것은 언급하지 않고, 유혹을 느낀 것만 이야기했다. 그는 "아버지, 이 생각이 나를 괴롭혔습니다. 내가 구원받을 수 있습니까?"라고 말했다. 이 고백은 들은 영적 아버지는 경험이 없고 영적 분별력이 부족했기 때문에 이 수도사에게 "당신은 영혼을 잃었습니다"라고 말했다. 수도사는 이 말을 듣고 "내 영혼을 잃었으니 세상으로 돌아가는 편이 낫겠다"라고 생각했다.

그러나 그는 수실을 떠나려다가 분별의 은사로 유명한 압바 실루안에게 가서 자기의 생각을 고백하겠다고 생각했다. 그러나 그는 실루안에게도 전에 원로에게 했던 것처럼 자기의 악한 행동은 고백하지 않고 악한 생각만 고백했다. 실루안은 수도사의 말을 들은 후에 성경에서는 생각으로만 죄지은 사람을 정죄하지 않았다고 말했다. 수도사는 이 말을 듣고 영적으로 힘을 얻었고, 구원의 소망 때문에 용기를 내어 자기의 악한 행동을 고백했다. 실루안은 형제의 악한 행동을 알고서 노련한 의사처럼 성경의 교훈으로 가르치면서 자원하여 하나님께 돌아오는 사람이 회개할 수 있음을 보여 주었다.

이 사건이 있고 난 후에 실루안을 방문한 나의 영적 아버지는 회개한 그 형제의 이야기를 들으셨다. 희망을 잃고 세상으로 돌아가려 했던 이 수도사는 형제들 중에서 빛나는 별처럼 되었다. 원로는 "이 이야기를 하는 것은 경험이 없고 영적 분별력이 없는 사람에게 생각을 털어놓는 것이 매우 위험한 일임을 알게 하기 위해서입니다"라고 말씀하셨다.

2. 성 에프렘

형제여, 누군가 자기의 생각을 당신에게 고백한다면, 그가 고백하는 동안에 그의 생각에 시달리지 않도록 조심하십시오. 만일 당신의 정신의 눈이 조금이라도 약해진다면, 큰 태풍을 만난 선장처럼 행동해야 합니다. 그의 고백의 핵심 내용을 들으면서 나머지 내용을 추론하고서, 당신이 거룩한 사람들에게서 배우거나 경험하여 아는 것에 의지하여 고백하는 사람을 위로해야 합니다. 주님은 한 사람이 다른 사람의 죄 때문에 멸망하는 것을 원하지 않습니다. 주님은 모든 사람이 구원받기를 원하십니다.

형제여, 사람의 외모, 머리카락이나 수염이 흰 것 등을 고려하지 말고 신령하다고 알려진 사람에게 생각을 고백하십시오. 이는 "경건의 모양은 있으나 경건의 능력은 부인하는"(딤후 3:5) 사람이 많기 때문입니다. 주님은 "거짓 선지자들을 삼가라 양의 옷을 입고 너희에게 나아오나 속에는 노략질하는 이리라 그들의 열매로 그들을 알지니"(마 7:15~16)라고 말씀하셨습니다.

그러므로 외모에 관심을 두지 마십시오. 이는 원수는 많은 덫을 가지고 있기 때문입니다. 우리는 각 사람의 생각, 즉 생각하는 방식만 조사해 보아야 합니다. 성령의 열매를 지닌 사람(갈 22:23)에게 당신의 생각을 숨기지 마십시오. 그렇지 않으면 원수가 틈을 발견하고 그것을 통해 들어와서 서서히 당신을 유혹하여 타락하게 할 것입니다.

형제여, 형제의 고백을 들은 후에 그가 지은 큰 죄를 마음으로 책망하지 않도록 조심하십시오. 그보다는 그 형제의 회개와 공개적인 고백에 감탄해야 합니다. 사람이 자기의 잘못을 자발적으로 영적인 사람에게 고백하는 것은 생명의 회복, 하나님에 대한 경외심, 믿음, 그리고 겸손의 회복을 가리킵니다.

이런 까닭에 "너 자신을 살펴보아 너도 시험을 받을까 두려워하라"(갈 6:1)는 사도의 권면을 염두에 두고 형제의 회개에 감탄하고 겸손하게 위로하십시오. "인자야 너는 네 민족에게 이르기를 의인이 범죄하는 날에는 그 공의가 구원하지 못할 것이요 악인이 돌이켜 그 악에서 떠나는 날에는 그 악이 그를 엎드러뜨리지 못할 것인즉 의인이 범죄하는 날에는 그 의로 말미암아 살지 못하리라"(겔 33:12)라는 말씀도 기억하십시오.

3. 압바 이사야

당신의 생각과 관련하여 원로에게 질문할 때, 그가 당신의 비밀을 지켜줄 것이라고 신뢰할 수 있다고 생각된다면, 마음속에 있는 것을 솔직하게 말하고 당신의 생각을 거리낌 없이 고백해야 합니다. 당신이 씨름하고 있는 생각에 대해 형제들이 당신에게 말할 경우에 그 생각이 당신의 내면에서 싸움을 일으키지 않으려면 그들의 말에 귀 기울이지 마십시오.

만일 어느 형제가 당신을 신뢰할 수 있다고 여겨 자기의 잘못을 당신에게 털어놓는다면, 들은 내용을 다른 사람에게 말하지 않도록 조심하십시오. 그런 행동은 당신에게 죽음이 될 것입니다. 만일 당신이 자신의 생각에 대해 원로들에게 질문한다면, 악행을 범한 후에 질문할 것이 아니라, 지금 당신을 괴롭히는 것을 그분들에게 분명히 말하십시오. 위선자처럼 행동하지 말며, 당신이 행한 것을 다른 사람의 행동인 것처럼 가장하여 말하지 마십시오. 진실을 말하고, 당신에게 주어지는 것을 자발적으로 행하십시오. 당신이 여러 방식으로 자기 자신을 속일 수 있지만, 당신의 상담을 받아주는 원로들을 속일 수 없습니다.

내면의 싸움에 대해 원로에게 질문할 때 내면에서 속삭이는 생각에 복종하지 말고 원로의 말에 복종하십시오. 그런 후에 "나를 불쌍히 여기시고, 내 영적 아버지들을 계몽하여 나에게 필요한 것들을 말할 수 있게 해주십시오"라고 기도하십시오. 그리고 영적 아버지가 명하는 것을 믿음으로 실행하면, 하나님께서 안식을 주실 것입니다. 당신이 연약하여 정념에 무너지면서도 강하고 튼튼한 사람인 듯이, 다른 사람이 고백하는 정념에 물든 생각을 듣지 마십시오. 이는 그런 행위가 당신의 영혼을 망칠 것이기 때문입니다. 하나님의 은혜가 당신을 덮어주며 당신의 영적 아버지에게 추문이 되지 않으려면 모든 사람에게 당신의 생각을 털어놓지 마십시오.

4. 압바 카시아누스

우리는 스케테에 살고 있는 거룩한 교부들을 방문하던 중에 하나님의 일에서 지혜롭고 덕망이 높은 압바 모세를 찾아갔습니다. 우리는 그의 수실에 가서 영적으로 유익한 대화를 나눈 후에 생각을 고백할 때 어떻게 해야 하는지에 대해 질문했습니다.

우리는 다음과 같이 말했습니다: "많은 형제들이 수치심과 경건에 대한 그릇된 이해 때문에 생각을 고백하지 않습니다. 이것은 고백을 받는 사람들 중 다수가 형제들의 생각을 듣고서 그것을 제대로 다루지 못하고 비판함으로써 절망하게 하기 때문입니다. 우리는 그러한 예가 시리아에서 발생한 것을 알고 있습니다.

"시리아의 어느 형제가 어느 교부에게 솔직하고 성실하게 자기의 생각을 고백했습니다. 그는 원로에게 자기의 은밀한 생각을 고백하면서 수치심 없이 속마음을 털어놓았습니다. 원로는 그의 고백을 들으면서 분개하여 그 형제를 헐뜯기 시작하여 그의 음탕한 생각을 정죄했습니다. 원로의 행동을 알게 된 사람들은 자기의 생각을 원로들에게 고백하는 것을 수치스럽게 여겼습니다."

압바 모세는 다음과 같이 말했습니다:

"자녀들이여, 자기의 생각을 교부들에게 감추지 않는 것은 정말 좋은 일이지만, 솔직하고 거리낌이 없어야 합니다. 우리는 자기의 판단을 따르지 말고, 망설임 없이 그분들이 우리를 테스트하게 해야 합니다. 그러나 마음에 감추어져 있는 것을 아무에게나 털어놓지 말고, 분별력이 있어 사람들의 신뢰를 받는 사람에게 털어놓아야 합니다. 단지 나이가 많다고 해서 신뢰해서는 안 됩니다. 많은 사람들이 외모와 나이만 보고서 미숙하고 분별력이 없는 사람에게 생각을 고백하지만, 원로의 미숙함 때문에 절망합니다.

"매우 성실한 형제가 음란 귀신의 공격을 받았습니다. 그는 즉시 원로에게 자기의 생각을 고백했습니다. 그런데 그런 생각을 품어본 적이 없는 이 원로는 형제의 고백을 들으면서 분개하고, 그가 수도사 자격이 없다고 비방했습니다. 원로의 말을 들은 형제는 구원받지 못한다고 절망하여 수도원을 포기하고 세상으로 돌아가려 했습니다. 그러나 그는 하나님의 섭리로 노련한 압바 아폴로(Abba Apollo)를 만났습니다. 아폴로는 이 형제가 매우 낙심한 것을 보고서 '형제여, 근심하는 원인이 무엇입니까?'라고 물었습니다. 형제는 처음에는 슬픔이 너무 커서 대답을 하지 못했습니다. 그러나 아폴로가 계속 슬퍼하는 원인을 물었기 때문에, 자기에게 있었던 일을 이야기하기 시작했습니다. 그는 '아버지, 나는 음란한 생각에 시달리고 있으며, 그것을 어느 원로에게 고백했습니다. 그런데 그분은 내가 구원받을 수 없다고 말씀하셨습니다. 나는 희망을 잃고 세상으로 돌아가는 중입니다'라고 말했습니다. 아폴로는 이 말을 듣고 참을성 있게 형제를 위로하고 권면하기 시작했습니다. '형제여, 이상한 곳에 들어가지 말며, 희망을 잃지 마십시오. 이렇게 늙은 나도 그런 생각의 공격을 받습니다. 그 치열한 불길에 대해 걱정하지 마십시오. 그것은 인간의 노력으로 치유되는 것이 아니라 인간을 향한 그리스도의 사

랑으로 치유됩니다. 내 부탁을 들으십시오. 수실로 돌아가서 하루 동안 기다려 주십시오.'

"그 형제는 압바 아폴로의 말에 순종하여 수실로 돌아갔습니다. 아폴로는 형제를 수실로 돌려보낸 후에 엄격한 말로 형제가 희망을 잃게 한 원로의 수실 밖에 서서 눈물을 흘리면서 하나님께 기도했습니다: '나의 하나님, 모든 것을 우리의 유익을 위해 정하시고, 우리의 유익을 위해 시험이 임하는 것을 허락하시는 하나님이시여, 나의 부탁을 들으시고, 그 형제를 괴롭히는 싸움이 이 원로를 공격함으로써 늙은 그가 지금까지 배우지 못했던 것, 즉 우리는 유혹의 공격을 받는 사람과 함께 고통해야 한다는 것을 배우게 해 주십시오.'

"그는 이렇게 짧은 기도를 마쳤을 때 수실 가까이에서 검은 사람이 그 원로에게 화살을 쏘기 시작하는 것을 보았습니다. 그 원로는 곧 뛰어 일어나더니, 술취한 사람처럼 빙빙 돌아다녔습니다. 그는 견딜 수 없게 되자 급히 수실을 나와서 젊은 형제가 세상으로 돌아가던 길에 들어섰습니다.

"그 모습을 보고 상황을 파악한 아폴로는 다른 길로 앞질러 가서 그 원로를 따라잡았습니다. 그리고 '어디로 가십니까? 당신을 사로잡은 불안의 원인이 무엇입니까?'라고 물었습니다. 그는 아폴로가 모든 것을 알고 있음을 깨닫고서 부끄러워서 아무 말도 하지 못했습니다. 아폴로는 '수실로 돌아가세요. 이제 당신의 약함을 알았으니, 마귀가 당신을 알지 못했거나 무시했다는 것, 그렇기 때문에 당신이 마귀와 싸울 자격이 없었다는 것을 이해하셔야 합니다. 지금까지 일어난 일은 당신이 단 하루도 마귀의 공격을 견뎌낼 수 없다는 것을 보여주는 증거입니다. 당신이 가장 큰 원수의 공격을 받는 젊은 형제의 고백을 받았을 때 그에게 힘을 주지 않고 희망을 잃게 했기 때문에 당신에게 이런 일이 일어난 것입니다. 당신은 '너는 사망으로 끌려가는 자를 건져 주며 살륙을 당하게 된 자를 구원하지 아니하려고 하지 말라'(잠 24:11)라는 지혜로운 권고에 주의를 기울이지 않았고, '상한 갈대를 꺾지 아니하며 꺼져 가는 등불을 끄지 아니할 것이며'(사 42:3)라는 주님에 대한 비유도 생각하지 않았습니다. 아무도 원수의 공격을 견딜 수 없고 본성의 불을 끌수 없지만, 그리스도의 은혜가 인간의 약함을 지켜주셨습니다. 우리를 위한 하나님의 섭리가 성취되었으므로, 함께 기도하면서 하나님의 허락으로 당신에게 가해진 채찍을 제거해달라고 기도합시다. 하나님은 우리가 상처 입는 것을 허락하시지만 또한 회복시켜 주십니다. 하나님이 우리를 만지셨고, 그 손으로 우리를 낫게 하셨습니다. 하나님은 '낮추시고 높이시는' 분이십니다. 그분은 '죽이기도 하시고 살리기도 하시며 스올에 내리게도 하시고 거기에서 올리기도 하시는도다…낮추기도 하시고 높이기도 하십니다'(삼상 2:6~7).

"아폴로가 이렇게 말하고 축복한 후에 원로는 즉시 영적 싸움에서 벗어났습니다. 아폴로는 하나님께 가르침의 은사를 주셔서 누군가가 영적 지도를 부탁할 때 어떻게 말해야 할지 알게 해달라고 기도하라고 권고했습니다."

위의 사건을 통해서 사람이 자기의 판단이나 의지를 따르지 않고 자기의 생각을 분별력이 있는 교부에게 고백하고 그를 통해서 덕의 길을 향하는 것이 가장 안전한 구원의 길임을 알 수 있습니다. 만일 어떤 사람이 경험이나 기술이 없는 원로의 지도를 받았다고 해서 더 유능한 교부에게 생각을 숨기거나 고백하지 않는 일을 범해서는 안 됩니다. 소수의 미숙하게 고백을 받는 사람 때문에 모든 사람에 대한 신뢰가 흔들려서는 안 됩니다. 진찰을 받기 전에 먼저 의사의 능력을 알아보듯이, 어느 교부에게 생각을 고백하려면 먼저 그에 대해 알아보고 나서 영적 상처를 털어놓고, 그가 권하는 치료가 고통스럽더라도 자발적으로 받아들여야 합니다.

5. 성 바르사누피우스

1. 어느 형제가 원로에게 "아버지여, 내 생각에 대해 누구에게 질문해야 할지 말씀해주십시오. 필요할 경우 같은 생각을 또 다른 사람에게 고백해도 될까요?"라고 질문했습니다.

원로는 다음과 같이 대답했습니다: "당신이 신뢰하는 사람, 사람들의 생각을 맡을 수 있다고 생각하는 사람에게 질문하고, 하나님을 신뢰하듯이 그를 신뢰해야 합니다. 같은 생각에 대해 다른 사람에게 질문하는 것은 믿음이 부족하다는 증거요, 마귀의 작용입니다. 하나님께서 원로의 입을 통해서 당신에게 말씀하신다고 확신한다면, 같은 것을 다른 사람에게 질문하여 하나님을 시험할 필요가 없을 것입니다."

2. 그 형제는 "영적 아버지의 조언을 받은 후에도 질문한 사람이 같은 생각에 시달리는 데는 이유가 있을 것입니다. 영적 아버지에게 생각을 고백하고 조언을 받은 사람이 받은 충고에 따라 부지런히 성실하게 행동하지 않았음이 분명합니다. 성인들의 입을 통해서 말씀하시는 하나님이 거짓말을 하실 리가 없으므로, 우리는 자기의 잘못을 바로잡고 명령

받은 대로 행해야 합니다"라고 말했습니다.

3. 그 형제는 "같은 일에 대해서 같은 교부에게 질문해야 합니까? 언젠가 내가 어떤 생각에 대해 원로에게 질문했는데, 그분은 나에게 특정의 일을 하지 말라고 말씀하셨습니다. 같은 일에 대해 또다시 그분에게 질문했더니 전에 하지 말라고 하셨던 일을 하라고 말씀하셨습니다. 어째서 이런 일이 생깁니까?"라고 말했습니다.

원로는 다음과 같이 대답했습니다:

"형제여, 하나님의 판단은 깊은 심연입니다. 그럼에도 하나님은 말씀하시는 영적 아버지의 입에 질문하는 사람의 마음의 성향에 알맞은 답변을 넣어주시는데, 때로는 듣는 자를 시험하시고, 때로는 같은 영적 아버지에게서 각기 다른 때에 다른 답변을 듣게 하십니다. 이는 질문하는 사람의 마음의 성향이 때에 따라 변할 수 있기 때문입니다. 다시 말해서, 어떤 사람은 외적 상황이 같아도 영적으로 변화됩니다. 그렇기 때문에 하나님은 거룩한 사람들의 입을 통해서 다른 방식으로 그들에게 말씀하시는 것입니다.

"히스기야의 예를 생각해 보십시오. 이사야는 그에게 '너는 네 집에 유언하라 네가 죽고 살지 못하리라'(사 38:1)라고 말했습니다. 이 말을 듣고 왕은 마음이 변하여 근심하였습니다. 하나님은 역시 이사야를 통해서 '내가 네 수한에 십오 년을 더하고'(사 38:5)라고 말씀하셨습니다. 만일 하나님이 다른 사람을 통해서 말씀하신다면, 각기 다른 사람이 각기 다른 말을 하는 셈이 되므로, 그것이 비방거리가 될 것입니다. 또 하나님은 요나를 통해서 니느웨 사람들에게 '사십 일이 지나면 니느웨가 무너지리라'(욘 3:4)라고 말씀하셨습니다. 그러나 니느웨 사람들이 마음이 바뀌어 회개했을 때 하나님은 크신 사랑을 나타내셨고, 그 도시의 시민들 다수가 선해졌기 때문에 그 도시를 멸망시키지 않으셨습니다. 그러므로 우리는 상담자를 바꾸지 말고, 필요할 때마다 상담해야 합니다. 그러면 하나님께서 그를 감화하시어 실질적으로 다른 대답을 해야 할 이유가 있으면 다른 대답을 주실 것입니다. 그러므로 같은 영적 아버지가 다른 충고를 하여도 추문이 생기지 않을 것입니다."

4. 그 형제는 "만일 제가 어떤 문제에 관해 영적 아버지의 견해를 들었지만, 상황이 그분이 말한 대로 전개되지 않는다는 것을 깨닫는다면, 그로 말미암아 생긴 의심을 제거하기 위해 어떻게 생각하고 어떻게 행동해야 합니까?"라고 물었습니다.

원로는 다음과 같이 대답했습니다:

"당신이 구하는 대답은 먼저 질문에 대한 대답과 비슷합니다. 들어 보십시오. 당신의 영적 아버지가 어떤 문제에 관해 상담하면서 어떤 일을 해야 한다고 말씀하셨는데, 당신이 장애물을 만났습니다. 맞지요? 당신이 마음으로 이 사실을 즐기거나 이 문제를 완전히 하나님께 맡기지 않는 일을 피하려면, 먼저 당신 자신을 살펴보아야 합니다. 그렇기 때문에 하나님은 원로가 조언한 대로 상황이 전개되는 것을 허락하시지 않으셨습니다. 만일 당신이 신중하게 조사하여 사태를 파악하여 원로의 말대로 상황이 진행되지 않은 이유를 알게 된다면, 그 원인을 원로에게 돌리지 말고 당신 자신을 탓해야 합니다. 엘리사는 죽은 아이를 살리려고 하인을 보냈지만, 아이가 살아나지 못했습니다. 그 원인은 엘리사에게 있는 것이 아니라 하인에게 있었습니다. 그렇지 않다면 나중에 엘리사가 아이를 살린 것을 어떻게 설명할 수 있겠습니까?(왕하 4:29~35).

"그러므로 먼저 원로의 권고를 적용하려고 힘껏 노력해야 합니다. 그러나 부지런히 노력해도 기대한 결과가 나오지 않는다면, 이는 어디선가 어떤 변화가 발생했기 때문이거나, 앞에서 말한 것처럼 이 상황이 당신에게 즐거움을 가져다주었기 때문이거나, 그 문제에 관한 쌍방의 의도가 변화되었기 때문일 것입니다. 그 때문에 히스기야와 니느웨의 예에서처럼 하나님은 상황에 따라 원로들의 충고를 바꾸십니다.

"만일 당신이 먼저 상담했던 원로에게 다시 상담할 수 없게 되었는데 그에게서 다시 충고를 받고 싶으면 그 원로의 이름을 부르면서 '하나님, 제가 잘못에 빠져 하나님의 뜻과 당신의 종이 준 충고에서 벗어나는 것을 허락하지 마시고, 어떻게 해야 할지 가르쳐 주십시오'라고 기도하십시오. 그다음에 하나님께서 거룩한 사람을 통해서 당신에게 말씀하셨고 당신을 인도하신다는 것을 믿고 하나님이 지시하시는 대로 행동하십시오. 당신은 무엇인가 변화되었다는 것, 그리고 그것 때문에 하나님께서 전에 주셨던 조언을 바꾸셨다는 것을 알아야 합니다."

5. 그 형제는 "압바, 하나님의 가르침을 파악하려면 몇 번 기도해야 하는지 말씀해 주십시오"라고 말했습니다.

원로는 다음과 같이 대답했습니다: "원로에게 질문할 수 없을 때는 각각의 관심사에 대해 세 차례 기도하고 나서 당신의 마음이 어디로 기우는지 아주 작은 것에도 주목하면서 주의 깊게 살펴보십시오. 그다음에 마음이 말하는 대로 행동해야 합니다. 왜냐하면 이 지식은 하나님에게서 오며, 분명히 마음에 계시되기 때문입니다."

6. 그 형제는 "세 차례의 기도를 어떻게 합니까? 한꺼번에 합니까, 아니면 간격을 두고 합니까? 종종 지체할 수 없이 급한 문제도 있습니다"라고 물었습니다.

원로는 다음과 같이 대답했습니다: "시간적인 여유가 있으면 사흘 동안 세 차례 기도하십시오. 그러나 만일 주님이 로마인들에게 넘겨지셨던 때처럼 긴급한 경우에는 그리스도를 본보기로 삼으십시오. 주님은 연달아 세 번 기도하러 가셨고, 같은 일을 세 번 반복하셨습니다. 이 경우에 모든 일이 하나님의 섭리에 따라 이루어져야 했으므로, 표면적으로는 응답되지 않았습니다. 주님은 기도해도 즉시 응답되지 않을 때 슬퍼하지 말라고 가르치셨습니다. 이는 주님은 우리에게 가장 유익한 것을 우리보다 더 잘 아시기 때문입니다. 그러므로 항상 하나님께 감사하십시오. 그러면 구원받을 것입니다."

7. 그 형제는 "기도에 대한 응답이 더딜 때 어떻게 해야 합니까? 그것이 나의 과실 때문인데도 내가 깨닫지 못한다면, 어떻게 해야 깨닫게 될까요?"라고 물었습니다. 원로는 "세 번 기도한 후에도 응답이 오지 않는다면, 잘못의 원인이 당신에게 있다고 여겨야 합니다. 이 잘못이 여전히 당신에게 알려지지 않으면, 당신 자신을 책망하십시오. 그러면 하나님께서 당신을 불쌍히 여기실 것입니다"라고 대답했습니다.

8. 그 형제는 "어떤 사람이 교부에게 상담하여 여러 가지 조언을 받았다면, 그 조언들 중에 얼마나 많은 조언을 실행해야 합니까?"라고 물었

습니다.

원로는 다음과 같이 대답했습니다: "조언을 모두 실행해야 할 의무는 없으며, 명령으로 주어진 것만 실행하면 됩니다. 단순하고 경건한 조언과 명령은 별개입니다. 다시 말해서 조언은 강제되지 않은 권면으로서 바른 삶의 길을 가리켜주는 것입니다. 명령은 멍에처럼 주어지는 것이며, 이 명령을 받는 사람이 반드시 실행해야 합니다."

9. 그 형제는 "아버지, 하나님에 따른 명령과 조언의 차이점을 말씀하셨는데, 이제 명령과 조언의 특징과 장점을 상세히 말씀해 주십시오"라고 말했습니다.

원로는 다음과 같이 대답했습니다: "만일 당신이 어떤 문제에 대해 영적 아버지에게서 명령이 아닌 경건한 조언을 들으려 했는데, 영적 아버지가 어떤 일을 해야 한다고 말한다면, 그 일을 실행하면서 슬픔을 겪는다고 해도 그 조언을 따라야 합니다. 이 경우에 그것이 당신의 유익을 위해 발생하는 것이므로 걱정할 필요가 없습니다. 그런데 당신은 자신에게 가장 유익한 것을 간과하고 있으므로 자신을 책망해야 합니다. 거룩한 사람의 말이 듣는 사람에게 유익한 것이라고 신뢰해야 합니다.

"이것은 종종 당신이 질문하지 않았는데 하나님이 감화하신 생각을 통해서 깨달음을 얻은 원로가 자발적으로 충고했을 경우에도 적용됩니다. 예를 들어, 언젠가 어느 형제가 마음속으로 도시에 가려는 계획을 세우고 있었습니다. 그런데 그보다 나이가 많은 영적 아버지가 자발적으로 그가 도시에 가면 음란에 빠질 것이라고 말해주었습니다. 그 형제는 원로의 말을 무시하고 도시에 갔고, 거기서 실제로 음란죄를 범했습니다. 만일 당신이 영적 아버지에게서 특별한 명령을 받으려고 무엇인가에 대해 질문한다면, 명령하는 사람의 축복을 받기 위해 그 앞에 엎드려 '아버지여, 이 명령을 축복해주시고, 내가 그것을 행할 수 있도록 기도해 주십시오' 라고 말해야 합니다.

"형제여, 원로가 단순히 명령하는 것이 아니라 간구와 기도로써 당신이 그것을 행할 수 있도록 돕는다는 것을 깨달으십시오. 그분 앞에 엎드려 축복을 받지 않는다고 해서 그 명령을 실행하지 않아도 된다고 생각하지 마십시오. 당신은 명령을 부적절하고 비굴한 방식으로 받은 것입니다. 가능하다면 돌아가서 영적 아버지 앞에 엎드려 축복을 부탁하십시오. 그러나 그렇게 할 수 없다면 당신이 태만하게 명령을 받았다고 여기십시오."

10. 그 형제는 다시 질문했습니다. "만일 내가 명령을 받으려고 원로에게 상담했는데, 그분이 명령하지 않고 충고하는 데 그친다면 어떻게 해야 합니까? 반대로 명령을 요구하지 않았는데 명령한다면 어떻게 해야 합니까? 그것을 명령으로 여겨 실행해야 합니까? 아시다시피 성문화된 교회법과 교부들의 견해도 있습니다. 이 모든 것을 명령으로 간주하여 반드시 따라야 합니까?"

원로는 다음과 같이 대답했습니다:

"원로가 당신에게 명령할 의도가 없다면, 그분이 말하는 것을 명령으로 이해해서는 안 됩니다. 그러나 그 원로가 당신에게 명령하기로 작정했다면, 당신이 요청하지 않았어도 그분이 말하는 모든 것을 명령으로 받아 실행해야 합니다. 교회법 중에서는 교의와 관련된 것을 언급하는 것만 명령으로 받아야 합니다. 또 지침으로 작성된 교부들의 조언을 비판 없이 적용하지 말고, 영적 아버지와 원로들에게 상담하여 적용하며, 그들의 견해를 통해서 그것을 검증하십시오. 이는 당신이 교부들의 글과 교회법의 심오한 의미를 항상 바르게 이해하지는 못할 것이기 때문입니다. 이런 까닭에 우리는 원로들에게 상담하고, 그들의 충고를 존중합니다. 인간을 사랑하시는 하나님의 도우심과 성인들의 기도로 말미암아 이것에 관심을 기울이며, 지금까지 들은 것을 존중해야 합니다. 아멘."

11. 형제는 다시 "만일 내가 다시 같은 유혹을 받아 명령을 어긴다면, 어떻게 해야 합니까?"라고 물었습니다.

원로는 다음과 같이 대답했습니다:

"당신이 거룩한 분의 명령을 받고 지키지 않았다 해도 낙심하거나 희망을 잃거나 그것을 폐지해야 한다고 생각하지 말고, '의인은 일곱 번 넘어질지라도 다시 일어나려니와'(잠 24:16), 그리고 주님이 베드로에게 '일곱 번을 일흔 번까지라도'(마 18:22) 용서하라고 말씀하신 것을 기억하십시오. 하나님께서 인간에게 여러 번 용서하라고 명령하셨다면, 자비와 긍휼이 풍성하시고 모든 일에 승리하시는 분이신 하나님 자신은 얼마나 더 용서하시겠습니까? 하나님은 '악인이 죽는 것을 기뻐하지 아니하고 악인이 그의 길에서 돌이켜 떠나 사는 것을 기뻐하시므로'(겔 33:11), 선지자를 통해서 '너희는 내게로 돌아오라 만군의 여호와의 말이니라 그리하면 내가 너희에게로 돌아가리라'(슥 1:3)라고 말씀하십니다.

"당신이 무시하여 폐기된 명령이 회개를 통해서 회복될 수 있다고 해서 무관심하여 태만해지지 않도록 조심하십시오. 그것은 매우 심각한 일입니다. 하찮은 것처럼 보이는 것과 관련해서도 명령을 무시하지 말며, 작은 일에 무관심한 사람이 큰 잘못을 범할 수 있다는 것을 기억하고 작은 일에서 생략된 것이 있을 때 바로잡으십시오."

12. 그 형제는 "제 생각에는 옳은 것을 배운 후에 나의 약함으로 말미암아 그것을 무시하는 일이 없게 함으로써 죄를 피하려면 거룩한 사람들에게 상담하지 말아야 할 듯합니다"라고 말했습니다.

원로는 이렇게 대답했습니다:

"그것은 매우 해롭고 무서운 생각입니다. 그런 생각을 품지 마십시오. 옳은 것을 배운 후에 죄를 지은 사람은 자신의 죄에 대해 자책합니다. 옳은 것을 배우지 않고서 죄를 지은 사람은 자신을 타락한 사람으로 여겨 자책하지 않을 것이며, 그렇기 때문에 그의 죄는 치유되지 않은 상태로 남을 것입니다. 이런 까닭에 마귀는 사람들에게 그러한 생각을 제시하여 치유되지 못하게 하려 합니다. 그러므로 그런 생각이 떠오를 때 당신이 인간적인 약함 때문에 원로의 조언을 따를 수 없다면, 원로에게 가서 '아버지여, 나는 이 일을 행하기를 원합니다. 이 일의 유익함을 설명해 주십시오. 아버지께서 조언해주셨지만, 나는 아버지의 말씀대로 실천할 수 없다는 것을 깨닫습니다. 그러나 나는 이것에 대해 알고 가르침을 받아 나에게 유익한 것을 소홀히 한 것에 대해 자책할 수 있기를 원합니다'라고 말하십시오. 이렇게 인정하는 것도 당신을 겸손하게 합니다. 성인들의 기도로 말미암아 주님이 당신의 마음을 밝혀 주셔서 성인들의 말씀을 듣고 보존되기를 기원합니다. 아멘."

13. 그 형제는 다시 "아버지, 이따금 유혹을 받을 때 원로에게 나를 위해 기도해 달라고 부탁하고 그분의 말을 들으면 내 영혼이 즉시 평안해지는 이유를 말씀해 주십시오"라고 말했습니다.

원로는 이렇게 대답했습니다:

"배가 거친 파도를 만나 위험에 처했을 때 유능한 선장은 하나님이 주신 지혜로 말미암아 배를 구할 수 있으며, 배가 위험에서 벗어나면 승객들은 기뻐합니다. 병자의 관심사는 의사의 명성이 아니라 노력에 있습니다. 여행 중에 도둑을 만난 사람은 자기를 호위하는 군인들의 음성을 듣고 힘을 얻는 것이 아니라 군인들이 곁에 있다는 사실 때문에 용기를 얻습니다. 영적 아버지들의 충고에 하나님께 드리는 강력하고 뜨거운 기도가 동반되기 때문에, 그들의 충고를 듣는 사람에게 기쁨과 안전함을 주지 않겠습니까? 하나님은 '병이 낫기를 위하여 서로 기도하라'(약 5:16)고 말씀하십니다. 영적 아버지는 사람들의 고난을 자기 것으로 삼고 눈물을 흘리면서 주 예수님께 '주여 우리가 죽겠나이다'(눅 8:24)라고 외칩니다.

"성경에서 말하듯이 의인은 열심을 품고 기도하므로 그들의 간구는 역사하는 힘이 많습니다. 그러므로 의인들에게 우리를 위해 기도해달라고 간청하기를 게을리하지 않아야 합니다. 우리는 자격이 없지만 선하신 주님은 종들을 귀하게 여기시며, 여러 번 행하신 것처럼 우리를 불쌍히 여기실 것입니다. 그러므로 성경은 '그는 자기를 경외하는 자들의 소원을 이루시며 또 그들의 부르짖음을 들으사 구원하시리로다'(시

145:19); '의인이 부르짖으매 여호와께서 들으시고 그들의 모든 환난에서 건지셨도다'(시 34:17)라고 말합니다.

"형제여, 도둑은 자기보다 더 강한 사람의 음성을 들으면 도망칩니다. 영적 도둑들도 같습니다. 그들은 성령의 은사 안에서 자기들보다 더 강한 자의 음성, ' 담대하라 내가 세상을 이기었노라'(요 16:33), '내가 너희에게 뱀과 전갈을 밟으며 원수의 모든 능력을 제어할 권능을 주었으니 너희를 해칠 자가 결코 없으리라'(눅 10:19)는 말을 들으면 두렵고 수치스러워서 떠나갑니다. 그러므로 성인들에게 기도를 청하고, 그들을 보호자로 삼으십시오. 그리하면 큰 유익을 얻을 것입니다."

6. 게론티콘

1. 압바 푀멘은 "은혜로 말미암아 마음에 알려진 사람에게 양심을 맡기십시오"라고 말했다.

2. 큰 죄를 지은 형제가 압바 롯(Abba Lot)을 찾아갔다. 그는 괴롭고 불안하여 자리에 앉지 못하고 들락날락했다. 롯은 그가 불안해하는 것을 보고서 "형제여, 무엇이 문제입니까?"라고 물었다. 그 수도사는 "나는 큰 죄를 지었는데, 고백할 수 없습니다"라고 대답했다. 원로는 "고백하세요. 제가 도와드리겠습니다"라고 말했다. 그 수도사는 땅에 엎드려서 "저는 간음죄를 지었고, 그러기 위해 온갖 짓을 했습니다"라고 말했다. 그의 고백을 들은 원로는 손을 내밀어 그를 일으켜 세우고 "용기를 내십시오. 회개하면 됩니다. 동굴에 들어가서 문을 닫고 앉아서 이틀 동안 금식하세요. 내가 당신의 죄짐의 절반을 지겠습니다"라고 말했다.

그 형제는 회개의 장소로 가서 원로가 명령한 대로 했다. 그렇게 삼 주가 지났다. 압바 롯은 하나님이 자기의 간구와 수도사의 회개를 받아주시고 죄를 용서해주셨다는 것을 알게 되었다. 그는 즉시 형제를 불러 하나님의 자비하심을 알려주었다. 그때부터 그 형제는 죽을 때까지 그 원로에게 순종했다.

3. 어느 수도사가 압바 푀멘에게 가서 "아버지여, 어떻게 해야 합니까? 저는 음란한 생각에 시달리고 있습니다. 그래서 압바 이비스톤을 찾아갔는데, 그분은 '이 비뚤어진 생각이 당신의 영혼 안에 서성거리는 것을 절대로 허락해서는 안 됩니다'라고 말씀하셨습니다"라고 말했다.

푀멘은 "압바 이비스톤은 하늘의 천사들처럼 행동하셨습니다. 그러나 그분은 당신과 내가 약하여 항상 비뚤어진 생각에 시달리고 있다는 사실을 잊고 계십니다. 용기를 내십시오. 수도사가 음식과 말을 삼가고 세상을 멀리한다면, 죽지 않을 것입니다"라고 말해 주었다.

4. 어느 수도사가 음란의 유혹에 시달렸으므로 유명한 원로에게 가서 자기의 생각을 고백한 후에 기도해달라고 부탁했다. 그는 자기 수실로 돌아갔는데, 여전히 같은 유혹에 시달렸다. 그는 다시 원로에게 생각을 고백하고 기도를 부탁했다. 원로는 그의 부탁을 받아들여 열심히 하나님께 기도하기 시작했다. 그는 "주님, 이 형제가 유혹과 어떻게 싸울 수 있으며, 이 악한 것과의 오랜 싸움 어디에 유익함이 있는지 계시해 주십시오. 제가 열심히 기도로 간구했지만, 그 형제는 아직 평안함을 얻지 못했습니다"라고 기도했다.

하나님은 그 수도사의 삶을 원로에게 계시해주셨다. 그는 그 형제 곁에 음란 마귀가 앉아 있는 것을 보았다. 그곳에는 그를 돕기 위해 보내신 주의 천사도 있었다. 그 형제가 하나님의 도움을 의지하지 않았기 때문에 천사는 무척 화가 나 있었다. 다시 말해서, 그는 열심히 기도하여 더러운 생각을 몰아내기 위해 노력하지 않았다. 오히려 이러한 생각에 몰두하여 즐기고 있었다. 원로는 즉시 유혹의 근원이 수도사 자신인 것을 깨닫고, 수도사를 불러 이 사실을 알려주었다. 그는 "당신을 공격하는 싸움이 끝나지 않는 원인은 당신 자신입니다. 당신이 이러한 생각을 즐겁게 여기고 그에 굴복하고 있습니다"라고 말했다. 원로는 이러한 생각의 공격에 저항하여 기도로 몰아내는 방법을 가르쳐 주었다. 정신을 차린 수도사는 원로의 가르침과 기도에 감사했으며, 영혼의 안식을 찾았다.

5. 음탕하고 더러운 생각의 공격을 받은 형제가 어느 원로에게 가서 그 싸움이 가라앉도록 기도해 달라고 부탁했다. 그 원로는 그렇게 하기로 하고서 그 수도사를 위해 일주일 동안 하나님께 기도했다. 일곱째 날 원로는 그 형제에게 "싸움이 어떻게 되고 있습니까?"라고 물었다. 수도사는 "아주 좋지 않습니다. 전혀 싸움이 완화되지 않습니다"라고 대답했다.

원로는 하나님께 형제에 대한 공격이 가라앉지 않은 이유를 알려 달라고 기도했다. 그날 밤에 사탄이 나타나서 "네가 하나님께 기도하기 시작한 첫날부터 나는 그 형제에게서 떠났다. 그런데 그는 탐욕 때문에 자신의 귀신을 소유하고 스스로 싸우고 있다. 다시 말해서, 나는 그 형제의 싸움에 전혀 관여하지 않고 있다. 그가 많이 먹고 마시고 잠자면서 싸우는 것이다. 그는 자신을 만족시키는 데 그치지 않고 탐닉하고 있다"라고 말했다.

6. 어느 수도사가 원로에게 "아버지, 나에게 걱정이 있을 때 그것을 털어놓을 대상이 없으면 어떻게 해야 합니까?"라고 물었다.

그 원로는 다음과 같이 대답했다:

"당신이 참되게 간구한다면 하나님께서 당신을 돕기 위해 은혜를 주실 것입니다. 그와 관련된 이야기를 해 드리겠습니다. 스케테에 분투하고 노력하는 사람이 있었습니다. 그런데 그가 다른 사람이 털어놓는 생각을 들으면서 악한 생각에 빠졌습니다. 그는 자신이 아는 사람들 중 누구도 신뢰하지 못하여 그것을 털어놓을 수 없었으므로 겉옷으로 사용하는 양가죽을 입고 다른 곳으로 떠나려 했습니다. 그런데 하나님의 은혜가 처녀의 모습으로 나타나서 '아무 데도 가지 말고 이곳에 나와 함께 머무세요. 당신이 들은 것이 나쁜 결과를 낳지 않을 것입니다'라고 말했습니다. 그 수도사는 하나님이 보내신 이 사자의 설득을 받아들여 그곳에 머물렀고, 즉시 그의 마음이 치유되었습니다."

7. 성 바르사누피우스

어느 형제가 원로에게 "아버지, 내 마음에 뿌리 내린 모든 유혹과 관련하여 원로의 조언을 구해야 합니까?"라고 물었습니다.

그 원로는 다음과 같이 대답했습니다: "어떤 사람은 마음에서 일어나는 모든 유혹에 대해 질문할 필요가 없습니다. 이는 그것들이 사라지기 때문입니다. 예를 들어 어떤 사람은 사람들에게 모욕을 당할 때 그것을 무시하고 관심을 두지 않습니다. 그러나 만일 그를 모욕하는 사람 중 하나가 그를 괴롭히거나 공격한다면, 당국에 고발해야 합니다. 유혹과 관련해서도 상황은 같습니다. 즉 오랫동안 영혼 안에 머물거나 우리를 공격하는 것들만 영적 아버지에게 고백해야 합니다."

그 형제는 "내가 고백한 후에도 사람들의 허물을 들추어내는 것은 도대체 무슨 일입니까?"라고 물었는데, 원로는 "당신의 내면에 복수하려는 성향이 죽지 않고 다스리고 있기 때문에 당신이 고백한 후에도 사람들을 비판하는 것입니다. 당신 자신을 비판하십시오. 그러면 정죄가 당신에게서 다른 사람들에게 갈 것입니다"라고 대답했습니다.

제22장

경솔한 사람과 세상 일을 멀리하라.

구원을 원하는 사람은 경솔한 사람과의 만남을 피해야 하며,
세상 을 외면해야 한다.

1. 팔라디우스가 라우수스(Lausus the Perfect)에게[1]

행동거지가 세속적인 사람들과 구분되지 않는 수도사들뿐만 아니라 당신에게 도움이 될 수 없으며 부적절하게 자신을 꾸미는 사람과 교제하지 마십시오. 그들은 백발이나 얼굴의 주름 때문에 품위가 있는 것처럼 보이지만, 위선으로 만나는 사람에게 해를 끼칩니다. 그들이 예의가 바르기 때문에 해를 끼치지 않을 것처럼 보이지만, 아주 하찮은 것처럼 보이는 것이 당신에게 상처를 입힐 수 있습니다. 같은 이유로 당신이 긴장을 풀고 오만해져서 그들을 조롱하는 것도 당신에게 피해를 줄 수 있습니다. 왜냐하면 그럼으로써 당신이 교만해질 것이기 때문입니다.

---

[1] 팔라디우스가 이집트 사막의 수도원을 탐방한 여행기를 주교 왕실 의전관 라우수스에게 보낸 편지가 *Lausiac History of Palladius*이다. 이것의 한글 역본이 『팔라디우스의 초대 사막 수도사들의 이야기』(엄성옥 역, 은성출판사)이다.

2. 그레고리 대화자

누르시아에 사는 부제가 기도를 부탁하려고 금욕생활을 하는 하나님의 사람 플로렌티우스(Florentius)를 찾아갔다가 플로렌티우스의 수실 밖에 뱀들이 우글거리고 있는 것을 보았습니다. 그는 놀라서 "하나님의 종이여, 기도해주세요"라고 소리쳤습니다. 그날은 날씨가 무척 좋았습니다. 수실에서 나온 플로렌티우스는 우글거리는 뱀을 보고서 하늘을 향해 손을 들고서 하나님께 그 무서운 재앙을 제거해 달라고 기도했습니다. 플로렌티우스가 기도하는 동안 갑자기 하늘에서 천둥이 치면서 뱀들을 모두 죽였습니다. 그는 뱀들이 모두 죽은 것을 보고서 "주님, 주께서 뱀들을 모두 죽이셨습니다. 이 죽은 뱀들을 누가 치울까요?"라고 말했습니다. 이렇게 말하자마자 죽은 뱀들만큼 많은 새들이 몰려와서 뱀들을 물고 날아갔습니다. 그리하여 그곳이 깨끗이 치워졌습니다.

베드로가 "이 사람에게 무슨 힘과 의가 있었기에 그가 간구할 때에 하나님께서 그처럼 가까이 오셨습니까?"라고 물었다.

그레고리는 다음과 같이 대답했다.

"베드로여, 인간의 마음의 깨끗함과 천진함은 본성상 유일하게 깨끗하고 천진하신 분 앞에서 많은 것을 획득할 수 있습니다. 이는 그분의 참된 종들은 세상의 것에서 분리되며, 쓸데없는 말을 할 줄 모르고, 공허한 말에 정신이 분심되는 것을 허락하지 않기 때문입니다. 그들이 힘이 닿는 한 하나님처럼 깨끗하고 천진하게 되려고 노력하므로, 하나님은 다른 사람들보다 그들의 기도를 더 쉽게 들어주십니다. 그러나 우리는 평신도의 염려와 골칫거리에 개입되어 있기 때문에 쓸데없고 부끄러운 말을 빈번하게 할수록 우리의 입은 세상에 더 가까워지고 전능하신 하나님에게서 멀어집니다.

"우리는 쉽게 세상 사람들과 접촉하므로, 관심이 저급한 것을 향합니다. 이사야는 만군의 주를 본 후에 '화로다 나여 망하게 되었도다 나는 입술이 부정한 사람이요 만군의 여호와이신 왕을 뵈었음이로다'(사 6:5)라고 말했습니다. 그는 '나는 입술이 부정한 백성 중에 거주하면서' 라는 말을 덧붙임으로써 자기 입술이 부정하게 된 경위를 언급했습니다. 그는 자기 입술이 부정하기 때문에 고통을 느꼈지만, 그 부정함을 제공했던 곳에서 깨끗하게 되었는데, 그때 자기가 입술이 부정한 백성 중에 거주한다고 증언했습니다. 이는 정신은 세상 사람의 말에 더럽혀지지 않을 수 없기 때문입니다.

"우리가 평신도들을 만날 때 그들의 수준으로 내려가야 하므로 그들과 교제하는 데 익숙해지는데, 그것은 우리에게 적합하지 않습니다. 또 우리는 기꺼이 이러한 접촉을 유지하면서 거기서 돌아서기를 원하지 않습니다. 습관이 되면 그것이 우세해집니다. 이런 이유로 우리는 쓸데없는 말을 하다가 해로운 말을 하게 되며, 그럼으로써 하찮은 말을 하다가 통탄스러운 말을 하게 됩니다. 헛된 교제 때문에 우리의 입이 더러워질수록 하나님은 우리의 간구를 들어주지 않으실 것입니다. 우리가 귀를 막고 하나님의 법을 듣지 않으면, 하나님은 우리의 기도를 거부하실 것입니다.

"그러므로 우리가 무엇을 요청할 때 주께서 더디 응답하시는 것은 전혀 놀라운 일이 아닙니다. 우리는 주님에게서 명령을 받을 때 더디 순종하거나 전혀 순종하지 않습니다. 플로렌티우스는 주님의 명령에 신속하게 순종했으므로, 그가 신속하게 기도의 응답을 받은 것이 당연합니다."

3. 성 안토니의 생애

성 안토니는 산에서 시간을 보내는 것을 좋아했다. 언젠가 그 지방 총독의 끈질긴 요청 때문에 그는 도시로 내려가서, 구원 및 어떻게 행동해야 하는가에 대해 몇 마디 해준 후에 서둘러 산으로 돌아가려 했다.

그러나 총독은 돌아가려는 그를 만류했다. 안토니는 "나는 이곳에서 시간을 보낼 수 없습니다"라고 대답했다. 그는 총독에게 이것을 납득시키려고 다음과 같은 예를 들었다: "물고기가 마른 땅에 오래 머물면 죽듯이, 수도사들은 당신과 함께 오래 머물면서 시간을 보내면 멸망합니다. 그러므로 물고기가 바다로 돌아가야 하듯이, 내가 속사람을 지키는 법을 잊지 않으려면 이곳에서 지체하지 말고 속히 산으로 돌아가야 합니다."

4. 게론티콘

1. 어느 형제가 급히 도시로 가면서 원로에게 허락을 요청했는데, 원로는 "서둘러 도시로 가지 말고, 서둘러 도시를 피하세요. 그러면 구원받을 것입니다"라고 대답했다.

2. 압바 난쟁이 요한이 추수하다가 어느 형제가 이웃에게 화를 내면서 "당신도 마찬가지군요"라고 말하는 소리를 들었다. 그는 추수하던 것을 멈추고 도망쳤다.

3. 압바 에바그리우스의 제자들이 다음과 같은 이야기를 했다:

"우리 아버지께서는 우리가 만든 물건을 팔려고 우리를 알렉산드리아로 보내면서 사흘 안에 돌아오라고 명령하셨습니다. 그분은 '만일 사흘 안에 돌아오지 못하면, 나는 책임을 질 수 없습니다'라고 말씀하셨습니다. 우리는 '왜 도시나 마을에 사는 수도사들은 밤낮 세상 사람들과 교제해도 해를 입지 않습니까?'라고 물었는데, 그분은 이렇게 대답하셨습니다: '자녀들이여, 내 말을 믿으세요. 나는 수도사가 된 후 38년 동안 스케테를 떠나지 않았습니다. 그동안 한 번 필요한 일이 있어서 압바 다니엘과 함께 알렉산드리아의 엡페비우스 총대주교를 만나러 갔습니다. 나는 알렉산드리아에 들어가면서 많은 수도사들을 보았습니다. 그때 나는 엑스터시 상태에서 그들 중 일부는 까마귀들에게 쪼이고 있고, 어떤 사람들은 나체 상태의 여인들에게 안겨서 속삭이는 음성을 듣는 모습을 보았습니다. 또 벌거벗은 어린 소년들이 사람들을 마구 때리고 똥칠을 하고 있었습니다. 어떤 사람들은 손에 칼을 들고 사람의 살을 다져서 수도사에게 먹이려 했습니다. 나는 각 수도사가 어떤 정념에 굴복하고 있든지 그에 상응하는 귀신들이 호위하면서 그의 정신에 말을 걸고 있다는 것을 깨달았습니다. 형제들이여, 여러분이 그러한 생각, 다시 말하자면 귀신들에게 시달리지 않게 하려고 도시에 오래 머물지 말라고 말한 것입니다.'"

5. 성 에프렘

형제들이여, 우리는 세상 및 세상에 대한 애착을 버리고 수도원에 왔습니다. 그런데 어찌하여 세상에 대해서, 그리고 삶의 모든 관심사와 골칫거리에 대해 죽은 우리가 다시 그러한 골칫거리에 끌려갑니까? 우리의 목표는 약간의 음식을 구하는 것이요, 쾌락에 빠지지 않는 것입니다. 우리는 주님의 도우심을 받아 우리의 손으로 육체의 욕구를 충분히 충족시킬 수 있습니다. 우리는 세상과 세상에 속한 것들로부터 도망쳐야 하며, 우리 자신의 약속을 깨지 않으려면 우리 자신이 세상에 접근하는 것을 허락하지 말아야 합니다. 성경은 "병사로 복무하는 자는 자기 생활에 얽매이는 자가 하나도 없나니 이는 병사로 모집한 자를 기쁘게 하려 함이라"(딤후 2:4); "오직 수고하고 애써 주야로 일함은 너희 아무에게도 폐를 끼치지 아니하려 함이니"(살후 3:8)라고 말합니다.

　당신이 수실에 앉아 침묵할 때 정념과 세상사의 환영(幻映)이 촉발한 생각에 저항할 수 없다면, 스스로 원수들의 진영에 들어갈 때는 훨씬 쉽게 잡히지 않겠습니까? 당신이 수도원장의 명령을 받아 어쩔 수 없이 도시나 마을에 가까이 간다면, 하나님에 대한 경외심을 가지고 명령을 실행하는 한 떳떳합니다. 사람들 중에는 순종이라는 구실로 옛사람을 따르면서 자기의 욕망을 충족시키려는 사람들이 있습니다. 당신은 지혜롭게 행동하여 금과 은이 아닌 진흙과 오물을 얻지 않도록 하며, 순종이 아닌 불순종을 택하지 않도록 하십시오.

　눈의 아들 여호수아와 갈렙과 함께 정찰하러 파견되었지만 진실을 외면하고 돌아와서 거짓 보고로 이스라엘 자손들의 마음을 하나님에게 돌아서게 한 사람들이 무슨 유익을 얻었습니까(민 14)? 그들은 불순종했기 때문에 백성들과 함께 멸망했습니다. 그렇다면, 당신은 업무상 어디로 파견될 때 하나님이 당신의 행동을 지켜보신다고 믿고 하나님을 경외하면서 명령받은 대로 행하십시오. 무엇을 추가하거나 빼지 말며 당신의 뜻에 따라 행하지 말고, 무슨 일이든지 명령한 사람의 목표와 뜻을 고려하여 행하십시오. 그러면 당신의 봉사에 대해 큰 상을 받게 될 것입니다. 형제여, 세상 사람과 교제하기를 즐기는 사람은 아직 세상을 거부하지 않는 사람입니다. 불을 붙인 사람이 불길을 일으키듯이, 세상 사람과의 대화는 수도사의 마음속에 정념을 일으킵니다.

6. 안티오코스(Antiochos: 법전의 저자)

형제여, 세상 사람과의 부적절한 관계를 피하며 그들이 야기할 수 있는 피해를 멀리하는 것이 유익합니다. 그들은 현세대의 헛된 것에 대해 말하는데, 이런 것들을 받아들이는 정신은 약해지고, 영적인 임무 행하기를 중지하며, 금욕생활의 강도를 완화합니다. 세상 사람이 떠나가면, 정신은 자체의 기도 규율을 지키지 못했기 때문에 슬퍼합니다. 금욕 수행자가 사막을 찾는 이유는 이러한 세상의 헛된 것에서 벗어나 방해받지 않고 하나님과 교제하려는 데 있습니다. 경호를 받는 처녀는 외부인들의 선망의 대상이지만, 그녀가 모습을 드러낼 때 모든 사람의 마음에 드는 것은 아니며, 많은 사람이 그녀를 비난합니다. 사람들을 멀리하고 은둔하여 자신과 하나님께 몰두하는 수도사는 하나님과 천사들에게 귀중하며, 사람들에게는 한층 더 귀중합니다. 그러나 그가 고귀한 이상과 생활방식을 완화하고 이 세상과 세상사에 연루된다면, 하나님 앞에서 평판이 좋지 않게 되고 사람들의 경멸을 받습니다.

그러므로 자발적으로 세상 사람들을 버리고, 영혼에 해를 끼치는 그들의 대화를 피하고, 수실에서 지내면서 노루가 사냥꾼의 손에서 벗어나는 것같이, 새가 그물 치는 자의 손에서 벗어나는 것같이 구원받는 것이 유익합니다. 유익함이 없고 말이 많은 세상 사람과의 관계는 구원을 원하는 사람에게는 올가미와 덫입니다. 그것들은 정신을 점령하여 하나님과의 교제와 하나님을 향한 성향으로부터 분리하며, 우리를 자만하게 합니다.

세상 밖에 있는 우리가 세상사에 관심을 두고서 여전히 그것들에 대해 배우기를 원하는 것은 어찌 된 일입니까? 세상을 버리고 주님의 쉬운 멍에를 멘 사람은 자신에 대해 권위를 갖지 않습니다. 그는 깊은 겸손 속에 있는 고랑, 하나님의 밀이 풍부하며 생명을 주는 성령의 비가 물을 대주는 곳을 파고듭니다. 성령의 빗방울은 영혼을 즐겁게 해주고, 거룩한 생각이 솟아나게 해줍니다. 평화롭게 살면서 쉬지 않고 분심되지 않은 정신으로 하나님과 교제하기를 원하는 사람은 많은 사람과 교제하지 말며, 수실을 떠나지 말아야 합니다.

만일 이런 사람이 누군가와 교제해야 한다면, 영적 아버지나 동료 수행자, 또는 도움을 요구하는 사람과 접촉해야 합니다. 이는 그러한 접촉은 신학적 토론에 좋은 것으로 간주되기 때문입니다. 어쨌든 그는 유익을 주거나 유익을 받을 것입니다. 세상 사람이 영적 도움을 얻기 위해 우리에게 접근한다면, 거룩한 소금으로 조미한 몇 마디 말만 해주고 보내야 합니다. 장황한 세속적 토론보다 짧은 영적 대화가 그들에게 더 유익할 것입니다. 무엇보다도 기도로써 그들과 함께 일하고, 행위로 덕을 가르쳐야 합니다. 질문하는 사람을 말로 돕는 것이 좋은 일이지만, 덕과 기도로써 함께 일하는 것은 더 좋은 일입니다.

7. 압바 이사야

압바 이사야는 다음과 같이 말했다: "누군가가 당신에게 이롭지 않은 말을 할 때, 당신의 영혼이 죽지 않으려면 그 말을 듣지 마십시오. 그런 사람에게 동의하여 난처한 상태에 이르지 않도록 하십시오. '나는 마음으로는 그 말에 동의하지 않는다'라고 말하면서 그 말을 받아들이지 마십시오. 당신은 하나님이 직접 지으셨지만 뱀과 대화함으로써 해를 입은 최초의 인간보다 우월하지 않습니다. 그러므로 그런 말을 듣지 말고 도망치십시오. 도망치면서 당신이 잃은 것을 찾아내려 하지 마십시오. 만일 당신이 단어 하나라도 듣는다면, 귀신들은 당신이 들은 것을 이용할 뿐만 아니라 그것으로 당신의 영혼을 죽일 것입니다. 그러므로 도망치려면 철저히 도망치십시오.

8. 압바 마가

사람들의 악한 말에 귀를 기울이지 마십시오. 그런 말을 들으려 할 때 당신의 영혼에 그 말이 강하게 새겨집니다. 악한 말을 들을 때 그 말을 하는 사람에게 화를 내지 말고 당신 자신에게 화를 내십시오. 이는 악한 소식을 전하는 사람도 역시 악하기 때문입니다.

9. 압바 이삭

소유욕이 많은 사람을 피하십시오. 사치하지 말며, 사치하게 사는 사람들을 피하고, 물건을 취득하는 일을 피하십시오. 음탕함을 피할 뿐만 아니라 음탕한 사람들도 피하십시오. 정신은 말을 기억하는 것만으로도

어지러워지며, 그런 말을 하는 사람들과 교제하면서 시간을 보내는 것은 한층 더 정신을 어지럽게 합니다. 의로운 사람을 가까이하십시오. 그런 사람으로 말미암아 하나님을 가까이하게 될 것입니다. 겸손한 사람들과 교제하십시오. 그러면 그들의 성품을 경험하여 배우게 될 것입니다. 이런 사람들을 기억하는 것은 당신에게 유익을 줄 것이며, 그들의 가르침을 받는 것은 한층 더 유익할 것입니다.

10. 게론티콘

1. 알렉산드리아에 사는 일곱 형제가 압바 마카리우스를 시험하려고 찾아와서 "아버지, 어떻게 해야 구원받는지 말씀해 주십시오"라고 말했다. 마카리우스는 신음소리를 내면서 "형제들이여, 우리는 각기 구원받는 방법을 알고 있지만, 구원받기를 원하지 않습니다"라고 말했다. 그들은 "우리는 구원받기를 간절히 원하지만, 악한 생각이 놓아주지 않습니다. 그러면 어떻게 해야 합니까?"라고 물었다. 마카리우스는 "당신들이 수도사라면, 왜 세상 사람들과 어울리거나 세상 사람들이 사는 곳 가까이에 갑니까? 세상을 버리고 수도사가 되었으면서도 여전히 세상 사람들 가운데 거주하는 것은 자신을 속이는 것입니다. 이는 그들의 수고가 모두 헛된 것이요, 그들은 하나님을 전혀 경외하지 않기 때문입니다. 수도사들이 세상 사람들에게서 얻는 것은 육체를 위한 휴식에 불과합니다. 육체적인 휴식이 있는 곳에 하나님에 대한 경외심이 존재하지 않습니다.

"수도사는 밤낮 하나님과 대화하고, 아무것도 소유하지 않고 거룩한 것만 생각하도록 부름받은 사람입니다. 수도사는 어쩔 수 없는 경우에,

또는 손으로 만든 물건을 팔거나 필요한 것을 사야만 생계를 유지할 수 있는 경우가 아닌 한 하루나 이틀 이상 세상 사람들과 함께 머물거나 시간을 보내지 말아야 합니다. 그는 속히 수도원으로 돌아와서 생계유지를 위해 세상에서 보낸 하루나 이틀에 대해 하나님께 회개해야 합니다.

"필요한 일이 없는데도 끊임없이 세상 사람들을 가까이하며 시간을 보내는 수도사는 유익을 얻지 못하며, 엄격하게 말해서 수도사가 아닙니다. 그가 세상 사람들과 시간을 보내면서 얻는 것은 다음과 같습니다: 처음에 세상 사람에게 다가갈 때 말을 자제하고 금식하고 자신을 낮추면 마침내 그는 사람들에게 알려지고, 이러저러한 수도사는 하나님의 종이라는 소문이 퍼질 것입니다. 그 즉시 사탄이 세상 사람들을 선동하여 포도주와 돈 등 그에게 필요한 것을 가져오게 하고, 그에 대해서 '그는 거룩한 사람입니다, 거룩한 사람입니다'라고 말하게 합니다. 이 가련한 사람은 '거룩한 사람'이라는 말을 듣고 우쭐해져서, 그들과 함께 앉아서 먹고 마시고 휴식합니다. 그는 일어서서 찬송을 부를 때면 세상 사람들의 칭송을 들으려고 소리를 높입니다. 이렇게 세상 사람들의 칭송을 받은 그는 한층 더 교만해지며, 그에게서 겸손이 완전히 떠나갑니다.

"그리하여 누군가 그에게 모진 말을 하면, 그는 더 모질게 대답하고, 내면에서 허영심의 자극을 받아 엄청나게 화를 냅니다. 그리고 끊임없이 여인들과 어린이들을 보고 세속적인 말을 들음으로써 내면에 육욕적인 욕망이 더 강하게 타오릅니다. 그러므로 그는 깨닫지 못하지만 날마다 간음합니다. 왜냐하면 주님은 '음욕을 품고 여자를 보는 자마다 마음에 이미 간음하였느니라'(마 5:28)라고 말씀하셨기 때문입니다.

"나중에 그는 자기 자신과 방문객들을 위해 일 년 동안 필요한 것을 모으려 하고, 그다음에는 자기를 찾아오는 사람들에게 더 많은 음식을 제공하기 위해서 두 배 더 비축하려 하며, 결과적으로 금과 은을 수집합니다. 그는 쉬지않고 악을 더하는데, 마침내 귀신들은 그를 비웃고 하나님에게서 떼어내어 탐욕의 구덩이에 던집니다. 돈을 사랑하는 것이 모든 악의 뿌리이며(딤전 6:10), 하늘이 땅에서 먼 것같이 탐욕적인 수도사는 하나님의 영광에서 멉니다. 수도사가 돈을 사랑하는 것이 가장 큰 악입니다.

"세상 사람들과 어울리는 수도사에게 조금이라도 도움이 되려면 많은 교부들의 기도가 필요합니다. 죽음에 자신을 던지고 있는 사람을 누가 도울 수 있겠습니까? 사도 요한은 '이 세상이나 세상에 있는 것들을 사랑하지 말라 누구든지 세상을 사랑하면 아버지의 사랑이 그 안에 있지 아니하니'(요일 2:15)라고 말합니다. 또 야고보는 '세상과 벗된 것이 하나님과 원수 됨을 알지 못하느냐'(약 4:4)라고 말합니다. 세상과의 교제는 하나님을 대적합니다.

"형제들이여, 우리는 뱀을 피하듯이 세상을 피해야 합니다. 뱀에게 물리면 죽거나, 건강을 회복하기 어렵습니다. 많은 싸움에 개입하는 것보다 하나의 싸움에 개입하는 편이 유리합니다. 형제들이여, 우리 교부들이 어디에서 덕을 획득했는지 말해 보십시오. 세상입니까, 사막입니까? 사막입니다. 이는 세상 사람들은 사막에 접근할 수 없기 때문입니다. 우리가 세상에 있으면서 어떻게 덕을 획득하겠습니까? 우리가 배고프고 목마르고 추위에 떨지 않으며, 세상의 물질을 제거하지 않으며, 육체의 소원에 대해 죽지 않으면서 어떻게 영적으로 살겠습니까? 어떻게 하늘나라에 이르겠습니까? 군인이 싸움에 참여하여 승리하여 전리품을 제출하지 않는다면, 서훈을 받을 자격이 있다고 간주되지 않습니다. 이전에 함께 살던 세상 사람들 가운데 머물면서 먹고 마시면서 어떻게 하늘나라를 받겠습니까?

"금과 은 및 물질적 재산을 소유하는 수도사는 바다짐승과 괴물들을 먹이시는 하나님이 자기를 먹여 주실 수 있다고 믿지 않습니다. 만일 하나님께서 우리에게 떡을 마련해주실 수 없다면, 하나님 나라를 주실 수 없을 것입니다. 그런데 왜 우리가 수고하겠습니까? 형제들이여, 말씀해 보십시오. 하늘의 천사들이 근과 은을 모읍니까, 하나님의 영광을 모읍니까? 우리는 왜 세상을 포기했습니까? 돈과 물질을 모으기 위해서입니까, 아니면 천사처럼 되기 위해서입니까? 하늘에서 내려온 천사 계층이 수도사들로 대치될 수 있음을 알지 못합니까?"

2. 어느 형제가 압바 푀멘에게 "나에게 해로운 친구들을 어떻게 해야 합니까?"라고 질문했다. 푀멘은 "죽음의 고통 속에서 이 세상의 우정을 염려하는 사람이 있습니까? 해로운 친구를 가까이하지 말고 접촉하지 마십시오. 그리하면 그들이 당신에게서 멀어질 것입니다"라고 대답했다.

3. 어느 원로는 "하나님 앞에서 죄를 지은 사람은 하나님이 다시 친구가 되셨음을 알게 될 때까지 인간적인 관계를 끊어야 합니다. 이는 사람들에 대한 사랑이 하나님을 사랑하지 못하도록 방해하기 때문입니다"라고 말했다.

4. 어느 원로는 다음과 같이 말했다: "도시에서 죽은 사람이 그곳에

서 사람의 음성을 듣지 못하고 거기서 일어나는 일을 인식하지 못한 채 다른 장소, 도시의 소리와 외침이 닿지 않는 곳으로 옮겨지듯이, 수도사의 경우도 그렇습니다. 그가 세상을 버리고 수도생활을 택하면서 세상에 대한 애착과 영혼을 죽이는 헛된 삶의 분심과 수고에 대해 죽어야 합니다. 세상을 버린 후에 고향을 떠나지 않고 이전의 소란함 속에서 사는 수도사는 마치 집 안에 놓여 악취를 풍기는 시신과 같아서 냄새를 맡는 사람들 모두를 도망치게 합니다."

5. 이 원로는 또 다음과 같이 말했다: "고기에 소금을 치지 않으면 썩어 악취가 나고 구더기들이 기어 다니면서 고기를 먹으므로, 가까이에 있는 사람들 모두가 시선을 돌립니다. 그러나 소금을 뿌리면 구더기들이 죽고 냄새가 사라집니다. 이는 소금에 구더기와 악취를 제거하는 속성이 있기 때문입니다. 마찬가지로 수도원에서 (하나님을 경외함으로써 태만하지 않고, 죽음과 그 후의 형벌을 묵상함으로써 자제하며, 영적 소금의 역할을 하는 기도와 철야로 마음을 튼튼하게 하면서) 침묵을 실천하지 않고 세상 생각과 외부의 분심에 굴복하는 수도사는 썩어, 부정하고 악한 생각의 악취가 가득해지므로, 하나님과 택함 받은 천사들이 그러한 영혼의 더러움이 역겨워 얼굴을 돌리고 멀리 피합니다. 그때 지성의 구더기들, 즉 그러한 영혼의 악취를 좋아하는 어둠의 세력이 그 썩은 영혼 안에 둥지를 틀고 이리저리 돌아다니며, 불쌍한 영혼을 죽어 영원히 멸망하게 한 더러운 생각과 행위를 달콤한 음식으로 여겨 씹어먹습니다.

"만일 수도사가 그러한 피해를 의식하고서 외부의 분심을 쫓아내며,

하나님께 온전히 헌신하고, 하나님께만 희망을 두고서 하나님을 기쁘시게 하는 데 전념한다면, 잠시 후 하나님께서 영적인 소금, 즉 인류를 사랑하시는 선한 영을 보내주실 것입니다. 그분이 오시면 그들 안에서 그들을 통해서 작용하는 정념들과 귀신들이 즉시 연기처럼 사라져 없어질 것입니다."

11. 성 에프렘

형제여, 진흙에 들어가지 말고, 하나님을 경외하지 않은 채 뽐내며 돌아다니는 사람들을 멀리하십시오. 새장에 갇힌 참새는 참새들을 새장 속으로 불러들이려 합니다. 죄 속에 갇힌 사람은 사람들을 악행의 깊음 속에 빠지게 합니다. 형제여, 나태하고 침묵을 실천하지 않으려 하는 사람들과 함께하지 마십시오. 연회를 즐기며 "오늘은 내가 당신을 만찬에 초대할 테니, 내일은 당신이 나를 대접하세요"라고 말하는 사람을 피하십시오. 만일 이런 말에 동의한다면, 당신은 고결한 삶을 이루지 못한 채 온갖 정념의 거주지가 될 것입니다. 영적으로 뜨겁게, 고난의 좁은 길을 가는 사람들을 본받으면 영생에 이를 것입니다.

لا تكن قاسي القلب
على أخيك لأننا
جميعاً قد تغلبنا
الأفكار
الشريرة

제23장

해를 끼치는 사람을 멀리하라.

친구, 또는 없어서는 안 될 사람이라도 해를 끼치는 사람을 멀리해야 한다.

1. 게론티콘

1. 압바 아가톤은 "나에게 소중한 사람이라도 그가 나를 잘못에 빠지게 할 수 있다는 것을 안다면, 나는 그를 몰아낼 수 있습니다"라고 말했다.

2. 어느 원로는 "친구나 친척, 사제나 왕이라도 부당하게 행하는 사람을 피해야 합니다. 부당한 일을 행하는 사람을 멀리하면 하나님과의 교제가 주어지고 하나님 앞에서 담대하게 될 것입니다"라고 말했다.

3. 이 원로는 또 "교회나 시장이나 의회에서나 어디에서든지 범죄자에게 집착하는 것은 유익하지 않습니다. 그들과의 교제를 철저히 삼가야 합니다. 범죄자는 혐오 되어야 합니다. 그는 영원한 벌을 받습니다"라고 말했다.

4. 어느 원로는 "사람들이 당신을 시기하는 곳에서 살지 마십시오. 그렇지 않으면 당신이 진보하지 못할 것입니다"라고 말했다.

5. 어느 형제가 원로에게 "만일 내 형제가 나를 화나게 해도 내가 그에게 엎드려야 합니까?"라고 물었다. 원로는 "엎드리되, 그와 절연하세요. 압바 아르세니우스는 '모든 사람을 사랑하되, 모든 사람과 거리를 유지하세요'라고 말씀하셨습니다"라고 대답했다.

2. 성 에프렘

1. 형제들이여, 좋지 않은 충고를 경계하십시오. 언젠가 밝은 빛 옷을 입은 두 사람이 시장으로 가고 있었습니다. 그런데 한 사람이 부주의하여 비틀거리다가 진흙탕에 넘어져서 옷이 더러워졌습니다. 그는 동료를 시기하여 자기처럼 흉한 모습이 되게 하려고 동료를 진흙탕에 던졌습니다. 오늘날도 많은 사람이 다른 사람을 자기처럼 추하게 하려고 발을 걸어 넘어뜨리려 합니다. 그들은 겸손하게 말하고 부드럽게 응답하면서 서서히 상대방을 냉철한 상태에서 끌어내려 자기들과 같은 구덩이에 빠지게 합니다. 그들은 이처럼 수치스러운 행동을 부끄럽게 여기지 않고 오히려 "당신은 왜 우리를 미워합니까? 우리가 죄인이기 때문입니까? 인생을 살다 보면 넘어질 때도 있고 일어설 때도 있지 않습니까?"라고 말하면서 이웃을 부추깁니다.

그들은 이렇게 말하면서 부끄럽게 여기지 않습니다. 그 이유는 무엇입니까? 그들은 넘어졌을 때 일어서기를 원하지 않으며, 많은 사람을 넘어지고 타락하게 하는 근원이 됩니다. 그리고 마귀는 그들을 미끼로 사용합니다. 그들은 불안정한 영혼을 속여 자기들처럼 멸망하게 하려 합니다. 이런 사람들을 조심하십시오. 그들이 부드러운 말로 당신을 현혹하여 영원한 불에 던지지 못하게 하십시오.

2. 어느 형제가 다른 형제에게 충고하고 있었다. 그는 우연히 지나가는 형제에게 "보세요. 나는 지금 내 형제에게 충고하고 있는데 들으려 하지 않습니다"라고 말했다. 그 행인은 "그 사람은 당신의 말을 들어야 합니다. 당신에게서 나쁜 말을 듣고 그대로 행동하는 것이 나의 기쁨입니다"라고 대답했다. 충고하던 형제는 "만일 내 충고가 하나님에게 속한 것이라고 증명할 수 없으면 내 말을 듣지 마세요. 내 말뿐만 아니라, 만일 선지자라도 하나님의 뜻에 어긋나는 충고를 한다면 그 말을 듣지 마세요. 사도 바울은 '우리나 혹은 하늘로부터 온 천사라도 우리가 너희에게 전한 복음 외에 다른 복음을 전하면 저주를 받을지어다'(갈 1:8)라고 말했습니다. 바벨론에서 수산나를 상대로 음모를 꾸민 사람이 누구였습니까? 원로들이 아니었습니까? 단순히 원로가 아니라 백성들의 재판관이요 지도자였습니다. 그들이 자기 자신을 돌보지 않은 결과가 무엇이었습니까? 그들의 높은 직책이 그들에게 도움이 되지 못했습니다.

"형제여, 정신 차리고, 자신을 돌보십시오. 우리의 대적은 많은 계책을 사용합니다. 원수는 하나님의 일에 열심인 형제를 보면, 그를 성나게 하고 잘못된 것을 기억하게 하려고 태만한 형제를 선동하여 이유 없이 부당하게 그를 대적하고 비난하게 합니다. 이런 식으로 그가 덕의 길을 가지 못하게 방해하고, 악에 빠지게 하려 합니다. 그가 인내하면서 그러한 욕설을 참고 견디며, 자신에게 부당한 일을 행하는 사람을 위해 기도하면, 원수는 그를 넘어뜨리기 위해 다른 방법을 사용합니다. 즉 그를 부주의하고 게으른 수도사와 친구가 되어 교제하게 함으로써 이성을 흐리게 하고 사치하게 만들려 합니다. 아마도 서서히 무관심하게 만들려 합니다. 그러나 하나님을 경외하는 사람은 위로부터 오는 지혜를 소유하지 않은 사람을 사랑하지 않습니다. 이는 기록된바 '오직 위로부터 난 지혜는 첫째 성결하고 다음에 화평하고 관용하고 양순하며 긍휼과 선한 열매가 가득하고 편견과 거짓이'(약 3:17) 없기 때문입니다."

3. 압바 이사야

압바 이사야는 "주 예수 그리스도를 따르고 그분과 함께 옛사람을 십자가에 못박기를 원한다면, 당신을 십자가에서 내리는 사람을 잘라내야 합니다. 그리고 굴욕을 참고 견디며, 당신에게 도발하는 사람의 마음을 잠잠하게 만들 준비를 해야 합니다"라고 말했다.

4. 압바 이삭

사려 깊지 못하고 어리석은 친구는 멸망의 근원입니다. 분별 있는 사람들의 대화는 달콤함의 근원입니다. 지혜롭지 못한 사람을 동료로 삼는 것은 마음에 슬픔을 가져옵니다. 조심성 없이 행동하는 사람들과 함께 거하기보다 짐승들과 함께 거하는 편이 낫습니다. 만족을 모르고 탐식하는 사람과 함께 지내는 것보다 독수리와 함께 지내는 편이 낫습니다. 다투기를 좋아하는 사람의 동료가 되기보다 살인자의 동료가 되는 편이 낫습니다. 대식가와 어울리기보다 돼지와 어울리는 편이 낫습니다. 돼지의 여물통이 만족할 줄 모르고 먹어대는 사람의 입보다 낫습니다. 오만한 사람들 가운데 있는 것보다 문둥병자들 가운데 있는 편이 낫습니다.

제24장

하나님의 섭리에 순종하라.

세상을 버린 사람은 정당한 것처럼 보이는 일이라도 세상사에 얽히지 말고, 매사에 하나님의 섭리에 순종해야 한다.

1. 성 아르세니우스의 삶

로마의 치안판사가 아르세니우스의 친척의 유언장을 전하러 스케테로 왔다. 아르세니우스가 유언장을 받아 찢으려 하는데, 치안판사가 아르세니우스 앞에 엎드려 막았다. 치안판사는 그 행동이 위험을 초래할 것이라고 말하면서 아르세니우스를 저지했다. 아르세니우스는 유언장을 돌려주면서 "나는 그 사람보다 먼저 죽었으니, 이제 살아있는 사람이 아닙니다"라고 말했다.

2. 게론티콘

1. 어느 원로는 "성인들은 이 세상에서 힘들게 일하지만, 이미 자기 몫의 휴식을 받았습니다"라고 말했다. 이것은 그들이 세상의 염려에서 벗어났다는 의미였다.

2. 압바 알로니우스는 "마음으로 '이 세상에 하나님과 나만 존재한다'라고 말하지 않는 한 우리는 쉼을 얻지 못할 것입니다"라고 말했다.

3. 어느 원로는 다음과 같이 말했다.

"이 비참한 삶의 분심과 고통에 복종하는 수도사, 이 세상을 버린 후에도 물건을 주고받는 수도사는 목숨을 유지하는 데 필요한 것조차 부족한 사람, 먹고 입을 것을 찾지 못하고, 나태하여 잠을 즐기는 거지와 같습니다. 그는 꿈에서 자기가 부자가 되어 더러운 옷을 벗어버리고 깨끗한 옷을 입고 있는 것을 봅니다. 그러나 기분 좋은 꿈에서 깨어나면 여전히 가난한 자신의 모습을 봅니다. 깨어 경계하지 않고 자기 생각의 조롱을 받으면서 분심 상태로 세월을 보내는 수도사도 이와 같습니다. 그는 귀신들에 사로잡히는데, 그것들은 그를 조롱하며 그의 분심과 고통이 하나님을 위한 것이므로 장차 상을 받을 것이라고 속삭입니다. 그러한 수도사는 죽어 영혼이 육신을 떠날 때 자신이 궁핍하고 가난하며 덕이 없다는 것을 발견할 것입니다. 그때 그는 깨어 경계하고 집중하는 것이 얼마나 많은 선을 주며, 삶의 분심거리가 얼마나 많은 형벌을 가져오는지 깨닫습니다."

4. 어느 지방의 통치자가 압바 쾨멘의 마을 사람을 감옥에 가두었다. 사람들이 쾨멘에게 가서 그 사람을 석방하게 해달라고 간청했다. 쾨멘은 "나에게 사흘 말미를 주십시오. 그다음에 가겠습니다"라고 말했다. 그리고 그는 "주님, 이 일을 허락하지 마십시오. 그렇지 않으면 장차 사람들이 내가 이곳에서 평안히 지내는 것을 허락하지 않을 것입니다"라고 기도했다. 사흘 후에 그는 통치자에게 가서 감옥에 갇힌 사람을 위해 탄원했다. 통치자는 "당신이 도적을 위해 탄원하렵니까?"라고 말했다. 쾨멘은 통치자가 자기의 부탁을 들어주지 않았음을 기뻐했다.

3. 압바 이사야

1. 형제여, 이 세상의 모든 염려를 벗어나지 않는 한 하나님 안에서 진보할 수 없습니다. 영혼을 방해하는 두 가지 힘이 있습니다. 하나는 외적인 것입니다. 그것은 육신에 휴식을 제공하기 위해서 세상의 일에 관심을 둡니다. 또 하나는 내적인 것입니다. 그것은 정념의 힘으로서 덕을 방해합니다. 영혼은 외적인 힘에서 벗어나지 않으면 정념의 내적인 힘을 보지 못합니다. 이런 까닭에 주님은 "너희 중의 누구든지 자기의 모든 소유를 버리지 아니하면 능히 내 제자가 되지 못하리라"(눅 14:33)라고 말씀하셨습니다. 외적인 힘은 의지로부터의 싸움이요, 내적인 것은 외적 행위에서 비롯됩니다. 주님은 의지가 두 가지 힘을 지배하리라는 것을 아셨기 때문에 의지를 잘라버리라고 명령하셨습니다. 이는 영혼이 외적인 문제에 대해 걱정하는 분량만큼 영적인 정신(nous)이 죽고, 내면의 정념이 방해받지 않고 활동하기 때문입니다.

그러므로 영혼이 자유의지를 잘라버리면, 이 세상의 활동과 분심을 멸시하게 됩니다. 그때 정신이 깨어나 바로 서며, 끊임없이 영혼이 자기를 위험하게 했던 것들에게 돌아가지 못하게 지키면서 정념들을 그 거처에서 쫓아냅니다. 영혼은 방금 결혼한 여인, 남편이 외국으로 출장을 떠났을 때, 가정에서의 자기의 책임을 진지하게 생각하지 않고, 두려워하거나 부끄러워하지 않는 여인과 같습니다. 남편이 돌아오면 그녀는 즉시 하던 일을 멈추고 남편의 뜻대로 행하기 위해 주의를 기울입니다. 집에 돌아온 남편은 아내에게 필요한 모든 일을 보살피고, 아내가 아이를 낳아 기를 때까지 끊임없이 아내를 지킵니다.

그때 두 사람은 마음으로 하나가 되고, 아내는 남편에게 복종합니다. 마찬가지로 영혼이 정신에 복종하면, "여자의 머리는 남자요"(고전 11:3)라는 말씀처럼 정신이 영혼의 머리가 됩니다. 이 말씀은 주님이 복음서에서 "너희 중의 두 사람이 땅에서 합심하여 무엇이든지 구하면 하늘에 계신 내 아버지께서 그들을 위하여 이루게 하시리라"(마 18:19)라고 가르치신 것처럼, 영혼과 정신이 분리되지 않아 주님 안에서 하나가 될 자격이 있다고 간주되는 사람들을 위한 것입니다.

주님은 자기 백성이 건강하며, 영혼 안에 숨어있는 세력과 물질적 세력으로부터, 그리고 주님이 성육하실 때 몸 안에서 멸하신 모든 것으로부터 벗어나기를 원하십니다. 주님은 "내 안에 거하라 나도 너희 안에 거하리라"(요 15:4)라고 말씀하십니다. 주님은 우선 우리가 무슨 일을 하든지 주님 안에 거하기를 원하십니다. 그리하면 주님은 깨끗함, 즉 신비한 비전을 통해서 우리 안에 거하십니다. 그때 왕의 형상을 획득하지 않은 영혼은 하나님의 아들의 안식에 들어갈 수 없습니다. 이는 시금자(詩金者)는 가치가 없는 것의 무게를 재지 않으며, 왕은 그런 것을 보물창고에 두지 않기 때문입니다. 영혼도 마찬가지입니다. 만일 영혼이 위대한 왕이신 예수의 형상을 획득하지 못했다면, 천사들이 영혼과 함께 기뻐하지 않을 것입니다. 예수님은 "나의 형상인 사랑을 소유하지 못했는데 어찌 이곳에 들어왔느냐?"라고 말씀하시면서 영혼을 쫓아내실 것입니다. 영혼이 하나님을 찾으면서도 분심되어 세상것을 사랑할 때 하나님의 사랑이 우리 안에 거할 수 없습니다. 날개가 하나뿐이거나 날개에 무거운 것이 매달려 있으면 새가 날지 못하듯이, 세상 것에 묶여 있는 영혼은 진보하지 못합니다.

마음을 다해 하나님을 사랑하는 사람을 하나님의 사랑에서 끊을 수 있는 것은 없습니다. 바울은 "누가 우리를 그리스도의 사랑에서 끊으리요 환난이나 곤고나 박해나 기근이나 적신이나 위험이나 칼이랴 기록된 바 우리가 종일 주를 위하여 죽임을 당하게 되며 도살 당할 양 같이 여김을 받았나이다 함과 같으니라 그러나 이 모든 일에 우리를 사랑하시는 이로 말미암아 우리가 넉넉히 이기느니라 내가 확신하노니 사망이나 생명이나 천사들이나 권세자들이나 현재 일이나 장래 일이나 능력이나 높음이나 깊음이나 다른 어떤 피조물이라도 우리를 우리 주 그리스도 예수 안에 있는 하나님의 사랑에서 끊을 수 없으리라"(롬 8:35~39)라고 말했습니다.

2. 이 원로는 또 다음과 같이 말했습니다: "누군가가 당신에게 이 세대에 대한 말이나 충고를 요청해주기를 원하지 마십시오. 그러한 질문을 하는 사람에게 관심을 기울이지 마십시오. 당신의 내면에서 말하는 것, 즉 당신의 생각을 끊임없이 경청하는 훈련을 하십시오. 그리고 그것들 중 어느 것에 주목해야 하는지 알게 해달라고 하나님께 기도하십시오. 헛된 것에 전념하는 사람은 마귀와의 씨름을 게을리합니다."

4. 압바 마가

사도 바울은 "병사로 복무하는 자는 자기 생활에 얽매이는 자가 하나도 없나니"(딤후 2:4)라고 말합니다. 세상 염려에 얽혀 있으면서 정념을 정복하려는 것은 짚으로 불을 끄려는 것과 같습니다. 마귀는 쓸데없이 육적인 일에 전념하는 사람을 발견하면, 먼저 그에게서 지식을 약탈합니다. 그다음에 죄수의 머리를 베듯이 하나님에 대한 희망을 베어버립니다.

5. 성 디아도쿠스

세상 걱정을 버리지 않은 영혼은 진정으로 하나님을 사랑하지 않으며, 마귀를 미워하지 않을 것입니다. 이는 그 영혼은 싫증 나는 베일, 즉 삶의 염려로 덮여 있기 때문입니다. 그러한 상태의 정신은 자신을 더 깊이 알아 자기의 판단을 시험할 수 없습니다. 그때 세상을 버리고 떠나는 것이 유익합니다. 자신의 모든 잘못을 인식할 수 있는 사람은 극소수인데, 그들의 정신은 하나님께 집중하는 데서 벗어나지 않습니다. 육신의 눈이 건강하면 모든 것을 볼 수 있지만, 눈이 흐려지거나 무엇이 끼어 있으면 큰 사물만 희미하게 볼 뿐 작은 물체를 인식하지 못합니다. 영혼도 이와 같습니다. 기도로써 세상을 향한 사랑으로 괴롭히는 눈먼 상태를 감소시키고 자신의 지극히 작은 잘못을 엄청나게 크게 여기는 영혼은 감사한 후에 쉬지 않고 눈물을 흘릴 것입니다. 이는 "의인들이 주의 이름에 감사"하기 때문입니다(시 140:14). 그러나 세속적인 태도를 유지하면서 살인을 하거나 중한 죄를 짓는 영혼은 그것들을 가볍게 여길 것이며, 부차적인 다른 잘못들은 관심을 둘 가치가 없다고 간주하거나 때로는 일종의 업적으로 간주할 것입니다. 이런 까닭에 불쌍한 영혼은 뉘우침이 없이 그것들을 자랑합니다.

6. 성 바르사누피우스

어느 형제가 원로에게 다음과 같이 질문했습니다: "아버지여, 내가 어떤 사람이 귀신들과 싸운다거나 건강이 좋지 않다는 말을 듣고 동정심을 느낀다고 가정하고 말씀해 주십시오. 첫째, 그 동정심이 선한 것입니까, 아니면 내 죄에 대해 생각하지 못하게 하려는 귀신들에게서 온 것입니까? 둘째, 내가 더 큰 죄 속에서 더 위험한 상태에 있으면서도 그 사람을 위해 기도해야 합니까? 만일 그 사람이 이것에 대해 나에게 질문하거나 원로에게 말해달라고 부탁한다면, 어떻게 해야 합니까? 이웃을 위해 기도하는 것이 정념에 굴복한 사람을 사랑으로 훈련하는 것입니까?"

원로는 다음과 같이 대답했습니다: "교부들은 젊은 수도사들에게 다른 사람을 위해 울기 위해 자기의 시신을 포기해서는 안 된다고 가르쳤습니다. 이웃을 측은히 여기는 것은 완전한 사람들의 표식입니다. 젊은 수도사가 다른 사람을 측은히 여기는 것은 귀신들이 주는 망상입니다. 이는 젊은 수도사는 분별력이 없어 사람이나 사물에 대해 어리석은 판단을 하기 때문입니다. 그렇기 때문에 종종 선하고 유익한 것을 악하고 불리한 것처럼 봅니다. 따라서 수도원 밖에 있는 사람들을 무시하는 것이 그에게 유익합니다. 혹시 그들 중 누군가가 병들었거나 고통받고 있음을 기억하거나, 그러한 소식을 들으면 '하나님께서 그 사람과 나를 불쌍히 여기시기 바랍니다'라고 말해야 합니다. 젊은 수도사는 원로들에게 누군가를 위한 기도를 부탁하지 않아야 합니다. 이는 그렇게 하는 데는 그 자신의 판단이 개입되기 때문입니다.

"원한다면, 원로에게 이러이러한 사람이 병들었다고 언급하십시오. 그러면 원로는 그 말을 듣고 병자를 위해 기도할 것입니다. 만일 누군가 당신에게 어느 원로에게 자신에 대해 말해달라고 부탁한다면, 부탁받은 대로만 전하십시오. 그리고 '주님, 우리를 용서해 주십시오'' 또는 '이 상황에서 우리를 보호해 주십시오'라고 기도하십시오. 하나님 사랑 때문에 사람들을 동정하는 것은 갓 수도사가 된 사람이 할 일이 아닙니다. 어떤 사람에 대한 생각이 떠오른다면, 당신의 임무와 의무가 무엇인지 물어 배우십시오."

7. 게론티콘

1. 어느 형제가 압바 크로니우스(Abba Kronios)에게 "아버지, 어떻게 해야 구원받을지 말씀해 주십시오"라고 말했다. 크로니우스는 "엘리사는 수넴 여인의 집을 방문했을 때 그 여인이 다른 사람에게 관심을 두지 않는 것을 알았습니다. 이런 까닭에 그 여인은 잉태하여 아이를 낳았습니다"라고 말했다. 그 형제는 "그것이 무엇을 의미합니까?"라고 물었다. 크로니우스는 "영혼이 깨어 지키며, 관심을 다른 데 두지 않고, 자기의 뜻을 버리면, 하나님의 영이 그에게 오십니다. 그렇게 되면 결실이 없었던 영혼이 고귀한 영적 생각을 맺을 수 있습니다"라고 대답했다.

2. 언젠가 그 지방 통치자가 압바 푀멘을 만나러 갔는데, 푀멘이 만나주지 않았다. 통치자는 푀멘이 자기를 만나게 하려고 푀멘의 누이의 아들을 체포하여 감옥에 가두고 "푀멘이 와서 부탁하면 그를 풀어주겠다"라고 말했다. 누이는 울면서 그의 수실 앞에 갔지만, 푀멘은 전혀 반응하지 않았다. 그녀는 "나를 불쌍히 여겨 주세요. 그 아이는 나의 외아들입니다"라고 말했다. 푀멘은 사람을 보내어 "푀멘에게는 자녀가 없습니다"라고 전하게 했다. 누이는 아무런 성과를 얻지 못한 채 떠났다. 이

말을 들은 통치자는 푀멘에게 사신을 보내어 "나에게 한 마디로 명령해 주십시오. 그러면 그 아이를 석방하겠습니다"라고 말했다. 푀멘은 "사건을 법대로 심리하십시오. 죽어 마땅하다면 죽이고, 그렇지 않다면 당신 뜻대로 하십시오"라고 응답했다.

8. 성 에프렘

1. 인생사에 얽히고 세상사에 생각이 기울어 있는 수도사는 자신을 난도질하여 토막 내는 사람과 같습니다.

2. 세상을 버린 수도사가 육신의 부모의 유산을 바란다면, 시험에 빠질 것입니다. 주님을 찾는 사람은 구원받을 것입니다. "내가 늙으면 어떻게 목숨을 유지할 것인가?"라고 말하지 마십시오. 이곳에서는 내일 일에 대해 걱정하는 것이 허락되지 않는데, 벌써 노년에 대해 걱정하십니까? "너희는 먼저 그의 나라와 그의 의를 구하라 그리하면 이 모든 것을 너희에게 더하시리라"(마 6:33)라고 약속하신 분은 거짓말을 하시지 않습니다. 이런 것들을 먼저 구하지 않는 사람은 그것들을 얻으려고 노력하지 않을 것입니다. 염려를 주님께 맡기면, 주님이 먹여 주실 것입니다(시 55:22). 주께서 당신이 하는 일을 성공하게 해주실 때 조심하십시오. 이는 당신을 도와주신 분께 그에 대해 보고해야 하기 때문입니다.

9. 압바 바르사누피우스

공주 수도원에 침묵 생활을 하는 형제가 원로에게 "부당한 일을 당하고 있는 과부가 황제의 경호원에게 사람을 보내어 자기를 돕기 위한 편지를 써달라고 부탁했습니다. 나는 이 문제에 관해 두 가지 생각을 합니다. 하나의 생각은 '너는 세상에 대해 죽으려고 이곳에 왔다, 만일 네가 그에게 편지를 쓴다면, 세상에 대해 죽으라는 명령을 범하는 것이다'라고 말합니다. 또 다른 생각은 '만일 네가 편지를 쓰지 않으면, 궁핍한 사람을 도와주라는 명령을 범하는 것이다'라고 말합니다. 아버지여, 말씀해 주십시오. 나는 어떻게 해야 합니까?"라고 질문했습니다.

원로는 이렇게 대답했습니다: "당신이 시체인데, 고통당하는 과부가 부탁한다면, 도와줄 수 있습니까? 도와줄 수 없습니다. 게다가 만일 당신이 그 여인을 도와준다면, 다른 사람이 다른 일로 도움을 청하러 올 것이며, 그렇게 되면 자기를 죽이라는 명령을 범하게 될 것입니다. 죽은 사람은 그런 것을 생각하지 않습니다. 사람들이 당신에게 불평하는 것이 당신에게 해를 끼치지 못할 것입니다."

제25장

덕을 추구하는 사람을 본받아야 한다.

악을 행하기는 쉬우며, 오늘날 많은 사람이 악을 선택한다. 덕을 행하는 것은 힘든 일이므로 그것을 추구하는 사람이 드물다. 우리는 악을 선택하는 사람들보다 덕을 추구하는 사람을 본받아야 한다.

1. 게론티콘

1. 어느 형제가 페르메의 압바 테오도르에게 와서 "어느 형제가 세상으로 돌아갔습니다"라고 말했다. 테오도르는 "그 사실이 놀랍습니까? 그보다는 어떤 사람이 원수의 수중에서 벗어날 수 있었다는 소식을 들을 때 더 놀라야 합니다"라고 말했다.

2. 어느 원로는 "하나님을 경외하지 않는 일만 명과 사는 것보다 경외하는 사람 셋과 사는 편이 낫습니다. 마지막 시대에 공주수도원에서 사는 수백 명 가운데 구원받을 사람이 매우 적을 것입니다. 이는 모두가 음식을 탐하고, 권력을 사랑하고, 탐욕에 빠질 것이기 때문입니다. 많은 사람이 부름을 받았지만 택함을 받은 사람은 적습니다(마 22:14)"라고 말했다.

3. 이 원로는 "물질적 지원을 적게 받는 사람들 가운데 있을 때 그들에게 관심을 두지 마십시오. 그러나 너무 가난해서 먹을 양식이 없는 사

람을 보면 보살펴 주십시오. 그리하면 영혼의 안식을 찾을 것입니다"라고 말했다.

4. 압바 푀멘이 눈물을 흘리면서 압바 마카리우스에게 "제가 어떻게 해야 구원받을지 말씀해 주십시오"라고 말했는데, 마카리우스는 "당신이 찾고 있는 것은 이제 수도사들에게서 떠나갔습니다"라고 대답했다.

5. 압바 요한은 어느 원로가 다음과 같은 환상을 보았다고 말했다: "세 명의 수도사가 바다 건너편 해안에 서 있는데, 반대편에서 '불타는 날개를 달고 나에게 오너라'라는 음성이 들려왔습니다. 그들 중 둘은 불날개를 달고 반대편으로 날아갔습니다. 그러나 나머지 한 명은 그곳에 그대로 서서 눈물을 흘리면서 크게 소리쳤습니다. 그는 결국 불날개가 아닌 약하고 무력한 날개를 달고서 바다에 빠졌다가 다시 일어나는 등 몹시 어렵게 반대편에 도착했습니다. 이 세대는 마지막 사람과 같아서 불날개가 아닌 약하고 무력한 날개를 달고 있습니다."

6. 거룩한 교부들이 서로 "우리가 무엇을 이루었습니까?"라고 말하면서 마지막 세대에 대해 예언했다. 그중 압바 이스키리온(Ischyrion)이 "우리는 하나님의 계명을 실행했습니다"라고 대답했다. 다른 교부들이 "우리 다음 세대 사람들은 무엇을 할까요?"라고 물었는데, 이스카리온은 "그들은 우리가 이룬 것의 절반을 이룰 것입니다"라고 대답했다. 교부들은 다시 "그 다음 세대는 어떻게 될까요?"라고 질문했고, 이스키리온은 "그 세대 사람들은 아무것도 이루지 못할 것이며, 유혹이 그들에게 임할 것입니다. 그 세대에 자격이 있다고 여겨지는 사람들은 우리 및

우리의 교부들보다 더 위대할 것입니다"라고 대답했다.

2. 성 에프렘

사랑하는 사람이여, 수도생활에 진보한 사람이 태만하게 지내는 것을 보고 그들을 모방하여 그들과 같은 길을 걸어 영원한 벌을 받지 않도록 조심하고, 당신 자신을 튼튼히 하십시오. 당신이 절제를 과시하거나 자랑하여 거만해진다면, 당신은 원수의 수중에 들어갈 것입니다. 그러므로 당신 자신을 돌보고 지키십시오. 이는 행위가 우리를 의롭다 하거나 정죄하지 못하기 때문입니다. 우리가 벌거벗고 고개를 숙인 채 심판관 앞에 설 때 각기 자신에 대해 보고하고 자신의 짐을 져야 할 것입니다. 그렇기 때문에 항상 자신을 돌보며, 하나님을 따라 사는 사람들을 주목하고 본받아 그들처럼 되어야 합니다.

왕의 문장을 달고 있지만 원수에게 넘겨져서 원수를 섬기는 군인을 닮지 않으려면, 수도복을 입었으면서도 구원을 소홀히 하는 사람들과 경쟁하지 마십시오. "죄를 범하는 자마다 죄의 종이라"(요 8:34)라고 말씀하시는 분은 거짓말을 하시지 않습니다. 수도복은 나뭇잎과 같고, 행위는 열매입니다. 그러므로 외모에 관심을 두지 말며, "나는 정념에 빠지는 사람들처럼 악하지 않다"라고 자신을 정당화하면서 그러한 사람들을 모방하지 마십시오. 큰 집에는 금그릇과 은그릇뿐만 아니라 나무그릇과 질그릇도 있는데 어떤 것은 귀중하고 어떤 것은 귀하지 않다는 말씀을 염두에 두십시오. 주님께 복종하지 않고 죄의 행위를 이룬다면, 당신은 가치 없는 그릇입니다. 그러나 주님에게 속한 것을 행한다면, 당신은 택함을 받아 성화되고 주님께 유익한 그릇, 모든 선한 행위를 위해 준비된 그릇이 될 것입니다.

선한 교제를 소중히 여기고, 악한 교제를 멀리하십시오. 사람이 나면서부터 주술사나 도둑이나 도굴범으로 태어나는 것이 아니라 사탄으로 말미암아 부패한 정신을 가진 사람들에게서 배우는 것입니다. 치명적인 위험에 빠지지 않으려면 목욕, 음주, 장터에 모이는 것, 사치 등을 즐기지 마십시오. 죄인 중 하나로 간주되지 않으려면 그들의 고통을 항상 염두에 두십시오. 당신은 사람들이 애통하고 있는 집에 들어갔다가 슬피 울고 탄식하는 것을 보고서 서둘러 그곳을 떠나지 않았습니까? 우리는 현세의 현상에 기초하여 영원한 실체를 추측해야 합니다. 잠언에 "지혜 있는 자에게 교훈을 더하라 그가 더욱 지혜로워질 것이요"(잠 9:9)라고 기록되어 있습니다. 하나님의 계명을 정직하게 받고, 교활한 마귀의 계책을 거부하고, 해로운 교제를 단절하십시오. 그리하면 당신의 속사람이 평안할 것입니다.

생각을 더럽히지 않으려면 배우나 희극인들과 함께 시간을 보내지 마십시오. 그들의 말은 독사의 독보다 더 큰 피해를 줍니다. 그들은 노인을 어린아이처럼 행동하게 하고, 젊은이를 불의한 행위로 이끕니다. 수도원 안에서 무례하게 돌아다니면서 하나님이 기뻐하시지 않는 말을 하는 형제를 보면, 그들이나 그들의 말에 관심을 두지 말고 하나님께 시선을 고정하십시오. 시편 기자는 "여호와를 항상 내 앞에 모심이여 그가 나의 오른쪽에 계시므로 내가 흔들리지 아니하리로다"(시 16:8)라고 말합니다. 마귀가 "이 원로들은 오랫동안 수도원에서 생활을 해왔는데, 그렇지 못한 나는 어떠한가?"라고 말하면서 당신의 정신을 유혹하지 못하게 하십시오. "청함을 받은 자는 많되 택함을 입은 자는 적으니라"(마 22:14)고 하신 주님의 말씀과 "구원을 받는 자가 적으니이까"라는 말씀을 들으십시오.

멸망할 많은 사람 중 하나가 되지 말고, 택함을 받은 적은 자들 가운데 하나가 되십시오. 공주수도원이든지 다른 곳에 있든지 악을 행하는 사람은 악한 자의 아들이요, 곡식 가운데 있는 가라지와 같습니다(마 13:25~30). 그러므로 다니엘처럼 불 속에서 타지 않고 주님의 곡간에 들어가려면 알곡이 되십시오. 소돔의 의인 롯을 생각하고, 쾌락과 방탕에 빠지지 마십시오. "이는 이 의인이 그들 중에 거하여 날마다 저 불법한 행실을 보고 들음으로 그 의로운 심령이 상함이라 주께서 경건한 자는 시험에서 건지실 줄 아시고 불의한 자는 형벌 아래에 두어 심판 날까지 지키시며"(벧후 2:8~9)라고 기록된바 이런 까닭에 그는 구원받았습니다.

롯은 그런 사람들과 함께 살았지만, 그들과 함께 멸망하지 않았습니다. 게하시는 엘리사를 섬겼지만, 죄를 지었습니다(왕하 5:20~27). 사무엘은 엘리와 함께 지내고 그의 아들들과 교제했지만, 그들의 불의한 방식을 탐하지 않고 진실로 주님을 사랑했기 때문에, 그들이 멸망할 때 그는 구원받았습니다(왕상 4:1~22). 유다는 제자들과 함께 주님을 따랐지만, 주님을 범죄자들에게 넘겼습니다.

우리는 항상 자신에게 주목해야 합니다. 만일 우리가 의로운 사람들과 함께 거한다면, 우리 가까이에 덕의 본보기가 있으므로 우리도 의롭게 살 것입니다. 그러나 죄인들과 함께 거주한다면, 그들의 행위를 모방하려 하지 말아야 할 뿐만 아니라, 우리의 선한 행위를 통해서 그들에게 구원의 기회를 제공해야 합니다. 혹시 "나는 약하고 태만하며, 부주의한 사람이 나를 쉽게 악한 행위에 빠지게 한다"라고 말하는 사람이 있다면, 그는 성경에 집중하고 매사에 거룩한 교부들을 본받아야 합니다. 그리하면 하나님과 사람들이 그를 인정할 것입니다. 여호와를 경외하며 영혼을 치유하는 사람들을 찾아가며, 그들이 말하는 모든 것을 사모하고 받아들여야 합니다. 그들의 말대로 실천하면, 곧 열매를 맺을 것입니다. 성경은 "네 아버지에게 물으라 그가 네게 설명할 것이요 네 어른들에게 물으라 그들이 네게 말하리로다"(신 32:7)라고 말합니다.

공주수도원에 살면서 자기의 구원에 관심을 두지 않고 그에 반대되는 일을 행하는 사람은 심각한 벌을 자초할 뿐만 아니라, 그의 악함과 태만함을 본받아 멸망하는 사람들의 영혼에 중한 형벌을 초래할 것입니다. 그러나 덕을 배양하고 자기의 구원을 생각하는 사람은 형제들에게 고결한 생활의 본보기가 되며, 태만한 사람들을 자극하여 계명을 실천하게 하기 때문에, 천국에서 큰 영광을 받을 것입니다. 전쟁터에서 제일 앞에서 싸우면서 적진을 돌파한 사람이 다른 사람들보다 더 큰 훈장을 받듯이, 주님의 일을 부지런히 행하며 많은 사람들에게 섬김의 본을 보이는 사람은 하나님에게서 더 큰 영광을 받을 것입니다.

3. 안티오쿠스(Antiochos)

꿀벌들이 수고하여 만든 꿀을 말벌이 먹듯이, 태만한 형제는 공동체의 고결한 상태를 훼손합니다. 비겁한 군인이 동료 군인들의 손을 마비시키듯이, 태만한 수도사는 형제들의 열심을 약하게 합니다. 이런 까닭에 하나님이 그를 심하게 벌하실 것입니다. 형제들이여, 주님의 명령을 멸시하는 많은 사람과 함께하기보다 하나님을 흡족하게 하는 소수의 사람과 함께 거하는 편이 낫습니다. 하나님에 대한 경외심이 있는 곳에 사랑과 일치가 있고, 그러한 사람들 가운데 하나님이 거하시기 때문입니다. 그러나 사람들이 하나님을 경외하지 않는 곳에는 다툼과 시기가 있고, 시기가 있는 곳에서 악한 자가 즐거워합니다.

그러므로 성경에서 가르치는 대로 무익한 많은 사람과 함께 살기보다 소수의 선한 사람과 사는 편을 택하십시오. 집회서 기자는 주님을 두려워하지 않는다면 숫자가 많아도 기뻐할 것이 없다고 말합니다. 의인 하나가 천 명의 죄인보다 낫습니다. "죄인들이 모이는 곳에는 불이 나고 주님을 거스르는 민족에게는 천벌이 내립니다"(집회서 16:5). 다음의 말씀을 기억하십시오: "그들이 주님을 두려워하지 않는다면 숫자가 많더라도 기뻐할 것이 없다. 또한 그들의 수명이 길다고 미쁠 것 없고 그 수효가 많다고 안심할 것도 못 된다. 한 아들이 일천 아들보다 나을 수 있고 불경스런 자식들을 갖기보다는 자식 없이 죽는 편이 낫다. 현명한 사람 하나만 있어도 고장은 번영할 수 있으나 신앙도 율법도 없는 부족은 멸망하고 만다"(집회서 16:2~4).

4. 압바 마가

두 악인이 서로 사랑하는 것은 자기들의 악한 뜻을 이루기 위해 협력하는 것입니다. 교만한 사람과 자만심이 강한 사람은 기꺼이 서로 제휴합니다. 교만한 사람은 자만심이 강한 사람 앞에서 비굴하게 움찔하여 그를 칭찬하며, 자만심이 강한 사람은 끊임없이 교만한 사람을 칭찬합니다. 이런 사람들을 멀리하십시오. 그리하면 그들이 주는 해를 피할 수 있습니다.

5. 게론티콘

어느 형제가 원로에게 "동료가 세상으로 돌아가는 것을 보고서 어떻게 분개하지 않을 수 있습니까?"라고 물었는데, 원로는 이렇게 대답했다: "토끼를 사냥하는 개를 생각하십시오. 토끼를 본 개는 온갖 장애를 극복하고 추적하여 토끼를 잡지만, 토끼를 보지 못한 개들은 토끼를 추적하는 개만 보고서 어느 지점까지 함께 달려가다가 결국 돌아옵니다. 토끼를 보고 쫓아가는 개는 돌아간 개들에게 관심을 두지 않으며, 절벽이나 숲이나 막대기 등의 방해를 받지 않고 토끼를 잡을 때까지 달려갑니다. 그 개는 사냥의 목표에서 벗어나지 않고 추적하는 토끼만 바라봅니다. 우리 주 예수님만 찾아 따라잡는 사람은 끊임없이 십자가에 매달리며, 온갖 것을 간과하고 도중에 만나는 모든 걸림돌을 넘어서서 마침내 십자가에 달리신 분에게 이르며, 살아계시는 그분을 붙듭니다."

6. 성 에프렘

원수는 태만한 형제들을 무장시켜 냉철한 형제를 대적하게 합니다. 그러나 냉철하고 부지런한 사람은 태만한 사람에게서 영적 수고의 근원을 발견하고, 주님을 위해 그들의 약함을 참고 견딥니다. 이웃을 자비롭게 대하는 사람은 주님의 자비를 발견할 것입니다. 자비롭게 행하지 않은 사람에게 무자비한 심판이 임할 것입니다. 형제가 죄를 짓는 데 도움을 주지 마십시오. 가능하면 서둘러 그를 구해내십시오. 그러면 당신의 영혼이 주님 안에 살 것입니다. 항상 하나님을 경외하면, 죄가 당신을 지배하지 못할 것입니다.

제26장

수도사가 되려는 사람도 시험해야 한다.

수도생활을 지원하는 사람을 받아들이기 전에 세밀하게 시험해야 한다; 세밀히 심사하여 받아들인 사람은 대체로 신뢰할 수 있다.

1. 파코미우스의 생애

파코미우스는 젊어서 하나님을 향한 뜨거운 사랑을 품고 수도사가 되기를 열망했다. 그는 팔라몬이라는 독수도사에 대한 소문을 듣고서 그와 함께 지내려고 찾아갔다. 파코미우스는 사막에 인접해 있는 팔라몬의 수실에 도착하여 문을 두드렸다. 팔라몬은 문을 조금 열고서 "누구를 찾아왔으며, 무엇을 원합니까?"라고 물었다. 파코미우스는 "하나님이 나를 수도사가 되게 하시려고 당신에게 보내셨습니다"라고 대답했다. 팔라몬은 "수도사가 되는 것은 결코 작은 일이 아니므로, 당신은 수도사가 될 수 없습니다. 이곳에 온 많은 사람들이 견디지 못하고 해이해졌습니다"라고 대답했다. 파코미우스는 "사람들의 의도가 다 같은 것은 아닙니다. 나를 받아 주십시오. 세월이 흐르면 알 수 있을 것입니다"라고 말했다. 팔라몬은 "나는 당신이 수도사가 될 수 없다고 말했습니다. 다른 곳에 가서 살면서 얼마 동안 금욕생활을 하세요. 그런 후에 나에게 오면 받아주겠습니다. 나는 이곳에서 모질게 금욕생활을 해왔습니다. 나는 하나님의 은혜로 빵과 소금 외에 아무것도 먹지 않습니다. 나는 기름과 올리브를 철저히 삼갑니다. 나는 밤의 절반은 기도하고 하나님의 행위를 공부하면서 철야합니다. 때로 밤을 완전히 새기도 합니다"라고 말했다.[1]

파코미우스는 팔라몬의 엄격한 말에 감동했다. 하나님의 은혜로 그는 모든 어려움을 담대하게 견뎌내기로 작정하고 "당신의 기도로 말미암아 하나님께서 내가 이곳에서 완덕을 얻을 자격이 있다고 여겨질 때까지 참고 견딜 힘을 주실 것이라고 믿습니다"라고 대답했다. 팔라몬은 파코미우스의 구원에 대한 갈망과 믿음을 영적으로 이해했다. 그는 문을 열고 그를 받아들이고 수도복을 입혀주었다. 두 사람은 같은 장소에서 고행 생활을 하면서 기도에 전념했다. 그들은 밧줄을 꼬고 자루를 짰다. 사도 바울의 말처럼 그들이 수고하며 일한 것은 생계를 위해서나 돈을 모으기 위해서가 아니라 가난한 사람들을 돕기 위해서였다. 파코미우스가 모든 일에 순종하며 수덕생활에 진보하는 것을 보고서 팔라몬은 기뻐하고 하나님을 찬양했다.

2. 파코미우스의 생애

성 파코미우스는 하나님의 뜻이 그에게 이루어지기 위해서 끊임없이 기도하곤 했다. 그가 얼마 동안 이를 위해 철야하면서 기도한 후에 주의 천사가 나타나서 "당신이 하나님을 섬기며 인류와 하나님을 화목하게 하는 것이 하나님의 뜻입니다"라고 세 번 말하고 떠나갔다. 파코미우스

---

1) 『파코미우스의 생애』(엄성옥 역, 은성출판사). 28쪽.

는 하나님께 감사했다. 그는 그 환상이 하나님에게서 온 것이라고 확신한 후에 하나님 앞에서 회개하는 사람들을 받아들여 엄격하게 심사하여 수도복을 입히고 그들을 현세의 염려를 단념시키고, 금욕생활을 조금씩 발전하게 했다.[2]

3. 성 테오도라의 생애

복된 여인 테오도라(Theodora)는[3]는 세상과 세상 염려를 버리고, 재치 있는 방도로 미혹자 마귀를 넘어뜨리기로 했다. 그녀는 남편에게 들키지 않으려고 남장을 하고 알렉산드리아에서 멀리 떨어진 곳에 있는 남자 수도원에 갔다. 그녀는 수도원에 도착하여 수도사로 받아들여 달라고 요청했다. 수도사들은 그녀를 여자라고 생각하지 않았지만 받아들이지 않고, 그녀의 인내를 시험하기 위해 밤새 밖에서 지내라고 했다. 테오도라는 그곳이 매우 황량한 사막이었기 때문에 사나운 짐승들이 공격할 수 있다는 것을 알면서도 그들의 제안에 동의하고 실천에 옮겼다. 그녀는 대문 밖에서 기다리며 밤을 새웠다. 옛날 다니엘을 위해 사자들을

---

2) 상게서. 46쪽.

3) 암마 테오도라에 대한 10개의 금언은 『사막 교부들의 금언』(199~203쪽)에 기록되어 있다.

암마 테오도라는 사막에서 생활한 위대한 여자 고행자이다. 팔라디우스는 테오도라라는 여인이 "호민관의 아내로서 지극히 가난하게 되어 구제를 받다가 결국 바다 근처에 있는 헤시카스 수도원에서 세상을 떠났다"라고 언급했다. 그녀는 대주교 테오필루스에게 지도를 받았으며, 많은 수도사가 수도 생활에 대해 그녀에게 지도를 받았다.

길들이셨던 하나님은 그녀가 곧 덕의 고지에 올라갈 것을 예견하시고서 그녀를 짐승들이 건드리지 못하도록 보호하셨다. 그녀가 건재한 것을 본 수도사들은 그녀가 그들과 함께 지내는 것이 하나님을 기쁘시게 하는 것이라고 결정했다.

수도원장은 테오도라를 받아들인 후 그녀를 한쪽으로 데려가서 그녀가 누구이며 왜 수도원에 왔느냐고 물었다. 그는 "혹시 빚을 졌거나 누군가를 죽였거나 자녀들을 먹여 살릴 수가 없어서 세상을 버렸습니까?"라고 물었다. 테오도라는 "원장님, 그런 이유 때문이 아닙니다. 단지 소란한 세상을 피하고, 내 죄에 대해 깊이 슬퍼하기 위해서입니다"라고 대답했다. 원장은 그녀의 이름을 물었고, 그녀는 담대하게 "테오도라"라고 대답했다. 원장은 "형제 테오도라여, 이곳에서의 삶이 어렵지 않다고 생각하지 마세요. 그러나 당신이 순종의 멍에에 복종하기를 원한다면, 나무와 채소를 기르고 물을 긷고 정원에 물을 주는 등 수도원 내의 일을 해야 할 뿐만 아니라 수도원 밖에서의 일도 해야 합니다. 도시로 가야 할 일이 생기면 용서를 구하지 마십시오. 이러한 임무를 구실로 금욕적 노동을 피하지 마십시오. 오히려 한층 더 쉬지 말고 금식하고 기도하며, 날마다 아침과 저녁에 찬송하십시오. 낮에 성무일과를 생략해서는 안 됩니다. 세상에서 우리를 대적하는 귀신들의 공격에 맞서려면 육신이 지치도록 수고해야 합니다"라고 말했다.

테오도라는 이 가르침을 들으면서 영적으로 기뻐했다. 그녀는 열심히 가르침을 실천하기로 약속했고, 고귀한 수도사들의 계열의 합류했다. 그녀는 육욕적인 성향을 완전히 버렸으므로 하나님께 한 약속을 확실히 실천해야 했다. 그녀는 즉시 망설임 없이 핑계 대지 않고 맡은 일에 전념했다. 그녀는 팔 년 동안 수도원 안의 형제들에게 양식을 공급해주는 나무와 채소에 물을 주었고, 날마다 곡식을 맷돌로 갈고, 반죽하고, 빵을 구웠다. 또 육욕적인 충동을 죽이려는 사람들이 먹을 수 있도록 채소를 데쳤다. 그녀는 교회의 예배에 빠지지 않았고, 영혼 안에 있는 하나님 사랑을 나타냈다.

그녀는 이러한 훈련을 고수하고, 힘든 생활 방식을 선택했지만, 과거에 지은 죄에 대한 생각 때문에 완전한 평안을 누리지 못했다. 밤이 되면 하루의 임무를 마치고 휴식하며 잠을 자야 하지만, 그녀는 가슴을 치고 눈물을 흘리면서 "주님, 순결을 파괴한 죄를 용서해 주십시오"라고 기도했다. 그녀는 정규적으로 기름과 곡식 등 수도원에 필요한 물품을 구입하여 낙타로 운반했다. 간단히 말하자면, 테오도라는 아무리 힘든 일도 다른 수도사들보다 더 열심히 이루어냈다.

4. 로마의 성 멜리니아의 삶

성녀 멜라니아(St. Melania)[4]는 예루살렘 감람산 근처에 90명 이상의

---

[4] 장로 멜라니아의 일생에 대한 기록은 『팔라디우스의 초대 사막 수도사들의 이야기』엄성옥 역, 은성출판사. 160~162쪽)에 나온다. 이 책에서 멜라니아가 로마를 떠나 처음 하부 이집트 니트리아 수도원에 도착했을 때 압바 팜모와의 대화가 나오는 데 매우 깊은 의미를 준다: 멜라니아는 이런 말을 했습니다: "…나는 은 3백 파운드가 담긴 은상자를 가지고 가서 팜보에게 내 재산을 나누어 주겠다고 말했는데, 앉아서 야자 잎으로 밧줄을 꼬고 있던 팜보는 나를 축복하면서 '하나님이 당신에게 갚아 주시기를 바랍니다' 라고 말했습니다."…멜라니아는 계속해서 말했습니다: "나는 재산을 기부한 데 대한 그분의 칭찬을 기대하면서 서 있었지만, 그분은 아무 말도 하지 않았습니다. 그래서 나는 '내가 은 3백 파운드를 드렸습니다' 라고 재차 말했습

수녀들이 생활하는 수녀원을 세우고, 가르침과 행동이 다른 사람들보다 탁월한 수녀원장을 임명했다. 그녀는 수녀들을 위해 종처럼 봉사하고, 어머니처럼 사랑했다. 그녀는 겸손한 태도로 수녀들의 구원에 필요한 충고를 해주었다. 그녀는 권위자들에게 순종하고 복종하는 것과 관련하여 세상사에서 질서를 유지하는 데 가장 중요한 것은 왕은 왕답고 백성은 백성다운 것이라고 말하곤 했다. 이것이 없는 사람은 질서를 파괴하며, 사람들뿐만 아니라 사물을 혼동할 것이다. 그녀는 종종 다음과 같은 예를 들었다:

어느 젊은이가 위대한 원로의 제자가 되기를 갈망하여 그에게 갔다. 그 원로는 어떤 제자가 되어야 하는지를 지적하면서 그 사람에게 근처에 있는 조각상을 힘껏 치고 치라고 명령했다. 젊은이는 그 명령에 복종했다. 원로는 그가 치고 때릴 때 조각상이 반응하거나 불쾌함을 표현했느냐고 물었다. 젊은이는 그런 일이 없었다고 대답했다. 원로는 그것을 욕하면서 때리라고 명령했다. 그 사람은 세 차례 그렇게 했지만, 생명이 없는 조각상은 말이 없었다. 원로는 젊은이에게 "당신의 공격을 말없이 참고 견딘 이 조각상처럼 학대를 받아도 되받아치지 않을 수 있다면 확신을 가지고 훈련을 받으시오. 그렇지 못하다면, 우리와 함께 지내지 마십시오"라고 말했다.

니다. 그분은 고개를 들지 않은 채 말씀하셨습니다: '자매여, 산들을 측량하시는 하나님(사 40:12)은 은의 분량에는 관심을 두지 않으십니다. 그것을 나에게 주려 한다면 당신의 말이 타당하지만, 과부의 두 렙돈(막 12:42; 눅 21:2)도 간과하지 않으시는 하나님께 드리려 한다면 잠잠하십시오.'"

멜나니아가 에바그리우스가 이집트 사막의 수도사가 되는 과정에서 중요한 역할을 했다는 기록이 있다(상게서 146쪽, 제8번 단락).

5. 팔라디우스

대 안토니의 제자인 압바 크로니우스는 순진하고 단순한 성격 때문에 단순한 사람이라고 불린 바울에 대해 다음과 같은 이야기를 했다.

"바울이라는 시골 농부가 아름답지만 심술궂은 여인과 결혼했습니다. 그녀는 간음했지만, 그는 성격이 깨끗하여 의심하지 않는 사람이었으므로 그 사실을 오랫동안 알아채지 못했습니다. 그런데 언젠가 바울이 갑자기 밭에서 돌아와 집에 들어갔다가 아내의 간음 현장을 목격했습니다. 그는 간음한 사람들에게 '나와 상관이 없는 일입니다. 나는 이제 그 여자와 함께 살지 않겠습니다. 계속하세요. 그녀와 아이들을 데려가세요. 나는 수도사가 되겠습니다'라고 말했습니다. 그는 이 사실을 아무에게도 말하지 않고 여덟 곳을 통과하여 안토니를 찾아가 문을 두드렸습니다.

"안토니는 수실에서 나와서 그에게 무엇을 원하느냐고 물었는데, 바울은 '수도사가 되고 싶습니다'라고 대답했습니다. 안토니는 '당신은 60세 노인이므로 수도사가 될 수 없습니다. 마을에 가서 일하세요. 당신은 사막의 어려움을 견뎌낼 수 없으니, 생산적으로 살면서 하나님께 감사하세요'라고 말했습니다. 늙은 바울은 '무엇이든지 가르치는 대로 하겠습니다'라고 말했습니다. 그러나 안토니는 '당신은 늙어서 수도사가 될 수 없습니다. 굳이 수도사가 되겠다면, 많은 형제들이 생활하는 수도원에 들어가십시오. 그들은 당신의 약함을 참아줄 수 있을 것입니다. 나는 이곳에서 닷새에 한 번 음식을 먹으면서 혼자 힘으로 살고 있습니다. 나는 배불리 먹지 않기 때문에 항상 배가 고픕니다'라고 말했습니다. 안토니는 이런 말로 겁을 주어 바울을 쫓아 보내려 했습니다. 그러나 바울이 떠나지 않았으므로, 안토니는 동굴에 들어가 문을 닫고 사흘 동안 밖으로 나오지 않았습니다. 바울은 문 옆에 앉아서 기다렸습니다.

"나흘째 되는 날 안토니는 어쩔 수 없이 문을 열고 나왔습니다. 그는 바울을 보고서 '노인, 이곳에서 떠나세요. 왜 나를 귀찮게 합니까? 당신은 이곳에 있을 수 없어요'라고 말했습니다. 바울은 '저는 이곳을 떠날 수 없고, 이곳이 아닌 다른 곳에서 죽을 수 없습니다'라고 대답했습니다. 안토니는 그를 세심히 살펴보았습니다. 그가 빵이나 물 등 양식을 가지고 있지 않으며, 나흘 동안 아무것도 먹지 않고 있다는 것을 알고서 그가 죽으면 자신이 노인을 동정하지 않아 영혼을 더럽힐까 두려워서 그를 받아들였습니다. 안토니는 물에 불린 야자잎을 주면서 '내가 하는 것처럼 이것으로 밧줄을 꼬세요'라고 말했습니다.

"늙은 바울은 제9시까지 힘들게 27미터 정도 밧줄을 꼬았습니다. 그러나 안토니는 그가 꼰 밧줄에 만족하지 않았습니다. 그는 바울에게 다가와서 '밧줄을 꼬는 재주가 없군요. 풀어서 다시 꼬세요'라고 말했습니다(늙은 바울이 이미 나흘 동안 굶고 있었음에도, 안토니는 그의 인내심을 시험하기 위해서 이렇게 지시했습니다). 바울은 밧줄을 풀어 다시 꼬았습니다. 안토니는 늙은 바울이 불평하거나 투덜거리지 않고 조금도 성가시게 여기거나 찌푸리지 않는 것을 보고 놀랐습니다. 해가 진 후 그는 바울에게 '아버지, 빵 한 조각 드시겠어요?'라고 물었고, 바울은 '사부님 뜻대로 하십시오'라고 대답했습니다. 바울이 음식을 먹자는 제안에 급히 동의하지 않고 사부의 권위에 복종했으므로, 바울이 한층 더 측은히 여겨졌습니다. 그는 식탁을 차리라는 바울의 말에 복종했습니다.

안토니는 약 30그램되는 비스킷 4개를 가져왔습니다. 그는 그중 하나를 자기가 먹으려고 물에 적셨습니다. 나머지 세 개는 바울을 위한 것이었습니다. 그런 후에 바울을 시험하려고 시편을 12번 낭송하고, 12번 기도했습니다. 바울은 함께 열심히 기도했습니다. 그런 후 이미 밤이 깊었으므로, 두 사람은 앉아서 음식을 먹었습니다.

"안토니는 비스킷 하나를 먹었습니다. 바울은 다소 천천히 먹었기 때문에 아직 첫 번째 비스킷을 먹고 있었습니다. 안토니는 그가 다 먹기를 기다렸다가 '한 조각 더 드세요'라고 말했는데, 바울은 '사부께서 드시면 나도 먹고, 드시지 않으면 나도 먹지 않겠습니다'라고 대답했습니다. 안토니는 '나는 수도사이니 그것으로 충분합니다'라고 말했는데, 바울은 '나는 수도사가 되기를 원하므로, 충분히 먹었습니다'라고 대답했습니다. 두 사람은 식탁에서 일어섰고, 안토니는 12번 기도하고 12번 시편을 낭송했습니다. 바울도 함께 기도했습니다. 그런 후에 자정까지 조금 잠을 잤습니다. 그들은 자정에 깨어 새벽까지 찬송했습니다. 안토니는 늙은 바울이 모든 일을 열심히 따라 하는 것을 보고서 '형제여, 날마다 이런 식으로 살 수 있으면, 나와 함께 지내도 좋습니다'라고 말했습니다. 바울은 '사부님이 하시는 것을 보고서 이 일들을 쉽게 할 수 있었습니다. 더 보여주실 것이 있는지 모르겠습니다'라고 말했다. 안토니는 바울의 영혼이 모든 면에서 완전하며, 가식이 없고 정직하다고 확신했고, 몇 달 후에 하나님의 은혜의 도움을 받아 자기의 수실에서 조금 떨어진 곳에 바울을 위한 수실을 만들었습니다. 그리고 '하나님의 능력으로 당신이 수도사가 되었습니다. 이제부터 마귀들의 시험을 경험하려면 혼자 지내십시오'라고 말했습니다. 단순한 바울은 일 년 동안 홀로 살면서 귀신들과 질병을 쫓아내는 은사를 받았습니다. 그는 수덕적 덕의 고지에 이르렀습니다.

"어느 날 사람들이 강력한 귀신(귀신의 사령관)에 사로잡힌 청년을 안토니에게 데려왔습니다. 이 귀신은 천국도 모독했습니다. 안토니는 청년을 바라보면서 그를 데려온 사람들에게 '나에게는 이 계층의 귀신을 몰아내는 은사가 주어지지 않았으므로, 이것은 내가 할 일이 아닙니다. 단순한 바울이 그러한 은사를 가지고 있습니다' 라고 말했습니다. 안토니를 그들을 데리고 바울에게 가서 '압바 바울이여, 이 사람에게서 귀신을 몰아내어 건강한 몸으로 집에 돌아가 하나님께 영광을 돌리게 해 주시오' 라고 말했습니다. 바울은 '왜 사부께서 그 일을 하지 않으십니까?' 라고 물었는데, 안토니는 '나는 다른 일을 해야 하므로, 시간이 없습니다' 라고 대답했습니다. 안토니는 청년을 남겨두고 수실로 돌아갔습니다.

"바울은 일어서서 기도한 후에 귀신 들린 청년을 불러놓고 '압바 안토니께서 네가 이 청년에게서 나옴으로써 이 청년이 하나님께 영광을 돌려야 한다고 말씀하신다' 라고 말했습니다. 귀신은 하나님을 모독하면서 '이 어리석고 늙은 대식가야, 나는 나가지 않겠다' 라고 소리쳤습니다. 바울은 자기의 양가죽으로 청년의 등을 때리면서 '압바 안토니의 말씀대로 나와라' 라고 말했습니다. 귀신은 안토니와 바울에게 훨씬 격하게 화를 냈습니다: ' 이 둔하고 욕심 많은 노망한 늙은이들아, 우리를 어떻게 하려느냐? 왜 우리를 압제하느냐?' 마침내 바울은 '나오지 않겠느냐? 그러면 나는 그리스도께 말씀드리겠는데, 그분이 너를 위해 예비하신 재앙이 일어날 것이다' 라고 말했습니다. 귀신은 주님을 모독하면서 '나가지 않겠다'라고 소리쳤습니다.

"이 말을 듣고 격분한 바울은 한낮인데도 불구하고(이집트, 특히 이 지방에서 한낮의 날씨는 바빌론의 풀무처럼 뜨거웠다) 수실 밖으로 나왔습니다. 그는 바위 위에 기둥처럼 서서 '예수 그리스도, 본디오 빌라도에게 고난을 받아 십자가에 달리신 분이시여, 지금 내 기도를 들으시고 이 청년에게서 귀신을 쫓아내어 그가 더러운 영에서 해방될 때까지 이 바위에서 내려가지 않고 먹거나 마시지 않겠습니다'라고 기도했습니다.

"바울이 이렇게 기도하는 동안 귀신은 그 청년을 통해서 수실 앞에서 '나가고 있다. 폭압 때문에 어쩔 수 없이 나가고 있다. 이 청년에게서 물러나고 있다. 이제 그에게 접근하지 않겠다. 바울의 겸손과 단순함이 나를 몰아내고 있다. 이제 어디로 가야 할지 모르겠다'라고 소리쳤습니다. 더러운 영은 즉시 청년에게서 나와 길이가 3미터나 되는 큰 뱀으로 변하더니, 홍해 방향으로 기어갔습니다."[5]

이것이 단순하고 겸손한 바울이 행한 일이었다. 하나님은 그를 통해서 가식이 없고 겸손한 사람에게 얼마나 큰 영광과 존귀를 주시는지 보여주셨다. 바울은 단순함과 겸손함으로 말미암아 대 안토니가 쫓아내지 못하는 귀신을 도망치게 했다. 이것은 그가 단지 일 년 동안 수덕생활을 한 후의 일이었다. "무릇 마음이 가난하고 심령에 통회하며 내 말을 듣고 떠는 자 그 사람은 내가 돌보려니와"(사 66:2)라는 말씀이 이루어진 것이다. 덕 안에서 진보한 사람들이 믿음으로 다소 낮은 계층의 악령

---

[5] 상게서, "22. 순진한 폴". 96~106쪽.

을 쫓아내며, 그보다 겸손한 사람들은 높은 귀신들을 도망치게 한다.

6. 팔라디우스

파코미우스는 하나님의 뜻이 자기에게서 이루어지게 해달라고 기도하곤 했다. 얼마 후 그가 이것을 위해 철야하며 기도하고 있을 때 주의 천사가 나타나서 "당신이 하나님을 섬기며 사람들을 하나님과 화목하게 하는 것이 하나님의 뜻입니다. 이제부터 회개하고 하나님께 가까이 가는 사람들을 영접하고, 내가 당신에게 줄 규칙에 따라서 그들에게 충고하십시오"라고 말했다. 그는 이렇게 말한 후에 파코미우스에게 동판을 주었는데, 거기에 다음과 같은 말이 새겨져 있었다:

"각 수도사가 자기의 힘에 따라 먹고 마시는 것을 허락해야 한다. 아무도 금식하거나 먹는 것을 방해하지 말라. 음식을 먹고 튼튼한 사람에게는 무거운 임무를 맡기고, 금욕하며 약한 사람에게는 가벼운 임무를 맡기라. 수도원 안에 많은 수실을 만들고, 각 수실에 세 명 이상의 수도사가 머물지 못하게 하여라. 모든 형제가 같은 식당에서 식사하게 하라. 형제들은 사지를 뻗은 자세로 잠자지 않으며, 뒤로 젖혀지는 의자를 만들고 그 위에서 잠을 자야 한다.

"규칙이 다른 수도원에서 찾아온 손님이 형제들과 함께 먹고 마시거나 수도원 안에 들어가지 않게 해야 한다. 영구적으로 머물려고 찾아온 사람은 삼 년 동안은 수도적 고행에 참여하지 못한다. 그는 삼 년 동안 다소 힘든 임무를 수행한 후에 수도사로서 경기장에 들어갈 수 있다. 그들은 붉은 십자가를 수놓은 면 두건을 쓴다. 수도사들은 음식을 먹을 때 다른 사람들이 씹는 모습을 보지 않기 위해 이 두건을 머리에 덮어써야 한다. 그들은 음식을 먹을 때 말을 하지 않으며, 식탁과 접시 외에 다른 것에 시선을 두지 않는다."

천사는 수도사들이 낮에 12번, 저녁에 12번, 밤에 12번, 제9시에 세 번 기도하고, 기도할 때마다 시편을 한 편 낭송해야 한다고 말했다.

파코미우스가 천사에게 기도 횟수가 너무 적다고 항의했더니, 천사는 다음과 같이 말했다: "이렇게 정한 것은 미숙한 사람들이 당황하지 않고 기도 임무를 완수하게 하기 위해서입니다. 완전한 사람들에게는 규정이 필요 없습니다. 그들은 홀로 수실에 있으면서 삶 전체를 하나님 관상에 헌신하기 때문입니다. 이 규정은 아직 정신이 깨어나지 못한 사람들을 위한 것입니다. 그들이 순종하지 않는 종들처럼 예배에 참여해도, 주님을 경외하면서 자기들의 성향을 나타낼 수 있게 하기 위해서입니다."[6]

이러한 지침을 주고 임무를 마치고 천사는 떠나갔다. 이러한 형태의 수도 생활을 하는 수도원이 일곱 개인데, 칠천 명의 수도사들이 온갖 형태의 수작업에 종사하고 있다. 이 수도사들은 작업한 것으로 자체 수도원과 나일강 건너편에 4천 명을 수용하고 있는 수녀원을 운영한다. 종종 벌어들인 것이 많으면 가난한 사람들과 감옥에 갇힌 사람들을 위해 사용한다.

---

[6] 상게서, "32. 파코미우스와 테벤나시의 수도사들" 1~9번, 117~121. 중간에 표현과 문장이 누락되거나 첨가된 부분이 있다.

7. 성 에프렘

　형제여, 당신이 수도사가 되기를 원한다면, 먼저 마음으로 당신이 이 세상을 떠났다는 생각을 확고히 하고, 이 세상과 그 영광을 폐허가 된 장막으로 여기십시오. 이런 식으로 준비하지 않으면 수도사들처럼 행하고 살지 못할 것이며, 멸망으로 이끄는 정념과 세상의 욕망을 정복할 수 없을 것입니다. "누구든지 나를 따라오려거든 자기를 부인하고 자기 십자가를 지고 나를 따를 것이니라 누구든지 제 목숨을 구원하고자 하면 잃을 것이요 누구든지 나를 위하여 제 목숨을 잃으면 찾으리라"(마 16:24~25)라고 말씀하신 분은 거짓말을 하시지 않습니다. 주님께 헌신하는 사람에게 유혹, 고통, 고역, 무기력, 헐벗음, 괴로움, 치욕 등이 임하리라는 것을 알아야 합니다. 그러한 상황에서 인내심이 입증되며, 하나님을 향한 갈망이 분명히 나타납니다. 하나님의 뜻에 따라 윗사람의 지시에 전심으로 복종하는 사람은 이러한 상황에서 승리합니다. 하나님이 요구하시는 것은 완전한 의도입니다. "그는 자기에게 피하는 모든 자의 방패시로다"(시 18:30)라는 말씀처럼, 하나님은 우리에게 힘을 주어 승리하게 하십니다.

　수도생활을 시작한 후 이러한 어려움에 직면할 때 후회하면서 "이런 일이 나에게 일어나리라 생각하지 못했다"라고 말할 때를 대비하여 미리 이런 말을 하는 것입니다. 앞으로 어떤 일이 일어날지 알고 있으면, 생각을 튼튼히 할 수 있을 것입니다. 건물의 기초를 놓을 때 힘든 것이 아니라 건물을 완성할 때 힘이 듭니다. 건물이 완성될 때까지 건물이 높아질수록 건축자의 수고가 더 커집니다. 다음의 말씀을 들어 보십시오: "너희 중의 누가 망대를 세우고자 할진대 자기의 가진 것이 준공하기까지에 족할는지 먼저 앉아 그 비용을 계산하지 아니하겠느냐 그렇게 아니하여 그 기초만 쌓고 능히 이루지 못하면 보는 자가 다 비웃어 이르되 이 사람이 공사를 시작하고 능히 이루지 못하였다 하리라"(눅 14:28~30). 군인들이 벌이는 전투는 단기간에 끝나지만, 수도사의 전투는 주님께 갈 때까지 계속됩니다.

그러므로 조금도 방심하지 말고 진지하게 인내하며 일을 시작해야 합니다. 사랑하는 형제여, 사자를 죽이려면, 사자가 당신의 뼈를 으스러뜨리지 못하도록 힘껏 내리눌러야 하며, 바다에 빠졌는데 돌처럼 가라앉지 않으려면 육지에 도착할 때까지 포기하지 말아야 합니다. 오늘 경주를 시작하면서 "나는 모든 것을 참고 견디겠다"라고 말하지 말고, 내일 당신의 임무에 대해 핑계 대려 하지 마십시오. 하나님의 천사들이 보이지 않게 우리 곁에 서서 우리의 말을 듣고 있습니다. 사랑하는 형제여, 강요하는 사람이 없지만, 자원하여 전투에 참여하며, 하나님께 한 약속을 부인하지 마십시오. 하나님은 거짓말쟁이를 멸하십니다(시 5:6).

사랑하는 형제여, 시작을 잘하면, 늙어서 만족스럽게 마무리할 것이며, 주의 길을 걸어가는 많은 사람을 비추어주는 등불이 될 것입니다. 기초를 튼튼히 놓으면, 당신의 일이 칭찬을 받을 것입니다. 당신이 유명세를 누리던 세상에서의 헛된 생활을 버리고 수도생활을 시작한다면, 거만의 마귀에게 지배되어 멸망하지 않도록 경계하고 지키십시오. 주님께 순종하며 선한 것을 행하는 것은 부끄러운 일이 아닙니다. 주님을 위해 당하는 고통과 괴로움은 영생의 원인이 될 것입니다. 내가 할 말은 이것뿐입니다. 한 드라크마(은화)를 일만 달란트(금화)로 교환하는 것이 이익이듯이, 수도생활의 어려움은 분투하고 노력하는 사람에게 계시될 영광과 비교될 수 없습니다. 작은 것을 바치는 사람이 큰 것을 받습니다.

만일 수도원장이 당신을 어느 형제 아래 둔다면, 속으로 "그 사람은 알려지지 않고 평판이 좋지 않은 거지의 자식이지만 나는 훌륭한 부모의 자식이다"라거나 "그 사람은 세상 지혜에 대한 지식이 없지만, 나는 그렇지 않다"라거나 "어떻게 그 사람의 지배를 받겠는가? 그것은 나에게 모욕이 될 것이다"라고 생각하지 마십시오. 그것은 사려 깊은 생각이 아닙니다. 그렇게 생각하는 사람은 부패한 옛사람을 벗어버리지 못한 사람입니다. 형제여, 하나님께서 우리를 같은 영혼을 가진 형제들에게 노예로 넘기셨으므로 참고 견뎌야 합니다. 그리하면 만유의 주, 우리를 부유하게 하시려고 가난하게 되신 분을 고려하여 우리에게 의인들의 자유를 주실 것입니다. 그분은 우리의 경솔함을 고쳐 바로잡기 위해서 사마리아인이라고 불리셨습니다. 부끄러워하지 말고 그분의 선한 멍에를 메십시오. 그리하면 영혼의 안식을 발견할 것입니다. 이에 대한 다음과 같은 비유를 들어 보십시오:

두 사람이 경주하러 갔습니다. 한 사람은 좋은 옷을 입었고, 다른 사람은 초라한 옷을 입었습니다. 두 사람은 옷을 벗고 벌거벗은 채 경기장에 들어갔습니다. 좋은 옷을 입고 있던 선수가 경기에 도움이 되리라 생각하고서 다시 옷을 입고 경기에 참여할 것이라고 생각하십니까? 아니면 그 옷이 경기에 도움이 되지 않으리라 여기고, 용감하게 기술을 발휘하며 경기에 임합니까? 당신의 경우도 마찬가지입니다. 이미 버리고 떠난 것에 대해 생각하지 마십시오. 우리는 가진 것을 내려놓고 새사람을 입기 위해서 옛사람을 벗어버렸습니다. 당신이 다른 선수들처럼 벌거벗고 경기장에 들어갔음을 깨닫고 겸손을 붙드십시오. 주님은 "사람 중에 높임을 받는 그것은 하나님 앞에 미움을 받는 것이니라"(눅 16:15)라고 말씀하셨습니다. 세상 지혜가 있다고 교만하지 마십시오. 바울은 "이 세상 지혜는 하나님께 어리석은 것이니"(고전 3:19), "누구든지 이 세상에서 지혜 있는 줄로 생각하거든 어리석은 자가 되라 그리하여야 지혜로운 자가 되리라"(고전 3:18)라고 말했습니다.

하나님께 담대하게 과거의 죄를 용서해달라고 요청하려면 이전의 생활 방식을 잊어야 합니다. 옛 방식을 버리고 생각을 낮춘 후에 형제들을 섬기고 영적 열매를 맺음으로써 확실한 부를 모으십시오. 수도원 안 마당을 청소하고 있을 때, 속사람에서 세속적인 욕망을 제거하십시오. 만일 부엌에서 재를 치우면서 "나는 재를 양식 같이 먹으며 나는 눈물 섞인 물을 마셨나이다"(시 102:9)라는 말씀을 기억하십시오.

불을 보면서 죄인들을 삼킬 영원한 불을 생각하고, 지은 죄 때문에 울어야 합니다. 무엇을 추구하든지 선한 의도로 겸손하게 하면, 큰 유익을 거둘 것이며 하나님의 은혜를 끌어올 것입니다. 솔로몬은 "그는 거만한 자를 비웃으시며 겸손한 자에게 은혜를 베푸시나니"(잠 3:34)라고 말했습니다. 힘들게 노동할 때 유랑생활이나 노예생활을 하며 고생하는 사람들을 기억하고, 주님 안에서 수도원장에게 복종하십시오. 당신의 노예생활은 사람들을 위한 것이 아니라 주님을 위한 것이기 때문입니다. 세상 임금을 위해 수고하거나 수치를 당할 때 모욕을 명예로, 고역을 휴식으로 생각하지 않는 사람이 있습니까? 우리가 주님을 위해 수치를 당하고 수고하는 편을 선택하지 않는다면, 무엇 때문에 세상을 버렸습니까?

사랑하는 형제여, 주님을 위해 고난 당할 자격이 있는 복된 사람은 누구입니까? 만일 당신이 그분을 위해 든든히 버틴다면, 적게 바치고 많이 돌려받을 것입니다. 하나님의 뜻을 행하여 하나님께서 약속하신 것을 획득하려면 인내가 필요합니다. 주님은 "끝까지 견디는 자는 구원을 얻으리라"(마 24:13)라고 말씀하셨습니다.

세상에서 유망한 장래를 포기한 사람이 겸손해져야 한다면, 가련하고 고된 생활을 하다가 수도생활을 시작한 사람은 더 자신을 낮추고 교만한 생각을 하지 않아야 할 것입니다. 그가 다른 사람들보다 더 귀한 사람이라도 끊임없이 주님이 주시는 유익을 생각하고 기억하면서 온유하게 겸손하게 행동해야 합니다. 그리하면 정신이 분심되지 않으며, 이전의 수치를 잊고 교만해져서 "존귀하나 깨닫지 못하는 사람은 멸망하는 짐승 같도다"(시 49:20)라는 말을 듣지 않을 것입니다.

그러므로 우리는 평생 겸손하게 주님을 섬겨야 합니다. 주님은 가난한 자를 먼지더미에서 일으키시며 궁핍한 자를 거름더미에서 들어 세워 이 세상을 떠난 후에 온유하고 겸손한 자들의 영광을 주실 것입니다. 하나님은 "교만하게 행하는 자에게 엄중히" 갚으십니다(시 31:24).

8. 요한 카시아누스

동방과 이집트 전역의 공주수도원에서는 다음과 같은 표준적 규정을 준수합니다. 수도사가 되려고 공주수도원을 찾아오는 사람은 가능한 최대한의 인내를 발휘함으로써 하나님을 향한 진정한 갈망과 겸손과 오래참음을 나타낸 경우에만 수도원에 받아들입니다. 이런 식으로 시험을 거친 후에 수도사 후보자를 형제들 가운데 받아들이며, 개인 재산을 보유하지 말라고 가르칩니다. 이런 식으로 지원자에게서 이전의 재산을 모두 빼앗는데, 심지어 수도원에 올 때 입었던 옷을 입는 것조차 허락되지 않습니다. 그는 교회에 모인 형제들 가운데로 이끌려 가며, 수도원장은 그가 입고 있던 세상의 옷을 벗기고 수도복을 입혀줍니다. 이러한 행위를 통해서 그는 자신이 세상의 모든 것, 오만, 허영 등을 벗어버리고 그리스도의 가난을 입었다는 것을 알게 됩니다. 그는 부끄러움이 없이 수도사들 가운데서 형제들과 같은 차원에 거하게 됩니다.

수도원의 관리인(oikonomos)은 지원자가 벗은 옷을 가져가서, 그가 다양한 유혹 속에서 인내하며 진보했음이 증명될 때까지 보관합니다. 형제들은 그가 이러한 상황에서 참고 견딜 수 있으며, 처음 시작할 때처럼 진지하고 열정적으로 견뎌낸다는 것을 알게 되면, 그를 공식적으로 수도회에 입회시킵니다. 만일 그가 불평하거나 무슨 일에서든 어떤 식으로 불순종의 죄를 범하면, 수도복을 벗기고 세상에서 입고 왔던 옷을 다시 입혀 수도원에서 쫓아냅니다. 이 엄격함은 이따금 수도원을 떠날 생각을 하는 사람을 몰아내려는 것이 아니라, 모든 경우에 수도서원을 지키지 못하는 사람만 몰아내려는 것입니다.

이렇게 엄격하게 시험하여 허물이 없음이 입증되어 받아들여져도 지원자가 곧바로 형제들의 무리에 들어가는 것이 아니라, 손님들을 돌보는 임무를 맡은 수도사에게 인계되어 손님들을 섬기고 돌보는 일을 하게 됩니다. 일 년 동안 손님들을 탈 없이 섬기면서 겸손과 오래참음의 훈련을 거친 후에 형제들 중 하나로 간주됩니다. 선임 수도사의 임무는 완전한 덕을 획득하는 길을 걸어가는 방법을 수련수사에게 가르치는 것입니다. 첫째, 그는 자기가 원하는 것과 반대되는 것을 행하라고 지시함으로써 욕망을 극복하도록 가르칩니다. 교부들은 수도원에서 욕망을 억제하거나, 분노나 슬픔을 정복하거나, 겸손을 획득하거나, 완전함을 이루려면 먼저 순종함으로써 자기 의지를 죽여야 한다고 말합니다.

교부들은 그러한 규칙과 가르침으로 수련수사를 지도한 후에 사적인 생각이 떠오르는 즉시 감추지 말고 영적 아버지에게 고백하고 그러한 생각들에 대한 판단을 자기 마음에 맡기지 말며, 영적 아버지가 분별하여 알려주는 것에 따라서 선인지 악인지를 판단하라고 가르칩니다. 수도사들은 엄격하게 순종의 명령을 따르기 때문에 수도원장을 제외하고는 누구도 수실에서 나오지 않습니다. 그들은 수도원장에게서 받은 명령을 마치 하나님에게서 받은 것인 듯이 지키려 합니다.

그들은 수실에서 쉬지 않고 수작업, 공부, 기도에 집중하다가 공동기도 시간이나 어떤 임무를 위해 누군가 수실 문을 두드리면 즉시 하던 일을 멈추고 순종의 덕을 실천하여 명령을 이행합니다. 그들은 수실에서의 수작업과 독서와 침묵하며, 다른 덕목보다 순종을 우위에 둡니다. 다른 것은 순종보다 부차적인 것으로 간주됩니다. 수도사는 짧은 소매의 내의와 겉옷, 샌들, 양가죽 외투, 멍석 외에 다른 것을 소유하지 않습니다. 수도사는 내 책, 내 연필, 내 서판 등 모든 것을 "내 것"이라고 말하는 것은 수치스러운 일로 여깁니다.

그들은 날마다 손수 일하여 수도원에 필요한 양식뿐만 아니라 손님들과 거지들에게 공급할 양식을 생산합니다. 수도사는 작업하면서 거만하거나 오만하지 않으며, 필요 이상으로 쉬려 하지 않으며, 어떤 종류든지 물질을 소유하려 하지 않습니다. 이는 그는 세상 것에 대해 통달했음에도 불구하고 자신을 형제들의 종이요 노예로 간주하며, 세상에 대해 나그네이기 때문입니다. 만일 누군가가 그릇을 깨뜨리거나 무엇을 잃는다면, 수도원장에게 그 잘못이 자신의 태만함 때문이라고 고백하고 회개함으로써 용서를 받습니다.

작업이나 예배에 부름을 받았을 때 늦게 오거나, 화를 내거나 무례하게 대답하며, 순종하지만 불평하며, 부지런히 행하지 않거나, 일과 순종보다 독서를 택하며, 맡은 임무를 지나치게 더디 행하거나, 예배가 끝난 후 곧바로 달려가 작업하지 않거나, 필요 없이 누군가에게 말을 걸거나, 허세를 부리면서 누군가의 손을 잡는 등의 죄를 범하는 사람은 그에 상응하는 벌을 받습니다. 벌을 받는 사람은 형제들이 예배를 위해 모였을 때 땅에 엎드려 용서를 구합니다.

수도사가 빠지기 쉬운 더 심각한 죄는 다음과 같습니다: 멸시, 교만한 반박, 수도원장의 허락 없이 수도원을 떠나는 것, 수도원 밖에서 여인이나 다른 사람을 만나는 것, 분노, 말다툼, 적개심, 부당하게 당한 일을 기억함, 탐욕(이것은 영혼의 문둥병이다), 수도원장이 주는 것 외에 다른 것을 취득함, 기도하지 않고 음식을 먹는 것, 도둑질, 그리고 앞의 것들과 관련된 모든 죄. 이것들은 단순히 보속이라는 벌로 바로잡을 수 없으므로 더 크고 엄한 벌로 처벌해야 합니다. 잘못을 고치지 않는 수도사는 수도원에서 축출됩니다. 수도사는 다양한 임무를 행할 때 종들이 주인에게 하는 것 이상으로 겸손하고 부지런해야 합니다.

9. 사도헌장(Constitutions of the Holy Apostles)

경건의 비밀에 처음 참여하는 사람은 부제가 주교나 장로에게 인도해야 한다…주교나 장로는 그 사람이 주님의 말씀 앞에 나오게 된 이유를 세밀하게 조사한다; 그를 데려간 사람은 그에 대한 개인적인 정보를 입증하고 알려주어야 한다. 그의 행위와 삶을 세밀하게 검사해야 하며, 그가 자유인인지 종인지 확인해야 한다. 만일 지원자가 종이라면, 주인에게 그의 성품을 보증할 수 있는지 질문해야 한다. 그렇지 않으면, 그가 생활 방식을 통해서 자격이 있음을 주교에게 나타낼 때까지 받아들이지 않아야 한다.

제27장

수도 공동체의 일원이 되는 과정

세상을 거부하는 태도를 완전히 거부할 필요는 없다; 공동체에 들어와서 형제들과 함께 머물려는 사람을 면밀하게 살펴보지 않은 채 내보내지 말아야 한다. 얼마 동안 머물 기회를 주고 앞에서 말한 기준에 따라 시험해 보아야 한다. 그가 공동체에 머물려는 뜻을 버리지 않으며 하나님의 법이 금하는 일이 일어나지 않는 한, 그를 시험해본 후에 공동체에 받아들여야 한다.

1. 팔라디우스

마카리우스[1]는 18살쯤 되었을 때 또래들과 놀다가 우연히 사람을 죽이고 두려워서 사막으로 도망쳤습니다. 그는 하나님과 사람들이 두려워서 삼 년 동안 거처할 곳이 없이 사막에서 지냈습니다. 그가 지내던 지역은 거의 비가 오지 않는 곳이었습니다. 삼 년의 시험 기간이 지난 후에 그는 이 두려운 사막에 수실을 짓고 25년 동안 살았습니다. 그는 독거 생활에서 행복을 발견하며, 귀신들을 두려워하지 않는 은사를 받았

---

[1] 『팔라디우스의 초대 사막 수도사들의 이야기』에 여섯 명의 마카리우스가 등장한다: 15. 소-마카리우스; 17. 이집트인 마카리우스; 18. 알렉산드리아의 마카리우스; 20. 도시인 마카리우스; 62. 주교 마카리우스. 여기에 이야기는 상게서 60~61쪽에 기록된 소-마카리우스(60~61쪽)에 관한 것이다.

습니다.

나는 오랫동안 그분과 함께 지내면서 그가 세상을 버린 이유 및 그의 생활을 배웠습니다. 어느 날 나는 그에게 그가 범한 살인죄에 대해 어떻게 생각하느냐고 물었습니다. 그는 "나는 그 일에 대해 전혀 슬퍼하지 않습니다. 오히려 살인의 이유를 기뻐합니다. 왜냐하면 이 무의식중에 범한 살인이 내 구원의 원인이 되었기 때문입니다"라고 대답했습니다. 그는 성경의 증언으로 이러한 생각을 정당화하면서 모세의 경우를 언급했습니다: 만일 모세가 이집트인을 죽이고 두려움 때문에 도망쳐서 시내산 근처 미디안에서 도피처를 찾지 않았다면, 하나님을 보고 많은 은사를 받지 못했을 것이며, 성령의 조명을 받아 거룩하게 영감된 성경을 기록하지 못했을 것입니다.

이 사건으로 미루어 볼 때 때때로 사람은 원래 의도하지 않았음에도 선한 것에 이르며 안에서 크게 진보할 수 있습니다.

2. 성 에프렘

어느 형제가 수도사가 되려 해서가 아니라 어떤 필요 때문에 공주수도원에 온다면, 원수가 합리적인 것처럼 보이는 생각으로 그를 압도하지 않도록 신중히 행동하게 하십시오. 악한 자는 "아무 보상도 없는데 왜 덕을 위해 힘들게 수고하고 자신을 낮추느냐? 너는 자원하여 수도사가 된 것이 아닐 것이다. 어떤 일 때문에 어쩔 수 없이 수도사가 되려 한 것이 아니라면, 결코 자발적으로 원하지 않았을 것이다. 이제부터 헛수고하려는 욕구를 포기하여라. 하나님은 그것 때문에 너에게 은총을 베풀지 않으신다"라고 말하면서 그의 정신에 다른 생각을 집어넣습니다.

마귀는 형제를 절망에 몰아넣으려고 그의 정신에 이와 비슷한 생각을 집어넣습니다. 만일 형제가 깨어 있어 믿음의 힘으로 하나님의 은혜를 깊이 생각하고 단호하게 대적하지 않으면, 마귀는 그를 절망에 빠뜨릴 것입니다. 그는 정신이 흐려져서 하나님을 두려워하지 않고 태만하고 무관심하게 살기 시작하여 결국 멸망할 것입니다.

그러므로 그러한 생각을 정신에 밀어 넣는 원수를 신뢰하지 말고, 주님의 은혜를 기억하면서, 그리고 "내 영혼아, 금식과 구제를 통해서 그러한 생활 방식을 획득하기 위해서 얼마나 많은 것을 바쳤느냐? 내가 태만하게 평생을 보냈음에도 아직 불쌍히 여기시는 분의 선하심으로 말미암아 나는 분심됨이 없는 겸손함 삶에 이르렀다. 인간을 사랑하시는 주님은 나의 무수히 많은 죄를 고려하지 않으셨다. 내 영혼아, 그러므로 하나님의 은혜를 무시한 것과 약속을 지키지 않은 것 때문에 이중의 벌을 받지 않으려면 서둘러 회개에 합당한 일을 행해야 한다"라고 생각하면서 덕의 실천에 매전해야 합니다.

사랑하는 형제여, 당신이 더 열심을 내며 망설이지 않게 하려고 이와 관련된 비유를 말씀드리겠습니다.

어느 마을에 부자가 살았습니다. 이 부자는 강 너머에 땅을 산 후 곧바로 집을 떠나게 되었습니다. 그는 출발하기 전에 종들에게 그 땅을 분배해주었습니다. 그리고 "각기 자기 몫의 땅에서 일하여라. 돌아와서 각 사람이 일한 것을 보겠다"라고 말했습니다. 어떤 종들은 주인에 대한 고마움과 사랑 때문에 그 명령에 순종하여 강 건너편에 가서 일하려 했습니다. 그러나 다른 종들은 순종하지 않고 무례하게 "우리는 주인님의 부름에 복종하지 않고, 강을 건너가서 당신의 부동산에서 피곤하게 일하지 않겠습니다"라고 대답했습니다. 주인은 화내지 않고, 종들에게 잔치를 준비하라고 명령했습니다. 주인은 순종하지 않는 종들을 술 취하게 한 후에 다른 종들에게 그들을 강 건너편에 데려가서 배정된 곳에서 일하게 버려두라고 명령했습니다. 종들은 명령대로 불순종한 종들을 배정된 곳으로 데려갔습니다.

얼마 후 만취되었던 종들 중 하나가 정신을 차려 자기가 강 건너편 주인이 배정해준 땅에 있는 것을 깨닫고 놀라서 "주인님은 나를 사랑하시기 때문에 내가 명령에 복종하지 않을 때 화를 내시지 않고 오래 참으셨고, 내가 노력하지 않았는데 꿈속에서처럼 이 크고 물살이 빠른 강 너머 내 몫의 땅에 나를 데려다 놓으셨구나. 이제부터 항상 그분의 인내와 선하심과 친절하심을 마음에 기억하면서 그분의 땅에서 성실하게 일하겠다"라고 혼잣말을 했습니다. 실제로 이 종은 부지런히 일하여 자기보다 먼저 출발한 사람들을 따라잡았습니다.

그 후 둘째 종이 정신을 차렸습니다. 게으르고 악한 그는 자기가 강 건너 주인의 땅에 있는 것을 깨닫고 "내가 자는 동안 나를 이 넓고 물살이 급한 강 건너편으로 데려다 놓았군. 그렇지만 나는 주인의 땅을 경작하지 않고 내버려둘 것이다. 주인이 이에 대해 어떻게 행동할지 보아야겠다"라고 혼잣말을 했습니다. 그리고 그는 다시 잠들었는데 너무 깊이 잠들었기 때문에 가시덩굴과 잡초가 자라서 그를 덮었습니다.

오랜 후에 주인은 종들이 일하는 것을 살피러 왔습니다. 그는 먼저 시작한 사람들이 일한 것을 보고 그들을 축복했습니다. 또 자는 동안 강 건너편으로 데려다 놓은 종이 열심히 일한 것을 보고 함께 즐거워하고 그를 축복했습니다. 다음에 게으른 종이 잠들어 가시덤불로 덮인 것을 보았습니다. 주인은 그를 불러 "악하고 게으른 종아, 왜 내 땅을 마르도록 내버려 두었느냐? 네가 순종하지 않았지만 내가 불평 없이 너를 잠든 동안 강을 건너 네게 배정해준 땅에 데려다 놓은 것을 알지 못했느냐? 너처럼 잠든 동안 이곳에 데려다 놓은 네 동료 종을 본받아야 하지 않았느냐?"라고 말했습니다. 악한 종은 자기를 정당화할 것이 없어서 아무 말도 하지 못했습니다. 주인은 각각의 종을 그들이 행한 대로 공정하게 대했습니다.

이 비유의 의미는 다음과 같습니다. 부자는 그리스도이십니다. 그의 재산은 믿음입니다. 술 취함은 다양한 삶의 상황을 나타냅니다. 물살이 센 강은 현세의 부와 기만적인 행복입니다. 순종하는 종들은 하나님을 향한 사랑 때문에 세상에서의 삶을 포기한 사람들을 상징합니다. 술 취했다가 깨어난 종은 쾌락을 사랑하는 사람을 상징하는데, 그는 어떤 삶의 상황에서 벗어나 수도생활을 선택하여 하나님이 원하시는 대로 행합니다. 게으른 종은 어떤 삶의 상황에서 어쩔 수 없이 수도사가 되었지만, 곧 주님의 은혜와 구원을 등한히 한 사람을 상징합니다.

또 그리스도 안에서 믿는 사람들을 결속하기 위해 대제사장들의 편지를 받아 다메섹으로 간 사울을 생각해 보십시오. 그리스도의 믿음을 박해하러 갔던 사람이 이 믿음의 전령이 되었습니다. 주님은 성실하게 주님을 찾는 모든 사람에게 풍성하게 자비를 베푸십니다.

3. 게론티콘

어느 청년이 세상을 버리려고 사막으로 도망치는 중에 탑 형태로 지은 수실을 보았습니다. 그는 "나는 이 탑 안에서 만나는 사람을 죽을 때까지 섬기겠다"라고 혼잣말을 했습니다. 그는 탑에 도착하여 문을 두드렸습니다. 어느 원로가 나와서 "무엇을 원하십니까?"라고 물었고, 청년은 "수도사가 되려고 왔습니다"라고 대답했습니다. 원로는 그를 탑 안으로 데리고 들어갔습니다. 원로는 그를 쉬게 한 후에 "당신은 살 곳이 없습니까?"라고 물었습니다. 청년은 "없습니다. 저는 이곳에서 살고 싶습니다"라고 대답했다. 원로는 그의 말을 잘랐습니다(이 원로는 음란죄에 빠져 수실에 여인과 함께 있었습니다). 잠시 후 그는 청년에게 "형제여, 도움을 받으려면, 수도원으로 가십시오. 나는 이곳에 여인과 함께 있습니다"라고 말했습니다. 청년은 "당신과 함께 있는 여인이 첩인지 누이인지 모르겠지만, 어쨌든 나는 죽을 때까지 당신을 섬기러 왔습니다"라고 대답했습니다.

그리하여 청년은 얼마 동안 매사에 판단하지 않고 그들의 시중을 들었습니다. 원로와 그의 첩은 서로 "우리의 죄만으로도 충분하지 않습니까? 그러니 수실을 그 사람에게 넘기고 여기서 도망칩시다"라고 말했습니다. 그들은 가져갈 수 있는 것을 챙긴 후에 청년에게 "우리는 서원한 것을 이행하러 떠납니다. 우리를 위해 수실을 지켜 주세요"라고 말했습니다. 그들이 출발하자마자 청년은 그들이 돌아오지 않을 의도임을 깨닫고 뒤쫓아왔습니다. 그들은 그를 보고 불안해하면서 "얼마나 오랫동안 우리의 정죄 거리가 되렵니까? 당신은 수실을 마음대로 이용할 수 있으니, 그곳에서 지내면서 당신 자신을 돌보세요"라고 말했습니다. 청년은 "저는 수실 때문에 온 것이 아니라, 당신의 종이 되어 섬기려고 이곳에 왔습니다"라고 대답했습니다. 이 말을 들은 원로와 여자는 양심의 가책을 느껴 하나님 앞에서 회개했습니다. 여인은 수녀원으로 갔고, 원로는 수실로 돌아갔습니다. 년의 인내심으로 말미암아 두 사람 모두 구원을 받았습니다.

이 원로가 음란죄를 지었지만 바르게 생각했으며, 성령의 법에 대해 무지하지 않았음을 아시겠습니까? 그렇기 때문에 청년이 찾아왔을 때 다른 사람과 함께 살고 싶지 않았음에도 그를 거부하지 않았습니다. 그는 잠시 청년의 요청을 묵살했지만, 청년이 떠나려 하지 않는 것을 알고서 하나님께서 청년을 감화하여 머물려는 마음을 주셨다는 것을 알았으므로 자기의 뜻을 거슬러 그를 받아들였습니다. 그는 청년을 자극하고 계시며 "내게 오는 자는 내가 결코 내쫓지 아니하리라"(요 6:37)라고 말씀하시는 하나님 앞에서 범죄하는 것을 두려워했습니다. 또 청년이 오랫동안 인내하면서 핑계를 대지 않고 시중을 들었으므로, 원로는 하나님의 섭리로 와서 머무는 청년을 쫓아내기보다는 자신이 수실을 포기하려 했습니다. 하나님의 섭리는 청년을 떠나보내는 것이 불의한 일임을 알려주었습니다. 그러므로 우리는 이 법을 조금도 바꾸지 않고 그대로 실천해야 합니다.

4. 성 에프렘

수도원에서 생활하려고 오는 노인들에게 굴욕감을 주지 마십시오. 주님은 제11시에 온 사람도 마다하지 않고 받으셨습니다(마 20:6). 우리는 알지 못하지만, 이 노인이 택한 그릇일 수도 있습니다.

제28장

수덕생활의 출발점

> 수덕생활을 시작하는 사람은 인내하며 자신에게 압박을 가해야 한다. 왜냐하면 처음에는 정념과 편견 때문에 덕을 행하기 어렵게 여겨지기 때문이다. 그러나 나중에는 덕을 행하기가 훨씬 쉽게 여겨진다. 처음에 기초를 튼튼히 하는 것이 매우 유익하다. 곧 죽을 사람처럼 준비하지 않으면, 그리스도를 따르거나 덕을 얻을 수 없다.

1. 성녀 신클레티케

신클레티케는 하나님께로 오는 사람들은 큰 싸움을 해야 하는데 처음에는 매우 힘들지만 나중에는 형언할 수 없는 기쁨이 따른다고 말했다. 불을 피우는 사람이 처음에는 연기 때문에 눈물이 나고 숨이 막히지만 곧 추구하는 것을 이루듯이, 우리 마음속에 신적인 불을 점화하려 할 때도 같은 일이 발생한다. 즉 우리는 눈물을 흘리며 힘들게 그 일을 한다. 주님은 "내가 불을 땅에 던지러 왔노니 이 불이 이미 붙었으면 내가 무엇을 원하리요"(눅 12:49)라고 말씀하셨다. 어떤 태만한 사람은 연기와 힘들게 씨름하는 것을 잠시 견디다가 곧 포기하기 때문에 불을 붙이지 못한다.[1]

---

1) 『사막 교부들의 금언』, 신클레티카 1. 467쪽.

2. 게론티콘

1. 어떤 사람이 원로에게 "아버지, 저는 왜 항상 태만할까요?"라고 물었더니, 원로는 "아직 태양을 보지 못했기 때문입니다"라고 대답했다.

2. 어느 원로는 "선을 획득하기 위해서 항상 자신을 강요하는 것이 하나님께 이르는 길입니다"라고 말했다.

3. 이 원로는 또 "하나님을 위하여 자신을 강압하는 사람은 신앙의 고백자와 같습니다"라고 말했다.

4. 몇 명의 형제가 교부에게 "영혼이 하나님께서 성경을 통해서 주신 약속을 향해 달려가지 않고 부정한 것으로 기울어지는 것은 어찌 된 일입니까?"라고 물었는데, 원로는 "그 영혼은 아직 하늘의 것을 맛보지 못했고, 그것이 그가 부정한 것을 강력히 원하는 이유일 것입니다"라고 대답했다.

5. 어느 형제가 압바 푀멘에게 "내 육신은 늙고 약해졌지만, 정념을 악해지지 않았습니다"라고 말했다. 푀멘은 "정념은 가시가 가득한 뿌리와 같습니다. 이것은 이런 뿌리를 뽑아내려면 손을 다쳐 피가 흐르듯이, 정념을 근절하려는 사람도 많은 땀을 흘리며 수고해야 한다는 의미입니다"라고 대답했다.

6. 압바 요셉은 압바 롯에게 "먼저 덕을 향한 갈망으로 뜨겁게 타오르

지 않는다면, 영예와 휴식에 대해 무관심해지지 않는다면, 마음의 소원을 잘라버리지 않는다면, 그리고 조심해서 하나님의 계명을 지키지 않는다면, 당신은 수도사가 될 수 없습니다"라고 말했다.

3. 압바 이사야

형제여, 원수가 당신의 영혼 안에 들어와 활동하지 못하게 하려면 무슨 일을 하든지 겁내지 마십시오. 도시 외곽의 허물어져 가는 집이 불결하게 되듯이, 게으른 수련수사의 영혼은 온갖 부끄러운 정념의 거처가 됩니다.

4. 압바 마가

정통적인 방식으로 세례받은 사람은 신비하게 하나님의 은혜를 받습니다. 그것은 그 후 하나님의 계명을 행함으로써 성취됩니다. 양심적으로 확실한 목적으로 그리스도의 계명을 행하면, 계명을 실천하면서 마음으로 수고한 분량에 맞추어 위로가 주어집니다.

5. 성 디아도쿠스

경건을 사랑하기 시작한 사람에게는 덕의 길이 힘들고 피곤한 것처럼 보입니다. 이는 덕이 본래 어렵고 피곤한 것이기 때문이 아니라, 사람이 나면서부터 다양하고 무수히 많은 쾌락과 어울리기 때문입니다. 그러나 덕의 길의 중간 지점에 이르면 그 길이 매우 즐겁고 쉬운 것처럼 보입니다. 이는 사람이 선한 행위에 익숙해지면 악이 정복되며, 선과의 협력으로 말미암아 악과 비이성적인 쾌락에 대한 기억이 사라지기 때문입니다. 그렇기 때문에 주님은 구원의 길을 따르라고 하시면서 "생명으로 인도하는 문은 좁고 길이 협착하여 찾는 자가 적음이라"(마 7:14)라고 말씀하셨습니다. 그러나 마음을 다해 하나님의 계명을 지키려 하는 사람에게 "내 멍에는 쉽고 내 짐은 가벼움이라"(마 11:30)라고 말씀하십니다.

영적으로 노력하기 시작하여 하나님의 계명을 실천하려면 자신의 의지에 압박을 가해야 합니다. 그리하면 선하신 주님이 우리의 결심과 수고, 즉 우리가 즐겁게 주님의 뜻을 섬기려 하는 것을 보시고 우리가 그분의 거룩한 뜻을 행하도록 도와주실 것입니다. 그때 주님은 우리가 쉬지 않고 기뻐하면서 선을 행할 수 있도록 준비시켜 주실 것입니다. 그때 우리는 영혼에 하나님의 뜻을 실천한 의지와 능력을 주시는 분이 하나님이심을 깨달을 것입니다.

6. 압바 이삭

하나님을 사랑하기 때문에 인내와 소망으로 허리를 동이고, 선입견이 없이 단순하게, 솟구치는 파도에도 움찔하지 않고 거친 바다를 두려워하지 않고 고통의 바다에 뛰어드는 사람은 복됩니다. 이런 사람들은 신속하고 안전하게 하늘나라의 항구에 도착합니다. 그들은 훌륭하게 노동한 사람들의 장막에서 안식하며, 희망이 그들의 영혼 안에 기쁨을 낳았기 때문에 즐거워합니다. 바람이 불고 평탄하지 않은 구원의 길을 희망을 품고 달리는 사람은 돌아가지 않으며, 길이 평탄하지 않은 이유를 조사해야 한다고 주장하지 않습니다. 그는 길을 횡단하고 영광스럽게 과정을 마칠 때, 도중에서의 어려움을 돌이켜 보면서 경위는 알지 못하지만 많은 큰 위험에서 구해주신 하나님께 감사합니다.

그러나 정신이 많은 생각에 사로잡혀 있으며, 지혜로운 것처럼 행하는 사람, 자기 생각의 속임수에 빠져 있으며 두려움을 영적 준비로 착각하는 사람, 그리고 자기에게 해가 될 것의 원인을 예견하려 하는 사람은 영원히 자기 집 앞문에 서 있을 것입니다. 성경은 그러한 사람들에 대해 "게으른 자는 길에 사자가 있다 거리에 사자가 있다 하느니라"(잠 26:13)라고 말합니다. 그들은 "거인들을 보았나니 우리는 스스로 보기에도 메뚜기 같으니"(민 13:33; 신 1:28)라고 말한 사람들과 같습니다. 이들은 영적 열매가 없이 죽는 사람, 항상 지혜롭기를 원하면서도 시작하지 못하는 사람입니다.

지혜가 많은 것이 실족하는 원인이 되지 않도록 조심하십시오. 담대하게 하나님께 접근하며, 당신의 몸을 생각하지 말며, 지나치게 많은 것을 받아들임으로써 하나님에 대한 지식이 부족해지지 않도록 하면서 처음처럼 열정적으로 피로 얼룩진 길을 걸으십시오. 두려워하거나 순풍이 풀기를 기다리는 농부는 씨를 뿌리지 않습니다. 수치와 게으름이 가득한 삶보다 하나님을 위한 죽음이 낫습니다.

경건한 일을 시작하려면 먼저 현세를 위해 살지 않으며 죽을 각오를 하고 세상의 모든 것에 대해 무관심하겠다고 하나님께 약속하십시오. 항상 하나님의 도우심으로 분투하여 승리할 수 있는 경우를 염두에 두십시오. 현세에 대한 희망은 정신의 기력을 떨어뜨리며, 선한 일에서 진보하는 것을 허락하지 않습니다. 당신의 수고가 무익한 것이 되고, 영적 계발을 위해 열심을 내지 않은 것으로 드러나지 않으려면, 이중의 생각,

세상에 대한 생각과 하나님에 대한 생각을 품고 선을 행하려 하지 마십시오. 하나님에 대한 확고한 믿음을 가지고 담대하게 선을 시작하십시오. 왜냐하면 당신은 주님이 자비하시며, 구하는 자를 도우시며, 수고한 사람들의 선한 노고에 비례하여 상을 주시는 것이 아니라 우리 마음의 열심과 믿음의 분량에 따라 후히 상 주신다는 것을 알기 때문입니다. 그분은 "네 믿은 대로 될지어다"(마 8:13)라고 말씀하십니다.

그러므로 주님이 말씀하신 대로(마 16:24) 주님을 따르려는 사람은 자기를 부인해야 합니다. 그리하면 자기 십자가를 지고 주님을 따를 수 있을 것입니다. 이는 십자가는 우리가 온갖 고통과 고난, 심지어 죽음에 대한 준비가 되어 있음을 보여주기 때문입니다. 십자가를 질 준비가 된 사람이 이 세상에 잠시라도 살 것으로 생각하지 않고 죽음만 생각하면서 처형장으로 나가듯이, "나를 따르려면"이라는 주님의 말씀을 실천하려는 사람도 그렇게 생각해야 합니다. 주님은 "이 세상에서 살기를 원하는 사람은 참된 생명을 얻지 못할 것이요, 나를 사모하여 자기 목숨을 버리려는 사람은 영원한 세상에서 책망을 받지 않을 것이다"라고 말씀하십니다.

그러니 이제부터 현세를 완전히 버릴 준비를 하십시오. 주님은 "내가 약속한 내로 영생을 주겠다. 그리고 현세에서 나의 약속을 행위로 증명할 것이며, 이후로 너는 장차 받을 선한 것에 대한 보증과 약속을 받을 것이다"라고 말씀하십니다. 먼저 현세를 버리지 않으면, 영생을 발견하지 못할 것입니다. 이것을 준비하기 위해 노력하기 시작했다면, 지루하고 괴롭다고 생각되는 모든 것을 생각할 가치가 없는 것으로 여길 것입니다. 장래의 삶을 사모하여 먼저 세상에서의 삶을 벗어나지 않으면 고통을 견뎌낼 수 없습니다.

질문: 분심과 염려를 버리고 씨름을 시작할 준비가 된 사람은 언제 죄를 대적하여 싸움을 시작해야 합니까?

답변: 금식과 철야는 모든 덕의 기초입니다. 사려 깊게 금식하고 철야하기 시작하면, 모든 덕을 획득하는 데 도움이 됩니다. 다시 말해서 온갖 악의 출발점은 배불리 먹는 것과 잠자는 데서 오는 편안함입니다. 그것들은 음란을 자극하고, 정신을 둔하게 하고, 우리를 끊임없이 거칠고 어둡게 합니다. 건강한 눈이 빛을 바라듯이, 사려 깊게 금식하는 사람은 기도를 원합니다. 금식의 결과로 정신이 점차 깨어나기 시작하며, 하나님과 교제하려는 욕구를 경험하게 됩니다. 배불리 먹지 않고 금식하면 몸은 밤새도록 침대에서 잠을 잘 필요를 느끼지 않으며 하나님을 열심히 섬기려고 깨어납니다.

몸이 금식으로 밀봉되는 분량에 비례하여 정신이 뉘우쳐 관상하고, 마음에서 기도가 솟아오르며, 얼굴에 금욕적인 생활이 새겨지고, 부끄러운 생각이 접근하지 않습니다. 금식은 악한 욕망과 헛된 교제의 적입니다. 금식은 선한 행위로 이어지는 좋은 길입니다. 금식을 소홀히 하는 사람은 덕을 물리칩니다. 이는 금식은 하나님께서 태초에 우리를 보호하기 위해서 우리의 본성에 주신 계명이며, 인간은 금식하라는 명령을 범함으로써 죄에 빠졌기 때문입니다.

타락이 시작된 순간부터 영적 경주자들은 자제의 법을 준수하고 모든 계명을 실행함으로써 하나님께 대한 경외심을 회복하려고 노력해 왔습니다. 여기서부터 인류의 대속자께서 마귀와의 싸움을 시작하셨습니다. 그분은 세례받으신 후에 성령에 이끌려 광야로 가셔서 사십 일을 밤낮으로 금식하셨습니다(마 4:2).

예수님을 따르려고 세상에서 나오는 사람들도 같은 기초(금식) 위에 경건한 건물의 기초를 놓아야 합니다. 우리의 구원을 정하신 분이 금식하셨는데, 이 법을 지키려는 사람 중에 금식이 필요하지 않는 사람이 있겠습니까? 지금까지 인류는 승리하지 못했고, 마귀는 우리의 본성을 패배시키지 못했습니다. 이 금식을 무기로 삼아 태초에 그랬던 것처럼 마귀를 무력하게 했습니다.

마귀를 이기신 주님은 최초로 승리의 면류관을 쓰셨습니다. 그러므로 원수는 인간에게서 이 무기를 보는 순간 광야에서 구원의 창시자의 무기 때문에 자신이 무력하게 되었던 일, 광야에서 주님에게 정복되었던 패배를 기억하고 겁을 먹습니다(히 2:10). 이 무기는 원수가 쏜 미사일을 막아냅니다. 게다가 전쟁 중에 우리를 담대하게 합니다. 사람이 귀신들의 공격을 받을 때 몸이 굴욕을 느끼고 지치지만, 마음은 용기와 담대함으로 무장하며, 더욱 용감하고 담대하게 원수들을 대적하여 싸웁니다. 이렇게 싸우는 사람은 하나님의 도우심을 받아 계명을 실천함으로써 원수들을 쫓아내고 멸절할 때까지 쉬지 않으며 멈추지 않습니다.

열심당원 엘리야는 하나님의 법을 얻으려고 노력할 때 금식하면서 시간을 보냈습니다. 이는 금식은 성령의 계명을 상기시켜 주며, 옛 법을 그리스도가 주신 은혜의 법과 결속시키기 때문입니다. 금식을 무시하는 사람은 모든 싸움에서 약하고 태만하며, 금식을 태만히 함으로써 자신이 영적으로 약하다는 것을 원수에게 보여줍니다. 그가 무기를 갖추지 않은 채 싸움하고 있다는 것이 드러납니다. 이런 까닭에 원수는 무방비 상태로 심약한 그를 담대하게 공격하여 쉽게 정복합니다. 그의 사지가 주님에게서 받은 금식이라는 강력한 무기로 강화되어 있지 않으므로, 원수는 신속하게 그를 쓰러뜨립니다.

7. 게론티콘

1. 압바 조시마(Abba Zosimas)는 하나님의 은혜가 항상 우리의 의도 가까이에서 따르며, 우리는 은혜의 도움으로 모든 선한 일에 성공한다고 말했다. 그러나 우리는 선행을 시작하려 하지 않으며, 우리를 도와줄 하나님의 은혜를 끌어들이려는 크고 열정적인 의도를 나타내지 않는다. 혹시 선을 행하려는 의도를 나타낸다 해도, 이 의도는 보잘것없고 둔하므로 우리는 하나님에게서 선을 받을 자격을 얻지 못한다. 우리의 모든 영적 노력은 하나의 씨앗 및 그것이 맺는 열매를 연상시킨다. 그것은 밭에 씨를 뿌리고 나중에 하나님의 자비를 기다리는 농부와 흡사하다. 농부가 씨를 뿌린 후 하나님이 은혜로 때에 따라 비와 바람을 보내주셔서 농부가 뿌린 씨앗이 싹을 내고 자라 완전해지게 하신다. 이런 식으로 하나님은 적은 씨앗을 뿌려 많은 수확을 얻게 하신다.

우리에게도 같은 일이 일어난다. 우리가 선한 행위가 풍성한 의도를 뿌린다면, 어렵거나 힘들지 않게 온갖 선한 일을 이룰 수 있게 해주는 하나님의 은혜를 발견할 것이다. 기술과 관련해서도 같은 일이 일어난다. 기술을 배우려는 사람은 처음에는 어렵고 힘들며 실패하여 종종 죽을 것 같지만, 용기를 잃거나 낙심하지 않고 다시 시도한다. 그는 여러 번 실패해도 전문가에게 선한 의도를 보이면서 잘못을 고친다. 만일 그가 낙심하여 포기한다면, 아무것도 배우지 못할 것이다. 그가 인내하면서 끈질기게 노력하면서 일한다면 전문가는 그가 실수할 때마다 잘못된 부분을 바로잡아줄 것이며, 그는 서서히 기술에 익숙해지고 결국 완전히 습득할 것이다. 그리하여 기술을 제대로 배운 후에 쉽게 일하면서 얻는 것으로 생계를 유지할 것이다.

덕을 획득하려는 사람도 이렇게 행동해야 한다. 처음부터 용감하게 무장하고 단호한 결심을 나타내 보이고, 끊임없이 하나님의 도우심과 보호를 청하면서 인내하면 선을 행해야 한다. 실패할 때 무관심하거나 낙심하여 시도를 포기하지 않아야 한다. 이는 그러면 다시는 선한 것을 성취하지 못할 것이기 때문이다. 그는 넘어질 때마다 다시 일어나야 하며, 인내하면서 하나님의 자비를 기다리면서 희망을 품고 더욱 열심을 내야 한다.

압바 모세는 다음과 같이 말했다: "덕의 획득을 원하는 사람은 넘어질 때 용기를 잃지 말고 다시 시도해야 합니다. 우리가 덕을 실천하는 데 온 힘을 기울이는 한 주께 우리의 결심을 보여드리고 도우심을 구하며 기다려야 합니다. 그리하면 주님은 반드시 자비로써 우리에게 힘과 풍성한 은혜를 주실 것입니다. 그리하면 우리는 노력하지 않고서도 쉽게 선을 이룰 수 있을 것입니다."

2. 어느 젊은 수도사가 봉사를 시작할 때면 춥고 열이 나고 심한 두통에 시달리곤 했다. 이 수도사는 "나는 병이 들었는데, 곧 죽을 수도 있겠다. 그러니 죽기 전에 봉사해야겠다"라고 혼잣말을 했다. 그는 이런 생각으로 자신을 내몰아 봉사를 마치곤 했다. 그가 기도를 마치자마자 열과 두통이 사라졌다가, 다음 봉사 시간이 다가오자 열병이 다시 시작

되었다. 그러나 수도사는 관심을 집중하여 봉사를 마쳤다. 얼마 후 그는 참고 인내함으로써 하나님의 도우심으로 그 싸움에서 벗어났다.

3. 어느 원로가 압바 아킬라스를 찾아갔다가 입에서 피를 뱉는 것을 보고 "그것이 무엇입니까?"라고 물었다. 아킬라스는 "이것은 나를 대단히 슬프게 한 형제의 말입니다. 나는 이 쓰라린 말을 드러내지 않으려고 노력했고, 하나님께 나에게서 싸움을 거두어달라고 구했습니다. 그 말이 내 입에서 피가 되었고, 나는 그것을 뱉었습니다. 그러고 나니 고통을 느끼지 않고 편안해졌습니다"라고 대답했다.

4. 어느 수도사가 아침부터 배가 고팠다. 그는 제3시(아침 9시)가 될 때까지 음식을 먹지 않겠다는 생각과 싸웠다. 제3시가 되었을 때, 그는 다시 제6시가 될 때까지 먹지 않으려 했다. 제6시가 되자 그는 작은 비스킷을 물에 적시고서 "제9시까지 기다리자"라고 속으로 말했다. 제9시가 되자 그는 기도했다. 그때 그는 자기가 손으로 만든 물건에서 사탄의 에너지가 연기처럼 나와 공중으로 올라가는 것을 보았다. 그 즉시 배고픔이 사라졌다.[2]

5. 어느 원로가 사십 일 동안 물을 마시지 않으려 했다. 날씨가 매우 더웠고 그는 무척 갈증을 느꼈지만, 그는 주전자를 씻어 물을 채운 뒤에 자기 앞에 두었다. 어느 형제가 그 이유를 물었는데, 그는 "물을 보면서 마시지 않음으로써 더 많이 참고 인내하여 하나님에게서 더 큰 상을 받

---

2) 『사막 교부들의 지혜』(엄성옥 역, 은성출판사), "절제에 관하여", 13번.

기 위해서입니다"라고 대답했다.

6. 어느 원로는 "우리가 진보하지 못하고 자기의 진정한 영적 상태를 의식하지 못하는 것은 자신이 시작한 일에서 인내하지 않으며 노력 없이 덕을 획득하려 하기 때문입니다. 우리는 마귀가 존재하지 않는 곳을 찾을 수 있다고 생각하기 때문에 변덕이 심하고, 이곳저곳을 쉽게 돌아다닙니다"라고 말했다.

7. 이 원로는 또 "며칠 동안 열심히 일하고 태만하지며, 다시 일하고 태만해지기를 반복하는 수도사는 아무것도 이루지 못하며, 인내하지 못합니다"라고 말했다.

8. 성 에프렘

"너는 들어라! 젊을 때부터 교양을 쌓아라. 그러면 늙어서도 지혜가 너를 떠나지 않으리라"(집회서 6:18). 사랑하는 자여, 젊어서부터 영혼의 밭에 덕의 씨앗을 뿌리고, 가시덤불이 싹을 내고 자라지 못하도록 지켜야 합니다. 그 밭에서 좋은 열매를 생산하고, 당신에게 힘을 주시는 분께 영광을 돌리십시오.

9. 압바 이삭

1. 모든 선한 것의 기초, 원수에게 잡힌 영혼의 해방, 빛과 생명으로 이어지는 길은 다음과 같은 두 가지 방식으로 획득됩니다: 꾸준히 한 곳에 정착하고, 항상 금식하는 것. 다시 말해서 삶을 지혜롭고 신중하게

규제하고, 육체를 억제하고, 고요한 곳에 머물러 정신이 끊임없이 하나님 및 하나님에 대한 묵상에 몰두하는 것입니다. 이 두 가지 규칙을 실천하는 사람은 크게 진보할 것이며, 모든 덕을 획득하기 시작할 것입니다.

2. 비겁한 사람은 두 가지 병―믿음의 부족, 그리고 육신을 과도하게 사랑하는 것―을 앓는 사람입니다. 이 두 가지가 없는 사람은 전심으로 하나님을 믿으며 장차 올 것(영생)을 기다립니다. 냉담이나 하나님에 대한 큰 믿음에서 담대한 마음과 위험을 무시하는 태도가 생겨납니다. 그러나 냉담에는 교만이 동반되며, 믿음에는 겸손한 마음이 동반됩니다.

제29장

마귀가 공격하는 대상과 무관심하는 대상

마귀는 분투하는 사람을 공격하며, 태만한 사람에게는 관심을 두지 않는다. 이는 태만한 사람은 마귀가 시키는 대로 하기 때문이다. 선을 원하는 사람은 하나님이 자기 편임을 알게 된다. 하나님이 마귀의 공격을 허락하시는 것은 우리의 영적 유익을 위해서이다.

1. 게론티콘

1. 언젠가 근면하며 행위에 매우 신경을 쓰는 수도사가 잠시 영적 임무를 소홀히 했다. 그는 즉시 잘못을 깨닫고 자신을 책망하면서 "내 영혼아, 언제까지 하나님의 의로운 심판을 두려워하지 않고 너의 구원을 등한히 하려느냐? 네가 등한히 하는 동안 너의 생명이 끝나 영원한 형벌을 받게 되지 않겠느냐?"라고 말했다. 이렇게 말하면서 영혼을 일깨워 다시 하나님의 계명을 실행하게 했다.

어느 날 그가 봉사하고 있는데, 귀신들이 와서 방해하며 귀찮게 했다. 수도사는 귀신들에게 "언제까지 나를 괴롭히려느냐? 내가 전에 등한히 한 것으로 만족하지 못하겠느냐?"라고 말했다. 귀신들은 "네가 태만할 때 우리는 너에게 관심을 두지 않았다. 그러나 네가 우리를 대적하여 일어서는 순간, 우리도 너를 공격하기 시작했다"라고 대답했다. 수도사는 귀신들의 말을 듣고 한층 더 집중하여 하나님의 계명을 실천하여 그리스도의 은혜로 덕의 진보를 이루었다.

2. 이집트에서 어느 수도사가 길을 가고 있었다. 날이 어두워졌는데 날씨가 추웠기 때문에 수도사는 잠을 자려고 어느 무덤에 들어갔다. 그때 귀신 둘이 지나가고 있었는데, 그중 하나가 나머지 귀신에게 "무덤 속에서 잠을 자다니, 이 수도사는 무척 대담하지 않은가? 우리가 그를 귀찮게 해보세"라고 말했다. 그 말을 들은 귀신은 "왜 그를 귀찮게 하려는가? 그는 먹고 마시고 사람들을 책망하고 봉사를 등한히 하는 등 우리가 원하는 모든 것을 하고 있으니, 그는 우리 것일세. 그러니 꾸물대지 말고, 가서 밤낮 기도하고 금욕적 수행을 하면서 우리를 대적하는 사람들을 괴롭히세"라고 대답했다.

3. 어느 원로는 "당신이 하나님의 법에 따라 살려 한다면, 법을 주신 분이 당신을 도우시는 분임을 발견할 것입니다. 그러나 만일 당신이 하나님의 계명에 불복종하려 한다면, 마귀가 당신을 넘어뜨릴 것입니다"라고 말했다. 또 한 번은 "선한 의도로 행동하십시오. 그러면 하나님께서 힘을 주실 것입니다"라고 말했다.

2. 성 에프렘

우리는 이 세상에서 사는 동안 큰 전쟁을 하고 있습니다. 원수는 "두루 다니며 삼킬 자를 찾나니"(벧전 5:8)라는 말씀처럼 이리저리 달려 다니면서 분투하는 자들에게 화를 내므로, 우리는 신중하게 마음과 감각을 지켜야 합니다. 우리는 하나님께 기도하면서 이 원수에게 거세게 저항해야 합니다. 정념과 타협하면서 자신을 쾌락의 노예로 팔아넘기고 폭군에게 세금을 내는 사람이 어떻게 정념과 싸우겠습니까? 증오가 있는 곳에 전쟁이 있고, 전쟁이 있는 곳에 투쟁이 벌어지며, 투쟁이 있는 곳에서 면류관이 주어집니다.

원수의 노예살이에서 벗어나려는 사람은 원수와 싸워야 합니다. 성인들이 이렇게 했습니다. 그런 사람은 원수를 완전히 정복한 후에 하늘의 선한 것을 누릴 자격이 있다고 간주됩니다. 그러나 어떤 사람은 "정념에 대한 증오가 있는 곳에서 전쟁이 일어나는 것이 당연하다면, 왜 부끄러운 정념에 시달리며 쾌락을 사랑하는 사람들이 변화될 수 없다고 여깁니까?"라고 물을 것입니다. 나는 "사랑하는 자여, 나는 덕과 폭군에 대한 저항 정신에 부합하는 투쟁이 있다고 여기지 않습니다. 그들은 관능이라는 정념에 굴복했을 가능성이 큽니다. 그들은 그 정념의 노예가 되었고, 그것이 그들을 괴롭히고 있습니다. 이런 까닭에 그렇게 노예가 된 사람은 원수를 대적하려는 의도조차 갖지 않습니다"라고 대답하렵니다.

서로 싸우는 것들 사이에는 조화가 없습니다. 그러나 자신을 원수의 의지에 넘겨주고 쾌락에 팔아넘긴 사람들의 싸움을 어찌 진정한 전쟁이라고 부를 수 있겠습니까? 만일 그들이 싸우고 있다면, 그것은 덕에 대한 관심과 원수를 대적하려는 관심 때문이 아니라, 그들을 유혹하여 죄의 공물을 바치게 하려고 불법에 빠지게 하는 자, 그들이 자원하여 행하는 부끄러운 욕망 추구를 중지하는 것을 허락하지 않는 자의 잔인함에서 오는 것입니다. 성경은 "누구든지 진 자는 이긴 자의 종이 됨이라"(벧후 2:19)라고 말합니다. 지금 우리가 언급하는 사람들은 원치 않음에도 강압에 의해 그러한 상태에 이른 것이 아니며, 자기를 속인 자의 뜻을 존중합니다. 따라서 그들은 자신이 목표로 삼은 악한 행위를 이루었을 때 회개하거나 자제하지 않으며, 같은 잘못을 다시 범하지 않도록 조심하지도 않습니다.

참된 투쟁자의 싸움은 그렇지 않습니다. 그들은 공격을 받으면 반격합니다. 그들은 악한 욕망이 타오를 때 굴복하지 않고 인내합니다. 그들 앞에 죄의 원인이 있을 때, 그들은 하나님을 경외하기 때문에 그것을 혐오합니다. 혹시 한순간이라도 실족한다면, 속히 벌떡 일어납니다. 야만인의 포로가 되어 폭군의 손아귀에 놓인 사람들 가운데서 자기를 사로잡은 원수의 성공을 기뻐하는 사람들은 족쇄를 차지 않고 감금되지도 않은 채 적 가까이에 있으면서 원수의 승리를 위해 싸우며, 자기 동포를 멸망시키는 스파이가 됩니다.

그러나 포로가 된 사람들 모두가 야만인들의 도덕과 불법한 행위에 만족하지는 않습니다. 그들은 서둘러 도망치며, 구조되어 자유를 회복하고 동료들에게 돌아갈 기회를 기다립니다. 그들은 동료들이 도우러 오게 해 달라고 기도합니다. 그리고 구조되는 즉시 적을 대적하며, 동료들과 함께 싸우면서 원수를 박멸합니다. 그러므로 원수의 노예 상태에서 해방되기를 원하는 사람들은 "마귀야, 우리는 네 음성을 듣지 않고, 너의 쾌락을 섬기지도 않을 것이다"라고 말한 후에 원수가 원하는 것에 저항하며 공공연하게 그를 대적해야 합니다.

그는 투쟁하는 동안 "이제 우리는 온전한 마음으로 당신을 따르렵니다. 그리고 당신을 두려워하며 당신의 얼굴을 다시 한번 뵈옵기를 갈망합니다. 우리로 하여금 부끄러움을 당하지 말게 하소서. 당신은 관대하시고 지극히 자비로운 분이시니 우리에게 관용을 베푸소서. 당신은 놀라운 업적을 이룩하신 분이시니, 우리를 구해 주소서. 주님, 당신 이름이 영광스럽게 빛나시기를 빕니다. 당신을 섬기는 사람을 학대하는 자들이 부끄러움을 당하게 하소서. 그들의 콧대가 꺾이고 힘이 박탈당하여 그들로 하여금 치욕을 뒤집어쓰게 하소서. 당신 홀로 하느님이시고 주님이심을 알게 하시고 당신의 영광이 온 땅에 빛남을 알게 하소서"라고 기도하면서 도우심을 구해야 합니다. 폭군이 그의 정신에서 나가 쾌락의 풀무를 일곱 배 더 뜨겁게 한다 해도, 주님 안에 소망을 둔 사람은 담대해야 합니다. 곧 풀무불이 이슬로 변하고, 위로부터 그들에게 주어진 도움 때문에 이전에 그들이 두려워했던 폭군이 그들의 그림자를 보고 두려워 떨 것입니다.

3. 시리아의 압바 이삭

선한 일을 시작하려면, 먼저 당신을 공격할 유혹에 대비해야 합니다. 이는 원수는 어떤 사람이 뜨거운 믿음으로 생활하기 시작하는 것을 보면 여러 종류의 두려운 시험으로 방해함으로써 기를 죽이고, 마음의 선한 의도를 포기하게 하기 때문입니다.

하나님이 우리가 시험에 빠지는 것을 허락하시는 것은 우리가 끈질기게 하나님의 자비의 문을 두드리며, 고통에 대한 두려움 때문에 하나님에 대한 기억이 우리의 마음에 심어지며, 우리가 기도를 통해서 하나님에게 다가가도록 하기 위해서입니다. 이런 경우 우리의 마음은 끊임없이 하나님의 이름을 기억함으로써 성화될 것입니다. 우리가 믿음으로 하나님께 간절히 기도하면, 하나님은 우리 기도를 들으실 것이며, 우리는 우리를 구해주신 분이 하나님이심을 알게 될 것입니다. 그때 우리를 지으신 분이 우리에게 힘을 주시고 지켜주신다는 것을 이해할 것입니다. 하나님의 보호와 섭리는 모든 사람을 아우르지만, 죄를 정화하고 끊임없이 하나님의 법을 공부하는 사람들 외에는 그것을 보지 못합니다. 그들이 진리를 위해 큰 시험에 빠질 때 하나님의 도움과 섭리가 특별히 그들에게 계시됩니다. 그때 그들의 영적 정신은 하나님의 도우심을 분명히 감지합니다.

받은 시험에 비례하여 육신의 눈으로 이 도우심을 본 사람들이 있습니다. 야곱, 눈의 아들 여호수아, 세 젊은이, 베드로, 기타 그리스도를 위해 분투한 성인들의 경우에서 보듯이, 그들은 하나님이 보호해주신다는 것을 알고 자극을 받아 고귀한 일을 행했습니다. 하나님의 도우심은 인간의 모습으로 눈에 보이게 나타나 그들을 격려하며, 경건을 위한 싸움에 대비하게 하셨습니다. 사막에 거주하면서 귀신을 쫓아내고 천사 같은 인간들의 거처로 만든 교부들은 끊임없이 거룩한 천사들의 방문을 받았습니다. 천사들은 여러 방식으로 교부들을 보호하고 도와주었습니다. 그들은 교부들에게 힘을 주고, 사납게 공격하는 귀신들의 시험과 흉포한 행위에서 구해주었습니다.

오늘날도 하나님을 기쁘시게 하는 일에 헌신한 사람은 하나님의 도우심을 받습니다. 하나님의 도우심은 하나님께 구하는 모든 사람 가까이에 있습니다.

4. 성 막시무스

하나님은 여러 가지 이유로 귀신들이 우리와 싸우는 것을 허락하신다고 합니다. 첫째, 우리가 공격하고 공격받음으로써 덕과 악덕을 구분할 수 있게 하려는 것입니다. 둘째는 우리가 전쟁과 고역에 의해서 덕을 획득하여 확실하고 꾸준히 소유하게 하기 위해서입니다. 셋째는 우리가 덕 안에서 진보할 때 교만하지 않고 겸손을 배우게 하려는 것입니다. 넷째는 우리가 악덕을 경험하고 철저히 미워하게 하기 위해서입니다. 마지막으로 우리가 자신의 연약함, 그리고 무정념을 얻도록 도와주시는 하나님의 능력을 잊지 않게 하기 위해서입니다.

5. 게론티콘

1. 귀신들에게 시달리고 있는 형제가 원로에게 자신이 시험을 받고 있다고 고백했다. 원로는 "형제여, 당신이 받는 시험을 무서워하지 마십시오. 원수들은 영혼이 진보하여 하나님과 교제하는 분량만큼 슬퍼하고 시기합니다. 시험받는 사람이 도움의 손을 찾을 때 하나님과 천사들이 곁에 계시지 않을 수 없습니다. 그러므로 끊임없이 눈을 들어 하나님을 바라보면서 겸손히 도움을 구하십시오. 동시에 시험을 받을 때 하나님의 큰 능력과 당신의 약함과 원수의 잔인함을 생각하십시오. 그리하면 속히 하나님의 도움을 얻을 것입니다"라고 말해 주었다.

2. 어느 형제가 원로에게 다음과 같이 질문했다: "세상 사람들은 금식을 소홀히 하고, 기도를 무시하고, 철야하지 않고, 온갖 종류의 음식을 먹고, 서로의 관계에서 주고받으려는 욕구를 충족시키며, 서로를 파괴하며, 하루의 대부분을 맹세했다가 깨면서 지냅니다. 그런데도 그들이 넘어지지 않고, '우리가 죄를 지었다'라고 말하지 않고, 성찬에서 제

외되지도 않는 것은 어찌 된 일입니까? 우리 수도사들은 항상 금식과 철야와 제로파지(xerophagy: 빵·소금·건조 야채 및 물만 상식하는 가장 엄한 齋戒)에 몰두하고, 맨바닥에서 잠자고, 육체적인 휴식을 멀리합니다. 그런데 왜 우리는 버림받고 지옥불에 들어가도록 정죄된다고 말합니까?"

원로는 신음하면서 이렇게 대답했다: "형제여, 세상 사람들이 넘어지지 않는다는 당신의 말은 옳습니다. 그것은 그들이 두렵고 끔찍한 죄에 빠졌을 때 더 떨어질 곳이 없으므로 다시 일어날 수 없기 때문입니다. 이는 그들이 무지하여 처음 떨어진 곳에 머물러 있고, 자신이 떨어졌다는 것조차 깨닫지 못하기 때문입니다. 마귀는 항상 땅에 누워 있는 사람들과 씨름하는 데 관심을 두지 않습니다. 그런데 수도사들은 공공연하게 적을 대적하여 끊임없이 싸웁니다. 그들은 때로는 이기고, 때로는 패배합니다. 그들은 하나님의 은혜로 원수를 정복하여 무력하고 약하게 할 때까지 끊임없이 넘어졌다가 일어나고, 괴롭히고 괴롭힘을 당하고, 때리고 맞습니다. 그들은 하나님과 완전히 화목하며, 영혼 안에서 하나님의 평온함과 기쁨을 끊임없이 누린 후에 편히 쉽니다."

3. 압바 푀멘의 말에 따르면, 난쟁이 압바 요한이 하나님께 간청할 때 정념이 그에게서 도망쳤고 그는 불안에서 벗어났다. 그래서 그는 원로에게 "나는 이제 싸움이 없이 평안합니다"라고 말했는데, 원로는 "싸움이 돌아오게 해달라고 기도하십시오. 영혼은 전쟁을 통해서 성장합니다"라고 대답했다. 그래서 압바 요한은 전쟁을 피하게 해달라고 기도하지 않고, 항상 "주님, 전쟁 중에 인내하게 해주십시오"라고 기도했다.

4. 압바 코프리스(Abba Copris)는 "고역을 참고 견디면서 하나님께 감

사하는 사람은 복됩니다"라고 말했다. 그는 오랫동안 병들어 누워 지내는 동안 하나님께 감사했으며, 결코 자기의 뜻대로 하지 않았다.

5. 어느 형제가 9년 동안 어떤 생각에 시달렸다. 그는 그 시험의 원인이 자신이라고 생각하여 "나는 영혼을 잃었다"라고 말하면서 자신을 정죄했다. 결국 그는 자기의 구원에 대해 걱정하고 낙심하여 "나는 타락했으니, 세상으로 돌려보내 주십시오"라고 말했다. 그리하여 세상을 향해 출발했는데, 도중에 "네가 시험을 받은 9년이 너에게 면류관을 주었다. 그러니 네 처소로 돌아가면, 너를 생각에서 구해주겠다"라는 음성이 들려왔다. 그리하여 형제는 돌아가서 안식을 찾았다. 여기서 전쟁은 싸우는 사람에게 면류관을 제공한다는 것을 알 수 있다.[1]

6. 어느 원로가 다음과 같이 말했다: "사람이 수도사가 되려고 세상을 버릴 때 하나님은 처음에는 귀신들이 그를 난폭하게 괴롭히는 것을 허락하지 않습니다. 이는 그가 겁에 질려 세상으로 돌아가지 않기 위해서입니다. 그러나 세월이 흘러 수도사가 영적으로 진보하면, 육욕적인 욕망을 비롯한 쾌락, 분노와 미움 등의 정념을 포함하는 전쟁이 시작됩니다. 그때 그는 자기 자신만을 비난하고 정죄하면서 겸손해지고 슬퍼해야 합니다. 이처럼 그는 시험을 통해서 인내를 배우고, 경험과 분별을 획득하며, 그 후로는 하나님께 피합니다.

"어떤 사람은 육체적으로 세상으로 돌아가지만, 혼동과 깊은 절망에

---

1) 『사막 교부들의 지혜』, 인내와 정주 75번.

빠져 슬픔의 짐에 굴복한 수도사들은 내심 세상으로 돌아간 것과 같습니다. 형제여, 결코 낙심하거나 무관심하지 말며, 시험을 당할 때 용감하게 오래 참으면서 모든 일에 하나님께 감사해야 합니다. 하나님께 드리는 감사는 원수의 온갖 교묘한 책략을 무익하게 합니다.

"손에 끈적거리는 피치가 묻으면 기름으로 씻어내야 하는데, 수도사들도 그렇습니다. 죄로 더럽혀진 순간부터 우리는 예수 그리스도의 인류를 향한 사랑과 자비로만 깨끗해질 수 있습니다. 그러므로 시험받을 때 주님 앞에 나가며, 모든 것에 대해 감사하면서 주님의 도우심을 구해야 합니다. 그때 원수가 쉽게 정복되어 약하고 무력하게 우리 맞은편에 앉아있는 것을 보게 될 것입니다."

7. 어느 원로는 "우리가 악을 행함에도 불구하고 하나님이 우리를 용서하시고 오래 참으신다면, 우리가 기꺼이 선을 행할 때 한층 더 많이 우리를 도와주시지 않겠습니까?"라고 말했다.

6. 성 에프렘

하나님의 마음에 들며, 믿음으로 말미암아 하나님의 상속자로 입증되며, 성령으로 태어난 하나님의 아들이라 불리기를 원하는 사람은 무엇보다 인내와 오래참음으로 무장하고, 장차 당할 고통과 궁핍함, 즉 육체의 병과 정념, 사람들의 책망과 모욕, 또는 영혼을 유혹하여 태만하고 쇠약하게 하려 하는 악한 영들과의 싸움을 감사하면서 용감하게 참고 견뎌야 합니다.

이 모든 것은 여러 가지 고통으로 검증되는데, 마음을 다해 하나님을 사랑하는 사람이 악한 자의 공격을 기뻐하면서 용감하게 견디며, 하나님에 대한 소망과 믿음에서 벗어나지 않고 항상 하나님의 은혜로 말미암아 슬픔에서 구해지기를 믿음과 인내로 기다리게 하려고 하나님의 섭리로 주어집니다. 이로써 그는 모든 시험에 대처할 수 있을 것입니다. 그는 주님을 비롯하여 많은 세대 성인들의 발자취를 따라 걸어왔고, 주님의 고난뿐만 아니라 영광에도 참여하였으므로 하늘나라에 들어갈 자격을 얻을 것입니다.

그러므로 처음부터 족장들과 선지자들과 사도들과 순교자들은 기뻐하면서 불굴의 용기를 가지고 고통과 시험의 길을 통과하고, 여러 가지 어려움을 견뎌냈으며, 노력하며 싸운 사람들에게 주어질 상을 기다렸다는 것을 알아야 합니다. 이 진리는 "아들아, 네가 주님을 섬기려면 스스로 시련에 대비하여라. 네 마음을 곧게 가져 동요하지 말며 역경에 처해서도 당황하지 말아라"(**집회서 2:1~2**)라는 말씀과 일치합니다. 이것은 우리가 하나님 안에 희망을 두며, 하나님에 대한 희망으로 힘을 얻어야 한다는 의미입니다.

히브리서 기자는 "징계는 다 받는 것이거늘 너희에게 없으면 사생자요 친아들이 아니니라"(**히 12:8**)라고 말합니다. 또 다른 곳에서 "하나님의 허락하심이 없이는 아무것도 일어나지 않는다는 것을 알고 당신에게 닥치는 모든 것을 선한 것으로 받아들이라"라고 말합니다. 주님을 위해 싸우며, 태만이나 낙심에 빠진 분량에 따라 하나님을 사랑하는 영혼을 대적하여 영생에 들어가지 못하게 하려고 악한 영들이 은밀하게 가하는 것이든지 사람들이 공공연하게 가하는 것이든지 환난을 견디는 사람을 주님은 축복하십니다. 그러므로 시험은 하나님을 사랑하는 영혼을 시험하여 하나님을 사랑하지 않는 영혼에서 분리하며, 누가 하나님에 합당하며 누가 합당하지 않는지 보여줍니다.

그러므로 하나님 앞에서 만족스럽게 보이기를 원하는 영혼은 인내와 소망을 지녀야 합니다. 이 두 가지 덕으로 악한 자의 괴롭힘과 폭동을 대면하여 견딜 수 있을 것입니다. 하나님께 소망을 두고 의지하는 영혼이 큰 시험에 빠져 견딜 수 없는 짐을 지고 자포자기하는 것을 하나님을 허락하시지 않습니다. 악한 자도 하나님이 허락하신 한도까지만 원하는 만큼 영혼을 시험하고 괴롭힙니다. 우리를 조성하신 분은 영혼이 어느 정도까지 시험과 성가심을 당해야 할지 아시며, 그만큼만 허락하십니다.

토기장이를 예로 들어봅시다. 토기장이는 도자기를 얼마 동안 불 속에서 구워야 하는지 압니다. 불 속에서 견디지 못한 도자기는 사용할 수 없습니다. 도자기를 필요 이상 오래 불 속에 두면 깨지고, 너무 일찍 꺼내도 쓸모가 없게 됩니다. 또 짐승에 짐을 실을 때 모든 짐승에게 똑같이 짐을 싣는 것이 아니라 각 짐승의 힘에 비례하여 짐을 싣습니다. 배에는 안전하게 항해하기 위해서 어느 지점까지 짐을 실어야 하는지를 나타내는 표식이 있습니다.

하나님은 우리에게 이 세상의 무상한 것들을 안전하게 다루기 위한 지식과 분별을 주셨습니다. 지혜와 이해력을 주시는 하나님은 하나님을 기쁘시게 하려는 영혼이 하늘나라에 합당하며 하나님께 유익하게 되려면 어떤 종류의 시련이 얼마나 필요한지 아시지 않겠습니까? 아마를 계속 치대지 않으면 가는 실을 만들 수 없듯이, 하나님을 사랑하는 영혼은 많은 고통과 시련을 겪을수록 더 깨끗하고 유익하게 됩니다. 많은 시험과 고통을 용감하게 견디는 영혼은 더 깨끗하고 영적 수고에 유익해집니다. 마지막으로 그 영혼은 천국에 들어간 후에 영원히 하늘나라 신방의 상속자가 될 것입니다.

제30장

마귀는 깨어 있는 사람을 해치지 못한다.

우리가 짓는 죄의 원인이 마귀에게 있는 것이 아니라 우리 자신에게 있다. 마귀는 깨어 있는 사람을 해치지 못한다. 왜냐하면 하나님의 도우심이 크기 때문이다. 하나님은 우리의 능력에 따라 분투하게 하신다.

1. 게론티콘

1. 압바 안토니의 말에 의하면, 하나님은 이 세대에는 옛사람들에게 했던 것만큼 격렬하게 전쟁을 촉발하시지 않습니다. 이는 오늘의 사람들이 약하고 힘이 부족하다는 것을 아시기 때문입니다.

2. 압바 아가톤의 제자 아브라함이 압바 푀멘에게 "귀신들이 사납게 공격할 때 어떻게 해야 합니까?"라고 물었다. 푀멘은 "귀신들이 당신을 공격하고 있습니까? 우리가 자기 뜻대로 행하는 한 귀신들은 공격하지 않습니다. 우리의 뜻이 귀신이 되어 우리를 괴롭히는데, 이는 그것을 충족시키기 위해서입니다. 귀신들이 모세 및 그를 닮은 사람들을 공격했다는 것을 아십시오."라고 대답했다.

3. 어느 형제가 압바 팜보에게 "왜 귀신들은 내가 이웃에게 선을 행하지 못하게 합니까?"라고 물었는데, 팜보는 "그렇게 말하지 마십시오. 그렇게 말하는 것은 하나님을 거짓말쟁이로 만드는 것입니다. 당신은

'저는 다른 사람에게 선을 행하고 싶지 않습니다'라고 말해야 합니다. 우리의 악함을 아시는 하나님은 성경에서 '내가 너희에게 뱀과 전갈을 밟으며 원수의 모든 능력을 제어할 권능을 주었으니'(눅 10:19)라고 말씀하셨습니다"라고 대답했다.

4. 압바 시소에스는 "나의 정념과 귀신들에게 어떻게 대처해야 합니까?"라는 질문을 받고서 "사람이 시험을 받는 것은 자기 욕심에 끌려 유혹을 받기 때문입니다(약 1:14)"라고 대답했다.

5. 성녀 신클레티케는 "훌륭한 운동선수일수록, 강한 적들이 대적합니다"라고 말했다.

6. 언젠가 압바 모세가 음란한 생각의 공격을 받아 수실에 앉아있을 수 없었으므로, 압바 이시도르(Abba Isidore)에게 고백하러 갔다. 이시도르는 그에게 수실로 돌아가라고 말했다. 그러나 모세는 이 충고를 받아들이지 않고 "아버지, 저는 더 버틸 수 없습니다"라고 대답했다. 이시도르는 모세를 데리고 수실 지붕 위로 올라가서 "서쪽을 보세요"라고 말했다. 모세가 서쪽을 세심히 바라보니 마귀들의 무리가 전쟁을 도발하면서 혼동과 소란을 일으키고 있었다. 이시도르는 다시 "동쪽을 보세요"라고 말했다. 동쪽을 보니 영광에 둘러싸인 많은 천사들이 있었다. 이시도르는 모세에게 "보세요. 저들은 노력하며 애쓰는 성인들을 돕기 위해 주님이 보내신 자들입니다. 서쪽에서 본 무리는 성인들을 공격하는 자들입니다. 우리의 동맹이 수적으로 더 많습니다. 그러니 두려워하지 말고 용기를 내십시오"라고 말했다. 모세는 하나님께 감사하고 용기

를 내어 수실로 돌아갔다.

7. 어느 원로는 다음과 같이 말했습니다: "처음 세상을 버리고 수도사가 되면, 마귀들은 그가 겁에 질려 속히 세상으로 돌아갈까 봐 난폭하게 괴롭히지 않습니다. 그러나 세월이 흘러 그가 금욕생활에서 진보하면, 육적인 욕망과 쾌락을 포함한 공격이 시작됩니다. 그래서 수도사는 괴로워하며, 자기가 범했고 지금도 범하는 모든 죄에 대해 자신을 정죄하고 비난하며 슬퍼하고, 겸손해야 할 필요를 느낍니다. 그는 이렇게 유혹을 받으면서 인내를 배우고, 경험과 분별을 얻으며, 그 후에 눈물로 하나님께 피합니다. 그때 하나님은 원수의 책략을 몰아내시며, 조금씩 수도사를 한숨 돌리게 해주십니다. 노력을 게을리한 사람은 큰 슬픔 때문에 자살하거나 세상으로 돌아갔습니다."

2. 요한 카시아누스

압바 시소에스의 말에 따르면, 악령들은 사람들의 내면에 한꺼번에 모든 정념을 휘저어 일으키는 것이 아닙니다. 각각의 정념에 배정된 특별한 악령이 사람들 안에 각각의 정념을 불어넣습니다.

어떤 악령은 부정과 더러움과 쾌락의 악취를 좋아하고, 어떤 악령은 신성모독을 좋아하고, 어떤 영은 분노와 격분을 좋아하고, 어떤 영은 슬픔을 좋아하고, 어떤 영은 허영을 좋아하고, 어떤 영은 오만을 좋아합니다. 각각의 악한 영은 영혼이 기꺼이 받아들인다고 여기는 정념을 꾸준히 선동합니다.

악령들이 사람들을 괴롭히는 방식이 모두 같지 않으며, 모든 사람들 안에 비슷한 방식으로 악을 심지도 않습니다. 그것들은 사람과 상황과 장소가 제시하는 상태에 따라 다양하게 악을 심습니다. 악령들은 함께 일하든지 한 영이 자기 영역을 다른 영에 양보하지만 서로의 관계에서 일치나 서열을 유지하지 않습니다. 성경은 악인에게서 이해력을 찾으나 찾지 못할 것이며, 원수에게 이해력이 없다고 말합니다. 그런데도 악령들은 우리를 대적하여 싸울 때 단결하며 서로 정념을 부추길 기회와 장소를 양보합니다. 허영에 빠졌으면서 동시에 음란한 욕구를 느끼는 사람이 없고, 오만하면서 식탐에 빠지는 사람이 없고, 어리석은 아이처럼 시끄럽게 웃으면서 동시에 화내는 사람이 없습니다. 각각의 악령은 정해진 순서대로 사람을 공격하며, 패배하여 물러설 때는 더 공격적인 악령에게 싸움을 넘깁니다.

또 악령들 모두가 똑같이 흉포하거나 같은 능력을 지닌 것이 아닙니다. 악령들이 싸우는 힘과 에너지, 그리고 그것들이 부추기는 욕망의 특성은 각기 다릅니다. 다시 말해서 덕을 위한 싸움을 시작했거나 약한 그리스도의 군사는 비교적 약한 영들과 싸웁니다. 그러나 이 약한 영들이 패배하면, 더 공격적인 상대가 그 뒤를 이어 공격합니다. 힘든 싸움이 인간의 능력에 비례하여 전개되지 않는다면, 누구도 두렵고 무수한 원수들의 사나움을 견뎌내지 못할 것입니다.

인간을 사랑하시는 그리스도가 중보자요 경지의 주재자요 심판관으로서 싸움을 우리의 힘에 따라 조정해주시고, 적들의 과도한 공격을 지연시키고 제거해주시며, 우리가 감당하지 못할 시험 당함을 허락하지 않으시며, 우리의 체력에 맞추어 전투 행위를 조정하시는 분이 방패가 되어주시지 않으면(고전 10:13), 누구도 적대적인 악한 영들의 격분에 저항할 수 없을 것입니다.

악령들은 지루하고 힘들게 이 전쟁을 벌입니다. 전투에서 참을성이 많고 강하여 굴복하지 않는 사람들을 대할 때 악령들도 걱정하고 괴로워합니다. 사도 바울은 이것을 확인하면서 "우리의 씨름은 혈과 육을 상대하는 것이 아니요 통치자들과 권세들과 이 어둠의 세상 주관자들과 하늘에 있는 악의 영들을 상대함이라"(엡 6:12); "그러므로 나는 달음질하기를 향방 없는 것 같이 아니하고 싸우기를 허공을 치는 것 같이 아니하며"(고전 9:26); "나는 선한 싸움을 싸우고"(딤후 4:7)라고 말했습니다.

싸움과 씨름과 전투가 벌어지는 곳에는 서로 겨루는 측의 필사적인 노력과 고역과 고통이 있습니다. 우리가 승리하면 기뻐하고 패배하면 슬퍼하듯이, 악령들도 승리하면 기뻐하고 패하면 슬퍼합니다. 악령들은 우리를 정복하면 즐거워합니다. 그러나 악령들이 노력했음에도 불구하고 싸움에서 성공하지 못하고 정복될 때, 우리의 것이 될 뻔한 패배의 수치가 그들의 것이 되며, "그의 재앙은 자기 머리로 돌아가고"(시 7:16); "그가 숨긴 그물에 자기가 잡히게 하시며"(시 35:8)라는 말씀이 이루어집니다.

다윗은 이 모든 것을 알았고, 영혼의 눈으로 이 보이지 않는 전쟁을 보았습니다. 그는 우리가 넘어질 때 원수들이 얼마나 좋아하는지 잘 알았으므로 " 나의 눈을 밝히소서 두렵건대 내가 사망의 잠을 잘까 하오며 두렵건대 나의 원수가 이르기를 내가 그를 이겼다 할까 하오며 내가 흔들릴 때에 나의 대적들이 기뻐할까 하나이다"(시 12:3~4); "나의 원수된 자가 나로 말미암아 기뻐하지 못하게 하시며…그들이 마음속으로 이르기를 아하 소원을 성취하였다 하지 못하게 하시며 우리가 그를 삼켰다 말하지 못하게 하소서"(시 35:19, 25)라고 말했습니다. 그는 악령들이 정복되었을 때 느끼는 수치와 관련하여 "내 생명을 찾는 자들이 부끄러워 수치를 당하게 하시며 나를 상해하려 하는 자들이 물러가 낭패를 당하게 하소서"(시 35:4)라고 노래했습니다. 선지자 예레미야는 "나를 박해하는 자로 치욕을 당하게 하시고 나로 치욕을 당하게 마옵소서 그들은 놀라게 하시고 나는 놀라게 하지 마시옵소서 재앙의 날을 그들에게 임하게 하시며 배나 되는 멸망으로 그들을 멸하소서"(렘 17:18)라고 말합니다. 우리가 공격할 때 악령들은 두 번 패배합니다. 첫 패배는 사람들이 잃어버렸던 성성을 획득할 때 이루어지고, 둘째 패배는 악령들이 영인데도 불구하고 육신을 입은 사람들에게 패배한다는 사실에서 비롯됩니다.[1]

3. 성 막시무스

어떤 세력이 우리를 유혹하여 끌어가지 않는 한 사람들 안에 악이 없다고 말하는 사람들이 있습니다. 이 세력이란 영적 정신의 본성적 에너지를 방치하고 소홀히 하는 것입니다. 이런 까닭에 이 에너지에 관심을 기울이는 사람은 악을 행하지 않고 선을 행합니다. 그러므로 원한다면 태만을 멀리 쫓아내고, 악을 몰아내십시오. 그것은 생각 안에서의 잘못된 판단으로서 사물의 악용을 동반합니다. 영혼의 이성적 부분의 본성

---

1) 『담화집』(요한 카시아누스, 엄성옥 역), 담화 7: 영혼의 변덕스러움, 그리고 악령들에 관하여 17~21.7, 215~220쪽.

적 질서는 우리가 하나님의 로고스에 복종하는 것, 그리고 우리의 비이성적인 부분(즉 정념)을 다스리는 데 있습니다. 모든 경우에 이 질서를 유지하면, 우리 안에 악이 존재하지 않을 것이며, 우리를 악으로 유혹하는 세력이 자신을 나타내지 못할 것입니다.

4. 게론티콘

1. 언젠가 압바 이사야가 소쿠리를 들고 타작마당에 가서 농부에게 "밀을 좀 주십시오"라고 말했다. 농부는 "아버지여, 수확하셨습니까?"라고 물었고, 이사야는 그렇지 않다고 대답했다. 농부는 "수확하지 않은 밀을 가져가려 하다니 무슨 일입니까?"라고 말했고, 이사야는 "사람이 수확하지 않으면, 삯을 받지 못합니까?"라고 대답했다. 농부는 "물론이지요"라고 말했다.

이 말을 듣고 이사야는 그곳을 떠났다. 형제들은 이러한 행동의 의미를 말해달라고 부탁했다. 이사야는 "사람이 일하지 않으면 하나님에게서 삯을 받지 못한다는 것을 여러분이 이해하게 하려고 그러한 행동을 했습니다"라고 말했다.[2]

2. 어느 원로가 사막에 살았는데, 그의 수실은 물이 있는 곳에서 약 19km 정도 떨어진 곳에 있었다. 한번은 그가 물을 길으러 가다가 화가 나서 "왜 이런 식으로 고생을 해야 하지? 샘 근처에 가서 정착해야겠다"라고 생각했다. 이렇게 생각하는데 누군가 자기를 따라오고 있는 것

---

[2] 『사막 교부들의 금언』, 이사야 5. 174쪽.

이 느껴졌다. 뒤를 돌아보니, 어떤 사람이 그를 따라오면서 그의 발걸음을 세고 있었다. 원로가 그 사람에게 "누구십니까?"라고 물었더니, 그 사람은 "나는 주의 천사입니다. 하나님께서 당신의 발걸음을 세고, 그에 상응하는 삯을 주라고 나를 보내셨습니다"라고 대답했다.

원로는 이 말을 듣고 용기를 얻어 더 열심을 내어 8km 정도 더 깊은 사막으로 들어갔다. 즉 그는 샘에서 27km 떨어진 곳에 새로 정착했다.

3. 스케테의 압바 카이레몬(Chaeremon)이 거처하는 동굴은 교회에서 64km 떨어져 있고, 그가 골풀을 채취하는 습지와 샘에서 약 19km 떨어져 있었다. 카이레몬은 작업을 위해 골풀을 채취하는 일이나 물을 긷는 일, 그리고 매주 교회에 가는 일에 대해 불평하지 않았다.

제31장

수도 규칙에 관하여

수도생활 지원자는 덕행의 훈련을 충분히 받은 후에 수도복을 입어야 한다. 수도 규칙은 영광스럽고, 영혼에 유익하며, 구원에 도움이 된다.

1. 성 요안니키우스의 생애

요안니키우스(St. Ioannikios)가 사막에서 생활한 지 12년째 되는 해에 하늘로부터 계시를 받았다. 그는 그 계시를 통해서 그곳을 떠나 에리스테(Eriste)에 있는 은둔처에 오두막을 짓고 수도복을 입으라는 부름을 받았다(그는 수도복을 입기 전에 이미 힘들게 분투하고 있었지만, 그것은 예비 훈련에 불과했다).

그는 여름에 하나님이 지적해주신 은둔처에 도착하여, 그곳의 수도원장 스테반에게 하나님이 주신 계시를 말씀드렸다. 스테반은 주저하지 않고 다음 날 수도사 착복 기도와 예식을 거행하고 그에게 수도복을 입혀 주었다. 이미 수도사였던 그는 수도복을 입은 후 전보다 더 노력하고, 더 힘든 고행에 몰두했다.

2. 성 알리피우스의 생애

알리피우스(St. Alypios)의 명성이 도처에 퍼졌기 때문에 회개의 길을 걸으려는 많은 남성과 여성이 그를 찾아왔다. 찾아오는 사람들이 많았으므로, 알리피우스는 거리를 두고 두 채의 집을 짓고, 여성과 남성을 분리하여 수용했다. 그는 여성 금욕자들에게는 남성들 앞에 나타나지 말고, 그들을 바라보지도 말라는 규칙과 명령을 주었다. 여성들은 이 명령을 철저히 지켰는데, 그들은 영적 아버지의 명령이 본성적인 욕구보다 강력하다는 것을 증명하려고 알리피우스가 특별한 경우나 임종을 앞둔 부모를 만나라고 말했지만, 그렇게 하지 않았다.

이 거룩한 여성들 가운데 알리피우스의 어머니가 있었다. 그녀는 다른 여인들과 같은 규칙을 따라 살았고 덕이 뛰어났지만, 수녀원에서는 하인이나 수녀나 같다고 주장하면서 수도복을 입으라는 아들의 끈질긴 요청을 받아들이지 않았다.

어느 날 꿈을 꾸고 나서 그녀는 아들의 간청을 받아들이게 되었다. 이제 그녀가 아들에게 조르기 시작했다. 이 계시의 꿈에서 그녀는 거룩한 여인들이 부르는 아름다운 찬송을 듣고 있었다. 그녀는 매우 기뻐서 그 성가대가 있는 곳에 들어가 함께 찬송하려 했다. 그런데 그녀가 들어가려 할 때 문지기가 "하나님의 종들과 같은 옷을 입지 않은 여인은 그들과 교제할 수 없습니다"라고 말하면서 그녀를 막았다.

알리피우스의 어머니는 부끄럽고 불안했다. 그녀는 잠에서 깨어나 즉시 아들에게 가서 꿈 이야기를 했고, 지금까지 거절했던 수도복을 입게 해달라고 요청했다. 그리하여 그녀는 오랫동안 그녀와 같은 방식으로 생활하고 금욕해온 여인들과 같은 수도복을 입었다. 그리고 많은 덕의 씨앗을 뿌렸으므로, 기뻐하면서 천국의 썩지 않는 열매를 거두었다.

3. 게론티콘

1. 어느 원로는 "자녀들이여, 왕위를 포기하고 수도사가 된 사람의 영광이 크지만, 수도복을 포기하고 왕이 되는 수도사의 수치도 큽니다. 이는 감각적인 것보다 지성적인 것이 비교할 수 없이 귀중하기 때문입니다"라고 말했다.

2. 어느 통찰력이 있는 원로는 어떤 사람이 세례를 받는데 그 사람 가까이에 은혜의 능력이 있는 것을 보았고, 동시에 어느 수도사가 천사들의 복장을 받는 것을 보았다고 주장했다.

4. 성 에프렘

형제여, 원수는 어떤 사람들 안에 아직 때가 되지 않았음에도 불구하고 수도복을 요구하려는 비이성적인 욕구를 심습니다. 그러므로 수도복을 받으려고 조급해하지 마십시오. 사랑하는 형제여, 하나님을 기쁘시게 하려면, 인내하면서 "네가 종으로 있을 때에 부르심을 받았느냐 염려하지 말라 그러나 네가 자유롭게 될 수 있거든 그것을 이용하라"(고전 7:21)라는 말씀을 들으십시오. 이전 세대를 응시하고, 모든 성인들이 참고 견딤으로써 하나님에게서 약속을 받았음을 깨닫고, 날마다 장차 하늘나라에서 그들과 함께 상속자가 되기 위해 당신 자신을 자극하십시오.

족장 야곱이 메소포타미아에서 라헬을 아내로 얻기 위해서 낮의 더위와 밤의 서리를 참고 견디면서 시리아인 라반 밑에서 14년 동안 종살이를 한 것을 기억하십니까? 요셉은 이국에서 여러 해 동안 종살이를 했습니다. 이와 관련하여 성경은 "요셉이 십칠 세의 소년으로서 그의 형들과 함께 양을 칠 때에"(창 37:2); "요셉이 애굽 왕 바로 앞에 설 때에 삼십 세라"(창 41:46)라고 말합니다. 여호와의 종 모세는 사십 년 동안 미디안 땅에 피신하여 머물렀습니다. 히브리인들은 사십 년 동안 광야를 여행한 후에 약속의 땅에 들어갔습니다. 아브라함이 하나님께서 약속하신 것을 받기까지 몇 해가 걸렸는지 생각해 보십시오. 일반적으로 모든 성도들이 불평 없이 기다림으로써 하나님의 약속을 받았습니다. 그러므로 인내하면서 주님을 기다리십시오. 그러면 적절한 기회가 올 때 주께서 당신을 승격시켜 주시며, 빛처럼 덕을 주실 것이며, 한낮의 태양처럼 판단력이 당신을 비추어줄 것입니다.

만일 당신이 최고위 수도복을 받을 자격이 있다고 간주된다면, 뽐내지 말며, 그 수도복을 입으려고 기다려온 사람들에게 피해를 주지 마십시오. 자신이 으뜸이라고 생각하는 것은 덕이 아니며, 시험을 끝까지 견디는 것이 덕입니다. 그러므로 수도복을 받을 때 "이제 죄에서 벗어났다"라고 생각하지 마십시오. 그 순간부터 큰 해를 초래하지 않으려면 덕을 위해 한층 더 열심히 수고하는 것이 바람직합니다. 당신은 지금까지 여러 해 동안 더 높은 단계의 수도복을 입기 위해서 구원을 소홀히 하지 않았습니다. 당신은 지금까지는 외야에 머물렀지만, 이제 핵심층으로 들어왔습니다.

이제 멸망으로 인도하는 크고 넓은 길과 영생으로 인도하는 좁은 길 중에서 어느 길을 원하는지 분명히 하십시오. 당신이 지금까지 노력하면서 얻으려 했던 것들을 잃지 않으려면 영혼을 소홀히 하지 마십시오. 급한 일이 있어도 외투를 입지 않은 채 수실에서 나오지 말고, 그것으로 몸을 두르고 나오십시오. 수도사가 젊은이들처럼 상의만 입고 돌아다니는 것은 부끄러운 일입니다. 성경은 "띠를 띠고 신을 신으라 하거늘 베드로가 그대로 하니 천사가 또 이르되 겉옷을 입고 따라오라"(행 12:8)라고 말합니다.

5. 압바 이사야

우리 주 예수 그리스도께서 먼저 인류를 위해 세상에 오셔서 십자가에 달리셔서 모든 정념을 고쳐주셨습니다. 주님이 육신으로 세상에 오시기 전에, 인류는 죄 때문에 소경이요 벙어리요 귀머거리요 중풍병자요 문둥병자요 절름발이요 죽은 사람이었습니다. 그러나 주님은 우리를 불쌍히 여겨 우리를 위해 세상에 오셔서 죽은 자들을 일으키시고, 절름발이를 걷게 하시고, 눈먼 자를 보게 하시고, 벙어리를 말하게 하시고, 귀머거리를 듣게 하시고, 인류를 새로 일으키시고 온갖 약함에서 구해주셨습니다. 그런 후에 주님은 십자가에 달리셨습니다.

유대인들은 주님과 함께 두 명의 강도를 십자가에 처형했습니다. 주님의 오른편에 달린 강도는 주님을 찬미하고 "예수여 당신의 나라에 임하실 때에 나를 기억하소서"(눅 23:42)라고 간청했습니다. 왼편에 달린 강도는 주님을 저주하고 모독했습니다. 이 이야기는 깨어나기 전의 영적 정신이 증오 안에 있다는 것을 보여줍니다. 주 예수 그리스도께서 태만한 정신을 일깨우시고, 모든 것을 분별하고 보는 능력을 주셔야 정신이 자기 부인의 십자가에 달릴 수 있을 것입니다.

신을 모독하는 증오는 무례한 강도처럼 거친 말로 표현되며, 정신을 지쳐서 금욕생활을 포기하고 태만함으로 돌아가게 하려 합니다. 이것이 두 강도가 상징하는 의미입니다. 주님은 두 강도가 교제하지 못하도록 분리하셨습니다. 둘 중 하나는 예수님의 희망을 꺾을 수 있을지 알려고 기다리면서 예수님을 조롱했습니다. 반면에 또 한 강도는 "오늘 네가 나와 함께 낙원에 있으리라"(눅 23:43)는 말을 들을 때까지 인내하면서 간청했고, 영생의 나무를 맛보았습니다.

6. 게론티콘

압바 디오스코루스는 다음과 같이 말했다:

"형제들이여, 우리는 하나님의 은혜로 거룩한 수도복을 입었습니다. 심판 때에 예복을 입고 있도록 조심합시다. 만일 우리가 거룩한 옷을 입고 있다면, 벌거벗은 것으로 드러나지 않겠지만, 그렇지 못하면 '이 무익한 종을 바깥 어두운 데로 내쫓으라 거기서 슬피 울며 이를 갈리라'(마 25:30)라는 말을 들을 것입니다. 그때 태만했던 것을 뉘우쳐도 소용이 없을 것입니다. 우리 아버지들은 하늘나라로 들려 올라가는데, 우리는 보응의 사자들에게 끌려 바깥 어둠과 영원한 불에 던져지는 모습을 본다면 얼마나 슬프고 부끄럽겠습니까?"

제32장

생활 규칙에 합당하게 실천하라.

신실한 수도사는 자기의 규칙에 합당한 생활 방식을 보여야 한다. 규칙에 따라 생활하지 않는 사람은 신실하지 못하다. 나이가 많다고 해서 경건한 것이 아니라 생활 방식이 경건해야 한다.

1. 성녀 신클레티케의 삶

성녀 신클레티케는 우리 영혼의 구원에 대해 경솔한 태도를 취하지 말고 행위로 영혼을 단장하며, 영혼 깊은 곳을 소홀히 해서는 안 된다고 말했다.

"우리는 수도사가 될 때 머리카락을 밀었으니, 그와 함께 지성적인 머리, 즉 영혼에서 가시를 확실히 제거해야 합니다. 우리의 머리털은 세상에서의 삶, 즉 영예, 영광, 금전 획득, 밝은 옷, 목욕, 맛있는 음식, 전반적으로 세상의 온갖 허영과 쾌락을 상징합니다. 우리는 머리카락을 잘라냄으로써 이 모든 것을 제거하기로 결심했습니다.

이제부터 우리를 보는 사람들을 분개하게 하지 않으려면 삶에서 이런 것들을 나타내지 말아야 합니다. 이 들짐승들은 세속적인 것들의 뜰에 숨어 있으면서 존재하지 않는 듯한 인상을 만들어냅니다. 이런 까닭에 하찮은 죄도 수도사에게는 뚜렷하게 보입니다. 아주 작은 동물이 깨끗한 집 안에 들어오면 모든 사람이 분명히 알 수 있듯이, 우리가 범한 아주 작은 잘못도 모든 사람에게 알려집니다. 그러나 세상 사람에게는 이런 일이 일어나지 않습니다. 왜냐하면 그들은 큰 독사들이 살고 있어도 그곳에 있는 것들로 감추어져 있기 때문에 식별할 수 없는 더러운 동굴 같기 때문입니다.

"영혼을 죽이는 곤충이 우리 정신의 성소에 구멍을 파지 못하게 하려면 항상 영혼의 집을 깨끗이 하고, 사방을 세심하게 조사해야 합니다. 그리고 항상 그곳을 거룩한 향, 즉 기도로 분향해야 합니다. 강력한 약초의 향이 독한 짐승을 몰아내듯이, 수치스러운 생각은 기도와 금식으로 몰아내야 합니다. 우리는 스스로 유배자가 되었습니다. 다시 말해서 자발적으로 세속적 생활 환경에서 나왔습니다. 그러므로 세상에 속한 것을 구하지 말아야 합니다. 세상에서 영광을 누렸지만, 이곳에서는 멸시받습니다. 세상에서는 음식이 풍부했지만, 이곳에는 빵조차도 부족합니다. 세상에서 부정한 일을 하는 사람은 자기의 뜻에 반하여 감옥에 갇힙니다. 우리는 자기의 죄 때문에 자기 자신을 감옥에 가두어야 합니다. 그리하면 우리가 선택하여 취한 결정이 장래의 형벌에서 우리를 구해줄 것입니다."

2. 게론티콘

1. 어느 원로가 "무엇이 수도사가 되기에 충분한 것입니까?"라는 질문을 받고서 오직 한 가지, 즉 하나님만을 목표로 하는 것입니다"라고 대답했다.

2. 이 원로는 수도사가 해야 할 것이 무엇이냐는 질문을 받고 "온갖

선한 것을 행하며, 나쁜 것을 모두 삼가는 것입니다"라고 대답했다.

3. 이 원로는 수도사가 하나님을 위해서 모든 것을 포기하고 세상에 대해 나그네가 되었으면서도 지옥을 향해 출발하는 것은 부끄러운 일이라고 말했다.

3. 성 에프렘

머리를 밀고 수도복을 입었다고 해서 수도사가 되는 것이 아닙니다. 수도사는 거룩한 것을 사모하며, 하나님의 뜻에 따라 살아야 합니다. 진정한 수도사의 표식은 후자입니다. 세속적인 사람은 머리 스타일과 복장으로 알 수 있는 것이 아니라 악한 생활방식과 세상적이고 물질적인 사치품에 대한 탐심으로 알 수 있습니다. 이것들이 영혼을 악하게 만들기 때문입니다. 만일 당신이 세상을 버렸다면, 당신이 찾고 있는 진주를 얻기 위해 집중하여 영적으로 노력하십시오. 많은 사람이 세상을 버리고 떠났습니다. 어떤 사람들은 군대의 직위를 포기하고 재산을 멸시했지만, 결국 자기 뜻에 미혹되어 넘어졌습니다. 자기의 뜻의 포로가 되는 것, 그리고 자신이 옳다고 판단한 것을 건너뛰는 것이 가장 큰 죄입니다.

이런 사람들은 대문을 통해서 세상에서의 삶을 버리고 떠난 것처럼 보이지만, 실제로는 창문을 통해 세상에 들어가 더 깊이 개입합니다. 그들은 이집트를 떠나 홍해를 무사히 건너고 하나님에게서 많은 큰 선물을 받았지만, 자기들의 뜻에 따라 길을 벗어났으므로 육지에서 파선한 이스라엘 백성을 닮았습니다. 육십만 명이 이집트를 떠났는데, 약속의 땅에 도착한 사람은 단 두 명, 갈렙과 눈의 아들 여호수아였습니다. 이들은 여호와의 말씀에 순종하고 지극히 높으신 하나님의 뜻을 경건하게 이행했습니다. 돈으로 지식을 살 수 없고, 수고하지 않고 기술을 습득할 수 없듯이, 근면함과 인내가 없이 완전한 수도사가 될 수 없습니다.

형제여, 두 가지 이유―육신의 부모를 슬프게 한 것, 그리고 하나님을 기쁘시게 하지 않은 것―로 징계를 받지 않으려면 충실한 군인처럼 경계하며, 받은 은사를 소홀히 하지 마십시오. 사람들이 당신이 분투하는 것을 보면서 당신의 고결한 삶 때문에 하나님을 찬양하게 해야 합니다. 성경에 "주를 경외하는 자들이 나를 보고 기뻐하는 것"(시 119:74); "주의 법을 사랑하는 자에게는 큰 평안이 있으니 그들에게 장애물이 없으리이다"(시 119:165)라고 기록되었습니다. 주님을 위해서 부모와 친척과 친구와 고향과 부를 버렸는데, 구원받기 위해 수도생활을 시작하고서 오히려 반대로 행하는 것이 무슨 유익이 있겠습니까? 그런데도 당신을 알았던 사람들은 가당치 않게 당신을 찬양하면서 "아무개는 이 세상과 그 영광과 속임수를 미워하고 세상에 속한 것에 대해 관심을 두지 않아서 세상을 버리고 수도사가 되었으니 행운아야"라고 말할 것입니다. 그런데 지금 당신을 보십시오. 당신은 수도사로 사는 것이 아니라 전혀 다른 삶을 살고 있습니다.

지금 우리를 칭찬하는 사람들이 우리보다 먼저 천국에 간다면, 그리고 지금 우리를 존경하면서 "그리스도의 종들이여, 우리 죄인을 위해 기도해주십시오"라고 말하는 사람들이 천국에서 우리는 지은 잘못 때문에 괴로워하고 있다면 얼마나 부끄러울지 생각해 보십시오. 그들은 우리와 같은 표준으로 심판받지 않을 것입니다. 하나님의 영은 "주인의 뜻을 알고도 준비하지 아니하고 그 뜻대로 행하지 아니한 종은 많이 맞을 것이요 알지 못하고 맞을 일을 행한 종은 적게 맞으리라 무릇 많이 받은 자에게는 많이 요구할 것이요 많이 맡은 자에게는 많이 달라 할 것이니라"(눅 12:47~48)라고 말합니다.

사랑하는 자여, 아직 시간이 있을 때 방심하지 마십시오. 영적 경기장이 우리에게 개방되어 있고, 경기의 심판관은 사도 바울을 통해서 "운동장에서 달음질하는 자들이 다 달릴지라도 오직 상을 받는 사람은 한 사람인 줄을 너희가 알지 못하느냐 너희도 상을 받도록 이와 같이 달음질하라 이기기를 다투는 자마다 모든 일에 절제하나니 그들은 썩을 승리자의 관을 얻고자 하되 우리는 썩지 아니할 것을 얻고자 하노라"(고전 9:24~25)라고 말씀하십니다. 또 "병사로 복무하는 자는 자기 생활에 얽매이는 자가 하나도 없나니 이는 병사로 모집한 자를 기쁘게 하려 함이라 경기하는 자가 법대로 경기하지 아니하면 승리자의 관을 얻지 못할 것이며"(딤후 2:4~5)라고 말합니다. 내 형제여, 수도사가 되기를 원하면서 모욕과 멸시와 상해를 겪으려 하지 않는 사람은 수도사가 될 수 없습니다.

형제여, 당신이 세상 생활을 버리고 수도사가 된다면, 원수가 당신을 유혹하기 위해 많은 수단을 쓰므로 조심해야 합니다. 당신이 태만하면 원수가 공격할 기회를 발견하고, 당신을 좁은 길에서 벗어나게 하려고 "너는 사람들에게서 벗어나 수실에서 혼자 지내는데, 그것이 그리 중요한 일이냐? 들짐승들은 자기 집에 조용히 머물지 않느냐?"라는 생각을 주입하지 못하도록 조심하십시오. 이런 식으로 공격받을 때 영혼의 원수를 책망하면서 다음과 같이 말하십시오:

"마귀야, 주께서 너를 죽이시기를 기원한다. 너는 하나님이 자기의 형상과 모양으로 지으신 인간을 들짐승과 동일시했다. 또 진리의 원수요 인류의 대적인 너는 주님의 곧은 길을 비뚤게 하고 있다.

"선을 미워하는 자야, 세상 사람과 수도사의 차이가 무엇인지 들어보아라. 수도사가 되려는 사람은 먼저 세상을 부인하고, 그다음에 자기의 의지를 부인하고, 십자가를 지고 우리 주 그리스도를 따른다. 그는 말다툼이나 저주나 맹세를 하지 않고, 다른 사람을 깎아내리지 않는다. 그는 철학적인 것을 바삐 연구하지도 않는다. 그는 절제하며, 낭비하지 않는다. 그에게는 하나님을 섬기는 친구들이 있다. 그는 마귀인 너 외에 어떤 사람도 원수로 생각하지 않는다. 그는 누구에게도 부당한 일을 하거나, 근심하게 하지 않는다. 그는 부당한 일을 당했을 때 기뻐하며 참아낸다. 그는 오래 참는다. 그는 미친 듯이 재산을 얻으려 하지 않는다. 그가 자발적으로 재산을 나누어주고 가난을 택했고, 그것이 지금 그의 영광이요 자랑인데, 어떻게 그러한 광기에 정복될 수 있겠느냐? 그는 상거래에 개입하지 않는다. 또 가정을 돌보지 않으며, 아내를 기쁘게 하는 데 관심을 두지 않는다. 그는 아들을 군대에 보내는 것이나 딸의 배우자를 찾는 데 관심이 없다. 그는 오락에 빠지지 않고, 자기 영혼의 구원에 전념한다.

"그는 사람들에게서 영광을 구하지 않고, 잘난 척하지 않으며, 되도록 자기를 낮추려 한다. 그는 모든 사람을 기꺼이 도우며 협조적이다. 그는 성가를 부르며, 생각이 목적 없이 배회하는 것을 허락하지 않는다. 그는 플루트, 북 등 다양한 악기를 연주하는 대신에 시편을 찬송하고 기도한다. 그는 웃는 대신에 자기 거처와 영혼의 가장 은밀한 곳에서 하나님께 죄를 용서해 달라고 간청하면서 슬퍼하고 눈물 흘린다.

"그는 자기만을 위해 기도하지 않고, 온 세상을 위해 기도한다. 그는 헛된 이론에 종사하지 않고, 거룩한 사람들의 삶을 연구한다. 그는 카드놀이를 하지 않는다. 카드놀이는 즐기는 사람의 가정과 영혼을 파괴한다. 그는 성경을 읽고, 하나님의 일을 한다. 그는 부모나 친척이나 세상사에 관심을 두지 않는다. 그는 항상 장래의 심판과 구세주의 약속을 기억한다. 그는 이러한 생각으로 내면세계를 재점화하며, 비탄과 나른함을 몰아낸다. 육신이 병들면 면류관이 가까워지므로 기뻐한다.

"그는 육체의 쾌락에 저항하며, 쾌락을 추구하는 사람들을 기다리고 있는 영원한 형벌을 상기한다. 그는 자기를 조롱하는 사람을 축복하고, 저주하는 사람을 격려하고, 비방하는 사람에 대해 오래 참는다. 그는 주님의 고난을 기억함으로써 위로를 받으므로 고난을 불평 없이 견딘다. 이것들 및 이보다 더 큰 일들이 진정한 수도사의 일이다. 마귀야, 어찌하여 인류와 선을 미워하며, 그러한 삶을 세상 생활과 비교하느냐? 이 악한 영아, 내게서 멀리 떠나라. 주님이 죄인을 통해서 너에게 명령하시므로, 나는 내 하나님의 명령을 찾아낼 수 있을 것이다."

사랑하는 형제여, 이런 생각을 주입하는 자에게 이렇게 저항하십시오. 그리하면 하나님의 은혜의 도움으로 그가 도망칠 것입니다.

4. 압바 이사야

아, 가엾은 우리여, 그리스도를 사랑하는 사람들이 불순으로 오염된 우리의 육신을 공경하고 포옹하다니! 우리는 치명적인 죄의 악취를 내뿜는 회칠한 무덤입니다(마 23:27). 우리는 어리석고 생각이 모자라서 성인들의 행위를 사랑하지 않으며, 그들에게 주어진 칭찬을 빼앗습니다. 우리는 끊임없이 더러운 생각으로 영혼을 더럽히고 있으면서도 거룩하다고 간주되고 성인이라 불리기를 원합니다.

5. 압바 마가

내 형제여, 자신을 십자가에 내어주지 않으며 자신을 멸시하지 않는 사람, 자기를 낮추어 모든 사람에게 짓밟히고 멸시받고 부당하게 취급되고 비웃음을 당하고 조롱을 받으려 하지 않는 사람, 이러한 취급을 받을 때 주님을 위해 참고 기뻐하지 않는 사람, 영광이나 영예나 칭찬, 또는 맛있는 음식이나 음료, 의복 등 사람들이 바라는 모든 것을 멸시하지 않는 사람은 진정한 수도사가 될 수 없습니다.

이런 종류의 시험과 상과 화관이 제시될 때, 사람들의 비밀을 아시는 분 앞에서 우리가 가식으로 주님을 섬긴 것이 드러날 터인데도 사람들로부터 진정한 우리의 모습과는 달리 여김을 받으면서 거짓된 경건의 모습으로 바보짓을 하렵니까? 많은 사람들이 우리를 거룩하다고 여기지만, 우리의 행위는 여전히 거칠며, 참된 경건의 모습이 없습니다.

우리는 겉사람의 의에 의지하여 사람들의 칭찬과 영광을 얻으려고 표면적인 친절한 행동으로 동료들의 마음을 사려 하면서도, 양심에 따른 덕의 내면생활을 무시합니다. 많은 사람이 우리를 순결하다고 여기지만, 사람들의 비밀을 아시는 분이 볼 때 우리 영혼은 음란한 생각에 동의하고 그것을 통해서 정념의 에너지에 동의함으로써 오염되어 있습니다. 이 가짜 금욕생활과 사람들의 칭찬 때문에 우리는 넘어지고, 우리의 정신은 눈이 멉니다.

그러나 어둠의 비밀과 우리 마음의 성향을 드러내시는 분, 실수가 없으신 재판관, 겉모습을 제거하시고 내면의 진실을 나타내시는 분이 오실 것입니다. 그분은 위선으로 살아온 사람들을 하늘의 거룩한 교회와 성인들과 천군들 앞에 드러내시고 바깥 어둠에 보내실 것입니다. 몸의 외적인 순결을 지킨 지혜롭지 못한 처녀들은 그릇에 소량의 기름을 가지고 있었습니다. 다시 말해서 그들은 사람들이 볼 때 분명한 덕과 업적을 가지고 있었지만, 태만과 무지와 게으름 때문에 영혼의 후미진 곳에 숨겨둔 많은 정념을 제거하지 못했습니다. 이런 까닭에 그들의 정신은 점차 마귀의 군대로 말미암아 부패했고, 그들의 선동에 동의하여 그들과 협력하여 행동했습니다. 이렇게 영적으로 부진했으므로 그들은 신랑의 기쁨을 빼앗기고, 하늘의 신방에서 쫓겨났습니다(마 25:1~13).

그러므로 아직 회개할 시간이 있을 때 이런 일들을 묵상하고 이해하고 시험하여, 우리가 어떤 상태에 있는지 깨닫고 바로잡아야 합니다. 이렇게 한다면, 육욕적인 견해로 더럽혀지지 않고 영적인 깨끗함으로 성취되는 우리의 선행을 하늘의 대제사장이신 그리스도께서 악한 제물로 여겨 내던지지 않고 받아주실 것입니다.

6. 요한 카시아누스

형제여, 당신이 방금 허락을 받기 전까지 얼마 동안 수도원 대문 앞에서 지냈는지 기억하십니까? 우리가 당신의 수도원 입회를 미룬 것은 당신의 구원을 원하지 않아서가 아닙니다. 우리는 그리스도께 오는 모든 사람의 구원을 전심으로 원합니다. 우리는 세밀히 조사하지 않고 경솔하게 당신을 받아들인 데 대해 하나님 앞에 해명하기를 원하지 않았고,

또 당신이 신중하게 고려하고 수도생활의 책임과 심각성을 깨닫기 전에 입회를 허락할 경우 장차 태만하고 무관심해져서 더 중한 벌을 받게 되는 것을 원하지 않았기 때문입니다.

주님을 신실하게 섬기는 사람에게 장래의 영광과 영예의 약속이 주어졌듯이, 게으르고 미온적인 태도로 수도생활에 접근하는 사람에게는 중한 벌이 예비되어 있습니다. 성경에서는 "서원하고 갚지 아니하는 것보다 서원하지 아니하는 것이 더 나으니"(전 5:5)라고 말합니다. 그러므로 먼저 세상에서의 삶을 포기한 이유를 깨달아야 합니다. 그것을 제대로 이해해야만 무엇을 해야 할 것인지 배울 수 있습니다.

세상을 포기한 것은 희생의 서원입니다. 그것은 십자가와 죽음으로 상징됩니다. 그러므로 오늘부터 당신이 죽었고, 세상이 당신에 대해 십자가에 못 박혔다고 생각하십시오. 십자가 처형의 능력을 배우면 더 좋습니다. 왜냐하면 이제는 당신이 사는 것이 아니라 십자가에 달리신 분이 당신 안에 사시기 때문입니다. 주께서 우리 모두를 위해 지신 이 상징으로 말미암아 우리는 이 세상에서 완전하게 살아야 합니다. 다윗은 자기 육체가 하나님을 두려워하며 십자가에 달리게 해달라고 간청합니다(시 119:120).

나무에 못 박힌 사람이 몸을 움직여 원하는 일을 할 수 없듯이, 정신이 하나님에 대한 두려움에 사로잡힌 사람은 육욕적인 욕망을 이루기 위해 움직일 수 없습니다. 십자가에 달린 사람이 현실에 대해 생각하지 않으며, 부을 얻으려는 관심에 시달리지 않으며, 교만하지 않으며, 시기심과 경쟁심을 품지 않듯이, 이 세상의 격분 때문에 고통하지 않는 사람이 자신이 겪은 공격과 모욕을 생각하지 않듯이(왜냐하면 잠시 후 십자가에서 죽어 이 세상을 떠나게 될 것이므로), 진정 세상을 포기하고 거룩한 두려움에 못 박혀 날마다 세상에서 떠날 것을 기다리는 사람은 움직이지 않으며 모든 욕망과 육적인 성향을 죽입니다.

그러므로 세상을 버릴 때 함께 버린 것을 다시 소유하려 하지 마십시오. "손에 쟁기를 잡고 뒤를 돌아보는 자는 하나님의 나라에 합당하지 아니하니라"(눅 9:62)라고 말씀하시는 주님의 심판에 따르면, 숭고한 생활 방식을 버리고 이 세상의 저급하고 속된 것으로 다시 내려가는 사람은 하나님의 계명을 범하는 사람이며, 지붕에서 내려가서 집에 있는 것을 잡으려 하는 사람과 같습니다.

또 시편이나 성경에서 배운 짧은 구절 때문에 겸손한 열정을 품고 시작하면서 짓밟았던 교만을 다시 일으키지 않도록 조심하십시오. 그럴 경우 사도 바울의 말처럼 이미 헐어버렸던 것을 다시 세워 당신 자신을 범법자로 만들 것입니다(갈 2:18). 당신이 처음에 하나님과 천사들 앞에서 고백한 겸손을 끝까지 지키십시오.

또 수도원에 받아들여지기까지 여러 날 동안 수도원 문밖에서 기다리면서 눈물을 흘리며 간청하면서 보였던 인내를 키우십시오. 당신이 날마다 처음 열심에 새로운 열심을 더하면서 완덕을 향해 나아가야 하는데도 불구하고, 주의를 딴 데로 돌려 다시 세상으로 돌아간다면, 그것은 매우 슬픈 일일 것입니다. 선을 행하기 시작한 사람이 복된 사람이 아니라, 끝까지 선 안에 남는 사람이 복된 사람입니다. 땅을 기어 다니는 뱀은 항상 우리의 발꿈치를 바싹 따릅니다. 다시 말해서 우리가 죽는 순간 어떻게 우리에게 악한 것을 마련해줄 것인지를 생각하며, 삶의 마지막 순간까지 우리를 제압하려 합니다. 그렇기 때문에, 우리가 선하게 출발하거나 세상을 버리거나 선을 행하려는 열정을 품고 시작했어도 마지막에 그것을 완성하지 못한다면, 그것이 전혀 도움이 되지 않습니다. 또 지금 당신이 그리스도를 위해 약속한 겸손을 끝까지 나타내지 않으면 안전하지 못할 것입니다.

만일 당신이 "생명으로 인도하는 문은 좁고 길이 협착하여 찾는 자가 적음이라"(마 7:14)라는 말씀에 따라 하나님을 섬기기 위해 수도원에 왔다면, 편안함과 즐거움에 대비하지 말고 시험과 고난에 대비하십시오. "적은 무리여 무서워 말라 너희 아버지께서 그 나라를 너희에게 주시기를 기뻐하시느니라"(눅 12:32)라고 말씀하셨으니, 선하고 적은 무리에 관심을 두고 그들의 본보기에 따라 생활하십시오. 그들의 본보기를 무시하는 게으른 사람들에게 관심을 두지 마십시오. 주님은 "청함을 받은 자는 많되 택함을 입은 자는 적으니라"(마 22:14)라고 말씀하셨습니다. 주님이 기뻐하시며 천국을 주시는 대상이 적다는 것을 기억해야 합니다. 완전하게 살겠다고 서원하고서도 게으르고 태만한 사람들의 본보기를 따르는 것을 작은 죄로 여기지 마십시오.

7. 압바 이삭

수도사란 세상에서 멀리 떨어진 곳에 머무르며, 장차 선한 것을 누릴 수 있게 해달라고 하나님께 간청하는 사람입니다. 수도사의 재산은 애통하는 데서 오는 위로와 믿음에서 생겨나는 기쁨입니다. 그것은 그의 영혼 깊은 곳에서 반짝입니다. 평생 굶주리고 목마르게 생활하는 사람의 영혼이 경험하는 성향이 애통입니다. 이는 그가 자기를 기다리고 있는 선한 것들에 희망을 두기 때문입니다. 하나님을 갈망하는 사람에게 하나님은 감당할 수 없을 만큼 위로를 주십니다. 또 평생 하나님을 위해 벌거벗고 지내는 사람에게 영광의 옷을 입혀주시는데, 그것이 그를 부패하지 않게 해줍니다.

수도사는 그의 생활 방식을 보는 모든 사람에게 좋은 본보기가 되어야 합니다. 그는 유형적인 것을 무시해야 하며, 진정으로 가난해야 하며, 육체를 무시하고, 엄격하고 끈질기게 금식하고, 절대 순결해야 합니다. 그는 침묵하면서 밤을 새우며, 감각을 지키고 훈련해야 합니다. 그는 논쟁하지 않으며, 화내지 않습니다. 그는 간결하게 말하며, 나쁜 것을 생각하지 않습니다. 그는 단순하지만 통찰력이 있고, 현세를 멸시하고 내세를 사모해야 합니다. 그는 세상과 세상 사람들, 그리고 수도원 밖의 사람들을 멀리해야 하며, 그들에게 알려지기를 원하지 않아야 합니다. 또 그들과 교제하지 말며, 그들의 문제를 알려 하거나, 그들에 대한 말을 들으려 하지 말아야 합니다.

수도사는 존경받기를 원하지 말아야 하며, 선물 받는 것을 좋아하지 말며, 자기의 거처를 많은 사람에게 알리지 말고 고요하게 간수해야 합니다. 그는 기도에 전념하며, 참되고 복된 영역, 즉 천국에 관심을 두고 묵상해야 합니다. 수도사의 얼굴은 항상 진지해야 하며 눈물로 젖어 있어야 합니다.

이것들이 수도사의 덕목입니다. 그것은 그가 세상에 대해 죽고 하나님께 가까이 갔다는 것을 증명해줄 것입니다. 영성생활에 관심을 둔 사람은 자신이 위에서 언급한 요점 중 어느 것이 부족한지 살펴보아야 합니다. 만일 자신이 부족하다는 것을 발견한다면, "수도사"라는 명칭이 자신에게 어울리지 않는다는 것을 알아야 합니다. 위에 언급한 덕목들을 모두 획득했을 때, 하나님은 여기서 언급하지 않은 나머지 요점을 알려 주실 것입니다. 그로 말미암아 사람들이 하나님을 찬양하게 된다면, 그는 이 세상을 떠나기 전에 영혼이 안식할 장소를 예비하게 될 것입니다.

8. 성 막시무스

1. 성경은 세상이 정신 안에 유체물(material things)을 소유한다고 말합니다. 따라서 세속적인 사람이란 정신이 이런 물질에 몰두해 있는 사람들이며, 성경은 그들에게 책망조로 "세상이나 세상에 있는 것들을 사랑하지 말라 누구든지 세상을 사랑하면 아버지의 사랑이 그 안에 있지 아니하니 이는 세상에 있는 모든 것이 육신의 정욕과 안목의 정욕과 이생의 자랑이니 다 아버지께로부터 온 것이 아니요 세상으로부터 온 것이라"(요일 2:13~16)라고 말합니다.

2. 수도사는 정신이 물질에서 분리된 사람, 절제와 사랑과 시편찬송과 기도를 통해서 변함없이 하나님을 가까이 하는 사람입니다.

3. 수도사여, 쾌락과 허영의 노예로 있으면서도 구원받을 수 있다는 말에 속지 마십시오.

4. 세상 사람들의 업적이 수도사에게는 몰락의 원인이 됩니다. 수도사의 업적은 세상 사람에게 몰락을 가져옵니다. 세속적인 업적은 재산, 영광, 권세, 사치, 아름다운 몸매, 훌륭한 자녀 등입니다. 이런 것들을 추구하는 수도사는 멸망합니다. 수도사의 업적은 가난, 허영을 피함, 겸

손, 약함, 절제, 곤경 등입니다. 세상을 사랑하는 사람이 이러한 상태에 빠질 때마다 큰 몰락으로 여기며 종종 스스로 목을 매려 합니다. 어떤 사람은 실제로 목을 매어 자살했습니다.

5. 세상에 속한 것, 예를 들어 아내, 돈 등을 버리는 데 성공하는 사람은 겉사람만 수도사로 만들었을 뿐 속사람은 수도사가 되지 못합니다. 그러나 정념에 물든 생각을 극복한 사람은 속사람, 즉 영적 정신을 수도사로 만듭니다. 누구든지 원하면 쉽게 겉사람을 수도사로 만들 수 있습니다. 그러나 속사람을 수도사로 만들려면 힘들게 분투해야 합니다.

6. 이 시대에 정욕적인 생각에서 완전히 벗어났으며, 쉬지 않고 순수한 영적 기도를 할 자격이 있는 사람이 있을까요? 그것이 내적 수도사의 표식입니다.

7. 우리 영혼 안에는 많은 정념이 숨겨져 있습니다. 이 정념들은 그것을 키우고 자극하는 것들이 드러날 때만 모습을 드러냅니다.

9. 게론티콘

1. 라이다우(Rhaithou) 수도원 원장인 길리기아 사람 압바 요한은 형제들에게 다음과 같이 말했다:

"자녀들이여, 우리가 세상에서 도망쳤던 것처럼 우리의 정신이 육체의 욕망에서 도망쳐야 합니다. 우리의 아버지들이 힘들게 침묵하면서 이곳에 머무셨던 것을 생각하고 본받아야 합니다. 그분들이 악령들을 몰아내고 거룩하게 한 이곳을 더럽히지 말아야 합니다. 이곳이 장사꾼들의 장소가 아니라 수덕생활자들의 처소임을 기억하고, 그에 합당하게 살아야 합니다.

"여러분이 아버지들을 따르고 하나님의 계명을 지키려 한다면, 하나님께서 은혜를 주시며, 이곳을 보존해 주실 것입니다. 그러나 그렇게 하지 않는다면, 여러분은 이곳에 머물지 못할 것입니다. 우리는 하나님의 계명을 지키고, 아버지들의 가르침을 준수하고, 그분들이 주님께로 가신 후에도 우리와 함께 계시면서 우리의 모든 행동을 지켜보신다고 믿으면서 이곳에 살아왔습니다. 여러분도 이렇게 하십시오. 그러면 모든 악에서 구원받을 것입니다."

2. 테베 출신의 어느 원로는 다음과 같은 이야기를 했다:

"저는 이교 사제의 아들입니다. 내가 어렸을 때의 일입니다. 어느 날 나는 제사를 지내려고 이교 사원에 들어가시는 아버지를 따라 들어갔습니다. 나는 그곳에 사탄이 앉아 있고, 그의 군대가 그를 둘러싸고 있는 것을 보았습니다. 사탄의 사령관 하나가 사탄에게 다가가서 절했습니다. 사탄은 그에게 '자네는 어디 출신인가'라고 물었고, 그는 '저는 이 지방 출신인데, 이곳 주민들 사이에 전쟁을 선동하고 유혈사태를 유발했습니다. 지금 그것을 보고하러 왔습니다'라고 대답했습니다. 사탄은 '그렇게 하는 데 얼마나 걸렸는가?'라고 물었고, 그는 '삼십 일입니다'라고 대답했습니다. 사탄은 '그동안 이룬 것이 고작 그것뿐이냐?'라고 말하면서 그를 채찍으로 때리라고 명령했습니다.

"또 다른 사령관이 와서 '저는 바다에 있으면서 바람을 일으켜 배를 가라앉게 하여 많은 사람을 죽였습니다. 그것을 보고하러 왔습니다'라고 말했습니다. 사탄은 그 일을 하는 데 얼마나 걸렸느냐고 물었고, 그는 이십 일 걸렸다고 대답했습니다. 사탄은 그 사람도 먼저 사람처럼 채찍으로 때리라고 명령했습니다. 그다음에 다른 사령관이 와서 자기가 어느 도시에서 결혼식이 진행되는 동안 사람들 사이에 싸움을 일으켜 유혈사태를 초래했고, 신랑과 신부가 살해되게 했다고 보고했습니다. 그는 이렇게 하는 데 열흘이 걸렸다고 말했습니다. 그도 먼저 두 귀신처럼 꾸물거린 죄로 채찍으로 맞았습니다.

"또 다른 귀신이 들어왔습니다. 사탄은 '너는 어디에서 왔느냐?' 라고 물었고, 그는 '저는 사막에서 지냈습니다. 저는 사십 년 동안 수도사 하나를 상대로 싸웠는데, 오늘 밤 그를 패배시켜 음란죄를 범하게 했습니다' 라고 대답했습니다. 사탄은 이 말을 듣는 순간 자리에서 일어나 그 귀신에게 입을 맞추고, 자기가 쓰고 있던 면류관을 벗어서 그 귀신에게 씌웠습니다. 그리고 보좌를 가져오게 하여 자기 곁에 그 귀신을 앉히고, '축하하네, 어떻게 그렇게 큰일을 해냈는가?' 라고 말했습니다.

"나는 이 광경을 보면서 수도사의 지위가 얼마나 권위가 있으며, 귀신들을 얼마나 두렵게 하는지 깨달았습니다. 나는 지체하지 않고 우상의 신전을 떠났고, 하나님의 은혜로 수도사가 되었습니다."

10. 성 에프렘

형제들이여, 우리는 수도생활을 하면서 보낸 시간을 측량할 수 있습니다. 그러나 그동안 우리가 얼마나 태만했는지 알지 못한다면, 자만하고 있는 것입니다. 수도사에 대한 칭찬은 그가 고행하면서 보낸 세월에 기초하는 것이 아니라, 그가 하나님에 따라 이룬 진보에 기초합니다. 이것은 백발이 아닌 고결한 삶을 획득하는 것을 의미합니다.

영생을 얻어야 한다는 것을 명심하십시오. 우리는 그러한 부르심을 받았고, 그것을 위하여 하늘과 땅의 모든 피조물 앞에서 고백했습니다. "비록 더딜지라도 기다리라 지체되지 않고 반드시 응하리라"(합 2:3). 수도사란 어떤 사람이며, 무엇을 닮아야 합니까? 수도사는 높은 곳에서 떨어지다가 기둥에 매달린 밧줄을 발견한 사람과 같습니다. 그는 그 밧줄을 붙들고 매달려서 쉬지 않고 주님께 도움을 청합니다. 이는 자신이 지쳐서 밧줄을 놓으면 떨어져 죽을 것을 알기 때문입니다.

형제들이여, 우리는 거룩한 수도복을 입고 있으므로 마귀의 편에서 싸우지 말며, 되도록 천사들의 삶을 사모해야 합니다. 수도복에 생활 방식과 행위가 동반되어야 합니다. 행위가 없는 수도복은 가치가 없습니다. 오늘날 수도사들 가운데서 말다툼과 시기가 벌어지는데, 천국에서 천사들도 시기하고 다툽니까?

형제들이여, 우리는 세상 사람들에게 방해물이나 수치거리가 되지 않아야 합니다. 우리 때문에 거룩한 수도복이 모독되지 않고, 오히려 찬양을 받아야 합니다. 우리가 자기의 구원을 등한히 한다면, 두려운 심판 때에 주님 앞에서 어떻게 변호하겠습니까? 하나님이 행하신 적이 없는 일을 어찌 우리를 위해 행하시겠습니까? 우리를 겸손하게 하시려고 말씀이신 하나님께서 자기를 비워 종의 모습을 취하시지 않았습니까(빌 2:7)? 우리가 모욕이나 꾸짖음을 받을 때 화내지 않게 하시려고, 주님이 얼굴에 침 뱉음을 당하셨습니다.

우리가 매사에 수도원장과 수도사들에게 순종하게 하시려고 주님이 등을 채찍으로 맞으셨습니다. 우리가 공격받을 때 들짐승처럼 행하지 않고 참게 하시려고, 굽어보기만 하셔도 땅을 떨게 하신(시 104:32) 주님이 뺨을 맞으셨습니다. 우리가 무례하고 고집을 부리지 않게 하시려고, 주님은 "내가 아무 것도 스스로 할 수 없노라 나는 나의 뜻대로 하려 하지 않고 나를 보내신 이의 뜻대로 하려 하므로"(요 5:30~31)라고 말씀하셨습니다. 우리가 불복하거나 반대하지 않게 하시려고, 주님은 "나는 마음이 온유하고 겸손하니 나의 멍에를 메고 내게 배우라"(마 11:29); "인자가 온 것은 섬김을 받으려 함이 아니라 도리어 섬기려 하고"(마 20:28)라고 말씀하셨습니다.

매사에 그리스도를 본받는 것만이 우리가 구원받는 길입니다. 그리스도의 택함 받은 양떼, 형제들이여, 장래에 천사들의 영광을 받으려면 아직 시간이 있을 때 깨어 지키며, 우리가 입고 있는 수도복에 알맞게 행동해야 합니다.

제33장

윗사람의 명령에 순종하라.

수도사는 영적 아버지가 제안하는 것을 받아들여야 한다. 이는 괴로움을 초래하거나 힘든 것이어도 그러한 제안은 그에게 유익하기 때문이다. 하나님은 이 목적을 위해, 또는 고통을 덜어주기 위해 자비를 베푸신다.

1. 그레고리 대화자

성 호노라투스(St. Honoratus)의 뒤를 이은 수도원장이 하나님의 사랑을 받은 리베르티누스에게 화가 나서 주먹으로 그를 때렸습니다. 그는 막대기를 찾지 못하자 의자를 들어 리베르티누스의 머리와 얼굴을 세게 쳤기 때문에 그 부분이 부어오르고 멍이 들었습니다. 리베르티누스는 이렇게 세게 맞은 후 침대에 말없이 누워 있었습니다. 그런데 그에게는 다음날 수도원에서 해야 할 일이 배정되어 있었습니다. 아침 예배를 마친 후 리베르티누스는 원장의 수실에 가서 겸손하게 축복을 청했습니다.

원장은 리베르니투스가 덕이 탁월하여 모든 사람의 사랑과 존경을 받고 있다는 것을 알고 있었지만, 자신이 폭력을 가했기 때문에 수도원을 떠나려 한다고 생각하고서 어디로 가려느냐고 물었습니다. 리베르티누스는 차분하게 "아버지, 제게는 수도원에서 맡은 일이 있습니다. 어제 저는 이곳에 머물기로 했기 때문에 그 일을 포기할 수 없습니다"라고 대답했습니다. 수도원장은 자기가 리베르티누스를 거칠게 대했다는 것을 깨달았고, 또 리티르티누스의 겸손과 온유함을 보았습니다. 그는 마음으로 신음하면서 침대에서 일어나 제자의 발 앞에 엎드려 두 발을 붙들고 그처럼 탁월한 사람에게 심한 고통을 초래한 죄를 고백했습니다. 리베르티누스도 원장의 발 앞에 엎드려 어제의 일은 원장 때문이 아니라 자기의 죄 때문이라고 주장했습니다. 그는 책임이 자기에게 있으며, 자신이 당한 것은 자기의 잘못 때문이라고 말했습니다. 그 후 원장은 매우 온유해졌고, 제자의 겸손이 교사에게 덕의 안내자가 되었습니다.

리베르티누스는 허락을 받고 맡은 일을 하러 갔습니다. 그를 아는 친절하고 덕망 있는 많은 사람이 그의 얼굴이 붓고 멍든 것을 보고서 이유를 물었습니다. 그는 "어제 내가 죄 때문에 의자에 걸려 넘어져서 이 꼴이 되었습니다"라고 대답했습니다. 이 의로운 사람은 원장이 화낸 일을 드러내지 않았고, 거짓말하는 죄도 범하지 않았습니다. 이것이 리베르티누스가 행한 기적이나 표적보다 더 위대한 인내의 힘입니다.

2. 성 파코미우스의 생애

파코미우스는 청년 시절 성 팔라몬의 제자였을 때 스승에게 조금도 반박하지 않고 순종했고, 스승의 비할 수 없이 바람직한 엄격한 행동을 겸손한 마음으로 따랐다. 그는 모든 일에 기꺼이 순종했지만, 스승은 종종 장작을 주우러 파코미우스를 산에 보내곤 했다. 그는 맨발로 다녔기 때문에 발에 가시가 박히곤 했지만, 십자가에서 주님의 손과 발에 박혔던 못을 기억하면서 기쁨으로 견뎌냈다.

3. 성상파괴론 시대의 신 안토니의 생애

고귀 관리 출신인 덕망 있는 신 안토니(St. Anthony the New)는 수도생활을 시작하여 여러 해 동안 혼자 침묵하면서 힘겹게 분투했다. 언젠가 『거룩한 등정의 사다리』를 읽다가 다음과 같은 순종에 관한 담화에 관심이 끌렸다: "사람이 평생 금욕적 정적 안에서 살고, 자기의 약함을 인정하고 서둘러 자신을 원로에게 순종의 노예로 판다면, 전에는 장님이었지만 이제 노력하지 않아도 그리스도를 봅니다." 그는 이 문장을 마음으로 곰곰이 생각하면서 "나는 많이 힘들게 노력하고 금욕하면서 분투했는데, 아직 장님인가? 그리스도를 보려면 얼마나 더 기다려야 하는가?"라고 혼잣말을 했다. 이 생각 때문에 그는 은둔생활을 포기하고 공주 수도원에 들어갔다.

그는 비티니아 키오스(오늘날 터키 서부의 젬릭) 부근에 있는 유명한 공주 수도원에 가서 누구에게 아무 말로 하지 않은 채 가난한 사람처럼 순례자 숙소에서 지냈다. 그런데 그는 날마다 거지들과 함께 무료로 음식을 먹는 것이 괴로웠다. 값을 치르지 않고 빵을 먹는 것을 견딜 수 없었다. 그래서 그는 근처의 산에 올라가서 장작을 주워 모아 어깨에 지고 와서 수도원 입구에 쌓아두었다. 손님들을 보살피는 임무를 맡은 수도사가 이것을 보고서 "지금 무엇을 하십니까? 수도원에서는 당신이 일하는 것을 필요로 하지 않습니다. 이곳에 오는 사람들은 모두 무료로 음식을 먹고 하나님께 감사드립니다"라고 말했다. 안토니는 "저도 그것을 알고 있습니다. 그러나 나는 빈둥거리고 지내는 것을 좋아하지 않기 때문에 휴식 활동으로 자발적으로 이 일을 하고 있습니다"라고 대답했다. 안토니가 계속 자발적으로 이 일을 했으므로, 손님 담당자는 이 문제를 수도원장에게 넘겼다. 당시 수도원장은 주님의 도우심으로 수도원을 세운 유명한 이그나티우스였다.

손님 담당자의 말을 들은 수도원장은 "그 사람에게 무엇을 찾고 있으며, 무슨 이유로 수도원 밖에서 기다리고 있는지 물어보세요"라고 말했다. 손님 담당자는 수도원장의 말을 안토니에게 전했고, 안토니는 "저는 이곳 사람이 아닙니다. 나는 외국인인데, 하나님의 도움으로 당신들과 함께 지내면서 섬기기를 원합니다"라고 대답했다. 이 말을 전해 들은 수도원장은 안토니에게 만나자고 말했다. 그는 즉시 안토니를 알아보고(왜냐하면 그는 소문으로 그의 고결한 삶에 대해 알고 있었기 때문이다), "압바, 무엇이 그리 괴로워서 우리에게 오셨습니까?"라고 물었다. 안토니는 "나는 지금까지 덕에서 당신보다 뒤떨어져 있었기 때문에 당신처럼 되려고 왔습니다"라고 대답했다.

"당신은 내 제자가 될 수 없습니다. 왜냐하면 당신은 여러 해 동안 혼자 하나님과 함께 살아왔기 때문입니다. 자기의 의지로 자제해온 많은 사람들은 절제, 금식, 가난, 육체적 고난 등 어떤 덕이든지 획득했습니다. 그러나 그들에게는 겸손이 부족하므로, 공주수도원의 표준으로 시험해보면 능숙한 것 같은 것에서도 보통밖에 안 됩니다."

"아버지여, 제가 거룩하게 영감을 받은 아버지들의 가르침에서 배운 것 내가 은둔자로서 아직 덕의 문턱도 넘지 못했다는 것입니다. 그리스도의 뜻이라면 제가 당신의 영적인 종이 되어 당신의 도움으로 당신이 이끄는 삶을 시작하려고 이곳에 왔습니다."

이렇게 고백한 후에 안토니는 수도원에 들어갈 수 있었다. 수도원장은 교회를 돌보는 일을 우선순위에 두라고 지시했다(이것은 매우 부담스럽고 힘들어서 대부분의 사람들이 피하는 일이었다). 그는 얼마동안 이 임무를 수행했는데, 그에 따른 어려움에도 지치지 않았다. 어느날 그는 수도원장에게 가서 "아버지여, 저는 더 많이 노동하려고 이곳에 왔는데, 원장님이 배정하신 임무는 저에게는 너무 가볍습니다"라고 말했다.

수도원장은 그를 포도밭을 돌보는 수도사에게 맡겨서 형제들과 함께 가지치기를 하게 했다. 그는 그 일에 전혀 경험이 없었기 때문에 계속 손가락을 다쳤고, 그 때문에 괴로워했다. 그런데도 그는 가지치기 기간 내내 어려움을 견뎌냈다. 포도밭을 가는 시기가 되면서, 그는 다시 땅을 파는 데 큰 어려움을 느꼈다. 마지막으로 포도가 익었을 때, 포도를 지키는 임무가 그에게 주어졌다.

부주의해서인지, 아니면 그를 시험하기 위해서인지 몇 명의 형제가 포도밭에 와서 포도를 조금 딸 수 있느냐고 물었다. 안토니는 "형제들이여, 용서해 주십시오. 저는 그러한 지시를 받지 못했습니다. 여러분 앞에 포도 가지가 있습니다. 원하신다면 직접 자르십시오. 그렇지만 만일 여러분이 포도를 딴다면, 저는 그 사실을 원장님께 보고해야 합니다"라고 말했다. 안토니는 다른 사람들처럼 날마다 자기의 생각을 원장에게 고백하곤 했다. 형제들은 이 말을 듣고서 빈손으로 돌아갔다.

그동안 그는 다음과 같은 식으로 자기 자신과 대화했다. 그는 한낮에 수실에 앉아 옷에서 이를 잡으면서 떠오르는 생각에 대응하여 "내가 사막에서 혼자 침묵할 때 너는 '네가 아무리 어려움을 참고 견뎌도 유익을 얻지 못한다'라고 말하면서 내가 은둔하며 고행하는 것이 가치가 없다고 주장했다. 이제 네가 나를 이곳에 데려다 놓고는 이전의 독거생활의 고역이 행복했다고 여기는 것 같구나. 이는 너는 형제들의 공주생활에서 나를 떼어내려 하기 때문이다"라고 혼잣말을 했다. 그는 여러 번 마음으로 아파하면서 이러한 생각을 품고서 슬퍼하면서 혼잣말을 하곤 했다. 이러한 사태를 종종 눈여겨본 어느 영적 원로가 따뜻한 사랑의 말로 그를 위로해주었다. 그리하여 안토니는 시험을 견뎌냈고, 장차 다가올 선한 것을 즐길 수 있게 되었다.

포도 수확이 끝난 후에 안토니는 식당에서 봉사하는 책임을 맡았다. 그곳에서는 밤 제3시(해가 진 후 세 시간)까지 식당에 들어오고 나가는 형제들을 맞이하고 보살피는 일이 계속되었기 때문에 그는 한층 더 어려움을 느꼈다. 그들은 빈번하게 안토니에게 욕설이나 부적절한 말을 퍼부었다. 꽤 오랫동안 여러 가지 임무를 수행하면서 훈련하다 보니 그의 외투와 신발이 낡아서 떨어졌다. 그것은 그가 수도생활을 시작하기 전에 맨발로 다녔기 때문에 바울 주교가 끈질기게 간청하면서 입으라고 준 것이었다.

그의 옷과 신발이 낡아서 떨어지고 겨울이 되었으므로 그는 추위에 떨며 지냈다. 그때까지 수도원장은 그에게 필요한 의복 지급을 미루어왔다. 이는 그를 시험하고 게으른 사람들에게 혜택을 주고, 안토니가 더 큰 상을 받게 하려는 의도였다. 그의 두발이 갈라져서 매우 고통스러웠다. 안토니가 열심히 애쓰는 것, 그리고 궁핍하게 지내는 것을 본 형제들을 안타까워했다. 어느 형제는 짐승 가죽을 그에게 주었고, 어느 형제는 신발을 주었지만, 안토니는 받지 않았다. 그는 수도원장의 판단을 바라면서 형제들에게 "원장님은 나에게 부족한 것과 필요한 것을 알고 계십니다. 하나님께서 저의 비천함을 보시고 그분께 알려주신다면 그것들을 나에게 마련해주실 것입니다"라고 말했다.

　겨울이 가고 봄이 가고 여름이 왔지만, 수도원장은 여전히 그를 등한히 했다. 내면의 생각과 외적인 궁핍함에 시달리던 그는 수도원장에게 가서 "수도원이 나에게 필요한 것을 마련해 줄 수 없다면, 친구들의 구제로 나에게 필요한 것을 충족하게 해주십시오"라고 말했다.

　선한 목자는 안토니를 자신이 목표한 지점까지 이끌어왔으므로 다음과 같이 말했다: "우리 수도원은 그리스도의 도우심으로 지역 전체를 먹이고 있습니다. 수도원이 당신에게 옷과 신발을 공급해주지 못하겠습니까? 얼마 전에 나는 당신이 힘들게 노력하면서 육체적 시련을 견디고 있다는 말을 들었습니다. 그런데 지금 당신에게서 내가 들은 모습을 볼 수 없군요. 당신은 하나님을 사랑하여 세상에서 가지고 있던 모든 것을 버리고 금욕적 노고와 가난에 전념했습니다. 당신은 여러 해 동안 사막에서 금욕적 정적 속에서 물질적 궁핍을 견디면서 잘 살았습니다. 그런데 지금 나를 찾아온 당신은 하찮은 훈련을 하면서도 마음이 약해지고 조급합니다. 당신은 그리스도의 큰 보상을 확신하고 의지하지 않는 부주의한 형제들처럼 편안함을 요구하고 있습니다."

　수도원장은 안토니에게 변명할 기회를 주지 않은 채 돌려보냈다.

　그리스도의 경주자인 안토니는 호된 비판을 받은 후 하나님에게서 오는 고난을 견뎌냈고, 날마다 눈물을 흘리면서 육신을 절제하면서 내면의 순결을 추구했다. 수도원장은 그가 사막의 정적 속에서의 삶에서 완전히 벗어난 것처럼 보이지 않게 하려고, 그가 원할 경우 금식하고 분투하는 것을 허락했다. 이런 까닭에 그는 침대에서 잠자지 않고 자기가 만든 의자에 몸을 뻗고 누워 잠시 잠들었다가 일어나 기도하고 시편을 읽고, 계속 영혼의 선한 것을 즐겼다.

　수도원장과 형제들은 안토니가 대단한 인내심을 획득했다고 생각했으므로, 수도원의 농부들이 그에게 호미를 주면서 잡초와 덤불을 베고 뽑으라고 지시했다. 땀범벅이 되고 지친 그는 탄식하면서 마음 깊은 곳에서 하나님께 "나의 곤고와 환난을 보시고 내 모든 죄를 사하소서"(시 24:18)라고 기도했다. 어느 날 밤 꿈에서 그는 저울을 들고 있는 빛나는 사람을 보았다. 그가 젊어서부터 지은 모든 죄가 저울 왼쪽에 담겨 있고, 반대편에는 그가 하나님을 위해 수고한 것을 나타내는 호미가 담겨 있었다. 그런데 호미가 담긴 부분이 무거워서 그가 지은 온갖 형태의 죄를 씻어냈다. 그때 그 빛나는 사람은 안토니에게 "하나님께서 당신의 수고를 받으시고, 당신의 죄를 사하셨습니다"라고 말했다.

　얼마 후 수도원장은 안토니가 오랫동안 인내한 것을 알았고, 또 충분히 그의 순종을 검증했고, 하나님을 위해서라면 요구되는 일은 무엇이라도 견디기로 작정했다는 것을 알았으므로, 그를 불러 개인적으로 "하나님께서 당신이 우리 수도원에 온 것, 그리고 하나님을 기쁘시게 하는 삶으로 말미암아 유익을 얻은 영혼들에 대해 상 주시기를 기원합니다. 하나님이 당신을 보내주신 것과 당신의 완벽한 순종으로 말미암아 내 제자들이 가장 큰 유익을 얻었습니다"라고 말했다. 이렇게 말하면서 옷장에서 외투와 신발을 꺼내어 안토니에게 주었다. 그때부터 안토니는 모든 수도사들과 같은 것, 즉 그에게 육체적으로 필요한 모든 것을 소유했다. 수도원장은 그에게 무엇이 부족하다는 것을 감지하면 즉시 비밀리에 그것을 안토니의 침대에 가져다 놓았다.

4. 게론티콘

1. 압바 아르세니우스가 압바 알렉산더에게 "야자 줄기 쪼개는 일을 마친 후에 나와 함께 식사합시다. 혹시 손님들이 오면 그들과 함께 식사하세요"라고 말했다. 알렉산더는 말없이 집중해서 서둘지 않고 일했다. 식사 시간이 되었는데, 아직 쪼개야 할 야자 줄기가 남아 있었다.

아르세니우스는 알렉산더가 오지 않았으므로 방문객이 있을 것이라고 생각하고 혼자 음식을 먹었다.

저녁 늦게 알렉산더가 아르세니우스에게 왔다. 아르세니우스는 "손님이 왔었습니까?"라고 물었는데, 알렉산더는 그렇지 않다고 대답했다. 아르세니우스는 "그런데 왜 식사 시간에 오지 않았습니까?"라고 다시 물었다. 알렉산더는 "당신이 야자 줄기 쪼개는 일을 마치면 오라고 말씀하셨기 때문에 명령대로 했습니다. 방금 그 일을 마쳤기 때문에 일찍 올 수 없었습니다"라고 대답했다.

이 말을 듣고 알렉산더의 세심함에 놀란 아르세니우스는 "당신이 기도 규칙을 행하려면 더 자주 먹고 마셔야 합니다. 그렇지 않으면 몸이 병들 것입니다"라고 말했다.

2. 압바 아브라함이 압바 아레스를 찾아갔다. 두 사람이 앉아 있는데, 어느 형제가 와서 "어떻게 해야 구원받을지 말씀해 주십시오"라고 말했다. 아레스는 "수실에서 일 년 동안 매일 저녁에 빵과 소금을 먹고 지내십시오. 그러고 나서 오면 말해 드리겠습니다"라고 말했다.

그 형제는 가서 아레스의 말대로 했다. 일 년 후에 형제가 다시 왔는데, 마침 압바 아브라함이 그곳에 있었다. 아레스는 다시 "올해 한 해 동안 이틀에 한 번 금식하십시오"라고 말했다.

형제가 떠난 후 아브라함은 아레스에게 "다른 형제들에게는 가벼운 멍에를 메게 하면서 왜 이 형제에게는 무거운 짐을 지우십니까?"라고 물었다. "나는 형제들에게 그들이 요청하는 데 따라서 응답합니다. 그런데 이 사람은 진정으로 노력하는 사람이며, 하나님의 음성을 들으려고 옵니다. 그는 내가 말하는 것을 정확하게 부지런히 실천합니다. 이것이 내가 그에게 하나님의 말씀을 전해주는 이유입니다"라고 대답했다.

3. 난쟁이 압바 요한은 테베의 스케테에 살고 있는 원로에게 가서 그 원로의 수실 근처에 집을 지었다.

언젠가 압바 요한의 영적 아버지가 마른 막대기를 주워 땅에 심고는 요한에게 "이것이 열매를 맺을 때까지 날마다 물을 주게"라고 말했다. 우물은 수실에서 멀리 떨어진 곳에 있었기 때문에 저녁 전에 출발하면 다음 날 아침에야 돌아올 수 있었다.

삼 년 후에 마른 막대기에 싹이 나고 호두가 열렸다. 이 순종하는 제자의 영적 아버지는 호두를 따서 스케테의 교회에 가져가서 "순종의 열매를 받아 먹으세요"라고 말했다.

4. 테베의 금욕생활자가 수도사가 되려고 압바 시소에스에게 왔다. 시소에스는 "세상에 남겨둔 사람이 있습니까?"라고 물었는데, 그는 "아들이 있습니다"라고 대답했다. 시소에스는 "그렇다면, 아들을 강에 던지고 와서 수도사가 되세요"라고 말했다. 그 사람은 시소에스의 명령대로 하려고 나갔다. 그러나 시소에스는 그가 실제로 그렇게 하지 못하도록 저지하기 위해 다른 수도사를 뒤쫓아 보냈다.

그가 아들을 강에 던지려 할 때 형제가 달려와서 저지했다. 그는 "내버려 두세요. 그분이 아이를 강에 던지라고 말씀하셨습니다"라고 항의했다. 그 형제는 "동시에 나를 통해서 그 아이를 던지지 말라고 지시하셨습니다"라고 말했다. 그는 아이를 버려두고 원로에게 가서 수련수사가 되었다.

이 이야기는 카시아누스가 파테르무티우스에 대해 말한 것과 비슷하다.

5. 테오풀리스(안디옥) 출신의 유식하고 경건한 사람이 어느 은둔자를 찾아가서 자기를 받아들여 수도사로 삼아달라고 부탁했다. 원로는 "주님의 명령대로 재산을 팔아 가난한 사람들에게 나누어주고 오면 받아주겠습니다"라고 말했다. 그 경건한 사람은 은둔자가 지시한 대로 하고 돌아왔다. 은둔자는 "이제 또 하나의 명령을 지켜야 합니다. 말을 하지 마세요"라고 말했다.

그 사람은 이에 동의하고 오 년 동안 은둔자와 함께 살면서 한마디도 하지 않았다. 그를 아는 사람들 모두가 그를 칭찬하기 시작했다. 이것을 알게 된 은둔자는 "자네가 이곳에 있으면서 얻을 유익이 없으니, 이집트의 공주수도원으로 가게"라고 말하고, 그를 떠나보냈다. 그런데 그가 떠날 때 은둔자는 말을 하라거나 하지 말라는 말을 하지 않았다. 그는 순종을 지키는 편을 택하여, 공주수도원에서도 말을 하지 않았다.

그를 받아들인 공주수도원 원장은 그가 나면서부터 벙어리인지 알아보려고, 그에게 범람하고 있는 강을 건너야 하는 일을 하라고 했다. 이는 그 형제가 공주수도원으로 돌아와서 강을 건널 수 없다고 말해야 한다는 것을 알고 있었기 때문이었다.

강에 도착한 이 경건한 수도사는 강이 범람하는 것을 보고 곧 무릎을 꿇었다. 그 즉시 악어 떼가 와서 그를 등에 태워 강 건너 해안에 데려다 주었다. 한편 수도원장은 그가 어떻게 하는지 알려고 수도사를 뒤따라 보냈었는데, 수도사는 이 놀라운 광경을 보고서 즉시 돌아와 수도원장과 형제들에게 보고했고, 듣는 사람들 모두가 몹시 놀랐다.

얼마 후 그 사람이 죽었고, 수도원장은 은둔자에게 이 사실을 알렸다: "당신이 보낸 사람은 음성을 갖지 못했지만, 하나님의 천사였습니다." 그제야 은둔자는 수도원장에게 "그 사람은 나면서부터 벙어리가 아니었습니다. 처음 나를 만나러 왔을 때 내가 준 명령 때문에 말을 하지 않은 것입니다"라고 답변했다. 공주수도원의 수도사들은 이 말을 듣고 놀라며 하나님께 영광을 돌렸다.

6. 어느 원로에게 제자가 있었다. 그는 이 제자의 몸값을 지불했고, 제자는 원로에게 철저히 순종했다. 어느 날 원로가 "화로에 불을 지피고, 우리가 예배 때 읽는 책을 화로에 집어넣게"라고 말했는데, 제자는 반박하지 않고 원로의 지시대로 했다. 그런데 그가 책을 화로에 집어넣자마자 불이 꺼졌다.

7. 어느 원로의 말에 의하면, 어떤 사람을 신뢰하고 철저히 복종하는 사람은 하나님의 계명에 주의를 기울일 필요가 없지만, 자기의 소원을 영적 아버지에게 말씀드려야 한다. 그리하면 그는 하나님 앞에서 죄를 짓지 않을 것이다. 이는 하나님이 초심자에게 구하시는 것은 순종의 시험뿐이기 때문이다.

8. 스케테에서 추수하러 밭에 가던 형제가 유명한 원로에게 가서 "아버지, 저는 지금 추수하러 가고 있는데, 어떻게 해야 하는지 말씀해 주십시오"라고 말했다. 원로는 "내가 말하는 대로 복종하겠습니까?"라고 물었고, 형제는 그렇다고 대답했다. 원로는 "당신이 순종할 생각이 있다면, 추수를 포기하고 수실에 돌아가서 50일 동안 매일 저녁에 빵과 소금만 먹고 지내십시오. 그다음에 나에게 오면, 해야 할 일을 말해주겠습니다"라고 말했다.

형제는 돌아가서 원로가 지시한 대로 했다. 오십 일 후에 그는 다시 원로를 찾아갔다. 형제가 노력하는 사람임을 알고 있던 원로는 그에게 수실에서의 생활에 관한 지침을 주었다. 그리하여 그는 땅에 엎드려 사흘 동안 하나님 앞에서 울었다. 그때 그의 생각이 "너는 이제 정상에 올라 위대해졌다"라고 속삭였다. 그 순간 형제는 자기의 죄를 상기하고 "내가 지은 온갖 죄는 어디에 있는가?"라고 혼잣말을 했다. 그가 자기의 죄를 하나씩 열거하자, 그의 생각은 전략을 바꾸어 "너는 지은 죄가 많아서 구원받을 수 없어"라고 말했다. 그러나 형제는 "나는 하나님 앞에서 기도할 것인데, 무한히 궁휼하신 하나님이 나를 불쌍히 여기실 것이다"라고 대꾸했다.

이런 식으로 오랫동안 공격하고 공격받은 후에 마침내 패배한 악령들이 그의 눈앞에 나타나서 "네가 우리를 정복했다"라고 말했다. 형제는 그 이유를 물었고, 악령들은 "만일 우리가 너를 칭찬하면, 너는 자신을 낮출 것이고, 우리가 너를 비천하게 하면, 너는 스스로 높아질 것이다"라고 대답했다. 형제가 책망하니 그들은 사라졌다.

9. 세 아들의 아버지가 아들들을 도시에 남겨두고 수도원으로 떠났다. 그는 수도원에서 삼 년을 지낸 후에 남겨두고 떠난 아들들에 대한 생각에 시달리기 시작했고, 그의 마음에 그들을 향한 그리움이 생겨났다. 그는 아들들 때문에 큰 슬픔에 잠겼다. 그는 처음 수도원에 들어올 때 자식들이 있다는 사실을 말하지 않았다.

수도원장은 이 사람이 종종 슬퍼하는 것을 보고서 어느 날 "무슨 일 때문에 그렇게 우울합니까?"라고 물었다. 그 수도사는 "나에게 세 아들이 있는데, 그 아이들을 수도원에 데려오고 싶습니다"라고 대답했다. 수도원장은 가서 데려오라고 했다.

그리하여 그는 도시로 돌아갔는데, 그동안 아들 둘이 죽고, 하나만 살아 있었다. 그는 살아남은 아들을 데리고 수도원에 왔다. 그는 마침 제빵실에 있는 수도원장에게 아들을 데려갔다. 수도원장은 소년을 안고 입을 맞추면서, 소년의 아버지에게 "아들을 사랑합니까?"라고 물었다. 아버지는 그렇다고 대답했다. "그렇다면 그 아이를 지금 뜨거운 오븐 속에 넣으세요." 그 형제는 즉시 아들을 붙잡아 오븐 속에 넣었다. 그런데 놀랍게도 즉시 오븐의 불이 축축해져서 소년은 불에 타지 않았다. 그리하여 소년의 아버지는 족장 아브라함과 같은 영광을 얻었다.

10. 어느 원로는 다음과 같이 말했다: "주님은 가르치기 시작하시면서부터 고통과 고난을 당하셨습니다. 처음에 고통과 고난을 피하는 사람은 하나님을 알지 못합니다. 다시 말해서 자녀들이 지식을 얻게 하려고 교육을 시작할 때 문자를 가르치듯이, 순종하는 수도사는 고역과 고통에도 불구하고 자신이 하나님의 상속자요 아들임을 증명합니다."

11. 압바 푀멘은 공주수도원에 살고 있는 젊은 압바 니스테로에 대한 말을 듣고서 그를 만나고 싶었다. 그래서 이러한 소원을 니스테로가 속해 있는 수도원의 원장에게 알리고 그를 자기에게 보내달라고 부탁했다. 니스테로는 수도원의 집사와 함께 도착했다. 푀멘은 "압바 니스테로여, 어디서 이러한 덕을 획득하였기에 공주수도원에 고통이 임할 때 아무 말도 하지 않고 탄원하지도 않습니까?"라고 물었다.

푀멘이 대답을 졸랐기 때문에, 그는 "아버지여, 용서해 주십시오. 시편 기자가 '내가 이같이 우매 무지함으로 주 앞에 짐승이오나'(시 73:22)라고 말했듯이, 저는 처음 수도원에 들어왔을 때 마음속으로 '너는 당나귀와 똑같다. 당나귀가 매를 맞아도 말하지 않고 욕을 먹어도 대답하지 않듯이 해야 한다'라고 다짐했습니다"라고 대답했다.

12. 압바 푀멘은 "다른 사람과 함께 사는 사람은 대리석 기둥처럼 되어야 합니다. 그는 욕먹을 때 화내지 않고, 칭찬받을 때 교만하지 말아야 합니다"라고 말했다.

13. 압바 아모에스의 제자인 테베의 젊은 요한은 12년 동안 어느 병든 원로와 함께 산골짜기에 살면서 그의 시중을 들었다. 그런데 그 원로는 그를 학대했다. 요한이 그를 위해 수고했지만, 원로는 요한에게 "자네가 구원받기를 기원하네"라고 인사한 적이 없었다. 임종할 무렵 이 원로는 다른 원로들이 그를 둘러싸고 앉아 있을 때 요한의 손을 잡고 "자네가 구원받기를 기원하네"라고 세 번 말한 후에 그를 사람들에게 맡기면서 "이 사람은 사람이 아니라 천사입니다"라고 말했다.

14. 어느 교부가 자신이 덕을 얼마나 획득했는지 알려 달라고 하나님께 기도했다. 하나님은 어느 공주수도원에 있는 형제가 그보다 더 훌륭하다고 계시해주셨다. 원로는 즉시 그 수도원을 향해 출발했다. 그 수도원의 원장과 원로들이 소식을 듣고 그를 맞으러 나갔다. 이는 그가 유명한 수도사였기 때문이었다. 그 원로는 수도원에 들어가서 "이곳에 있는 수도사들 모두를 만나 인사하고 싶습니다"라고 말했다. 수도원장이 명령하여 하나님께서 원로에게 알려주신 형제를 제외한 모든 형제가 그를 만나러 왔다. 원로는 "수도원에 다른 형제는 없습니까?"라고 물었고, 원장은 "한 사람이 오지 못했습니다. 그는 영적으로 발달이 늦고 정원 일로 바쁩니다"라고 대답했다. 원로는 그를 불러오라고 말했다.

그들은 그를 불러왔다. 원로는 그를 보고 자리에서 일어나 맞았다. 그리고 그를 한편으로 데리고 가서 "당신의 영적 작업이 무엇인지 말해 주세요"라고 말했다. 그는 "저는 어리석은 사람입니다"라고 대답했다. 원로가 진지하게 간청하자, 그는 다음과 같은 사실을 털어놓았다: "수도원장님은 나의 수실에 우물물을 끌어올리는 수레를 끄는 황소를 두셨습니다. 그놈은 매일 내가 작업하는 갈대 끈을 망가뜨립니다. 나는 그것을 지금까지 삼십 년 동안 참고 견뎌왔고, 그 일에 대해 수도원장에게 화를 느끼지 않았습니다. 나는 내가 입은 손해 때문에 황소를 때린 적도 없습니다. 나는 하나님께 감사하면서 참고 다시 끈을 꼬았습니다." 원로는 이 말을 듣고 그 형제의 영적 작업의 모든 것을 알 수 있었다.

5. 성 에프렘

형제여, 당신이 영적 아버지에게 순종한다면, 당신에 대한 그들의 후

한 관심과 관대하고 친절한 말을 듣는 데서 당신의 확고한 믿음이 나타나는 것이 아니라, 그들이 때리고 욕할 때 인내하는 데서 나타날 것입니다. 들짐승도 알랑거리면서 다루면 길듭니다. 그러므로 당신이 택함 받은 그릇이 되기를 원한다면, 고통을 야기하는 사람에게 앙심을 품지 말고, "예수께서 함께 내려가사 나사렛에 이르러 순종하여 받드시더라"라는 말씀처럼 (눅 2:51), 인간이 되신 주님이 먼저는 모친과 부친으로 여겨진 사람에게, 다음으로 "죽기까지 복종하셨으니 곧 십자가에 죽으심이라"(빌 2:8)라는 말씀처럼 참되신 하늘 아버지께 순종하셨던 것처럼 매사에 영적 아버지에게 복종하십시오.

당신이 당하는 고통과 수도원장의 교훈적인 시험을 감사하면서 받아들여야 합니다. 성경은 "어찌 아버지가 징계하지 않는 아들이 있으리요 징계는 다 받는 것이거늘 너희에게 없으면 사생자요 친아들이 아니니라"(히 12:7~8)라고 말합니다. 윗사람이 당신을 때린 적이 있습니까? 기뻐하며 당신의 잘못을 고치십시오. 그들이 부당하게 당신을 때렸습니까? 그렇다면 당신의 상이 더 클 것입니다. 사도들은 세상에 구원을 전파할 때 여러 도시에서 죄인처럼 매를 맞았지만 화내거나 분개하지 않고 "그 이름을 위하여 능욕 받는 일에 합당한 자로 여기심을 기뻐했습니다"(행 5:41).

그러나 태만한 형제들은 "수도원에서 많이 수고한 나에게 이런 일이 일어나서 슬프다"라고 말할 것입니다. 그런 사람에게 이렇게 말해 주십시오: "하나님의 종이여, 그 일이 정말 당신을 괴롭게 합니까? 당신은 여러 해 동안 많이 노력했지만 아직 정념을 극복하지 못했군요. 아무것도 아닌 사람이 스스로 중요한 사람이라고 생각하는 것은 정신병자처럼 자신을 속이는 것입니다. 항해사가 거친 바다에서 전문적인 능력을 나타내듯이, 수도사는 윗사람이 욕하고 꾸짖을 때 자신이 어떤 종류의 수도사인지 나타냅니다. 다시 말해서 이러한 시험을 통해서 큰 유익을 얻을 것으로 여겨 기뻐하며 견디는지, 아니면 성가셔하고 괴로워하는지를 보면 그가 어떤 수도사인지 알 수 있습니다. 여러 해 동안 수도생활을 했다고 자랑하지만, 그러한 노력의 증거를 제시하지 못하며, 거룩한 생활방식을 획득하지 못한 사람은 사용법을 알지 못하면서 도구를 들고 다니는 사람과 같습니다."

당신은 늙을 때까지 수도생활을 했습니까? 당신은 이 생활에 경험이 많은 사람으로서 아직 경험이 미천한 젊은 사람들에게 모범이 되어야 합니다. 모든 사람이 당신의 인내와 오래 참음을 보고 놀라게 되어야 합니다. 당신의 내면에 거하시는 성령도 당신의 견인을 보고 기뻐하게 하십시오. 당신은 영적 유익을 위해 모든 일을 당하고 있으므로 다른 사람들보다 더 감사해야 합니다.

당신을 영적으로 보호하는 책임을 맡은 사람은 당신의 불완전함을 기뻐하지 않을 것입니다. 왜냐하면 그는 장차 당신의 구원에 대해 주님께 보고해야 하기 때문입니다. 그는 당신을 완전한 사람으로 주님 앞에 제시할 수 있으면 매우 기뻐할 것입니다. 이런 까닭에 당신은 고통스러운 것이라도 그가 제공하는 것을 벌이 아닌 치유의 수단으로 여겨 감사하며 견뎌야 합니다. 주님을 위해서 작은 고통이나 시험을 견디지 못하면서, 어떻게 큰 고통이나 시험을 견디겠습니까? 모욕을 당하거나 뺨을 맞을 때 참지 못하면서 어떻게 처음부터 지겠다고 약속한 십자가를 지겠습니까? 자기 십자가를 지지 않는 사람이 어떻게 "이 모든 일이 우리에게 임하였으나 우리가 주를 잊지 아니하며 주의 언약을 어기지 아니하였나이다"(시 44:17), "우리가 종일 주를 위하여 죽임을 당하게 되며 도살할 양 같이 여김을 받았나이다"(시 44:22)라고 말하는 사람들과 함께 하늘의 영광을 상속받겠습니까?

사랑하는 형제여, 주님이 우리를 위해서 모든 일을 당하셨음을 잊었습니까? 주님은 바리새인들이 욕하고 때리고 귀신 들렸다고 말했지만 화내지 않으셨습니다. 그들은 주님을 때리고 조롱하고 십자가에 못박고, 쓸개를 탄 식초를 먹이고, 옆구리를 창으로 찔렀습니다. 주님은 우리의 구원을 위해 이 모든 일을 당하셨는데, 우리는 주님을 위해 작은 모욕조차 참지 못합니까? 심판날에 어떻게 주님을 대면하여 보겠습니까? 주님이 우리를 위해 이루신 여러 가지 혜택과 함께 이런 것들을 제공하실 때 우리가 어떻게 변명하겠습니까? 주님은 이 모든 것에 대해 어떤 보상을 구하십니까? 사랑하는 형제여, 정신을 차리십시오. 담대하고 굳건한 마음을 되찾고, 사도 바울처럼 그리스도를 위해 결박당하고 맞을 뿐만 아니라 죽을 각오가 되어 있다고 말하십시오(행 21:13). 그리스도와 함께 고난받을 각오가 되었다면, 그분과 함께 영광을 받을 것이며, 하늘나라에서 그분과 더불어 공동 상속자가 될 것입니다(롬 8:17).

제34장

죽기까지 장상에 순종하라.

주 안에서 죽기까지 윗사람에게 복종하며, 그를 사랑하고 두려워해야 한다.

1. 그레고리 대화자

성 베네딕트가 수실에서 침묵하고 있을 때 제자 플라키두스(Placidus)는 물을 길으려고 호수에 갔습니다. 그런데 그는 가져간 그릇을 놓쳐서 그릇이 물에 떠내려갔습니다. 플라키두스는 그릇을 건지려다가 미끌어져서 물에 빠져 호수 가운데까지 떠내려갔습니다.

하나님의 사람인 베네딕트는 수실에서 침묵하고 있으면서도 플라키우스에게 일어난 일을 알았습니다. 그는 제자 마우루스를 불러 "형제 마우루스여, 달려가십시오. 플라키두스 형제가 호수에 빠졌는데, 물살에 멀리 떠내려 갔습니다"라고 말했습니다. 마우루스는 영적 아버지의 명령을 받고 달려갔는데, 호수에 도착해보니 플라키우스가 정말 멀리 떠내려가 있었습니다.

그는 영적 아버지의 기도를 의지하여 용감하게 물에 들어가서 마치 마른 땅을 밟듯이 달려서 플라키두스가 있는 곳에 도착했습니다. 그는 플라키두스의 머리카락을 움켜쥐고 물 위로 끌어당긴 후에 먼저처럼 걸어서 육지에 도착했습니다. 그제야 마우루스는 정신을 차려 자기가 물 위를 달렸는데, 그 놀라운 일이 자기가 행한 것이 아니라는 것을 깨달았습니다. 기적을 행하는 아버지가 지원하지 않으면 그 일을 이룰 수 없었을 것이었기 때문입니다. 그는 그 일에 놀라 두려워했고, 아버지에게 돌아와서 자기에게 일어난 엄청난 기적에 대해 보고했습니다.

베네딕트는 이 기적을 자기의 거룩함 탓으로 돌리지 않고 마우루스의 순종 덕분이라고 말했습니다. 마우루스는 수도원장의 명령이 기적을 낳았다고 반박했습니다. 그는 물 위를 걸어갈 때 발휘한 능력을 자기의 영혼 안에서 느끼지 못했다고 주장했습니다. 이 두 사람의 겸손한 말과 사랑의 논쟁을 경청하던 팔라키두스가 "나는 빠졌던 깊은 물에서 육지로 끌려 나올 때 머리 위에서 원장님(베네딕트)의 외투를 보았고, 그분이 물에서 나를 끌어내고 계시는 것을 느꼈습니다"라고 말했습니다.

2. 공주수도원장 테오도시우스의 생애

공주수도원장 테오도시우스는 하나님을 위해 살기로 작정한 사람들이 덕을 획득하고 보존하는 것에 전념한다는 것을 알고 있었다. 그들이 그것을 획득한 후에 그는 어떻게 했는가? 그는 제자들에게 한편으로는 죽음을 상기시키고, 다른 편으로는 더욱 꾸준히 영적으로 노력하고 덕을 향해 더 강한 열심을 내게 하려고 무덤을 파게 했다. 이것은 그들이 죽은 후에 묻힐 무덤이기도 했다. 이 외에도 그는 장래를 예견하고 대비했다.

무덤을 완성한 후에 테오도시우스는 무덤 위에 서고 제자들 모두가 그를 둘러쌌다. 그때 그는 장차 일어날 일을 정신의 눈으로 예견하고서 제자들에게 농담처럼 "이제 무덤이 준비되었는데, 우리 중에 누가 먼저 무덤에 들어가겠습니까?"라고 말했다. 테오도시우스는 이런 식으로 말하면서 자신이 본 것에 대한 기쁨을 감추었다.

바실이라는 수도 사제는 선을 향한 열심과 덕을 좋아하는 점에서 영적 아버지의 특징을 모두 지니고 있었는데, 영적 아버지가 목적 없이 암시적인 말을 하지 않는다고 짐작했다. 그래서 그는 죽음이 피하고 싶은 것이 아니라 유익한 것인 듯이 간절히 원하고 준비하고서, 영적 아버지 앞에 무릎을 꿇고 "아버지, 제가 제일 먼저 무덤에 들어가겠습니다"라고 말했다.

테오도시우스는 바실의 요청을 허락했다. 바실은 산 채로 무덤에 들어갔고, 테오도시우스는 죽은 자를 위한 모든 예식을 거행했다. 즉 사흘째 되는 날, 아흐레째 되는 날, 그리고 40일째 되는 날 추모 예배를 거행했다. 사십 일이 되었을 때, 바실은 몸의 어느 곳에서도 고통을 느끼지 않고 열이 없이 잠자듯이 편안히 주님께로 갔고, 순종과 영원한 세상으로 가려는 열심 때문에 형제들 중 제일 먼저 하나님 앞에서 면류관을 받는 영광을 얻었다.

그로부터 사십 일 동안 저녁예배 찬송을 부를 때면 바실이 제자들의 성가대 가운데 나타나서 함께 찬송을 불렀다. 데오도시우스는 그를 보고, 그의 찬송을 들었다. 다른 사람들은 그의 모습을 보지 못하고, 음성을 듣지 못했다. 그러나 스승의 발자취를 따른 테오도시우스의 제자 아에티오스는 그의 위업을 알고 있었을 뿐만 아니라 그것을 본받으려 했기 때문에 그의 모습을 보지 못했지만 음성을 들었다. 그는 사부에게 자신이 죽은 사람의 음성을 들을 수 있느냐고 물었다. 테오도시우스는 "나는 그의 음성을 들을 뿐만 아니라 모습도 봅니다. 만일 당신이 원한다면, 그가 나타날 때 알려 주겠습니다"라고 말했다.

밤이 깊어지고 예배가 끝날 때 테오도시우스는 바실이 성가대와 함께 서서 찬송하는 모습을 보았다. 그는 아에티우스에게 손가락으로 그를 지적해주면서 "주님, 그의 눈을 열어 당신이 행하시는 이 큰 신비를 볼 수 있게 해주십시오"라고 기도했다. 아에티우스는 바실을 보고 안으려고 달려갔지만, 바실을 만질 수 없었다. 바실은 모두가 들을 수 있도록 "아버지와 형제들이여, 구원받기를 기원합니다. 머지않아 여러분은 나를 만날 것입니다"라고 말하고 사라졌다. 그리하여 주님이 "나를 믿는 자는 죽어도 살겠고"(요 11:25)라고 말씀하신 것이 참되고 신뢰할 수 있음이 증명되었다.

3. 성녀 테오도라의 생애

테오도라(Theodora)가 금욕생활을 하던 수도원 근처에 호수가 있었다 (그녀는 이 수도원에서 남자로 살고 있었다). 이 호수에 악어 한 마리가 있었는데, 사람이든지 짐승이든지 가까이 오기만 하면 잡아먹었다. 사람들이 그곳에 접근하면 매우 위험했기 때문에, 알렉산드리아의 행정장관 그레고리는 지나가는 사람들이 호수에 접근하지 못하게 하려고 군대를 주둔시켰다.

수도원의 원장은 테오도라가 천사에 비교할 만큼 거룩하게 살고 하나님의 은사를 받고 있다는 것을 알고 있었기 때문에 그녀에게 사람을 보내어 "내 아들아, 물동이를 가지고 호수에 가서 물을 길어오너라"라고 말했다.

지도자들을 따르고 그들에게 복종하라는 바울의 말(히 13:17)을 잘 알고 있었던 테오도라는 서둘러 이 명령을 실행하려 했다. 사람들이 악어에게 잡아 먹힐 것이라며 도망치라고 말했지만, 테오도라는 하나님을 믿고 순종을 실천하면 죽음이 아닌 생명을 가져올 것이라고 믿고 말리는 사람들을 피하여 호수에 들어갔다. 그런데 사람들은 놀랍게도 그녀가 악어의 등에 타고 물을 긷는 것을 보았다. 그녀는 물을 길은 후 악어 등에 타고서 땅으로 돌아왔다. 테오도라는 전혀 해를 입지 않고 안전하게 뭍으로 돌아왔고, 악어는 테오도라에게 책망을 받은 후에 지금까지 악어 때문에 죽은 사람들에 대해 공정한 벌을 받았다.

이 사건은 목격한 사람들에 의해 신속하게 사람들에게 알려졌고, 모두가 테오도라가 행한 일에 대해 하나님께 감사했다.

4. 게론티콘

1. 압바 이시도어는 수련수사는 교사를 아버지처럼 사랑하고, 통치자처럼 두려워해야 하며, 사랑 때문에 두려움을 버리거나 두려움 때문에 사랑을 더럽히지 않아야 한다고 말했다.

2. 압바 바울의 제자 요한은 매사에 순종했다. 인근에 묘지가 있었는데, 그곳에 하이에나가 살고 있었다. 원로는 그 지역에 야생 양파가 자라는 것을 보고서 요한에게 양파를 조금 뽑아오라고 했다.

요한이 "아버지, 하이에나를 어떻게 할까요?"라고 물었더니, 압바 바울은 농담으로 "하이에나가 공격하면, 묶어서 이리고 끌고 오게"라고 대답했다. 요한은 저녁 무렵에 그곳에 갔는데, 하이에나가 그에게 달려들었다. 그는 바울의 지시대로 하이에나를 잡으려 했는데, 하이에나는 도망쳤다. 요한은 "내 아버지께서 너를 붙잡으라고 말씀하셨다"라고 말하면서 하이에나를 쫓아갔다. 그는 결국 하이에나를 붙잡아 묶었다.

한편 압바 바울은 요한이 늦게까지 돌아오지 않아 걱정하면서 수실 밖에 앉아 기다렸다. 그런데 요한이 하이에나를 묶어서 끌고 오고 있었다. 그 모습을 본 바울은 매우 놀지만, 요한을 겸손하게 하려고 그를 때리면서 "이 멍청이야, 똥개를 데려왔느냐?"라고 말하고 짐승을 풀어주었다.

3. 팔레스타인 가자 근처의 타나타에서 공주수도원을 운영한 세리도스(Seridos)의 친구에게 아스칼론(이스라엘 남쪽에 위치한 고대 항구)에 사는 제자가 있었다. 어느 해 겨울 그 원로는 세리도스에게 보내는 편지를 제자에게 들려 보내면서, 돌아올 때 파피루스와 파피루스를 넣는 둥근 통을 가져오라고 했다.

제자가 공주수도원에 도착했을 때 소나기가 내려 티아토스강이 범람하여 그 지역 전체가 침수되었다. 제자는 편지를 전달한 후 즉시 떠나려고 파피루스를 요청했다. 원장은 "비가 오고 있습니다. 이러한 날씨에 어디로 갈 수 있겠습니까?"라고 만류했다. 제자는 고집을 부리면서 "지시를 받았으니 지체할 수 없습니다"라고 말했다. 제자가 고집하면서 성가시게 했으므로, 원장은 파피루스와 둥근 통을 주었다. 제자는 원장의 축복을 받고 떠났다. 그런데 원장은 우리에게 "그를 따라가서 강에서 어떻게 하는지 보세요"라고 말했다.

우리는 그의 뒤를 따라갔고, 도로테우스 원장도 함께 갔다. 우리가 보니 강에 도착한 그는 옷을 벗어서 파피루스를 말아 머리에 얹은 후에 우리에게 "나를 위해 기도해 주십시오"라고 말했다. 그리고 강에 뛰어들었는데, 우리는 그의 모습을 볼 수 없었다. 우리는 그가 큰 해를 당했을 것이라고 예상했다. 그러나 그는 허우적거리면서 강물의 흐름을 견뎌냈다. 마침내 조금 쓸려내려 가기는 했지만, 그는 맞은편 강둑에 도착하여 옷을 입고 우리에게 절한 후 그의 영적 아버지에게 달려갔다.

제35장

주 안에서 윗사람의 명령에 순종하라.

주 안에서 윗사람에게 복종하고, 그의 명령이 유익한 것 같지 않아도 비판하거나 바로잡으려 하지 말고 하나님에게서 온 것으로 여겨 받아들여야 한다.

1. 그레고리 대화자

경건한 포르투나투스(Fortynatus) 주교가 기도하여 귀신 들린 사람을 귀신의 괴롭힘에서 해방해 주었습니다. 그 사람에게서 쫓겨난 악령은 저녁이 되자 나그네로 가장하고 도시로 도망쳐서 "포르투나투스 주교가 나에게 무슨 짓을 했는지 보세요! 그는 나그네를 자기 수실에서 쫓아냈습니다. 그래서 나는 지금 쉴 곳을 찾고 있는데, 이 도시에서는 찾을 수가 없습니다"라고 소리치며 다녔습니다.

아내와 아들과 함께 난롯가에 앉아 있던 사람이 이 소리를 듣고서 그를 불러 주교가 어떻게 했는지 물었습니다. 그리고 그 귀신을 집 안에 들어와 함께 난롯가에 앉게 했습니다. 악령은 들어와 앉아서 대화하는 동안 아들에게 들어가서 그를 불 속에 던져 죽이려 했습니다.

그때 그 사람은 주교가 쫓아내고 자신이 받아들인 것이 누구인지 깨달았습니다. 그는 자신이 주교보다 선하거나 자비롭다고 여기지 말라는 가르침을 행위로써 배운 것입니다.

2. 성 에프티미우스의 생애

   존경받는 에프티미우스(Evthymios) 교부의 대수도원에 아시아 출신의 옥센티우스라는 형제가 있었다. 그는 노새를 돌보는 일에 적합했다. 수도원의 청지기 도메티안은 그에게 그 일을 맡으라고 했지만, 그는 미루면서 순종하지 않았다. 그러나 이 그 일이 필요하고 유익했기 때문에, 청지가는 다시 장로 요한과 키리온을 데리고 가서 이 일을 맡으라고 부탁했다. 그러나 그는 계속 순종하지 않았다. 에프티미우스를 만날 수 있는 토요일이 되었으므로, 청지기는 이 사실을 에프티미우스에게 보고했고, 에프티미우스는 옥센티우스를 불러 제 뜻만 따르면서 형제들에게 유익한 봉사를 거부하지 말고 순종하라고 충고했다.

   그러나 옥센티우스는 에프티미우스의 요청에 순종하지 않았고, 그를 존경하지도 않았다. 그는 계속 저항하면서 자기가 옳다는 것을 증명하려고 여러 가지 핑계를 댔다. 그는 한편으로는 자기가 외국인이어서 그곳 말을 하지 못한다고 호소했고, 다른 한편으로는 자기가 육체의 음모와 악한 자의 계략을 두려워한다고 말했다. 옥센티우스는 "악한 자가 나를 압도하고 자기의 악한 도구로 삼아 당신의 감독을 받지 못하게 해야 합니다"; "여러 가지 책임과 소음에 익숙해지면 영혼의 정적과 평온함에 대해 무관심해질까 두렵습니다"라고 말했다. 그는 자기 영혼이 입는 피해를 강조함으로써 에프티미우스의 마음을 바꿀 수 있다고 생각하여 이렇게 말했다.

   에프티미우스는 옥센티우스의 핑계를 고려하고서 다음과 같이 말했다: "당신이 순종한다고 해서 아무것도 당신에게 해를 입히지 못하게 하고, 당신이 두려워하는 악이 당신을 정복하지 못하게 해달라고 하나님께 구하겠습니다. 주님은 '인자가 온 것은 섬김을 받으려 함이 아니라 도리어 섬기려 하고'(마 20:28), '나는 나의 뜻대로 하려 하지 않고 나를 보내신 이의 뜻대로 하려 하므로'(요 5:30)라고 말씀하셨습니다."

그러나 옥센티우스가 한층 더 고집하면서 조금도 양보하지 않았으므로, 에프티미우스는 엄격하게 "우리는 당신에게 유익할 일을 하라고 충고했습니다. 그래도 고집하여 순종하지 않는다면, 이제 불순종의 열매가 무엇인지 알게 될 것입니다"라고 말했다. 에프티미우스가 이 말을 마치자마자 옥센티우스는 이유를 알 수 없이 떨면서 쓰러졌다. 그곳에 있던 대수도원의 모든 형제들은 옥센티우스의 안타까운 상태를 보고 에프티미우스에게 불순종하여 벌을 받고 쓰러진 형제를 도와달라고 간청했다.

에프티미우스는 그들의 간청을 받아들여 순종하지 않은 형제를 도와주려 했다. 그는 손으로 옥센티우스를 붙잡아 일으켰는데, 그는 불순종에 대한 벌로 사지를 떨고 있었다. 그때 원로는 그에게 십자성호를 그었는데, 그것이 효력을 발휘하여 그는 고통에서 벗어나 건강해졌다.

정신을 차려 자신의 불순종을 기억한 옥센티우스는 자신이 악의 공격을 받았고 그것이 불순종의 결과였다는 것을 깨달았다. 그는 양심의 가책을 받고 크게 뉘우쳤다. 그는 즉시 에프티미우스 앞에 엎드려 자신의 행동에 대한 용서를 구하고, 기도로 자신을 안전하게 해달라고 부탁했다. 에프티미우스는 그를 용서하고, 기도로 그의 장래를 보장해주었다. 옥센티우스는 지체하지 않고 노새를 돌보기 시작했다.

성경에서 말하는 것처럼 주님의 징계가 사람의 귀를 열고 정신을 차리게 한 것이다. 불순종하여 잘못을 범했던 사람이 하나님의 징계를 받아 겸손해져서 순종하게 된 것이다.

3. 성 파코미우스의 생애

파코미우스의 제자 테오도르는 나이가 어렸지만 영적으로 강했고, 매사에 스승을 본받고, 주님께 복종하듯이 스승에게 복종하면서 덕이 크게 진보했다. 영혼이 역경을 만나면 인내하려는 자극을 받게 되므로, 파코미우스는 테오도르를 시험하려고 종종 어떤 일을 하라고 명령했다. 파코미우스는 다양한 임무를 하라고 명하고는 테오도르가 매우 열심히 그 일을 하는 것을 보면, 먼저 하던 일을 제대로 하지 못했다고 주장하면서 다른 일을 하라고 명하곤 했다. 파코미우스는 테오도르가 자기만족의 유혹에 빠지지 않게 하려고 이렇게 했다.

테오도르는 이러한 견책을 이해하고 받아들였으므로, 동요하지 않았고 말대꾸를 하거나 변명하지 않았다. 그는 사람들에게 자기의 영적 아버지가 가장 솜씨가 좋고 노련한 그리스도의 종이라고 말했다. 이는 경험이 부족한 사람들에게 일방적인 것처럼 보이는 일을 지식이 있는 사람은 다른 방식으로 정확하게 보기 때문이었다. 테오도르는 "나는 죄인이므로 주님이 내 마음을 선을 향하게 해주시고 내가 거룩한 아버지들이 획득한 순종을 얻을 자격을 획득할 때까지 나 자신을 위해 애통해야 합니다. 주님의 도우심이 없이 자신감에 기초하여 행하는 것들은 재요 먼지에 불과합니다"라고 말했다.

4. 클레멘트가 전한 사도 베드로의 여행 이야기

사도들의 지도자인 베드로는 이 세상을 포기하려 할 즈음 어느 날 로마의 모든 형제를 모이게 하고서 나 클레멘트의 손을 잡고 교회 중앙에 서서 다음과 같이 말했습니다.

"형제들과 아들들이여, 내 말을 들으십시오. 내 인생의 마지막이 다가오고 있습니다. 나는 여기에 있는 클레멘트를 감독으로 임명하고, 나의 설교의 보좌를 맡기고, 묶고 푸는 권위를 넘겨줍니다. 그는 교회법을 잘 알고 있으므로, 이 권위에 의해서 묶어야 할 것을 묶고 풀어야 할 것을 풀 것입니다.

"진리를 옹호하는 사람(주교)을 근심하게 하는 것은 그리스도에게 죄를 짓는 것이요 모든 사람의 아버지 하나님을 노하게 하는 것이므로 살지 못한다는 것을 알고 그의 말을 들어야 합니다. 항상 영적 아버지에게 순종하고 영광을 돌리십시오. 그렇게 한다면, 돌봄을 받는 양무리인 여러분이 형통할 것이고, 양을 돌보는 사람은 삯꾼이 아닌 참 목자가 될 것입니다. 다시 말하지만, 하나님에 관한 것과 관련하여 목자와 교사를 근심하게 하는 사람은 하나님의 영을 근심하게 하는 것입니다. 이는 그가 하나님의 영의 대리인으로서 보좌를 차지하고 있기 때문입니다. 주교의 말에 복종하지 않는 사람은 그리스도를 무시하는 것이며, 율법을 범하는 자입니다."

5. 게론티콘

1. 대 바실이 공주수도원을 방문했다. 그는 모인 사람들을 가르친 후

에 수도원장에게 "이곳에 완벽하게 순종하는 형제가 있습니까?"라고 물었다. 원장은 "저 사람들 모두 당신 마음대로 하실 수 있고, 구원받기를 간절히 원하고 있습니다"라고 대답했다. 성인은 다시 "진실로 순종하는 사람이 있습니까?"라고 물었다. 수도원장은 어느 수도사를 데려왔고, 바실은 그를 음식을 먹을 때 시중을 들게 했다. 식사를 마친 후에 그 형제는 씻을 물을 가져왔다. 바실은 씻은 후에 그 형제에게 "이리 오세요. 내가 당신이 씻는 것을 도와주겠습니다"라고 말했다. 그 형제는 한마디도 항의하지 않고, 바실이 물을 붓게 했다. 나중에 바실은 그 수도사에게 "내가 교회 제단에 올라갈 때 당신을 부제로 임명하라고 상기시켜 주세요"라고 말했고, 그 수도사는 역시 반박하지 않고 순종했다. 바실은 순종하는 그를 사제로 임명하고 자기의 거처로 데려갔다.

2. 압바 실루안에게 순종하기로 유명한 마가라는 제자가 있었다. 그가 맡은 일은 서예와 책을 필사하는 것이었다. 실루안은 순종하는 이 제자를 사랑했다. 실루안에게는 마가 외에 열한 명의 제자가 있었는데, 그들은 실루안이 특히 마가를 사랑하기 때문에 약이 올랐다. 그래서 원로들에게 이에 대해 불평했다.

원로들은 실루안을 찾아와서 제자들을 대하는 그의 태도를 꾸짖었다. 실루안은 대답 대신에 그들을 데리고 차례로 형제들의 수실 문을 두드리고 이름을 부르면서 "형제여, 나오세요. 당신이 필요합니다"라고 말했는데, 아무도 즉시 그의 말에 주목하지 않았다.

그는 마가의 수실 문을 두드리면서 다른 수사들에게 했던 것처럼 "형제 마가여…"라고 말하자마자 마가는 그의 음성을 듣고 수실에서 달려

나왔다. 실루안은 마가를 어떤 일을 하라고 보낸 후에 원로들에게 "여러분, 다른 형제들은 어떻게 했지요?"라고 물었다.

그는 마가의 수실에 들어가서 그가 손으로 기록한 사본을 살펴보았는데, 마가가 방금 거기에 무엇을 추가하여 쓰기 시작했었지만 실루안에 부르는 소리를 듣고서 시작한 일을 마치지 못했다는 것을 알게 되었다. 그는 그것을 원로들에게 보여주었다. 그들은 그것을 보고서 "당신이 그를 사랑하는 것이 옳은 일입니다. 하나님께서 순종하는 그를 사랑하시므로, 우리도 그를 사랑합니다"라고 말했다.

3. 언젠가 실루안이 원로들과 함께 스케테 주위를 걷고 있었다. 그는 사랑하는 제자의 순종을 그들에게 보여주려 했다. 그는 어린 멧돼지를 보고서 제자에게 "아들아, 어린 물소가 보이느냐?"라고 물었고, 제자는 "예, 확실히 보입니다"라고 대답했다. 실루안은 "긴 뿔이 보이느냐?"라고 물었고, 제자는 그렇다고 대답했다. 원로들은 제자의 반응에 놀라고, 그의 순종에 감명을 받았다.

4. 압바 모우에스(Abba Moues)에게 사이스(Sais)라는 제자가 있었다. 압바 모우에스는 사이스를 시험해 보려고 "도둑질을 해라"라고 말했다. 사이스는 순종하기 위해 형제들의 물건을 훔쳤다. 원로는 훔친 물건을 스케테의 형제들에게 몰래 돌려주었다.

5. 어느 원로는 다음과 같이 말했다: "언젠가 나는 클리스마(오늘날 이집트 북동부의 아스수웨이스)에 살고 있는 압바 시소에스에게 가서 교훈적인 이야기를 해달라고 부탁했는데, 압바 시소에스는 '용서해 주십시오. 나

는 글을 모르는 무식한 사람입니다'라고 대답했습니다. 그다음에 나는 압바 오르(Abba Or)와 압바 아트레(Abba Athre)에게 갔습니다. 압바 오르는 18년 동안 병을 앓고 계셨습니다. 나는 그들 앞에 부복하고 교훈적인 이야기를 해 달라고 부탁했습니다. 압바 오르는 '내가 무슨 말을 할 수 있겠습니까? 가서 당신이 적절하다고 여기는 것을 행하세요. 하나님은 억지로라도 선한 행위를 하는 사람 가까이에 계십니다'라고 말했습니다.

"압바 오르와 압바 아트레는 같은 지역 출신이 아니었지만, 서로 화목했고, 영혼이 육신에서 자유로웠습니다. 압바 아트레는 매우 순종했고, 압바 오르는 겸손했습니다. 나는 며칠 동안 그들과 함께 지내면서 그들의 생활방식을 세심하게 조사했고, 바람직한 행동을 많이 보았습니다. 그중 한 가지를 말씀드리겠습니다:

"어느 날 누군가가 작은 생선 한 마리를 가져왔습니다. 아트레는 압바 오르를 위해 요리하려고 생선을 토막 내기 시작했는데, 압바 오르가 그를 불렀습니다. 그는 즉시 생선을 토막 치던 칼을 내려놓았습니다. 그가 '제가 생선을 토막 낼 때까지 잠시만 기다리세요'라고 말하지 않았기 때문에, 나는 그의 순종에 매우 놀랐습니다. 나는 '압바 아트레여, 어디서 이러한 순종을 찾았습니까?'라고 물었는데, 그는 '그것은 내 것이 아니라 압바 오르의 것입니다. 원하신다면 와서 그분의 순종을 보십시오'라고 말했습니다.

"압바 아트레는 의도적으로 망친 생선 요리를 압바 오르에게 가져갔습니다. 압바 오르는 말없이 음식을 먹었습니다. 아트레가 '생선이 맛있습니까?'라고 물었더니, 압바 오르는 '아주 맛있습니다'라고 대답했다. 아트레는 맛있게 조리한 다른 작은 생선을 가져왔고, 원로가 그것을 먹은 후에 '제가 그 생선 요리를 망쳤습니다'라고 말했다. 원로는 '그래요. 조금 망쳤군요'라고 대답했다. 압바 아트레는 나에게 '이제 나의 순종이 아니라 원로의 순종이라는 것을 이해하시겠습니까?'라고 말했다. 나는 이분들에게서 유익한 것을 얻고 그곳을 떠났으며, 내가 본 것을 실천하려 노력했습니다."

6. 성 에프렘

어느 수도사가 원로에게 "내 영적 아버지께서 제빵실에 가서 형제들을 위해 빵을 만들라고 명령하셨습니다. 그런데 빵실의 세속적인 일꾼들은 나에게 조금도 유익하지 않은 부적절한 말을 합니다. 저는 어떻게 해야 합니까?"라고 물었습니다.

원로는 "어린이들이 함께 글씨 공부를 하는 것을 본 적이 있습니까? 아이들은 각기 자기가 배워야 할 것을 배웁니다. 그러므로 당신은 당신 자신과 마음의 묵상에 집중하십시오. 만일 당신이 정념에 정복된다면, 원로에게 고백하고 그분이 말하는 대로 행하십시오. 그분은 당신의 영혼에 유익한 것을 당신보다 더 잘 아십니다"라고 대답했습니다.

7. 압바 이사야

만일 윗사람이 당신을 어디로 파견한다면, "제가 어디로 가기를 원하십니까? 무엇이 필요하십니까?"라고 묻고, 그분이 말한 대로 행하십시오. 그분이 지시한 것에 더하지도 말고 빼지도 마십시오. 미리 묻고 지시받은 것이 아니면, 거지에게 구제하려는 생각도 하지 마십시오. 허락

없이 어떤 일을 행하는 것은 죄를 짓는 것입니다.

8. 성 바르사누피우스

어느 형제가 원로에게 "우리는 선한 것, 중립적인 것, 또는 하나님의 계명에 위배된다고 생각되는 것에서 자기 뜻을 꺾어야 합니까? 순종할 수 없는 경우 나중에 불안하거나 괴롭지 않기 위해서 그것의 실천을 삼가야 합니까?"라고 물었습니다.

원로는 다음과 같이 대답했습니다:

"형제여, 수도사가 되려는 사람은 무슨 일에서든지 자기의 뜻을 내세울 수 없습니다. 주님은 '나는 나의 뜻대로 하려 하지 않고'라고 말씀하시면서 이것을 가르치셨습니다. 어떤 일을 실천하려 하거나 다른 일을 그만두려 하는 사람은 명령하는 사람보다 자기가 더 분별력이 있는 체하거나 악령들이 그를 조롱하고 있음을 알아야 합니다. 어쨌든 두 경우 모두 악하며, 악령의 활동에 기인합니다. 이런 까닭에 매사에 순종해야 합니다. 당신에게 지시하는 윗사람은 당신의 구원을 책임지는 자입니다. 만일 그가 지시한 일이 부담스럽다면, 그에 대해 질문하되 그의 판단에 맡기십시오.

"만일 형제들이 당신에게 해롭거나 능력 이상의 일이라고 생각되는 것을 행하라고 명령한다면, 원로에게 질문하고 그분의 말대로 하십시오. 이는 당신이 일에 대해서만 아니라 사람들에 대해서 결정하기를 원한다면, 자신에게 해를 초래할 것이기 때문입니다. 형제들이 명령한 일이 선하게 보이면, 형제들에게 복종하십시오. 그러나 마음으로 망설여지거나 능력 밖의 일이라고 생각되거나, 해로울 가능성이 있다고 여겨지면, 원로에게 질문하고 그분이 선하다고 결정하는 대로 행하십시오. 이는 그분은 자신이 무슨 일을 하고 있으며, 당신의 영혼을 어떻게 돌보아야 하는지 아시기 때문입니다. 영혼을 편안히 하고, 그분이 말하는 것이 하나님의 뜻과 일치한다고 신뢰하십시오. 하나님이 유익하다고 여기시는 것은 고통이나 고민을 초래하지 않습니다. '좋은 나무마다 아름다운 열매를 맺고'(마 7:17)라는 말씀처럼, 선한 것에서 나쁜 것이 나오지 않습니다."

그 형제는 다시 "사람이 자기의 뜻을 꺾는다는 것은 무엇을 의미합니까?"라고 질문했고, 원로는 "형제여, 하나님이 보시기에 당신이 자기 뜻을 꺾는 것은 진보입니다. 선하다고 여겨지는 것들과 관련하여 그것은 자기가 원하는 것을 행하는 것이 아니라 성인들이 말하는 것을 행하는 것입니다. 나쁜 일들과 관련해서는 스스로 선택하여 부적절할 것을 피해야 합니다"라고 대답했습니다.

제36장

영적 지도자에게 불순종과 불평은 큰 죄이다.

교사에게 순종하지 않고 불평하는 것은 큰 죄이다. 반론을 제기하거나 변명하지 말며, 모든 경우에 자기의 뜻을 버리며, 책망을 받아들여야 한다.

1. 안티오쿠스

형제들이여, 우리는 합리적인 것, 또는 비합리적인 것처럼 보이는 것에 대해서 불평하지 말며, 매사에 하나님, 그리고 하나님에 따라 우리에게 명령하는 사람에게 감사하고 순종해야 합니다. 불평하는 사람은 감사할 줄 모르는 악한 유대인처럼 될 것입니다. "이스라엘 자손 온 회중이 그 광야에서 모세와 아론을 원망하여…여호와께서 너희의 원망함을 들으셨느니라"(출 16:2, 8)라는 말씀처럼, 유대인들은 하나님의 종을 원망했습니다. 불평한 사람들은 모두 광야에서 죽었습니다.

조상들의 무례와 불순종을 영속화한 그들의 후손은 주님의 추종자들에게 "너희가 어찌하여 세리와 죄인과 함께 먹고 마시느냐"(눅 5:30)라고 비방했습니다. 또 언젠가 주님을 비방했는데, 그 때 주님은 그들에게 "나는 하늘에서 내려온 살아 있는 떡이니"(요 6:51)라고 말씀하셨습니다. 주님은 "나를 보내신 아버지께서 이끌지 아니하시면 아무도 내게 올 수 없으니"(요 6:44)라고 말씀하셨는데, 이때 주님은 인간이 감사하고 순종하며 불평하려 하지 않는다는 것을 발견하신 듯합니다. 비유에서 가장 먼저 일하러 온 품꾼들은 제 십일 시에 마지막으로 들어온 품꾼들에 대해 "나중 온 이 사람들은 한 시간밖에 일하지 아니하였거늘 그들을 종일 수고하며 더위를 견딘 우리와 같게 하였나이다"라고 원망했습니다. 주님은 그들에게 "친구여, 내가 네게 잘못한 것이 없노라 네가 나와 한 데나리온의 약속을 하지 아니하였느냐 네 것이나 가지고 가라"라고 대꾸하셨습니다(마 20:1~4). 주님은 이 친구를 어디로 보내십니까? 왼편에 있는 사람들은 마귀와 그 사자들을 위하여 예비된 영원한 불에 들어갈 것입니다(마 25:41). 이것은 주님이 "내가 선하므로 네가 악하게 보느냐"(마 20:15)라고 말씀하시면서 그들을 악하고 시기심이 강하다고 말씀하시는 데서 증명됩니다.

2. 압바 마가

지혜문학에서 말하는 것처럼(잠 6:32-33) 순종에 은밀히 자기의 뜻을 섞는 사람은 간음하는 자이며, 의식이 부족하여 고통과 치욕을 당합니다. 불과 물이 섞일 수 없듯이, 자기 정당화와 겸손은 상반됩니다. 구원받기를 원한다면, 진지한 말을 사랑하고 책망을 무시하지 마십시오. 참된 말이 독사 새끼들을 변화시켰고, 그들에게 다가오는 진노를 피하라고 제안했습니다. 진리의 말을 감사하며 받는 사람은 하나님의 말씀을 환영할 것입니다. 주님은 "너희를 영접하는 자는 나를 영접하는 것이요"(마 10:40)라고 말씀하셨습니다.

신실한 사람에게서 경건하게 책망받는 죄인은 자기를 데려와 지붕에서 내려준 사람들의 믿음 때문에 용서받은 중풍병자와 같습니다. 책망을 싫어하는 사람은 고의로 정념 안에 머물고 있음을 나타냅니다. 책망을 사랑하는 사람은 이성적으로 행동하는 사람입니다.

바다를 항해하는 사람이 뜨거운 햇볕을 감사하며 견디듯이, 악덕을 미워하는 사람은 책망을 사랑합니다. 태양이 바람을 대적하듯이, 책망은 정념을 대적합니다. 성경의 계명과 권면으로 잘못을 바로잡으려 하지 않는 사람에게는 채찍과 막대기가 필요합니다. 만일 채찍과 막대기로도 온전해지지 않으면, 재갈과 굴레로 단속할 것입니다(시 32:9).

3. 성 막시무스

죄는 불순종의 행위요, 덕은 손종의 행위입니다. 불순종에 계명을 범하는 것과 계명을 주신 분으로부터의 분리가 따르듯이, 순종에는 계명의 이행과 사랑으로 계명을 주신 분과 연합하는 것이 따릅니다. 불순종하여 계명을 범하며 항상 죄를 짓는 사람은 계명을 주신 분과의 사랑의 연합에서 자신을 분리합니다.

제37장

스승의 언행이 불일치하더라도 비난하지 말라.

스승의 언행이 일치하지 않아도 비난하지 말아야 한다. 태만한 스승이 많지만, 제자가 그를 비난하지 않고 주 안에서 복종하는 것은 자신을 구원하고 교사가 구원받는 원인이 된다.

1. 게론티콘

1. 분별력이 뛰어난 은수사가 있었다. 그는 켈리아(은둔자들의 수실은 이집트 사막의 가장 후미진 지역에 흩어져 있는 오두막들로서, 은수사들과 제자들이 흩어져 거주했다)에 머물기를 원했지만, 당시 수실을 찾을 수 없었다. 그 은수사에 대한 소문을 들은 어느 원로 자기에게 비어 있는 수실이 있었기 때문에 그가 수실을 찾을 때까지 그곳에 머물게 했다. 그리하여 은수사는 그곳으로 갔다. 그 지역에 사는 사람들 일부가 각기 자기 능력으로 가능한 것을 가지고 그를 찾아왔고, 은수사는 그들을 환대했다.

그런데 그에게 수실을 내준 원로가 그를 시기하기 시작하여 그를 비방하면서 "나는 여러 해 동안 금욕생활을 하면서 이곳에 살고 있지만, 아무도 나를 찾아오지 않았습니다. 그런데 이곳에 온 지 며칠 되지 않은 이 사기꾼을 찾아오는 사람들이 많습니다"라고 말했다. 그는 제자에게 "그 사람에게 나에게 그 수실이 필요하니 당장 그곳을 떠나라고 말하게"라고 말했다.

　제자는 은수사에게 가서 "내 스승께서 '어떻게 지내시느냐?'라고 물으십니다"라고 말했다. 그는 "소화가 잘 되지 않습니다. 나를 위해 기도해 주십시오"라고 대답했다. 제자는 돌아와서 원로에게 "그분은 다른 수실을 찾아보고 있으며 장차 그곳으로 떠날 작정이라고 말씀하셨습니다"라고 전했다. 이틀 후에 원로는 다시 제자에게 "그 사람에게 수실을 떠나지 않으면 내가 막대기를 가지고 가서 쫓아내겠다고 전하게"라고 말했다. 제자는 은수사에게 가서 "내 스승께서는 당신이 병이 났다는 말씀을 듣고 속이 상하셔서 나를 보내셨습니다"라고 말했다. 은수사는 "그분의 기도 덕분에 많이 나았다고 전하세요"라고 말했다. 제자는 돌아와서 "그분은 하나님의 뜻이라면 일요일에 떠나겠다고 말씀하셨습니다"라고 말했다.

　일요일이 되었는데 은수사가 수실을 떠나지 않았으므로, 원로는 막대기를 들고 가서 그를 때려 쫓으려 했다. 그런데 그가 떠나려 할 때 제자가 "혹시 그곳에 사람들이 있으면 분개할 수 있으니 제가 먼저 달려가겠습니다"라고 말했다. 원로는 허락했고, 제자는 먼저 달려가서 은수사에게 "내 스승께서 당신을 위로하시고 자기의 수실에 데려가려고 오십니다"라고 말했다. 은수사는 원로의 사랑에 대해 듣고 즉시 그를 맞으러 나갔고, 그의 모습이 보이자 멀리서 엎드려 "아버지여, 직접 이곳에 오시는 수고를 하시지 마십시오. 제가 아버지께 가겠습니다"라고 말했다.

　하나님께서는 제자의 행동 배후의 선한 의도를 보시고 그의 스승의 마음에 가책을 느끼게 하셨다. 그는 막대기를 버리고 달려가서 은수사를 포옹했다. 그는 은수사가 자기를 비방하는 말을 한 적이 없음을 깨닫고서 그에게 입을 맞추고 자기 수실로 데려갔다. 수실에 도착한 후 그는 제자에게 "자네는 내가 그 사람에게 말하라고 한 것을 전하지 않았는가?"라고 물었다. 제자는 그렇다고 대답했다. 이 말을 듣고 원로는 자기의 시기심이 마귀의 소행이었음을 깨달았다. 그는 은수사를 편안하게 보살펴 주었고, 제자의 발 앞에 엎드려 "자네의 행동으로 말미암아 우리 두 사람의 영혼이 구원받았으니 이제부터 자네가 스승이 되고, 내가 제자가 되어야겠네"라고 말했다.

2. 술에 취해 사는 원로가 있었다. 그는 낮에는 수실에서 멍석을 짜고, 저녁에는 마을에 가서 자기가 만든 물건을 팔아 그 돈으로 포도주를 사곤 했다. 얼마 후 어느 형제가 그의 제자가 되어 함께 지냈다. 그 역시 온종일 멍석을 짰는데, 원로는 두 사람이 만든 것을 팔아서 그 돈으로 포도주를 샀다. 그는 제자에게는 밤늦게 빵만 조금 가져다주었다. 그렇게 삼 년이 흘렀는데, 그동안 제자는 말대답이나 항의를 하지 않았다.

어느 날 제자는 "나는 옷차림이 초라하고, 먹는 빵이 엄청나게 부족하니 이곳을 떠나야겠다"라고 혼잣말을 했다. 그러나 그는 다시 "내가 어디로 갈 수 있겠는가? 나는 하나님을 위해서 생활하고 있으니 이곳에 머물자"라고 생각했다. 이렇게 생각하고 있을 때 주의 사자가 나타나서 "떠나지 말아라. 내일 내가 너를 찾아올 것이다"라고 말했다.

다음 날 제자는 스승에게 "아버지, 오늘은 아무 데도 가지 마십시오. 주의 사자가 오늘 나를 데리러 올 것입니다"라고 말했다. 그런데 스승은 항상 하던 대로 마을에 갈 시간이 되자 제자에게 "이렇게 늦는 것을 보니 오늘은 그들이 오지 않을 것 같군"이라고 말했다. 제자는 "그렇지 않습니다. 분명히 올 것입니다"라고 말하면서 주 안에서 잠들었다. 원로는 울면서 "아들아. 네가 짧은 기간 참고 인내함으로써 네 영혼을 구했는데, 나는 여러 해 동안 태만하게 살았구나"라고 말했다. 그 후 그는 다시 수련수사가 된 것처럼 건전하게 살았다.

2. 성 에프렘

　형제들이여, 수도생활을 하는 사람은 주님 안에서 윗사람에게 반대하거나 불순종하지 않아야 하며, 하나님과 사람들 앞에서 겸손해야 합니다. 어느 원로가 말로만 덕을 이야기하고 실천하지 않아도 마귀가 우리 영혼을 빗나가게 할 기회를 주지 말고, "서기관들과 바리새인들이 모세의 자리에 앉았으니 그러므로 무엇이든지 그들이 말하는 바는 행하고 지키되 그들이 하는 행위는 본받지 말라 그들은 말만 하고 행하지 아니하며"(마 23:2~3)라고 말씀하신 주님을 상기해야 합니다.

　베드로는 "범사에 두려워함으로 주인들에게 순종하되 선하고 관용하는 자들에게만 아니라 또한 까다로운 자들에게도 그리하라 부당하게 고난을 받아도 하나님을 생각함으로 슬픔을 참으면 이는 아름다우나 죄가 있어 매를 맞고 참으면 무슨 칭찬이 있으리요 그러나 선을 행함으로 고난을 받고 참으면 이는 하나님 앞에 아름다우니라 이를 위하여 너희가 부르심을 받았으니 그리스도도 너희를 위하여 고난을 받으사 너희에게 본을 끼쳐 그 자취를 따라오게 하려 하셨느니라 그는 죄를 범하지 아니하시고 그 입에 거짓도 없으시며 욕을 당하시되 맞대어 욕하지 아니하시고 고난을 당하시되 위협하지 아니하시고 오직 공의로 심판하시는 이에게 부탁하시며"(벧전 2:18~23)라고 권면합니다. 형제들이여, 사무엘을 겸손의 본보기로 삼으십시오. 그는 하나님의 음성을 들었지만 교만하게 제사장 엘리를 거스르지 않고 그의 권위 아래 있었습니다(왕상 3:1~21).

우리는 구원에 합당하게 행하며, 주님 안에서 윗사람에게 복종할 각오를 해야 합니다. 물이 불을 끄듯이, 성실하게 복종하는 것은 화를 가라앉히고 분노를 몰아냅니다. 선지자 엘리야 시대에 오십부장과 쉰 명의 부하가 겸손하게 무릎을 꿇고 엎드려 엘리야의 분노를 달랬습니다(왕하 1:9~15).

사랑하는 형제들이여, 매사에 주님을 위하여 윗사람에게 순종하고, 그의 말을 한마디도 무시하지 말고 끝까지 지키십시오. 그러면 "두세 사람이 내 이름으로 모인 곳에는 나도 그들 중에 있느니라"(마 18:20)라고 말씀하신 주님이 항상 여러분과 함께 계실 것입니다.

형제들이여, 그렇지 않기를 바라지만, 만일 우리의 수도원장이 우리 앞에서 잘못된 일을 한다면, 장차 주님이 우리에게 상 주실 것을 알고 선한 양심으로 그에게 순종하고, 그를 사람들을 섬기는 자가 아니라 주님을 섬기는 자로 여겨 섬기십시오.

3. 게론티콘

알렉산드리아 외곽 은둔자들의 켈리아라 부르는 곳에 화를 잘 내고 심술궂은 원로가 살고 있었다. 이 소문을 들은 어느 젊은 형제가 하나님께 "주님, 내가 평신도로서 지은 죄를 대속하기 위해서 그 원로와 함께 살면서 그를 섬기겠습니다"라고 약속했다. 그 원로는 그를 개처럼 다루고 모욕했다.

형제의 인내와 겸손함을 보신 하나님은 육 년 후에 꿈에서 그에게 계시를 주셨다. 그는 꿈에서 어떤 사람이 큰 종이를 들고 있는데, 종이의 절반에는 글씨가 있고, 나머지 절반의 글씨는 지워져 있었다. 그 사람은 형제에게 그 종이를 보여주면서 "힘써 노력하세요. 하나님께서 당신이 진 빚의 절반을 지우셨습니다. 나머지를 지우려면 계속 노력하십시오"라고 말했다.

근처에 사는 영적인 원로가 그 형제의 상황을 알았다. 그는 심술궂은 원로가 부당하게 형제를 괴롭히지만 형제가 용서를 구하면서 원로에게 순종한다는 것, 그런데도 원로가 형제와 화해하려 하지 않는다는 것을 상세히 알았다. 영적인 원로는 형제를 만날 때마다 "형제여, 어떻게 지냅니까? 하루를 어떻게 보냅니까? 유익이 있습니까? 종이에서 무엇인가 지웠습니까?"라고 묻곤 했다. 혹시 원로가 욕하거나 침을 뱉거나 핍박하지 않는 날이 있으면, 형제는 저녁에 이웃의 영적 원로를 찾아가서 울면서 "아버지, 오늘은 나에게 좋지 않은 날이었습니다. 나는 아무 소득이 없이 평안히 하루를 보냈습니다"라고 말했다.

육 년 후 형제는 세상을 떠났다. 얼마 후 영적 원로는 그 형제에 대해서 "나는 그 형제가 순교자들의 무리와 함께 있으면서 자기를 학대한 원로를 위해서 담대하게 '주님, 주님이 그분을 통해서 나를 불쌍히 여기신 것처럼, 나를 위해서 긍휼을 베푸셔서 그분을 불쌍히 여겨 주십시오'라고 간구하는 모습을 보았습니다"라고 말했다. 사십 일 후 제자는 스승을 안식처로 데려갔다.

제38장

겸손한 사람은 배우기를
거부하지 않는다.

하나님의 은혜는 자기 자신을 지켜보며 하나님의 섭리에 자신을 맡기는 사람을 무식한 사람들과 나그네를 통해서 가르친다. 겸손한 사람은 누구에게서든지 배우기를 거부하지 말아야 한다.

1. 성 에프렘의 생애

성 에프렘은 끊임없이 하나님 생각에 몰두하고 심판 날을 기억했다. 이런 까닭에 그는 항상 슬퍼했고, 시편 기자의 말처럼 삶의 온갖 소동과 격동을 피하려고 피난민처럼 오랫동안 광야에서 지냈다(시 55:7~8). 그는 성령의 감화를 받아 이렇게 행했고, 하나님의 명령을 받아 영적 유익과 교화를 위해서 아브라함처럼 고향을 떠나 에데사[1]로 갔다. 이 여행의 목적은 그 도시의 성유물과 거룩한 장소를 존숭하고, 그곳의 유식한 사람을 만나 지식의 열매를 받으려는데 있었다. 그는 하나님께 "주 예수 그리스도시여, 제가 에뎃사에 가서 내 영혼의 교화와 유익을 위해 함께 대화할 수 있는 사람을 만날 수 있게 해 주십시오"라고 기도했다.

---

1) 에뎃사는 메소포타미아에 소재한 도시였다. 에프렘은 A.D. 353년에 이곳에 신학교를 세웠다. 이 도시는 이전에 아브가르 왕이 다스렸는데, 그는 손으로 만들지 않은 주님의 성화를 요청하여 받았다.

이렇게 기도한 후 에뎃사에 도착하여 성문을 통과한 그는 수심에 잠
겼다. 그는 자신이 기도를 이루기 위해 어떤 사람을 만날 것인지, 그에
게 어떤 질문을 할 것인지, 그리고 이 만남에서 어떤 유익을 얻을 것인
지 등에 대해 걱정했다. 그는 생각에 몰두하여 걸어가다가 여인을 만났
는데, 그 여인은 창녀였다. 이 만남은 종종 형언할 수 없이 신비한 방식
으로 외관상 반대되는 현상으로부터 일련의 결과를 얻도록 상황을 마련
하시는 하나님이 하신 일이었다. 기대했던 것과는 달리 창녀를 만난 에
프렘은 놀라서 그녀를 쳐다보았다. 기도로 하나님께 구했던 것과 정반
대의 일이 일어났으므로, 그의 영혼은 불안하고 괴로웠다. 한편 여인은
놀라 호기심을 가지고 자기를 바라보는 에프렘을 뚫어지게 쳐다보았다.

이렇게 얼마 동안 서로를 관찰한 후 에프렘은 그녀를 여인으로서의
단정함을 되찾게 하려는 생각을 품었다. 그래서 "부인, 이렇게 나를 뚫
어지게 쳐다보면서 부끄럽지 않습니까?"라고 물었다. 여인은 "나는 당
신의 갈비뼈로 만들어졌으니, 당신을 쳐다보는 것이 당연하지요. 그런
데 당신은 흙으로 만들어졌으니 호기심을 가지고 나를 응시하기보다는
땅을 바라보아야 합니다"라고 대답했다. 에프렘은 이 말을 듣고 자신이
그녀의 말에서 도움을 큰 도움을 받은 데 대해 감사했고, 기대하지 않았
던 곳에서 바라는 것보다 더 큰 유익을 주시는 하나님께 감사했다.

2. 파코미우스의 생애

1. 파코미우스는 제자 테오도르가 매우 지혜롭다는 것을 알고 기뻐했
다. 테오도르는 젊었지만 수도생활을 하는 데서 자기보다 약한 사람들
에게 힘을 주었다.

공주수도원 사람들은 매일 오후 파코미우스의 가르침을 받으려고 한 장소에 모이곤 했다. 어느 날 오후 그들이 모여 있을 때 파코미우스는 (아직 스무 살이 되지 않은) 테오도르에게 형제들에게 하나님의 말씀을 전하라고 명령했다. 테오도르는 반박하지 않고 순종하면서 즉시 수도사들의 영적 유익을 위해 많은 것을 말했다.

일부 나이 든 수도사들은 젊은 테오도르의 말을 듣지 않으려고 "이 건방진 녀석이 우리를 가르치다니. 우리는 그의 말을 듣지 않겠다"라고 말하고 자기의 수실로 갔다. 학습이 끝난 후 파코미우스는 나이 든 수도사들을 불러 "무슨 이유로 설교를 듣지 않고 수실에 갔습니까?"라고 물었다. 그들은 "애송이를 선임 수도사들을 가르칠 교사로 임명하셨기 때문입니다"라고 대답했다.

파코미우스는 이들의 변명을 듣고 낙심하여 한숨을 쉬면서 "악이 어디에서부터 세상에 들어왔는지 아십니까?"라고 물었는데, 그들은 "어디입니까?"라고 물었다. 파코미우스는 이렇게 대답했다: "교만에서 왔습니다. 그것 때문에 루시퍼가 하늘에서 땅에 떨어졌습니다. 그것 때문에 바벨론의 느부갓네살 왕이 들짐승들과 함께 거주했습니다. '무릇 마음이 교만한 자를 여호와께서 미워하시나니'(잠 16:5), '누구든지 자기를 높이는 자는 낮아지고 누구든지 자기를 낮추는 자는 높아지리라'(마 23:12)라는 말씀을 듣지 못했습니까? 여러분은 이것을 잊었기 때문에 마귀에게 정복되어 덕을 잃었습니다. 교만은 모든 악의 어미요 근원입니다. 여러분은 회의장을 떠날 때 테오도르를 버린 것이 아니라, 하나님의 말씀으로부터 도망치면서 성령으로부터 분리되었습니다. 여러분은 참으로 불쌍한 사람들입니다. 사탄이 여러분을 유혹하여 그 지경에 이르게 했음을 어찌하여 이해하지 못하십니까?

"하나님은 우리를 위해 자기를 낮추시고 죽기까지 복종하셨습니다 (빌 2,8). 그런데 본성상 저급한 우리는 자기를 치켜세웁니다. 본성적으로 고귀하신 분, 한 번의 눈길로 우주를 없앨 수 있는 분이 겸손을 통해 세상에 유익을 주셨습니다. 재요 먼지이며 그것들보다 더 하찮은 우리는 교만해지는데, 그렇게 함으로써 자신을 하계로 보낸다는 것을 알지 못합니다. 여러분은 제가 얼마나 집중하여 테오도르의 말을 듣는지 보지 못하셨습니까? 나는 그의 말을 들으면서 매우 유익을 얻었습니다. 이는 내가 테오도르에게 설교를 맡긴 것은 여러분을 시험하기 위해서가 아니라 나 자신이 교화되기 위해서였기 때문입니다.

"여러분은 겸손하게 그의 말을 들었어야 합니다. 주 안에서 여러분의 영적 아버지인 나는 테오도르의 말에 몰두했습니다. 여러분이 잘못을 회개하고 용서받지 못한다면, 지옥으로 갈 것입니다. 여러분이 이렇게 악하게 시작했으므로 멈추지 않으면 궁극적인 정죄 판결을 받을 것입니다."

파코미우스는 이렇게 말하면서 교만의 상처를 지졌고, 자애롭게 권면함으로써 그들의 병을 효과적으로 치료했다. 그는 필요할 때는 퉁명스럽지만, 때로는 온유하게 죄인을 달래고, 때로는 선을 행하라고 독려했다.

2. 언젠가 파코미우스가 공방에서 멍석을 짜고 있는데, 그 주간에 그의 시중을 들기로 된 소년이 다가왔다. 그는 일하고 있는 파코미우스를 바라보면서 "실을 그런 식으로 잣지 마세요. 그 방법은 옳지 않습니다.

압바 테오도르는 다른 방식으로 멍석을 짭니다"라고 말했다. 파코미우스는 겸손하게 작업을 멈추고 일어서서 "아들아, 다른 방법을 가르쳐주렴"이라고 말했다. 소년에게서 다른 방식을 배운 후 그는 이러한 상황에서도 교만의 영을 약하게 만들고 즐거워하면서 다시 일을 시작했다. 만일 그가 육체의 정신의 지배를 받았다면, 소년의 말을 듣지 않고 책망했을 것이다.

3. 아르세니우스의 생애

1. 아르세니우스는 세상 지식과 기독교의 지식이 탁월하여 학문과 덕에서 그 시대 사람들 모두를 능가했다. 이런 까닭에 테오도시우스 황제는 그 시대의 지식인들 중에서 그를 왕자 호노리우스와 아르카디우스의 교사로 택했다. 그는 매우 유식했고 얼마 동안 스케테에서 생활하면서 하나님에 대한 지식을 획득했지만, 매우 겸손하여 자기보다 유식하지 못한 사람들에게 질문하여 가능한 모든 유익을 얻으려 했다.

언젠가 어떤 사람이 그가 여러 가지 생각에 대해 배우려고 이집트인 수도사에게 질문하는 모습을 보았다. 놀란 그 사람은 그 이유를 확인하려 했다. 아르세니우스는 단순하게 "내가 많은 교육을 받았다는 것을 부인하지 않겠습니다. 그러나 나는 이 무식한 농부의 알파벳, 즉 경건한 행위와 지식 배우는 일을 시작도 하지 못했습니다"라고 대답했다.

2. 언젠가 아르세니우스가 강에서 씻으려 하는데, 에티오피아 여인이 그의 외투를 잡았다. 아르세니우스가 꾸짖자, 그 여인은 "아르세니우스여, 당신이 수도사라면 산으로 도망치세요"라고 말했다. 아르세니우스

는 이 말이 유익하다고 생각했다.

4. 게론티콘

1. 언젠가 콘스탄티누스 황제가 압바 안토니에게 편지를 보내어 콘스탄티노플로 와달라고 부탁했다. 그는 어떻게 할 것인지 곰곰이 생각했다. 그는 제자인 압바 바울에게 가야 하느냐고 물었다. 바울은 "만일 그곳으로 가시면 사부님의 이름은 그냥 '안토니'가 될 것이고, 가시지 않으면 '압바 안토니'가 되실 것입니다"라고 대답했다. 그는 바울의 말에 복종하여 가지 않았다.

2. 어느 형제가 어린 수도사에게 대화의 유익에 대해 질문했는데, 소년은 "주고받는 말이 횡설수설에 불과하다면 대화를 피하십시오. 만일 그 대화가 유익하다면, 기회를 이용하여 말씀하십시오. 그러나 선한 말이라도 오래 하지 말고, 신속하게 대화를 멈추십시오. 그러면 편안할 것입니다"라고 대답했다.

3. 압바 올림피우스는 다음과 같이 말했다: "언젠가 이교 사제가 스케테의 내 수실에 와서 쉬었습니다. 그는 수도사들이 사는 환경이 혹독한 것을 보고서 '이런 식으로 살면서 당신의 하나님에 대해 아무것도 보지 못하십니까?'라고 물었습니다. 나는 그렇다고 대답했습니다. 그는 '우리의 신은 우리가 제물을 드릴 때마다 아무것도 감추지 않고 그의 신비를 계시해줍니다. 그런데 당신은 많이 수고하고 밤을 새우고 침묵하면서 금욕하는데도 하나님에 대해 전혀 보지 못한다고 말하는군요. 당

신이 하나님에 대해 아무것도 보지 못하는 것은 마음에 악한 생각을 품고 있으며, 그것이 당신을 하나님에게서 분리하는 것입니다. 이것이 하나님이 신비를 당신에게 드러내지 않는 이유입니다'라고 말했습니다.

"나는 이 이교 사제의 말을 원로들에게 보고했습니다. 그들은 놀라 '정말 그렇습니다. 더러운 생각이 사람을 하나님에게서 분리합니다'라고 말했습니다."

4. 압바 마카리우스는 다음과 같이 말했다: "내가 지금보다 젊었을 때 수실에서 무기력해졌기 때문에 사막에 가서 '누구를 만나든지 그 사람에게 너의 유익에 대해 질문해라'라고 혼잣말을 했습니다. 잠시후에 수송아지를 모는 소년을 발견하고서 '얘야, 내가 배가 고픈데 어떻게 해야 하니?'라고 물었습니다. 그 아이는 '음식을 드세요'라고 대답했습니다. 내가 '먹었는데도 배가 고프단다'라고 말했더니, 그는 '그러면 또 드세요'라고 말했습니다. 나는 다시 '여러 번 음식을 먹었는데도 아직 배가 고프구나'라고 말했습니다. 소년은 조금 놀라면서 '어르신, 항상 먹고 싶으시다니 당나귀이신가요?'라고 말했습니다. 나는 이 대답이 유익하다는 것을 깨닫고 그곳을 떠났습니다."

5. 어느 원로는 "나는 가르치기보다 배우겠습니다"라고 말했다.

6. 압바 마카리우스가 압바 자카리우스에게 "수도사가 무슨 일을 해야 하는지 말씀해 주십시오"라고 부탁했다. 자카리우스는 "아버지, 어찌 저에게 질문하십니까?"라고 겸손하게 말했다. 마카리우스는 "내 아들, 자카리우스여, 나의 내면에서 무엇인가가 자네에게 질문하라고 요

구하고 있다네"라고 말했고, 자카리우스는 "아버지, 매사에 자신에게 강요하는 것, 그것이 바로 수도사의 일이라고 생각됩니다"라고 대답했다.

제39장

자만하지 말고
영적 아버지를 믿어야 한다.

신자는 자만하지 말며, 자기가 영적 아버지를 통해서 구원받았으며 선한 일을 행할 수 있다고 믿어야 한다. 또 윗사람에게 기도를 부탁해야 한다. 왜냐하면 그의 기도는 큰 능력을 갖기 때문이다.

1. 그레고리 대화자

"호노라투스의 제자 리베르티누스가 호노라투스의 후임 수도원장의 명령을 받아 수도원 일에 필요한 일을 처리하러 갔습니다. 리베르티누스는 스승 호노라투스를 사랑했기 때문에, 어디를 가든지 스승의 신발을 가슴에 품고 다녔습니다. 한번은 그가 이탈리아 북부의 도시 라벤나로 가고 있는데, 죽은 아들의 시신을 붙들고 있던 여인이 리베르티누스를 보았습니다. 그녀는 리베르티누스가 하나님의 종이라고 믿고서 그가 탄 말의 굴레를 움켜쥐고 죽은 아들을 살려내지 않으면 보내주지 않겠다고 맹세했습니다.

"리베르티누스는 자기가 그러한 기적을 행할 수 있다고 여기지 않았으므로, 여인의 맹세와 요구를 받고 두려워 떨었습니다. 그래서 그는 여인에게서 도망치려 했지만, 여인은 놓아주지 않았습니다. 리베르티누스는 그 여인을 불쌍히 여겨 말에서 내려 무릎을 꿇고 하늘을 향해 두

손을 들었습니다. 그리고 가슴에 품고 다니던 스승의 신발을 꺼내어 죽은 아이의 가슴에 놓았습니다. 그가 기도할 때 아이가 살아났습니다. 리베르티누스는 살아난 아이의 손을 잡아 울고 있는 어머니에게 넘겨준 후 여행을 계속했습니다."

베드로가 물었다: "이 사건에서 우리가 믿어야 할 것은 무엇입니까? 리테르티누스의 간구나 호로나투스의 성성이 그처럼 큰 기적을 행할 능력을 지녔다는 것입니까?"

그레고리 대화자는 다음과 같이 말했다: "여인의 믿음이 큰 기적을 이루는 데 기여했지만, 두 사람의 능력도 기여했습니다. 이런 까닭에 나는 리베르티누스가 기적을 행할 수 있었다고 여깁니다. 다시 말해서, 그는 자기의 능력보다 스승의 능력을 더 믿었습니다. 그는 스승의 신발을 아이의 가슴에 놓아야만 자기가 하나님께 구한 것이 이루어질 것이라고 여겼습니다. 마찬가지로 엘리사가 스승인 엘리야 선지자의 겉옷을 들고 요단강에 가서 물을 쳤지만, 물이 갈라지지 않았습니다. 그러나 그가 '엘리야의 하나님 여호와는 어디 계시니이까'라고 말하면서 스승의 겉옷으로 물을 치니 물이 갈라져서 그가 건너갔습니다(왕하 2:14). 베드로여, 기적이 이루어지려면 겸손해야 한다는 것을 아시겠습니까? 리베르티누스가 스승을 의지하여 믿음으로 그의 이름을 불렀기 때문에, 스승이 행한 것과 같은 결과를 낳은 것입니다."

2. 기적을 행한 성 그레고리의 생애

대 그레고리가 늘 하던 대로 산에서 기도하다가 갑자기 동요하면서 몸부림을 쳤다. 그곳에 있던 사람들은 그가 환상을 보고 놀라 고민한다고 여겼다. 그는 멀리서 들히는 소리를 들으려는 듯이 귀를 쫑긋했다. 한참 뒤에 그는 마치 환상이 기분 좋은 결말에 이른 듯이 움직이지 않았다. 그는 환상에서 깨어나 기분 좋은 소리로 "우리를 내주어 그들의 이에 씹히지 아니하게 하신 여호와를 찬송할지로다"(시 24:6)라고 감사와 승리의 찬송을 드렸다.

가까이에 있던 사람들은 놀라서 그가 어떤 환상을 보았는지 알려 했다. 전승에 의하면, 그레고리는 그들에게 "사탄이 '트로아디우스'라는 청년에게 정복되어 몰락한 것을 보았습니다. 사형집행인이 트로아디우스를 불경한 통치자 앞에 데려갔고, 그는 심한 고문을 당하고 순교했습니다"라고 말했다. 이 이야기를 듣고 그레고리 곁에 있던 제자 한 사람이 놀랐다. 그는 이전에 신전지기였는데, 그레고리가 개종시켜 부제로 임명한 사람이었다. 이 부제는 현장에 있지 않고서는 이야기할 수 없는 사건이라고 생각했다. 그는 사부에게 자기가 직접 그 기적의 현장에 가는 것을 막지 말라고 부탁했다. 그레고리는 그를 단념시키려고 살인자들 가운데 있으면서 유혹의 역사로 말미암아 바람직하지 못한 일을 당하는 것은 두려운 일이라고 말했다. 그러나 부제는 그레고리의 기도가 자기를 보호해줄 것이라고 믿는다고 말하고, 덧붙여서 "저를 하나님의 보호 아래 두십시오. 그러면 원수에 대한 두려움이 나를 위협하지 못할 것입니다"라고 말했다. 결국 그레고리는 그를 하나님의 도우심에 맡기고 축복한 후에 떠나보냈다. 부제는 여행하면서 특이한 것을 만나지 않았다.

저녁에 그는 도시에 도착했다. 여행에 지친 그는 목욕하면 피곤이 풀릴 것으로 생각했다. 그런데 그 지역은 살인 귀신이 지배하고 있었는데,

그 귀신은 목욕탕에 살면서 해가 진 후에 목욕탕에 접근하는 사람들을 해치곤 했다. 따라서 해가 진 후에는 목욕탕이 문을 닫았다. 부제는 목욕탕에 가서 관리인에게 목욕을 하고 피곤을 풀 수 있도록 목욕탕을 열어달라고 부탁했다.

관리인은 그 시간에 목욕탕에 들어가서 살아나온 사람이 없고, 해가 진 후에는 귀신이 목욕탕을 통제한다고 말했다. 많은 사람이 무지하여 재앙을 당했는데, 그들은 원하는 목욕을 하지 못하고 죽어 무덤에 묻혔다. 관리인이 이런 이야기를 해주었지만, 부제는 끈질기게 목욕탕에 들여보내 달라고 졸랐다. 결국 관리인은 나그네의 무지 때문에 자신에게 위험을 초래하지 않으려고 열쇠를 넘겨주고 가버렸다.

부제가 목욕탕에 들어가 옷을 벗자마자 귀신은 온갖 종류의 무섭고 두려운 것들을 야기하기 시작했다. 그다음에 불과 연기를 닮은 갖가지 유령들이 나타났다. 이 유령들은 그의 눈앞에서 사람과 짐승으로 변하여 온갖 소음을 일으켰고, 대담하게 그를 둘러싸고 노래하고 그에게 달려들었다. 그러나 부제는 동요하지 않고 십자성호를 그으며 그리스도의 이름을 불렀다. 이런 식으로 그는 아무 일 없이 첫째 목욕실을 통과했다.

조금 더 가서 더 무서운 광경을 만났다. 귀신은 더 두려운 모습을 취하고, 지진으로 건물이 무너질 것 같은 느낌을 주었다. 바닥이 갈라지는 것 같았고, 물에서 불티들이 날아오르는 것이 보였다. 이번에도 부제는 십자성호와 그리스도의 이름을 무기로 삼고 사부의 기도의 도움을 청했다. 그리하여 그는 이 무서운 현상과 두려운 유령들을 몰아냈다. 그가 물에서 나와 출구 쪽으로 갈 때 귀신이 문을 통제하며 방해했다. 부제는 이번에도 좌절하지 않고 같은 능력으로 방해를 물리치고, 십자성호를 그으니 문이 열렸다. 모든 일이 부제가 바라는 대로 된 후에 귀신은 인간의 음성으로 그가 자기의 능력 때문에 재앙을 피할 수 있었다고 여겨서는 안 된다고 소리쳤다. 이 음성은 우리를 보호하시는 분(즉 하나님)의 보호에 부제를 맡긴 분 때문에 그가 재앙을 피했다고 간주했다.

부제가 살아남은 것은 그곳을 잘 아는 사람들을 놀라게 했다. 왜냐하면 지금까지 해진 후에 목욕탕에 들어간 사람은 살아나오지 못했기 때문이었다. 부제는 자기에게 있었던 일을 이야기하면서 그 지역에서 순교자들이 어떤 일을 겪었는지 알게 되었다. 그는 순교자들이 겪은 일, 그리고 자기에게 일어났던 일과 자기가 보고 들은 모든 것으로 말미암아 경험으로 알게 된 사부의 믿음의 능력을 그 시대 사람들과 후대 사람들에게 자기 보호의 수단으로 남겼다. 즉 사제들을 통하여 하나님께 자신을 맡겨야 한다는 것을 알렸다. 당시 성 그레고리가 부제를 도운 것에 관한 전승이 오늘날까지 교회 전체, 특히 그 도시 사람들 사이에 널리 퍼져 있다.

3. 게론티콘

1. 압바 다니엘은 "언젠가 압바 아르세니우스가 나를 불러 '당신의 이웃이 세상을 떠나 주님께 가서 당신을 위해 애원하게 하려면 이웃을 구호하십시오. 그것이 당신에게 좋을 것입니다'라고 말씀하셨습니다"라고 말했다.

2. 스케테에 사는 어느 형제가 압바 암모운에게 "아버지, 사부께서 저

에게 심부름을 시키려 하시는데, 저는 음란에 빠질까 두렵습니다"라고 말했다. 암모운은 "당신이 음란의 유혹을 받을 때면 '만군의 하나님, 내 영적 아버지의 기도로 나를 구해 주십시오'라고 말하세요"라고 말해 주었다. 어느 날 젊은 여인이 억지로 수도사를 붙들려 했는데, 수도사는 큰 소리로 "내 영적 아버지의 하나님, 저를 구해 주십시오"라고 소리쳤다. 놀랍게도 즉시 그는 자신이 스케테로 가는 길에 있는 것을 발견했다.

3. 어느 원로는 마을 사람에게서 필요한 것을 공급받았다. 언젠가 이 사람이 스케테에 오는 것이 늦어져서 원로의 양식이 떨어지기 시작했다. 그 사람이 오는 것이 계속 지체되었으므로 식량뿐만 아니라 그가 수실에서 작업하는 데 필요한 것마저 떨어졌다. 먹을 것이 없고 수작업에 필요한 재료도 없어서 성난 원로는 제자에게 "자네가 마을에 가 주겠나?"라고 물었다. 제자는 추문이 생길까 봐 마을 근처에 가는 것이 두려웠기 때문에 소심하게 "원하신다면 그렇게 하겠습니다"라고 대답했다. 그는 영적 아버지에게 불순종하지 않으려고 가겠다고 했다. 원로는 "그렇다면 가게. 내 아버지들의 하나님께서 자네를 유혹에서 보호해 주실 것이라고 믿네"라고 말하면서, 그를 축복하고 떠나보냈다.

형제는 마을에 도착하여 자기들을 돌보는 사람의 집 문을 두드렸다. 그런데 마침 그 사람은 가족들과 함께 장례식에 참석하기 위해 집을 떠나 있었고, 집에 남아 있던 딸이 문을 열어주었다. 그 딸은 형제가 원하는 것을 알고서 집 안에 들어오라고 하면서 그를 끌어당기기 시작했다. 그러나 형제는 들어가려 하지 않았다. 결국 그녀는 완력으로 그를 끌어

당겼다. 형제는 자신이 악한 생각에 시달리고 있음을 깨닫고 한숨을 쉬면서 "주님, 내 아버지의 기도로 말미암아 이 시간 위험에서 나를 구해 주십시오"라고 기도했다. 기도를 마치자마자 그는 자신이 강가에서 산을 향해 가고 있는 것을 발견했다. 그리하여 그는 해를 입지 않고 원로에게 돌아갔다.

4. 압바 시소에스의 제자 아브라함이 악령에 시달렸다. 투시력이 있는 시소에스는 제자가 시험에 빠진 것을 알고, 즉시 일어나서 하늘을 향해 두 손을 들고 "구세주이신 하나님, 죄인의 죽음을 원하지 않으시며, 그가 돌아와 살기를 원하시는 분이시여, 당신의 종 아브라함을 악령의 유혹에서 구해 주십시오"라고 기도했다. 그 즉시 아브라함이 치유되었다.

5. 어느 원로가 제자에게 수실에서 멀리 떨어져 있는 우물에서 물을 길어오게 했다. 그런데 제자는 양동이를 내릴 밧줄을 가져가는 것을 잊었다. 그는 우물에 도착해서야 밧줄을 가져오지 않았다는 것을 알았다. 그는 즉시 믿음으로 하나님께 기도했는데, 놀랍게도 물의 수위가 높아지기 시작했다. 제자가 항아리에 물을 채운 후 우물물은 원래의 수위로 내려갔다.

4. 성 바르사누피우스

어느 형제가 원로에게 다음과 같이 물었습니다: "만일 교부들이 저에게 축복하고서 어디에 가라고 명령하셨는데, 제가 강도들이 매복하고 있는 길을 건너야 한다면, 어찌해야 합니까? 예방 조처를 하지 않고 축복을 신뢰해야 합니까, 아니면 다른 방법을 사용해야 합니까? 만일 갑자기 강도들을 만난다면, 나 자신이나 내가 운반하고 있는 물건을 어떻게 해야 합니까? 만일 내가 강도들에 관해서 미리 원로에게 말씀드리지 못했다면, 돌아가서 그것을 말씀드려야 합니까?"

원로는 이 질문에 대해 다음과 같이 대답했습니다:

"어떤 일에 순종하기 위해 교부의 축복을 받을 때 하나님의 도우심을 받는다고 믿고 신뢰해야 합니다. 세상에서 어떤 사람이 자기 집을 귀족에게 양도하면, 귀족은 기증자를 존중하여 그 집을 신중하게 돌볼 것입니다. 마찬가지로 성인이 명령을 수행하면서 하나님께 맡긴 사람을 하나님은 보호해 주실 것입니다. 성경은 하나님에 대해서 '자기를 경외하는 자들의 소원을 이루시며 또 그들의 부르짖음을 들으사 구원하시리로다'(시 145:19)라고 말합니다.

"그러므로 어떤 경우든지 어떻게 해서든지 영적 아버지의 명령을 정확하게 실행해야 합니다. 그렇게 하는 것이 우리 영혼의 구원에 도움이 될 것입니다. 만일 우리가 명령을 받은 후에 짜증을 내거나 괴로워한다면, 또는 도중에 우리가 시험에 빠지는 것을 하나님이 허락하신다 해도, 신뢰를 잃지 말며 우리에게 명령하고 우리를 하나님의 보호 아래 맡긴 사람이 약하기 때문에 우리가 그로 말미암아 분개하게 된다는 생각을 품지 말아야 합니다. 그럴 경우에 우리는 순종하고서도 무엇을 잃거나 상처받을 수 있습니다.

"사도 바울이 완벽한 성인이었음에도 불구하고 많은 고난을 당했음을 기억하십시오: '여러 번 여행하면서 강의 위험과 강도의 위험과 동족의 위험과 이방인의 위험과 시내의 위험과 광야의 위험과 바다의 위험과 거짓 형제 중의 위험을 당하고'(고후 11:24~33), '여러 번 여행하면서 강의 위험과 강도의 위험과 동족의 위험과 이방인의 위험과 시내의 위험과 광야의 위험과 바다의 위험과 거짓 형제 중의 위험을 당하고'(시 34:19), '우리가 하나님의 나라에 들어가려면 많은 환난을 겪어야 할 것이라'(행 14:22). 야고보는 '시험을 참는 자는 복이 있나니 이는 시련을 견디어 낸 자가 주께서 자기를 사랑하는 자들에게 약속하신 생명의 면류관을 얻을 것이기 때문이라'(약 1:12)라고 말합니다. 성가심이 없으면 선한 것을 이룰 수 없다는 것을 기억해야 합니다. 왜냐하면 그것은 마귀의 시기를 직시하기 때문입니다.

"한편 우리가 걱정 없이 맡은 임무를 행해도 교만하지 말며, 자격이 있어서 걱정에서 벗어났다고 생각하지 말아야 합니다. 하나님께서 우리의 약함을 아시기 때문에, 그리고 우리가 고난을 견딜 수 없기 때문에 우리에게 명령한 거룩한 사람의 보호를 통해서 우리를 고난에서 보호해 주셨다고 생각해야 합니다. 고난과 시험을 견딜 능력이 있는 사람들에 관해서 야고보는 '시험을 참는 자는 복이 있나니'(약 1:12)라고 말합니다.

"영적 아버지의 축복을 받았다고 해서 무모하게 여행하지 마십시오. 다시 말해서 만일 도중에 무슨 말을 듣거나 어려운 일에 대한 정보를 얻는다면, 스스로 경계하며, 위험에 빠지지 않기 위해서 가능한 모든 일을 행하십시오. 하나님께 기도하고, 영적 아버지의 축복을 상기하면서 사람들과 함께 위험한 곳을 지나가야 합니다. 아니면 어떻게 해야 그곳을 안전하게 지나갈 수 있는지 물어야 합니다. 당신이 경건한 의도로 거룩한 교부를 방문하겠다고 제안했는데, 그곳에 강도나 다른 위험이 있다는 말을 들으면, 당신의 경건한 목적만 신뢰하고서 예방 조치 없이 그 길을 통과하려 하지 마십시오. 적어도 오만의 위험을 피하려면 되도록 안전하게 행하십시오. 자의로 자신을 시험에 드러내지 말아야 합니다. 하나님의 허락으로 임하는 모든 것을 감사하면서 견뎌야 합니다. 어떤 교부들이 사막 깊은 곳에 사는 성인들을 방문하려 했지만, 강도나 다른 위험에 대한 말을 듣고 출발을 미루었습니다. 이것이 겸손의 본보기입니다.

"만일 길이 위험하다는 것을 미리 알았다면, 영적 아버지에게 '제가 어떻게 해야 한다고 생각하십니까?'라고 묻고, 그분의 말대로 하십시오. 만일 그분에게 질문하는 것을 잊고서 축복을 받고 떠났는데, 도중에 그 사실을 기억했다면, 질문하기 위해 돌아올 필요가 없습니다. 하나님을 찾고 믿음으로 '주님, 내가 기억하지 못한 것과 태만했음을 용서해 주십시오. 영적 아버지의 간구와 주님의 긍휼하심에 따라 나를 당신의 뜻대로 인도해 주십시오. 온갖 악한 것들로부터 나를 보호하시고 구해 주십시오'라고 기도하십시오."

5. 게론티콘

1. 어느 원로의 제자가 음란한 생각과 싸우다가 그 생각에 정복되어 세상으로 돌아갔다. 원로는 슬퍼하면서 "주 예수 그리스도시여, 주님의 종이 더럽혀지는 것을 허락하지 마십시오"라고 기도했다. 그 형제는 여인과 침대에 들었지만 더럽혀지지 않은 채 숨을 거두었다.

2. 테베의 어느 동굴에 사는 원로에게 덕이 탁월한 제자가 있었다. 원로는 매일 저녁 그에게 유익한 충고를 한 후에 축복하여 잠자리로 보냈다. 한 번은 원로의 고행 생활을 알며 선물을 가져온 적이 있는 경건한 평신도들이 원로를 찾아왔다. 그들이 떠난 후 원로는 하던 대로 자리에 앉아서 제자를 가르치다가 잠이 들었다. 제자는 그가 깨어나 잠자기 전의 축복을 해주기를 기다렸다.

그는 원로를 깨우지 않고 한참 앉아 있었다. 여러 가지 생각이 떠올랐지만, 그곳을 떠나지 않았다. 그는 그곳을 떠나려는 생각을 일곱 번 했지만, 그 생각에 저항하고 떠나지 않았다. 한밤중에 잠에서 깨어난 원로는 그곳에 앉아 있는 제자를 보고서 "왜 가지 않았는가?"라고 물었다. 제자는 "떠날 때의 축복을 해주시지 않았기 때문입니다"라고 대답했다. 원로는 다시 "왜 나를 깨우지 않았는가?"라고 물었는데, 제자는 "선생님을 건드려서 놀라게 하고 싶지 않았습니다"라고 대답했다.

두 사람은 일어나서 아침 기도를 드렸다. 기도를 마친 후 원로는 제자를 축복하여 보내고 혼자 앉아 있다가 황홀 상태에 빠졌다. 누군가 그에게 영광스러운 곳을 보여 주었는데, 그곳에 찬란한 보좌가 있고, 그 위에 일곱 개의 빛나는 면류관이 있었다. 원로가 그것을 보여주는 사람에게 "이것들은 누구의 것입니까?"라고 물었는데, 그는 "당신의 제자의 것입니다. 하나님께서 그의 순종을 보시고 이 장소와 보좌를 그의 것으로 정하셨습니다. 지난밤에 그는 일곱 면류관을 받았습니다"라고 대답했다.

황홀 상태에서 깨어난 원로는 제자를 불러 "지난 밤에 무엇을 하고 있었는지 말하게"라고 말했다. 제자는 "용서해 주십시오. 아무것도 하지 않았습니다"라고 대답했다. 원로는 그가 대답하지 않는 것이 겸손 때문이라고 생각하고서 다시 "지난 밤에 자네가 무엇을 하고 있었는지, 또는 무엇을 생각하고 있었는지 말하지 않으면 떠날 때의 축복을 하지 않겠네"라고 말했다.

형제는 자기가 무슨 일을 했는지 알지 못했으므로 당황했고, 무슨 말을 해야 할지 몰랐다. 그래서 "아버지, 아무것도 하지 않았습니다. 제가 기억하는 것은 내 생각이 축복을 받지 않았어도 그곳을 떠나라고 일곱 번 속삭였지만 떠나지 않았다는 것입니다"라고 말했다.

이 말을 듣고 원로는 환상의 의미를 깨달았다. 제자가 생각에 저항하여 떠나지 않을 때마다 하나님께서 그에게 면류관을 주신 것이었다. 그는 자기가 본 것을 제자에게 말하지 않았지만, 일부 영적인 사람들에게 유익을 주기 위해 말해주었다. 이는 우리의 작은 수고에 대해서도 하나님께서 면류관을 주신다는 것을 알며, 동시에 영적 아버지의 축복을 부지런히 추구하며, 그분들의 축복과 지시를 받지 않고서 무슨 일을 하거나 그들을 떠나지 말아야 한다는 것을 알게 하기 위해서였다.

6. 성 에프렘

1. 영적 아버지를 공경하며, 주님 안에서 당신을 낳으신 분의 권고를 무력하게 하지 마십시오. 그렇게 하면 악한 귀신들이 당신을 이기지 못할 것입니다. 성경은 다음과 같이 말합니다: "아비를 공경하는 사람은 자기 자식들에게서 기쁨을 얻고 그가 기구하는 것을 주님께서 들어주시리라. 아비를 공경하는 사람은 오래 살 것이며 주님께 순종하는 사람은 어미를 평안케 한다. 주님을 두려워하는 이는 삶의 끝이 좋으리니 죽는

날에 축복을 받으리라. 말과 행실로 네 아비를 공경하여라. 그러면 그의 축복을 받으리라. 네 아비를 가벼이 여기거나 자기 자랑을 하지 말아라. 네 아비의 불명예가 어찌 너의 명예가 되겠느냐? 아비의 명예는 자식의 영광이며 어미의 불명예는 자식의 치욕이다"(**집회서** 3:5~6; 1:13; 3:8, 10~11).

당신이 위대한 원로와 함께 살고 있다면, 그분의 덕을 이야기할 뿐만 아니라 그분의 삶을 본받으십시오. 그것이 유익할 것입니다. 말과 행위로 그분과의 친밀감을 나타내십시오.

제40장

정주에 관하여

하나님 앞에서 죽을 때까지 머물기로 약속한 수도원에서 경솔하게 외출하거나 수도원을 떠나지 말아야 한다. 영적 아버지들은 수실에서 나가지 않고 지내면서 큰 유익을 찾았다.

1. 팔라디우스

1. 니트리아 산에 나타니엘이라는 수도사가 있었습니다. 그는 인내심이 강하여 처음에 악령의 조롱을 참고 견딘 이후로 자기가 정한 규칙을 범한 적이 없었습니다. 오래전에 그는 다음과 같은 일을 겪었습니다. 그는 수실에 있는데 무기력해져서 영적인 작업을 할 수 없었습니다. 그래서 그곳을 떠나 마을 가까운 곳에 다른 수실을 지었습니다. 그곳에서 삼사 개월을 지낸 후 어느 날 밤 시위병이 사용하는 소가죽으로 만든 북을 든 사람이 수실 밖에서 내는 소음을 들었습니다. 북을 치는 사람은 누더기를 걸친 군인의 모습을 하고 있습니다. 나타니엘은 짜증을 내면서 "누구길래 내 숙소에서 이런 짓을 합니까?"라고 말했습니다. 그는 "나는 먼저 번 수실에서 너를 몰아냈던 사람이다. 이제 이곳에서 너를 몰아내려고 왔다"라고 말했습니다.

그 순간 나타니엘은 마귀가 자기를 조롱하고 있었다는 것을 깨닫고 이전의 수실로 돌아갔습니다. 그 수실 밖으로 나오지 않고 37년 동안 지내면서 그를 수실에서 몰아내려고 수없이 많은 것을 보여주는 귀신과 싸웠습니다. 나타니엘은 끝까지 용감하게 저항하다가 그 수실에서 숨을 거두었습니다.

2. 언젠가 허영에 속한 생각이 알렉산드리아의 대 마카리우스를 괴롭히고 그를 수실에서 몰아내려 하면서, 하나님의 섭리로 말미암아 로마에 가서 고통받는 사람들에게 유익을 주게 될 것이라고 암시했습니다. 이러한 생각들이 몹시 괴롭혔지만 마카리우스가 관심을 두지 않았으므로, 그것들은 한층 더 사납게 그를 공격하면서 떠나도록 유도했습니다. 마카리우스는 수실 문지방에 쓰러져 두 발을 문밖으로 뻗고서 허영의 귀신들에게 "이 귀신들아, 할 수 있으면 나를 끌어보렴. 나는 이 두 발로 아무 데도 가지 않을 테다. 만일 너희들이 말하는 곳으로 나를 데려갈 수 있으면, 가겠다. 맹세컨대 나는 저녁때까지 이렇게 두 발을 뻗고 있겠다. 만일 너희들이 나를 움직이지 못하면, 나는 너희 말을 듣지 않겠다"라고 말했습니다. 그는 그 자세로 한밤중까지 움직이지 않았습니다.

다음날 밤에는 이러한 생각들이 한층 더 거세게 그를 괴롭혔습니다. 그래서 성인은 18kg들이 바구니를 들고 나가서 모래를 채워 어깨에 메고 사막을 돌아다녔습니다. 그는 길에서 안디옥의 총독 테오세비우스를 만났습니다. 총독은 "압바, 무엇을 지고 가십니까? 피곤하시지 않도록 제가 짐을 들어드리겠습니다"라고 말했습니다. 마카리우스는 "나는 지금 나를 폭행하는 놈을 폭행하고 있습니다. 내가 긴장을 풀면, 그 녀석이 떠나려는 생각으로 나를 유혹합니다"라고 대답했습니다. 이렇게 얼마 동안 돌아다녀 완전히 기진맥진해진 후에 그는 수실로 돌아갔습니다.

3. 언젠가 나는 매우 나른했기 때문에 압바 마가에게 가서 "압바, '너는 전혀 선을 행하고 있지 않으니 이곳을 떠나라' 라는 생각에 시달리고 있습니다. 어찌해야 합니까?"라고 물었습니다. 압바 마가는 "당신의 생각에게 '나는 그리스도를 위해서 성을 지키고 있다' 라고 말하세요"라고 대답해 주셨습니다.

2. 성 에프티미우스의 생애

성 에프티미우스의 대수도원의 형제 마론과 클레마티우스가 수도원의 고된생활과 생활 규제를 견디지 못하여 함께 밤에 몰래 수도원을 떠나기로 했다. 그들은 이 계획을 서로 주고받고 충분히 생각했다. 그러나 헌신하는 사람들에게 감추어진 일들을 계시하시며 이사야를 통해서 "다시는 낮에 해가 네 빛이 되지 아니하며 달도 네게 빛을 비추지 않을 것이요 오직 여호와가 네게 영원한 빛이 되며"(사 60:19)라고 말씀하시는 하나님이 이 사실을 에프티미우스에게 알려 주셨다.

어느 날 에프티미우스가 홀로 있을 때 악한 자가 마론과 클레마티우스를 고삐로 죄어 두려운 덫 속으로 끌고 가는 모습이 계시되었다. 그는 음모를 감지하고서 즉시 마론과 클레마티우스를 불러서 오랫동안 참고 대화하면서 권면하고 권고하고 격려하고 가르치면서 항상 조심하고 경계하라고 말했다. 그는 두 사람에게 아담과 욥의 예를 들어 주었다:

"아담은 낙원에서 계명을 범했고, 욥은 거름더미 위에서 온갖 종류의 덕을 획득했습니다. 수도사는 슬픔, 미움, 지루함, 다른 곳으로 가려는 생각 등 악한 자가 속삭이는 생각을 받아들이지 말아야 합니다. 잠시도 이러한 생각을 받아들이지 말고 힘껏 거부하고 쫓아내야 합니다. 그렇지 않으면 악한 자가 계략을 사용하여 우리를 결박하여 몰락시킬 것입니다. 이곳에서 덕을 실천할 수 없다고 생각하는 사람은 다른 곳에서 쉽게 자기의 목적을 이룰 것으로 생각하지 말아야 합니다. 이는 선의 성취는 장소의 본질에 의존하는 것이 아니라 우리의 의도에 의존하기 때문입니다. 수도사들의 경우에 이것에 위배되는 것은 잘못된 것이며, 그들의 노력의 강도를 감소시키며 덕의 열매를 맺지 못하게 합니다. 이는 식물을 자주 옮겨 심으면 열매를 맺지 못하는 것과 같습니다."

에프티미우스는 자기의 말을 더 분명히 확인하기 위해서 이집트의 원로들의 삶에 대해 말해 주었다.

"이집트의 공주수도원에 사는 형제가 항상 화내고 짜증 냈는데, 그의 입에는 분노와 앙심이 가득했습니다. 어느 날 그는 자기가 쉽게 화를 내고 짜증을 내므로 원수는 그 자신이며, 자신이 선을 행하지 못할 것이라는 생각이 들었습니다. 그래서 그는 공주수도원을 떠나 독거생활을 하려 했습니다. 그는 사막이 고요와 평온을 획득하는 데 도움이 될 것으로 생각했습니다. 그의 권위 아래 성내고 분개할 사람이 없으므로, 그의 내면에 불쑥 생겨나는 분노의 불이 조금씩 꺼질 것이며, 장차 자신이 온유해지고 평안해지리라 생각했습니다. 그는 이렇게 생각하고서 침묵의 독거생활을 하려고 공주수도원을 떠났습니다. 한 번은 컵에 물을 채워서 땅에 놓으려는데, 마귀가 작용하여 컵이 엎질러졌습니다. 그 일이 세 차례 거듭되었기 때문에 그 형제는 화가 나서 컵을 땅에 던졌는데, 그것을 보고서 원수는 억제할 수 없이 웃음을 터뜨렸습니다."

클레마티우스는 이 이야기가 재미있어서 웃기 시작했다. 에프티미우스는 그를 자세히 관찰하면서 물었다: "형제여, 혹시 악한 귀신이 이런 식으로 당신을 부추긴 적이 있습니까? 그 때문에 당신이 하나님에게서 오는 위로를 받아 유익을 얻으려면 울고 탄식해야 하는데도 불구하고 부끄러움을 모르고 경솔하게 웃고 있습니까? 아니면 장차 우리를 심판하실 때 지금 이 세상에서 애통하는 자를 복되다고 하실 분 안에 진리가 없습니까? 그분은 '애통하는 자는 복이 있나니 그들이 위로를 받을 것임이요'(마 5:4), '화 있을진저 너희 지금 웃는 자여 너희가 애통하며 울리로다'(눅 6:25)라고 말씀하셨습니다. 수도사가 허락 없이 말하는 것뿐만 아니라 절제하지 않고 말하거나 무슨 일에 대해 화를 내는 것은 그가 무지하다는 것을 드러냅니다. 교부들은 노골적으로 말하는 것이 모든 정념의 어미라고 말합니다."

에프티미우스는 이렇게 말하여 클레마티우스를 꾸짖고 수실에 들어가 버렸다. 곧 하나님께서 클레마티우스를 벌하셨으므로, 그는 땅에 쓰러져서 두려워 온몸을 떨었다.

클레마티우스가 이렇게 괴로워하며 쓰러져 있는 것을 본 도메티아누스는 한편으로 에프티미우스의 성품 안에 온유함과 엄격함이 조화롭게 섞여 있음에 놀랐고, 한편으로는 클레마티우스가 겪는 고난에 고통을 느꼈다. 그는 공주수도원의 일부 교부들을 모아놓고 에프티미우스에게 클레마티우스를 위해 중재해줄 것을 요청하려 했다. 그는 그들과 함께 에프티미우스에게 가면서 마론도 데려갔다.

에프티미우스는 본성이 자비로웠고 교부들의 부탁을 무시하려 하지 않았으므로, 그들과 함께 클레마티우스에게 갔다. 클레마티우스는 여전히 쓰러져 있었다. 그는 십자성호를 그어 클레마티우스가 두려움에서 벗어나고 떠는 것을 멈추게 해주었다. 클레마티우스는 고통에서 벗어났다. 에프티미우스는 이렇게 기적적으로 치유해준 후에 클레마티우스에게 "교부들의 가르침과 교훈을 무시하지 말고, 그룹천사들처럼 열심히 지켜보세요. 그리하면 많은 덫이 놓인 곳을 지나가는 사람처럼 모든 각도에서 당신 자신을 관찰할 수 있을 것입니다"라고 말했다.

이렇게 클레마티우스를 권고하고 가르친 후에 에프티미우스는 클레마티우스를 본보기로 삼아 힘을 주고 축복하여 사람들을 보낸 후에 수실에서 홀로 평안히 지냈다.

3. 성녀 신클레티케의 생애

성녀 신클레티케는 "만일 당신이 공주수도원에 살고 있다면, 사는 곳을 바꾸지 마십시오. 만일 사는 곳을 바꾼다면 큰 해를 초래할 것입니다. 알을 품고 있던 새가 날아가면 알이 부화하지 못하듯이, 수도사나 수녀가 이곳저곳으로 옮겨 다니면 내면에 있는 믿음이 얼어붙고 죽습니다"라고 말했다.

4. 성녀 테오도라의 생애

성녀 테오도라가 사는 수도원에서는 그녀를 남자 수도사라고 믿었다. 수도원에 식량이 부족하였으므로 수도원장은 테오도라에게 낙타를 끌고 도시에 가서 곡식을 사 오라고 명령했다. 만일 저녁때까지 수도원에 돌아오지 못하면 에나톤 수도원에서 밤을 지내고, 낙타들도 그곳에서 쉬게 하라는 허락을 받았다. 그녀가 도시에서 돌아오는데 해가 졌으므로, 그녀는 지시받은 대로 에나톤 수도원에서 낙타를 쉬게 하고 낙타들 밑에 누웠다.

그때부터 악한 자가 그녀를 공격하기 시작했다. 그는 수도원에 머무는 젊은 여인의 내면에 정욕을 일으켰다. 이는 그 여인이 일부 수도사들과 관계가 있었기 때문이다. 흥분한 여인은 테오도라를 남자라고 믿었기에 육체적으로나 정신적으로 수치심을 느끼지 않고서 테오도라에게 함께 자자고 제안했다. 정욕에 시달리는 여인은 테오도라가 자기 말에 관심을 두지 않고 낙타 곁 바닥에 누운 것을 보고서, 악한 욕망의 불을 끌 수 없어 그곳에서 자는 남자들 중 하나에게 몸을 맡겼다. 그 남자는 여행하면서 수도원에서 하룻밤을 보내곤 하는 단기 체류자였다.

새벽에 악한 행위에 동참했던 남자는 수도원을 떠났고, 테오도라는 수도원으로 돌아갔다. 그런데 시간이 흐르자 처녀의 배가 불러오기 시작했다. 친척들이 끈질기게 캐물었으므로, 처녀는 사건의 경위를 설명하면서 옥토카이데카톤 수도원(테오도라가 속한 수도원)에서 온 테오도라 수도사가 자기의 처녀성을 빼앗았다고 말했다. 수도사들은 확실히 알아보지 않은 채 처녀의 말을 믿었다. 테오도라를 시험하면서 처녀에게 이렇게 말하도록 지시한 원수가 수도사들이 처녀의 말을 믿게 한 것이다.

에나톤의 수도사들은 테오도라가 사는 수도원에 가서 "수도사 테오도라가 이 더러운 죄를 저질렀다"라고 소리쳤다. 수도원장은 테오도라에게 정말 그렇게 혐오스러운 행동을 했느냐고 물었고, 그녀는 이 점에서 조금도 잘못이 없다고 대답했다. 에나톤의 수도사들은 자기 수도원으로 돌아갔다. 악한 결합의 자손인 아기가 태어났고, 그들은 아기를 테오도라가 있는 수도원 앞에 두었다.

사람들은 테오도라가 아기의 아버지라고 믿었고, 그녀는 한 마디도 변명하지 않고 정죄를 받아들였다. 그녀는 아기와 함께 수도원 구내에서 추방되었다. 그녀는 아기의 유모가 되어 아기를 돌보면서 양의 젖을 먹이고 목동들에게 얻은 양털로 아기 옷을 지었다. 그렇게 심각한 비방을 어찌 받아들일 수 있을까? 사람이 그렇게 심한 봉사에 짓눌리지 않을 수 있을까?

칠 년이 흘렀다. 그동안 그녀는 여성으로서 어려움에 시달렸다. 그녀는 악의적인 고발로 말미암아 비방을 받고, 의도적으로 끔찍한 행동을 하고서 감추려 한 것으로 간주되어 수도원에서 추방되었다. 이 모든 고통과 아울러 그녀의 생활 방식도 변했다. 그녀는 들풀을 먹고, 호수에서 길어온 물을 마셨다. 그보다는 밤낮 눈에서 흐르는 눈물을 마시고 살았다고 말할 수 있을 것이다. 실제로 그녀는 "나는 눈물 섞인 물을 마셨나이다"(시 102:9)라는 말씀을 실천했다.

그녀의 몸은 쇠약해졌다. 그녀가 몸을 돌보지 않았으므로, 손톱이 짐승의 발톱처럼 자랐다. 그녀의 머리카락은 잡초처럼 텁수룩했고, 얼굴은 햇볕에 타서 점점 더 까맣게 되었고, 계속 밤을 새웠기 때문에 눈꺼풀이 비틀어졌다. 그녀는 상황이 악화되고, 눈과 비뿐만 아니라 유혹에 시달렸음에도 불구하고 잠시도 수도원에서 물러나려 하지 않았다. 그녀는 수도원 바깥 문 앞에 오두막을 짓고 지내면서 다윗처럼 따돌림받은 사람이 되려 했다. 마귀는 그곳에서도 여러 가지로 시험했지만, 그녀를 이기지 못했다.

한번은 마귀가 그녀의 남편으로 가장하여 그녀의 주위에서 머뭇거리면서 집에 돌아오라고 애원했지만, 그녀는 십자성호로 그를 쫓아냈다. 또 사탄은 사막의 들짐승들이 그녀를 공격하는 환상을 보게 했는데, 이번에도 그녀는 기도로 이 환영을 연기처럼 사라지게 했다.

또 한번은 많은 남자들이 그녀를 공격하여 견딜 수 없는 상처를 가하여 그녀가 반죽음이 되는 것 같았다. 마귀는 때때로 그녀 앞에 다양한 음식과 많은 양의 금을 가져다 놓았다. 그러나 마귀는 이러한 책략으로 그녀의 결심을 꺾지 못했다. 그로 말미암아 땅과 바다를 멸절시킬 수 있다고 자랑하던 자는 테오도라가 난공불락이라는 것을 깨닫고 그녀에 대한 공격을 접었다.

7년이 지난 후 에나톤의 수도사들은 수도원장에게 가서 (자기들이 남자로 믿고 있는) 사람이 수도원 입구에서 칠 년 동안 지냄으로써 충분히 벌을 받았으니 그를 다른 수도사들과 합류하게 해달라고 부탁했다. 그들은 하나님께서 테오도라를 용서하셨다는 환상을 받았다고 덧붙여 말했다. 수도원장은 이들의 호소를 받아들여 그녀를 부당한 판결에서 풀어주면서 가장 외진 수실에서 지내라고 명령했다. 아무도 그녀에게 접근할 수 없었고, 그녀에게 수도원의 임무를 맡기지 않았다.

그렇게 이 년이 지났다. 그동안 그녀는 수실에서 홀로 살면서 더 금욕하고 열심히 기도했다. 이 이 년 동안 그 지역에 큰 가뭄이 들어서 공주수도원의 우물과 저수지가 완전히 말랐다. 보고 들은 것을 통해서 테오도라에게 기적을 행하는 은사가 있다고 확신한 수도원장은 그녀에게 사람을 보내어 항아리를 가지고 우물에 가서 물을 길어오라고 명령했다. 그녀는 수도원장의 명령에 무조건 즉시 복종해야 한다고 배웠으므로 즉시 항아리를 가져가서 물을 채웠다. 그 순간부터 모든 우물에 물이 가득 찬 것 같았다.

며칠 후 그녀는 아이를 데리고 수실에 들어갔다. 그리고 밤새도록 그리스도에 따른 완전함에 대해 아이에게 말해 주었다. 그녀는 이렇게 충고하는 동안 감사하면서 자기 영혼을 하나님의 손에 맡겼다. 곧 아이가 슬피 울기 시작하여 수실에 아이 소리가 가득했다. 근처에 있는 사람들은 울음소리를 듣고 그녀가 죽었다는 것을 알고, 수도원장에게 알렸다. 수도원장은 이 소식을 알린 수도사들에게 테오도라의 죽음에 대해 자기가 꿈에서 본 것을 이야기해주었다. 그는 다음과 같이 말했다:

"두 사람이 나를 높은 곳으로 데려갔습니다. 그곳에서 나는 천사들의 무리를 보았고, '내가 신부 테오도라를 위해 선한 것을 얼마나 많이 준비했는지 잘 보아라'라는 음성이 들렸습니다. 동시에 나는 천사가 지키고 있는 침상과 아름다운 신방을 보았습니다. 나는 그 신방이 어떤 곳이며 어떤 여인을 위해 준비했는지 알려고 안내인들에게 질문하려다가 선지자들과 사도들과 순교자들의 성가대를 보았습니다. 성가대 중간에 찬란한 옷을 입은 여인이 있었는데, 그녀는 신방에 들어가서 침상에 앉았습니다.

"그 여인을 호위하고 있는 사람들은 그것이 자기가 여성임을 드러내어 수치와 곤란을 피하기보다 부당하게 간음죄를 덮어쓰고 박해를 받아 칠 년 동안 수도원에서 쫓겨났고, 나그네의 아들의 아버지로 간주되어 아이를 양육하고 가르친 압바 테오도라의 영혼이라고 말했습니다. 그들은 '당신이 보는 대로 그렇기 때문에 그녀는 이러한 영광을 받을 자격이 있다고 간주되었습니다'라고 말했습니다. 나는 이 광경을 보면서 잠에서 깨어나 나의 죄 때문에 울기 시작했습니다."

원장은 이야기를 마치고 즉시 수도사들과 함께 테오도라의 수실로 갔다. 그들은 죽은 그녀의 거룩한 몸 위에 눈물을 흘렸다. 수도원장은 사람을 보내어 에나톤의 수도사들을 오게 했고, 그들이 있는 곳에서 테오도라 시신의 몇 곳을 보여주면서 "여인이 어둠의 왕자를 어떻게 속였는지 보십시오"라고 말했다.

그것을 보고 그들은 모두 놀랐고, 육체의 정욕에 사로잡힌 사람이 얼마나 분투해야 하는지를 생각하고 두려움을 느꼈다. 그리고 눈물을 흘렸다. 저녁 무렵 그들은 애도를 마치고 시편과 찬송을 부르며 장례식을 거행하고 많은 고난을 겪은 테오도라를 매장했다.

5. 게론티콘

1. 어느 원로는 "자기가 있는 곳에서 원하는 대로 선한 일을 할 수 없다면, 다른 곳에서 그 일을 할 수 있다고 생각하지 말아야 합니다"라고 말했다.

2. 암마 테오도라(Amma Theodora)는 다음과 같은 이야기를 했다. "유혹에 시달리는 수도사가 '이곳을 떠나야겠다'라고 혼잣말을 했습니다. 그는 비방을 받을 때 자기처럼 비방받는 사람을 보았는데, 그는 '저 때문에 떠나지 않습니까? 당신이 어디로 가려 하든지 내가 당신보다 먼저 가겠습니다'라고 말했습니다. 이 자는 그를 시험하는 귀신이었습니다."

6. 성 에프렘

1. 형제들이여, 지나치게 큰일을 시작하여 두려운 위험에 빠지는 사람들에 대해 말씀드리겠습니다. 그들은 "마땅히 생각할 그 이상의 생각을 품지 말고"(롬 12:3); "지나치게 지혜자도 되지 말라 어찌하여 스스로 패망하게 하겠느냐"(전 7:16)라는 말씀에 주목해야 합니다.

우리 시대에 어떤 형제들이 수도처를 버리고 길이 없고 황량하고 물이 없는 곳을 방황했습니다. 이 형제들은 원로들로부터 여러 번 경고를 받았지만, 그분들의 권면을 받아들이지 않고 "우리는 가축처럼 살기 위해 그곳에 가렵니다"라고 말했습니다. 그런데 그들은 사방이 황량하고 건조한 지역, 물질적인 편안함이 전혀 없는 곳에 도착하여 짜증을 내기 시작했습니다. 그들은 수도원으로 돌아가려 했지만, 식량 부족과 갈증과 뜨거운 햇볕 때문에 기진맥진하여 도중에 쓰러져 죽기를 기다렸습니다.

그런데 하나님의 섭리로 사막을 통과하던 여행자들이 죽음의 문턱에 있는 몇 명을 발견했습니다. 그들은 이 사람들을 낙타에 태워 그들이 있던 수도원에 데려다주었습니다. 이들은 꽤 오랫동안 병들어 지냈습니다. 그들은 자기의 뜻을 따르지 말아야 한다는 것을 경험으로 깨달았습니다. 사람들에게 발견되지 않은 형제들은 쓰러진 곳에서 숨을 거두었고, 그들의 시신은 새와 들짐승의 먹이가 되었습니다.

지금도 교만한 생각의 유혹을 받은 많은 사람이 금욕생활을 하기 위해 메마르고 물이 없는 지역으로 떠나면서 위험에 노출되고 있습니다. 어떤 사람은 복종하기를 원하지 않거나 형제들의 시중을 드는 것을 견디지 못하여 다른 수도사들과 거리를 둠으로써 위험에 빠집니다. 어떤 사람은 노동을 싫어합니다. 또 어떤 사람은 허영에 빠져서 자기를 기다리고 있는 고된 일과 어려움을 고려하지 않은 채 은둔자로 성공함으로써 그 소식을 들은 사람들의 칭찬을 받으려 합니다. 이들 모두 자기 생각을 신뢰함으로써 두렵고 끔찍한 위험에 빠집니다.

형제들이여, 무모하게 자기의 자유의지와 욕구에 끌리지 말아야 합니다. 그보다는 이웃 앞에서 하나님의 사랑으로 자기를 낮추며, 자기의 한계를 정확하게 알아야 합니다. "그럴 때 이 덕을 설천해온 교부들을 찾을 수 있지 않습니까?"라고 항의하는 사람이 있을 것입니다. 이렇게 항의하는 사람은 교부들이 결코 무모하게, 또는 위험하게 행동한 적이 없다는 것을 고려해야 합니다. 모든 사람이 교부들의 본보기를 통해서 신중한 정신을 지녀야 합니다.

2. 압바 마카리우스는 "나는 스케테에 살 때 '사막 깊은 곳에 가서 모든 것에 관심을 두어라'라는 생각에 시달렸습니다. 나는 오 년 동안 '그것은 귀신들이 준 생각일 것이다'라고 자신에게 말하면서 이 생각들과 싸웠습니다"라고 말하곤 했습니다.

그 거룩한 사람의 신중함을 보십니까? 그가 유혹을 받고 도망쳤습니까? 그러한 생각을 받아들였습니까? 그렇지 않습니다. 그는 있던 곳에 머물러 있으면서 생각을 면밀하게 관찰했습니다. 그는 이 생각이 귀신들이 준 것일까 염려하여 금식하고 밤을 새우면서 기도했습니다. 그런데 우리는 어떤 생각이 떠오르면 자신을 제어하지 못하고 미친 듯 열중하며, 기도하면서 생각을 살피지 않고, 자기를 낮추어 사람들에게 충고를 요청하지도 않습니다. 그렇기 때문에 쉽게 마귀에게 사로잡힙니다.

마카리우스는 계속해서 말했습니다: "그 생각이 떠나지 않았기 때문에 나는 실제로 사막으로 갔고, 그곳 한복판에서 호수와 섬을 발견했습니다. 사막의 짐승들이 물을 마시러 이 호수에 왔는데, 그중에 벌거벗은 두 사람이 있었습니다. 나는 그들과 잠시 대화한 후에 '어떻게 하면 수도사가 될 수 있습니까?'라고 물었습니다. 그들은 '이 세상의 모든 것을 버리지 않으면 수도사가 될 수 없습니다'라고 대답했습니다. 나는 '나는 약해서 당신들처럼 할 수 없습니다'라고 말했는데, 그들은 '우리처럼 할 수 없으면, 수실에서 지내면서 당신의 죄 때문에 우십시오'라고 말했습니다."

하나님을 공경한 이 사람은 매우 겸손했고, 그 고결한 영혼은 신중했습니다. 그는 행위가 탁월하고 고결했음에도 자신이 이 일을 할 자격이 있다고 판단하지 않았습니다. 그런데 무가치하며 힘들게 수고할 능력을 갖추지 못한 우리는 주제넘게 자만하여 자기 능력을 초월하는 일을 시도함으로써 두려워해야 할 대상이신 주 하나님께 도발합니다. 하나님을 신뢰하지 않고 자기의 힘이나 고행이나 지성을 신뢰하는 사람에게 화가 있을 것입니다. 이는 힘과 능력은 오로지 하나님에게서 오기 때문입니다.

3. 성 안토니의 생애를 살펴보면, 이 성인이 무슨 일이든지 하나님의 계시의 인도를 받아 행했음을 알 수 있습니다. 그는 수도원에서 살았습니다. 그가 의복을 사용했습니다. 그는 빵을 먹었고, 손수 일했습니다. 그에게는 그가 죽은 후에 시신을 매장해준 제자들이 있었습니다. 극소수의 예외가 있지만 거의 모든 교부가 이런 식으로 살았습니다. 우리는

그분들의 삶을 본받고, 오른편이나 왼편으로 치우치지 않고 중도를 걸어야 합니다.

4. 사람은 시작한 일을 겸손하게 인내하면서 마쳐야 합니다. 만일 그의 습관과 생각이 불안정하고, 그의 뜻에 따라 이리저리 배회하고 이 일 저 일을 행한다면, 혹시 그의 행위가 열매를 맺을 수 있어도 익지 못할 것입니다. 이는 악한 자가 모든 사람을 같은 방식으로 공격하지 않고, 각 사람을 아주 쉽게 공격할 수 있는 곳을 꼼꼼하게 조사하기 때문입니다. 그는 약한 곳을 발견한 후에 더 완전한 삶의 보장이라면서 적절한 생각을 제안합니다.

마귀는 공주수도원에 사는 사람이 사막—고대 수도사들이 거주하던 방대한 지역—에 대한 환상을 갖게 하며, 엄격한 고행과 힘든 생활방식을 추구하도록 자극합니다. 그러나 사막에 거주하는 사람에게는 그곳이 메말라 조금도 편안함을 주지 못하고, 약한 자에게 최소한의 생활 편의시설조차 제공하지 못하니 그곳에서 도망치라고 충고합니다. 그는 은수사의 마음에 끊임없이 이러한 생각을 심습니다. 그는 그에게 탑을 세우라고 선동하여, 결국 그가 낙심하여 "나에게는 기둥을 짓는 편이 어울린다"라고 스스로에게 말하게 합니다. 그는 잠시 그 일을 한 후에 마음이 바뀌어 "수실을 짓는 편이 낫겠다"고 생각합니다. 이 일을 중간쯤 하다가 부담스럽게 여겨 아무 유익을 얻지 못한 채 그만둡니다. 한곳에 머물지 않는 수도사는 완전한 열매를 맺을 수 없습니다. 완전한 열매는 영적 신중함의 열매이기 때문입니다.

5. 원수는 공주수도사들에게 다양한 생각을 제시합니다:

"네가 이곳에서 세상에서 한 것보다 더하는 것이 무엇이냐? 너는 세상에서도 이성이 없는 짐승처럼 일하고 먹었다. 일하고 먹기만 하는 것이 무슨 종류의 덕이냐? 보아라. 음식을 통해서 음란과의 전쟁이 시작되었다. 그러나 네가 음식을 먹지 않으면, 고된 일을 견딜 수 없을 것이다. 네가 구원을 원한다면, 이곳을 떠나 더 깊은 사막으로 가는 편이 나을 것이다. 이는 '땅과 거기에 충만한 것과 세계와 그 가운데에 사는 자들은 다 여호와의 것이다'(시 23:1)이기 때문이다. 옛날 하나님의 마음에 드는 데 성공한 수도사들이 했던 것처럼, 초목을 먹으려면 칼을 들어라. 그냥 넘어갈 수 없는 추문과 비방과 갖가지 문제가 있는 이곳에서 살 필요가 있느냐?

"네가 이곳을 떠난다면, 이 모든 것에서 벗어날 것이다. 그러나 사막 더 깊은 곳으로 가기를 원하지 않으면, 추문과 비방이 없는 곳으로 가거라. 네가 갈 곳이 없지 않다. 하나님께서 누군가를 버리신 적이 있다면, 너를 버리실 것이다. 게다가 너는 선한 것을 추구하고 있지 않으냐? 너는 다른 곳에서 다른 기술을 배울 것이며, 그것으로 가난한 사람을 구제하기에 충분한 돈을 벌 것이다."

악한 자가 이러한 생각을 오른편에서 형제에게 암시하므로, 형제는 그 생각에 동의한다면 더 진보하리라 생각할 것입니다. 이것은 함정입니다. 수도사를 공주수도원과 수도원장의 보호에서 벗어나게 하며, 양 떼에서 벗어난 양처럼 방황하게 하며, 늑대의 먹이가 되게 하려는 함정입니다. 만일 그가 유혹하는 생각에 동의하여 사막 깊은 곳을 향해 떠난다면, 처음에는 배고픔 때문에 짜증 날 것이요, 다음에는 귀신들이 두렵고 괴로운 것들을 생각하게 함으로써 당신을 소심하게 할 것입니다.

뒤이어 그 형제는 후회하면서 마음속으로 "형제들과 함께 살 때는 형편이 좋았어. 무서운 들짐승들이 사는 이 끔찍한 사막으로 나를 유혹한 것은 어떤 귀신인가? 내가 야만인들의 수중에 들어간다면 어떻게 해야 할까? 강도의 습격을 받거나 들짐승을 만날까 두렵구나! 게다가 이곳은 사막이어서 귀신들이 많다. 나는 형제들과 함께 사는 데 익숙해져 있는데, 더러운 영들이 들끓는 이 사막에서 어떻게 홀로 살 수 있을까? 사막에서 혼자 사는 사람이 깨어 경계하지 않으면, 많은 사람이 그랬듯이 정신적인 해를 입을 것이다. 내가 이 사막에서 죽으면 무슨 소용이 있겠느냐?"라고 말합니다.

그 형제가 정말 신중하다면, 이러한 생각들과 싸운 후에 공주수도원으로 돌아갈 것입니다. 그는 이렇게 노력하면서 귀신들이 "네가 돌아간다면, 형제들은 너를 충동적이며, 두려움 때문에 군대에서 도망치는 군인처럼 공주수도원에 부적합하다고 생각할 것이다"라고 말하면서 불어넣는 수치심을 무시할 것입니다. 그는 귀신을 조금도 신뢰하지 말아야 합니다. 그는 "악한 귀신들아. 네 말처럼 되지 않을 것이다. 그들은 노련하게 노력하며, '범사에 헤아려 좋은 것을 취하고'(살전 5:21)라는 바울의 말을 실천하므로 나를 반겨줄 것이다. 나는 두 방식의 삶을 모두 시험해보았고, '의좋은 형제는 요새와 같으니'(잠 18:19)라는 말씀처럼 영적 형제들이 함께 사는 것이 좋은 것임을 발견했다"라고 말하면서 귀신들을 대적해야 합니다.

공주수도원의 수도원장과 형제들은 이렇게 공동체로 돌아오는 형제를 감사하며 환영할 것입니다. 왜냐하면 주님이 "약한 자들을 격려하고"(살전 5:14)라고 말씀하셨기 때문입니다. 그러나 이 형제가 수치심 때문에 공동체로 돌아가지 않는다면, 귀신들을 신뢰하며 세상으로 돌아가는 것을 막을 길이 없습니다. 귀신들은 "네가 하나님을 경외한다면 세상에서도 구원받을 것이다. 너는 은둔수사들만 구원받는다고 생각하느냐?"라고 말합니다. 이것은 수도사가 자기가 토해 놓은 것에로 돌아가게 하려고 마귀가 제공하는 생각입니다.

마귀는 그가 혼자 살게 하려고 많은 것으로 괴롭힙니다. 혼자 사는 데 익숙한 사람에게는 공주생활이 어려우며, 공동생활에 익숙한 사람에게는 독수도생활이 참을 수 없이 큰 고통을 초래하는 것처럼 보입니다. 그는 유혹과 분심 때문에 후회하면서 "나는 너무 많은 일을 해야 하므로 매일의 근심에서 솟아오르는 생각과 싸우면서 나의 기도 규칙을 실천할 잠시의 시간도 발견하지 못하고 있다. 공주수도원에 살 때는 그런 것에 매이지 않았고, 나의 규칙과 적은 양의 수작업에만 관심을 두었었다. 그런데 지금 이 불행한 상황에서 나는 무엇을 해야 하는가? 이것들은 모두 내 죄 때문에 일어난 일들이다. 내가 영적 아버지의 충고에 귀를 기울였다면, 그렇게 크고 많은 고통을 당하지 않았을 것이다. 참으로 불순종보다 더 위험한 것이 없다. 아담을 낙원에서 쫓아내고 나를 공주수도원에서 몰아낸 것이 바로 불순종이었다"라고 자신에게 말합니다.

뉘우친 형제는 이렇게 생각하고 공동체로 돌아가거나 세상으로 돌아갈 것인데, 어떤 경우든 그는 멸망할 것입니다. 만일 공동체로 돌아간 그를 형제들이 받아들인다면, 그리고 그가 자신에 대한 비방과 격렬한 반응을 생각하면서 시달린다면, 그는 속으로 "내 입에 파수꾼을 세우시고"(시 141:3), 내 눈을 돌이켜 허탄한 것을 보지 말게 (시 119:37) 해 주십시오"라고 말해야 합니다. 이런 생각으로 두 가지 문제, 즉 침묵으로 말미암은 격렬한 반응과 눈을 지킴으로 말미암은 비방을 극복할 것입니다. 이 두 문제—격렬한 반응과 비방—를 극복하지 못한다면, 우리가 어디로 가도 영혼의 내면에 적이 따라갈 것입니다.

6. 악한 자는 수도원에서 다른 형제를 낚아채려 할 때는 그의 마음에 다른 생각을 주입하면서 "너의 무절제한 행동이 이곳에 잘 알려졌고, 모든 형제가 너의 태만함을 알고 있다. 그렇기 때문에 너는 이곳에서 살 수 없다. 네가 덕을 갈망하지만, 너와 함께 사는 사람들은 네가 처음부터 어떤 사람이었는지 잘 알고 있다. 사람들이 너를 알지 못하는 곳에 가서 새롭게 영성생활을 시작하여라. 그리하면 너는 하나님과 사람들의 마음에 들 수 있을 것이다"라고 말할 것입니다.

형제여, 아버지와 형제들 앞에서 하나님께 수도 서원을 한 당신이 사람들의 조롱 때문에 그분들을 떠나려 합니까? "비방이 나의 마음을 상하게 하여 근심이 충만하니…내가 주를 위하여 비방을 받았사오니 수치가 나의 얼굴에 덮였나이다"(시 69:20, 7)라는 말씀을 기억하십시오. 이 말씀을 깊이 생각하면, 수치와 멸시를 견딜 수 있을 것입니다. 주님은 "너희를 욕하고 박해하고 거짓으로 너희를 거슬러 모든 악한 말을 할 때에는 너희에게 복이 있나니"(마 5:11)라고 말씀하셨습니다. 주님을 위해 조롱을 참는 것은 죄를 씻는 데 기여합니다. 이에 관하여 시편 기자는 "우리를 비천한 가운데에서도 기억해 주신 이에게 감사하라 그 인자하심이 영원함이로다 우리를 우리의 대적에게서 건지신 이에게 감사하라 그 인자하심이 영원함이로다"(시 136:23~24)라고 말합니다.

선한 일을 하십시오. 그리하면 주님은 당신을 대하는 형제들의 태도가 선하게 변하게 해주실 것입니다. 원수가 당신을 공격하는 곳에서 똑바로 서서 대적하십시오. 그리하면 당신의 결점을 잘 아는 사람들 앞에서 당신의 업적이 드러날 것입니다. 그러면 "그러나 먼저 된 자로서 나중 되고 나중 된 자로서 먼저 될 자가 많으니라"(마 19:30)라고 말씀하신 주 예수 그리스도께서 큰 영광을 주실 것입니다. 다시 말해서, 깨끗이 세탁된 옷은 더러운 옷들과 함께 두지 않습니다. 시기나 질투심 때문에 깨끗한 것을 더럽다고 말하는 사람은 신용을 잃을 것입니다. 왜냐하면 옷의 상태가 그의 말에 맞지 않기 때문입니다. 시편 기자는 "나의 죄를 씻어 주소서 내가 눈보다 희리이다"(시 51:7)라고 말합니다.

7. 영혼의 원수는 공주수도원에서 살면서 늙은 사람에게 빈번하게 그곳을 떠나려는 생각을 불어넣으면서 이렇게 말합니다: "너는 수도원에서 그리스도를 섬기면서 많은 세월을 보냈는데, 이제 늙어서 공동체의 규칙을 실천할 수 없다. 너는 몸이 약해져서 아무것도 할 수 없다. 이제부터는 작은 일이나 큰 일에서 굴욕을 당할 것이다. 또 너는 늙었기 때문에 휴식이 필요하다. 그러므로 이곳을 떠나 다른 곳에서 편안히 지내라. 그곳에서 하나님께서는 기독교인들의 자선을 통해서든지 다른 수단을 통해서 너에게 양식을 보내주실 것이다. 먹기 위해서 괴로움과 조롱을 당할 이유가 없지 않으냐? 이런 식으로 악한 종처럼 날마다 괴롭힘을 당하고 너보다 어린 사람에게 복종하는 것을 참고 견디기 위해서 음식을 먹을 이유가 어디 있느냐?"

악한 자는 오래 공주수도원에서 살아온 늙은 수도사를 형제들 및 그가 지내온 곳에서 떠나게 하며, 늙은 그가 인내심이 없는 사람이라는 것을 보여 주려고 이러한 생각을 불어넣습니다. 정신적으로 약한 노인은 즉시 마음을 바꿀 것이며, 시험은 그를 미풍에 타는 장작이 활활 타오르듯이 행동하게 할 것입니다.

그러나 정신이 온전한 노인은 사탄을 정복할 것입니다. 그는 악한 자에게 이렇게 말할 것입니다:

"사탄아. 너는 늙은 나를 속이지 못할 것이다. 나는 젊어서부터 어려움을 참고 견뎌왔고, 이제부터 육신이 죽어 그리스도와 함께 있게 될 때까지 더 견뎌낼 것이다. 왜냐하면 늙은 사람은 지상생활에서의 해방만을 기다리며, 나는 젊은이들에게 조급함이 아닌 인내가 본이 되어야 하기 때문이다. 경건한 엘르아살이 사지가 불에 타면서도 마음이 변하지 않았고 인내의 본보기가 되었으므로, 젊은 사람들이 담대하게 폭군들의 고문을 무시했으니, 이러한 고통을 당하고 있지 않은 나는 한층 더 참고 견뎌야 한다.

"만일 내가 약간의 괴롭힘과 아주 적은 멸시를 참고 견딘다면, 젊은이들에게 배교의 본보기가 되지 않고 인내와 착실함의 본보기가 될 것이다. 나는 이 수도원에 주님이 데려와서 수도원장에게 맡긴 종이라고 생각한다. 내가 원할 때마다 수도원을 떠날 권한이 나에게 없다. 악한 생각들아. 왜 내가 하찮은 수작업을 할 때조차 나를 괴롭히느냐?

"세상 사람들이 썩어 없어질 물건을 얻기 위해서 낮에만 아니라 밤에도 열정적으로 일하며, 아내와 자식과 집에 관심을 두고 많은 고난을 겪는데, 나는 '내 멍에는 쉽고 내 짐은 가벼움이라' (마 11:30)라고 말씀하신 그리스도의 은혜로 그러한 근심에서 해방되었으니 더 즐겁게 작은 수고를 견뎌야 할 것이다. 그러므로 '악을 행하는 자들아, 나를 떠나라. 나는 내 하나님의 명령에 순종하리라'(시 119:115)."

그는 하나님의 은혜의 도움으로 원래 목적을 버리지 않을 것이며, 늙도록 지낸 곳에서 완전해질 것이며, 시들지 않는 면류관을 얻을 것입니다.

7. 성 막시무스

1. 정념에 끌려 길을 잃은 어리석은 사람은 분노에 따라 움직이고, 생각 없이 형제들을 떠나려 하므로 종종 정착하지 못합니다. 그러나 때가 되면 형제들에 대한 사랑으로 뜨거워지고, 떠났던 일을 후회하면서 서둘러 그들과의 교제로 돌아옵니다. 총명한 사람은 두 경우에 정반대로 행합니다. 그는 화를 내는 경우에 방해의 원인을 차단하고, 형제들에 대한 불평에서 벗어나며, 무분별하게 화를 내거나 목적 없는 만남을 바랄 때 자제합니다.

2. 유혹을 받을 때 수도원을 떠나지 말고, 파도처럼 밀려오는 생각, 특히 비탄이나 싫증에 관련된 생각을 참고 견디십시오. 하나님의 섭리로 고통을 통하여 시험받으면 하나님께 확실히 희망을 두게 될 것입니다. 만일 당신이 수도원을 떠난다면, 당신은 자격이 없고, 남자답지 못하고 불안정한 사람으로 드러날 것입니다. 시험받을 때 닥치는 일 앞에서 인내하지 않는 사람은 완전한 사랑이나 하나님의 섭리에 대한 깊은 지식을 획득하지 못하고, 영적 형제들의 사랑에서 자신을 분리합니다. 하나님의 섭리의 목적은 악으로 말미암아 다양한 방식으로 분리된 사람

들을 바른 믿음과 영적 사랑을 통해서 재통합하는 데 있습니다. 이것이 주님이 고난 당하신 이유입니다. 주님은 죄로 흩어진 하나님의 자녀들을 모아 하나 되게 하기 위해서 죽으셨습니다(요 11:52).

3. 고난을 참고 견디지 않으며, 슬픔을 받아들이지 않으며, 어려움을 인내하지 않는 사람은 하나님의 사랑과 섭리에서 멀어집니다. 사랑은 사람을 오래 참고 선하게 합니다. 환난이 닥칠 때 비겁하게 행동하며, 자기를 비통하게 한 형제에게 악의를 품고 사랑하지 않고 멀리하면서 어떻게 하나님의 섭리의 목적에서 떨어지지 않겠습니까?

4. 당신이 형제 때문에 시련을 당하며, 그로 말미암은 고통 때문에 그를 미워합니까? 그를 미워하지 말고, 사랑으로 미움을 극복하십시오. 그를 위해 하나님께 기도하고, 그의 사과를 받아들이며, 시련에 대한 책임이 당신에게 있다고 여겨 그를 달래며, 구름이 걷힐 때까지 참고 견디면 미움을 극복할 수 있습니다. 침착하게 시련이 끝나기를 기다리면서 인내의 영광을 바라보는 사람은 오래 참습니다.

5. 오래 참는 사람은 지혜롭습니다. 그는 무슨 일이 닥치든지 하나님이 주실 보상을 기대합니다. 이것이 그가 슬픔을 참고 견디는 이유입니다. 그리스도 안에서 우리의 싸움의 목표는 영생입니다. 사도 요한은 "영생은 곧 유일하신 참 하나님과 그가 보내신 자 예수 그리스도를 아는 것이니이다"(요 17:3)라고 말했습니다. 악한 자의 영향으로 당신의 내면에 발생하는 미움 때문에 전에 신령하거나 고결했던 형제를 천박하고 악하다고 생각하지 마십시오. 오래 참는 사랑의 능력으로 그가

전에 보여준 친절을 생각하면서 오늘 당신의 영혼에서 미움을 몰아내십시오.

6. 형제에 대한 사랑이 미움으로 바뀌었을 때, 그가 당신을 비방한 것을 당신이 품은 미움을 정당화하는 구실로 삼으며, 어제 선하다고 칭찬하고 고결하다고 극찬하다가, 오늘은 악하다고 헐뜯지 마십시오. 당신의 영혼이 괴롭더라도 그를 칭찬하십시오. 그리하면 쉽게 이전의 유익한 사랑을 회복할 수 있을 것입니다. 형제가 다른 형제들과 대화하는 것 때문에 당신의 영혼 안에 숨어 있는 슬픔 때문에 부지불식간에 칭찬하는 말에 책망을 섞지 마십시오. 형제를 만날 때 순수하게 칭찬하며, 당신 자신을 위해 기도하듯이 그를 위해 기도하십시오. 그리하면 미움에서 속히 벗어날 수 있을 것입니다.

형제가 마귀의 시험을 받아 당신을 비방해도, 사랑의 성향에서 조금도 물러나지 말고, 당신의 마음을 성가시게 하는 마귀를 몰아내십시오. 비방 받을 때 칭찬하고, 해를 끼치려는 사람에 대해 호의적으로 생각한다면, 이 사랑에서 벗어나지 않을 것입니다. 이것이 그리스도의 철학이 가리키는 길입니다. 이 길을 따르지 않는 사람은 그리스도와 함께 거하지 못합니다.

7. 암시적인 말로 형제를 괴롭히지 마십시오. 그렇지 않으면 형제도 당신에게 똑같이 할 것이며, 그럴 경우 양측 모두 사랑의 성향을 잃을 것입니다. 만일 형제가 어떤 식으로 당신을 슬프게 했다고 생각한다면, 담대하게 형제를 대면하여 사랑으로 책망함으로써 당신의 슬픔의 원인을 제거하고, 두 사람 모두 영혼의 혼란과 슬픔에서 벗어나십시오. 형

제의 이름도 들으려 하지 않으면서 입으로만 형제를 미워하지 않는다고 말하지 마십시오. 모세는 "너는 네 형제를 마음으로 미워하지 말며 네 이웃을 반드시 책책하라 그러면 네가 그에 대하여 죄를 담당하지 아니하리라"(레 19:17)라고 말했습니다. 형제와 화해하여 평안할 때, 형제에게서 직접 들었든지 다른 사람이 전해주었든지 전에 당신을 괴롭게 했던 말을 상기하지 마십시오. 그렇지 않고 부당하게 당한 일을 기억한다면, 형제에 대한 미움이 되살아날 것입니다.

8. 사람에 대한 미움을 키우는 이성적인 영혼은 하나님과 화목할 수 없습니다. 하나님은 "너희가 사람의 잘못을 용서하지 아니하면 너희 아버지께서도 너희 잘못을 용서하지 아니하시리라"(마 6:15)라고 명령하셨습니다. 당신과 화해하고 화목하려 하지 않는 사람을 위해 진지하게 기도하며, 그를 비난하지 말고, 미움을 품지 않도록 자신을 지키십시오.

9. 기독교인은 거룩한 천사들이 지니는 평화를 소유해야 하는데, 이것은 하나님 사랑과 이웃 사랑에 기초를 둡니다. 모든 세대의 모든 성인이 그런 식으로 영혼 안에 평안을 획득했습니다. 주님은 이것을 "이 두 계명이 온 율법과 선지자의 강령이니라"(마 22:40)라고 표현하셨습니다. 참된 말처럼 보여도 당신에게 고통을 가져오고 영혼 안에 미움을 발생하는 말을 하는 사람을 호의적인 친구로 여기지 말고 치명적인 독사처럼 여겨 거부하십시오. 그리하면 친구가 당신을 비방하는 것을 멈추게 하며, 당신의 영혼을 온갖 악에서 구할 수 있을 것입니다. 형제와 화해하지 않은 것이 당신 때문인지 양심을 살펴보고, 양심을 속이려 하지 마십시오. 이는 양심은 당신의 비밀을 잘 알기 때문입니다. 그러므로 당

신의 영혼이 떠나는 시간에 양심이 당신을 고발할 것이며, 기도할 때 양심이 장애가 될 것입니다.

10. 형제애 외에 인간을 구원할 방법이 없으므로 경솔하게 그것을 버리지 말아야 합니다. 세심하게 자신을 관찰하면서 당신을 형제에게서 분리하는 악의 원인이 형제에게 있는지 당신에게 있는지 살펴보십시오. 그리고 사랑의 계명을 범하지 않으려면 서둘러 그와 화해하십시오. 사랑의 계명을 통해서 당신이 하나님의 아들이 될 것이므로, 그 계명을 무시하지 마십시오. 그 계명을 범하면 지옥의 아들이 될 것입니다.

11. 자기가 원하는 대로 하려 하지 않으면 형제를 미워하지 않을 것입니다. 자기애에 빠지지 않는 사람은 하나님을 사랑할 것입니다. 당신이 영적 형제들과 함께 사는 편을 택했다면, 수도원 문에 들어서는 순간부터 자기의 뜻을 버려야 합니다. 이 길 외에는 하나님이나 당신과 함께 거주하는 사람과 화목할 수 없을 것입니다.

12. 허영을 품거나 물질에 애착하는 사람의 특징은 덧없는 것을 놓고 사람들에게 화를 내거나 미워하거나 부끄러운 생각에 사로잡히는 것입니다. 이것들은 하나님을 사랑하는 사람과 거리가 멉니다.

8. 게론티콘

1. 공주수도원에서 사는 형제가 수도원을 떠나려는 생각에 시달렸다. 어느 날 그는 공동체를 떠나야 한다고 생각하는 이유를 종이에 적었다. 그는 이유를 모두 열거한 후에 "너는 이 모든 것을 견딜 수 있느냐?"라

는 질문을 적고, 그 질문에 답하듯이 그 밑에 "하나님의 아들 예수 그리스도의 이름으로 나는 그것들을 견디겠다"라고 적었다. 그는 그 종이를 접어서 허리띠 안에 넣었다.

그는 자기를 공격했던 생각들이 유혹하며 수도 공동체를 떠나고픈 생각에 시달릴 때마다 혼자 도망쳐서 종이를 꺼내 읽었다. 그는 "하나님의 아들 예수 그리스도의 이름으로 나는 견디겠다"라는 대목에 이르면, 자신에게 "너는 사람에게 약속한 것이 아니라 하나님에게 약속했다"라고 말하고 안정을 찾았다. 그는 어떤 이유에서든지 영혼이 불안할 때 이런 식으로 행동하면서 동요하지 않았다.

형제들은 자기들은 종종 혼란을 느끼는데, 이 수도사가 종이에 쓴 것을 읽으면서 평안하게 사는 것을 보고서 악한 자의 영향을 받아 그 형제를 시기하고 미워했다. 그들은 수도원장에게 가서 "그 형제는 주술사이며, 주술의 힘은 허리띠에 있습니다. 우리는 그와 함께 살 수 없습니다. 그를 쫓아내든지 우리를 쫓아내십시오"라고 말했다. 수도원장은 (그 형제의 믿음과 겸손함을 알고 있었으므로) 원수의 음모를 간파하고서 그들에게 "가서 기도하세요. 나도 기도하겠습니다. 사흘 후에 대답해 드리겠습니다"라고 말했다. 그날 밤 그 형제가 자고 있을 때 수도원장은 가만히 그에게 다가가서 허리띠를 풀어서 종이에 적힌 것을 읽은 후 다시 허리띠를 묶어놓고 나왔다.

사흘 후 형제들이 대답을 들으려고 수도원장에게 왔다. 그는 문제의 형제를 불러 "왜 형제들을 분개하게 합니까?"라고 물었다. 그는 즉시 땅에 엎드려 "제가 죄를 지었습니다. 용서하시고 기도해 주십시오"라고 대답했다. 수도원장은 형제들에게 "저 형제에 대해 무엇이라고 말했지요?"라고 물었는데, 그들은 "그는 주술사이며, 마술의 힘이 허리띠에 있습니다"라고 대답했다. 원장은 "그렇다면 그의 주술을 몰아내십시오"라고 말했다. 그들이 달려들어 그의 허리띠를 풀려 했지만, 그는 저항했다. 수도원장은 "그것을 자르세요"라고 말했다. 그들은 허리띠를 자르고 그 안에서 종이를 찾아냈다. 수도원장은 이 사건을 부추긴 악한 자가 수치를 당하게 하려고, 그것을 부제에게 주면서 높은 곳에 올라가서 읽으라고 명령했다.

부제가 종이를 읽으면서 "하나님의 아들 예수 그리스도의 이름으로 나는 이 모든 것을 참고 견디겠다"는 마지막 대목에 이르자 형제들은 부끄러워 어쩔 줄 몰랐다. 그들은 원장 앞에 엎드려 "우리가 죄를 지었습니다"라고 말했다. 원장은 "내가 아니라 하나님, 그리고 당신들이 비방한 저 형제 앞에 엎드려 용서를 비십시오"라고 말했고, 그들은 그 말대로 했다. 원장은 그 형제에게 "하나님께 저들을 용서해 달라고 기도합시다"라고 말했고, 두 사람은 그 형제들을 위해 기도했다.

2. 어느 원로는 옛 교부들은 다음과 같은 세 가지 중 하나가 벌어지지 않는 한 거주지를 바꾸지 않았다고 말했다: 시기하여 괴롭히는 이웃, 즉 불평을 품는 사람이 있는데, 그를 달래기 위해 온갖 노력을 해도 달래지 못할 때; 많은 사람이 물건을 가져오거나 지나치게 칭찬할 때; 인근에 여자들이 있어 음란의 유혹을 받을 때. 이 세 가지 중 하나가 발생할 때 수도사가 거주지를 바꾸는 것을 비합리적인 행동이 아니다. 이것은 공주수도사만 아니라 독수도자에게도 적용된다.

3. 교부들은 다음과 같이 말하곤 했다: "만일 당신이 사는 곳에서 유

혹을 받는다면, 그곳을 떠나지 말고 유혹이 지나갈 때까지 참고 견디십시오. 그렇지 않으면 어디를 가든지 당신이 피하는 것이 당신 앞에 있을 것입니다. 그리하면 당신이 떠나도 아무도 분개하지 않을 것입니다. 평안할 때 떠나지 마십시오. 그리하면 당신이 떠나는 것 때문에 그곳에 사는 사람들이 괴로워하지 않을 것입니다."

4. 어느 원로는 "나무를 자주 옮겨 심으면 열매를 맺지 못하듯이, 이리저리 옮겨 다니는 수도사는 덕을 획득할 수 없습니다"라고 말했다.

5. 어느 공주수도사가 공동체를 떠나려는 생각에 시달렸고, 이 생각을 수도원장에게 고백했다. 수도원장은 "수실에서 나오지 말고 지내면서 정신이 제멋대로 생각하도록 내버려 두세요"라고 말했다.

6. 어느 원로는 "수도사의 수실은 세 청년이 하나님의 아들을 발견한 바벨론의 풀무입니다. 그것은 하나님께서 모세에게 말씀하신 곳, 구름 기둥입니다"라고 말했다.

7. 어느 형제가 구년 동안 공동체를 떠나려는 시험을 받고 지내면서, 날마다 떠나기 위해 외투를 준비해 두었다. 그는 저녁이 되면 "내일 이곳을 떠나겠다"라고 말하고, 새벽이 되면 "주님을 위해 오늘을 참고 견뎌보자"라고 말하곤 했다. 이런 식으로 구년이 흐른 후에 하나님은 그에게서 모든 시험을 제거해 주셨다.

9. 성 에프렘

　수도사여, "이곳에는 고통과 갈등이 있지만, 다른 곳에는 휴식과 염려로부터의 자유가 있을 것이다"라고 말하지 마십시오. 우리를 공격하는 자가 누구입니까? 우리의 원수 마귀가 아닙니까? 욥기에서 무엇이라고 말하는지 들어보십시오: "여호와께서 사탄에게 이르시되 네가 어디서 왔느냐 사탄이 여호와께 대답하여 이르되 땅을 두루 돌아 여기 저기 다녀 왔나이다"(욥 2:2). 세상이 당신보다 크다는 것, 그리고 당신이 어디를 가든지 하늘 아래 우리의 원수가 밟지 않은 곳이 없다는 것을 아십시오. 부름받은 곳에 머물러 있으면서 저항하면 마귀가 당신에게서 도망칠 것입니다. 하나님께 가까이 가면, 하나님께서 가까이 오실 것입니다. 불신앙, 하나님에 대한 경외심의 부족, 무지, 어리석음, 무례 등이 들어가는 영혼에 화가 있습니다. 그런 영혼은 "승냥이의 먹이"(시 62:10)가 될 것입니다.

　반면에 내면에 하나님에 대한 경외심과 신앙이 있는 영혼은 복됩니다. 유일하신 하나님의 종이 되는 데 만족하지 않는 사람은 많은 것의 종이 될 것입니다. 한 분 수도원장에게 복종하지 못하는 사람은 다양한 곳에서 많은 수도원장에게 복종하게 될 것입니다. 성경은 "무리에게서 스스로 갈라지는 자는 자기 소욕을 따르는 자라 온갖 참 지혜를 배척하느니라"(잠 18:1)라고 말합니다. 형제들과 어울리지 않고 수도원을 버리는 사람에게도 같은 일이 일어납니다. 그는 수도원장과 형제들이 잘못하고 있다고 생각합니다. 그런 수도사는 아무리 자신을 합리화해도 하나님과 이성적인 사람들의 비난을 피할 수 없습니다.

　그러한 수도사에 대해서 성경은 "어떤 길은 사람이 보기에 바르나 필경은 사망의 길이니라"(잠 14:12); "마음이 굽은 자는 자기 행위로 보응이 가득하겠고"(잠 14:14)라고 말합니다. 당신의 수도원에 경제적인 문제가 있어 육신에 필요한 것을 얻을 수 없어도, 회개의 장소를 버리지 마십시오. 그런 때 당신은 그곳에서 더 많은 일을 해야 합니다. 거룩한 수도원장은 불경한 사람의 마음에 들지 않고, 불의는 의인을 만족시키지 못합니다.

제41장

독거에 관하여

준비되지 않은 사람이 혼자 사는 것은 위험하다.

1. 게론티콘

1. 세상을 버리고 수도사가 된 지 얼마 되지 않은 형제가 "나는 은수사이다"라면서 수실에 처박혀 지냈다. 이 소식을 들은 원로들이 가서 그를 수실 밖으로 내쳤다. 그들은 그에게 수도사들의 수실을 차례로 돌아다니면서 엎드려 "용서해 주십시오. 저는 은수사가 아니라 초심자에 불과합니다"라고 말하게 했다.

2. 어느 원로는 사람이 어떻게 혼자 살 수 있느냐는 질문을 받고서 "운동선수가 많은 사람과 대련하지 않으면 승리의 기술을 배우지 못하며, 상대 선수와의 일대일 경기에 참여할 수 없습니다. 마찬가지로 수도사가 사람들과 함께 훈련을 받으면서 생각을 다루는 방법을 배우지 않으면, 홀로 살거나 생각의 공격을 견뎌낼 수 없습니다"라고 대답했다.

3. 압바 테오도르는 "요즈음 하나님께서 주시기 전에 쉼을 선택하는 사람들이 많습니다"라고 말했다.

2. 압바 이사야

압바 이사야는 다음과 같이 말했다:

"감각의 약함이 제거되기 전에 정신이 (금욕생활을 통해서) 십자가로 올라가기는 원한다면, 감각을 치료하기 전에 능력 이상의 일을 시작한 데 대한 하나님의 진노가 임합니다. 인류를 위해 세상이 오신 주 예수 그리스도께서는 먼저 인류의 고난을 치료하시지 않으셨다면, 십자가에 오르지 않으셨을 것입니다. 주님은 십자가에 달리시기 전에 '너희가 가서 듣고 보는 것을 요한에게 알리되 맹인이 보며 못 걷는 사람이 걸으며 나병환자가 깨끗함을 받으며 못 듣는 자가 들으며 죽은 자가 살아나며 가난한 자에게 복음이 전파된다 하라 누구든지 나로 말미암아 실족하지 아니하는 자는 복이 있도다'(마 11:4~6)라고 말씀하셨습니다. 요한은 주님에게 세례를 베풀면서 하나님의 종이 되려는 사람은 먼저 자기의 악행을 고백해야 한다는 것을 보여주었습니다: '다 나아가 자기 죄를 자복하고 요단강에서 그에게 세례를 받더라'(막 1:5). 주님은 많은 기적을 행하셨지만, 방금 언급한 말씀에서 다음과 같은 것을 알 수 있습니다:

"'맹인이 보며': 이 세상의 소망에 관심을 두는 사람은 맹인입니다. 세상의 소망을 버리고 우리가 기다리는 소망에 관심을 갖는 사람은 시력을 회복한 사람입니다. '못 걷는 사람이 걸으며'는 하나님을 사모하면서도 육적인 생각을 소중히 여기는 사람은 걷지 못하는 사람임을 보여줍니다. 만일 그가 이러한 생각을 버리고 마음을 다해 하나님을 사랑한다면, 곧 똑바로 걸을 것입니다. '못 듣는 자가 들으며'라는 말씀은 정신이 산만한 사람은 생각과 영적 망각에 사로잡혀 듣지 못하지만, 영적 지식을 위해 시간을 활용하면 청각을 되찾는다고 가르쳐줍니다. '나병환자가 깨끗함을 받으며'는 모세의 율법에 기록된 대로(신 23:1~3) 나병환자는 이웃에게 앙심과 미움과 질투를 품은 사람이지만, 이 모든 것을 버리면 깨끗해진다는 의미입니다.

"맹인이 시력을 되찾고, 걷지 못하는 자가 걷고, 듣지 못하는 자가 듣고, 나병환자가 깨끗함을 받는 분량만큼 태만했던 시기에 이런 것들 때문에 죽었던 사람이 소생합니다. 그는 거룩한 덕을 빼앗긴 감각에게 자기가 다시 보고 걷고 듣고 깨끗함을 얻었다는 좋은 소식을 선포합니다. 당신은 수도생활을 후원하는 사람에게 매우 어렵고 겸손하게 살겠다고 고백했습니다. 세례 요한은 낙타털 옷을 입었습니다(마 3:4). 이것은 사람을 깨끗하게 하여 십자가에 오를 수 있도록 보장해주는 고난을 의미합니다.

"십자가는 먼저 바리새인과 사두개인들의 입을 다물게 했으므로 장래의 불멸을 상징합니다. 바리새인은 사악함과 위선과 허영을 상징하며, 사두개인은 하나님에 대한 소망의 부족과 불신앙을 상징합니다. 성경은 예수님이 바리새인과 사두개인들의 입을 다물게 했다고 기록합니다: "그들은 아무 것도 감히 더 물을 수 없음이더라…베드로와 요한을 보내시며 이르시되 가서 우리를 위하여 유월절을 준비하라"(눅 20:40; 22:8). 이 구절의 풍유적 의미는 무엇의 지배도 받지 않는 정신은 감각을 단일하게 하고, 초점을 이 생각에 두게 하고 육성하면서 영생을 준비한다는 것입니다. 감각은 정신에 합류하면서 연합 상태에 머뭅니다. 주님은 '만일 할 만하시거든 이 잔을 내게서 지나가게 하옵소서'(마 26:39)라고 기도하셨습니다. 이것은 만일 정신이 십자가에 오르기를 원한다면, 눈물을 흘리면서 하나님께 기도해야 한다는 풍유적 의미를 지닙니다. 정신은 매 순간 하나님의 선하심의 도움으로 힘을 얻어 무적의 새 생명을 얻을 때까지 인내하게 해 달라고 기도하면서 하나님께 복종해야 합니다.

"정신이 십자가에 오를 때, 즉 큰 시험을 받을 때 매우 위험합니다. 기도할 때 베드로처럼 건전한 믿음, 야고보처럼 담대한 소망, 그리고 요한처럼 완전한 사랑이 있으면 위로부터 은혜를 끌어내리고 십자가에 오를 수 있을 것입니다. 우리가 그리스도의 부활의 능력을 알고 그분의 고난을 경험하기 위해서, 그리스도처럼 죽은 자들로부터의 부활을 획득하도록 하기 위해서 본보기가 되신 우리 주 그리스도(벧전 2:21)에게 이런 일들이 발생했습니다.

"그리스도께서 마신 쓸개는 우리 영혼에서 악한 욕구를 던져버리고 입을 다물고 이러한 욕망이 성취되는 것을 허락하지 말라는 표식입니다. 주님이 우리의 구원을 위해 마신 식초는 우리가 온갖 오만과 헛된 선동을 없애야 한다는 것을 가르칩니다. 유대인들이 그리스도에게 침을 뱉은 것은 사람들의 마음에 들려는 경향과 이 세상의 영광을 제거해야 한다는 것을 가르쳐줍니다. 가시 면류관은 우리가 매 순간 조롱을 견뎌내고, 모욕을 침착하게 인내하면서 대면하도록 훈련합니다.

"그들이 주님의 머리를 친 갈대는 우리가 항상 겸손의 투구를 쓰고서 원수가 우리 안에 선동하는 오만을 짓밟아야 한다는 것을 가르쳐줍니다. 주님이 십자가에 달리시기 전에 채찍으로 맞으신 것은 인간적인 경멸과 빈정댐을 무시하라는 표식입니다. 로마 군인들이 주님의 옷을 나누어 가질 때 주님이 침착하셨다는 사실은 우리가 침착하게 십자가에 오르려면 이 세상의 헛된 것들을 무시해야 한다고 가르칩니다. 주님이 제육시에 십자가에 달리신 것은 우리 영혼 안에서 죄가 죽을 때까지 무기력과 심약함을 대적해야 한다는 것을 보여주는 본보기입니다. 성경은 '원수 된 것을 십자가로 소멸하시고'(엡 2:16)라고 기록합니다.

"제구시에 주님이 '엘리 엘리 라마 사박다니'(마 27:46)라고 크게 소리치신 것은 정념이 소멸하여 우리가 하나님 앞에서 더 담대해지고 겸손하게 하나님을 부를 수 있을 때까지 정념들이 일으키는 고통을 견뎌내야 한다고 가르칩니다. 해가 진 후에 주님의 영이 떠났다는 사실은 정신이 현세에 속한 소망에서 벗어날 때 그 사람 안에 있는 모든 죄가 죽는다는 것을 가르칩니다. 그때 성전 휘장이 찢어졌습니다. 다시 말해서 정신이 세상 것들에서 해방된 후 우리의 정신과 하나님 사이의 장애가 사라집니다. 다음에 바위가 갈라지고 무덤들이 열립니다. 우리 안에서 예수의 죽음이 이루어지면, 유형적인 무거운 것과 맹목 및 영혼을 짓누르는 모든 것이 사라지고, 무감각해진 감각이 영적 죽음으로 말미암아 결실하며 건강을 회복하고 살아납니다. 그리스도의 시신을 깨끗한 세마포로 싸고 향유를 바른 것은 정신이 생명을 낳는 죽음을 겪은 후에 얻는 성화를 상징합니다. 또한 정신이 부패하지 않고 쉰다는 것을 상징하기도 합니다.

"예수님을 새 무덤에 안치하고 무덤 앞에 큰 돌을 굴려 놓은 것은 이 모든 것에서 구원받아 자체의 유월절 기간을 통과한 정신은 새 시대에 들어가서 새 생각을 한다는 것을 의미합니다: '주검이 있는 곳에는 독수리들이 모일 것이니라'(마 24:28). 히브리서 기자는 '높은 곳에 계신 지극히 크신 이의 우편에 앉으셨느니라'(히 1:3)라고 말합니다. 바울은 '그러므로 너희가 그리스도와 함께 다시 살리심을 받았으면 위의 것을 찾으라 거기는 그리스도께서 하나님 우편에 앉아 계시느니라 위의 것을 생각하고 땅의 것을 생각하지 말라 이는 너희가 죽었고 너희 생명이 그리스도와 함께 하나님 안에 감추어졌음이라'(골 3:1~3)라고 말합니다. 그분의 거룩한 이름은 우리의 병을 치료하는 능력이 있습니다. 우리는 영적으로 가난한 분량에 따라 죄를 버려 그분에게 합당한 자들과 함께 자비를 얻을 것입니다. 아멘"

3. 압바 마가

영성생활의 초보자가 알지 못하는 은혜의 에너지가 있고, 진리와 비슷한 악의 에너지가 있습니다. 이 에너지들이 우리를 망상으로 이끌 수 있으므로, 이것들에 관해 깊이 생각하지 않는 것이 좋습니다. 또 우리가 진리에 대해 무지하다고 해서 그것들을 묵살해서도 안 됩니다. 우리는 모든 것을 하나님 앞에 두어야 합니다. 이는 하나님은 그것들 안에서 무엇이 가치가 있는지 아시기 때문입니다.

4. 압바 카시아누스

형제들과 함께 생활하면서 정념과의 싸움을 견뎌내지 못하여 (사막에는 정념을 일으키고 자극하는 것이 없다고 생각하고서) 사막과 독거를 추구하는 사람들, 그렇게 함으로써 정념을 쉽게 극복할 것이라고 믿는 사람들은 자신이 악령들의 조롱을 받고 있거나 치료할 수 없는 교만에 사로잡혀 있음을 알아야 합니다. 그들은 정념의 원인이 자신의 게으름에 있다고 여겨 자신을 책망하는 것이 아니라 형제들을 나무라면서 그들에게서 도망치려 합니다. 이것이 그들의 고통이 치료되지 않는 이유입니다.

　정념을 치료하지 않은 채 사막에 가는 것은 그것을 제거하지 못한 채 독거생활을 통해 그것을 감추는 데 불과합니다. 정념에서 벗어나지 못한 사람의 경우 독수도가 잘못을 드러내지 않을 뿐만 아니라 그것을 감추는 방법을 알기 때문에, 이러한 정념을 품은 사람은 자기에게 그 정념이 있음을 감지하지 못하며, 자기가 어떤 정념에 정복되어 있는지 의식하지 못합니다.

　한편, 악한 생각은 그가 자신이 고결하며, 오래 참음과 겸손을 비롯한 여러 가지 덕을 획득했다고 생각하게 합니다. 그를 자극하는 사람이 없기 때문에 시험이 그의 정 안에 이런 것들을 주입합니다. 그러나 어떤 구실이 그를 정적에서 깨어나게 하여 자극하면 즉시 내면에 숨어있어 감지되지 않던 정념이 굴레 벗은 말처럼 사납게 돌진해 나와 난폭하고 잔인하게 말 탄 자를 내던져 죽게 합니다. 이처럼 파괴적인 정념의 공격은 오랜 고요와 휴식으로 말미암아 정념이 더 크게 동요하여 그 에너지가 더 위협적인 것이 된 결과입니다.

　사람들과 교제하여 나태해지는 것을 억제하지 않으면, 내면의 정념이 더 사나워집니다. 형제들과 접촉함으로써 정념의 사나움이 조금 감소했지만, 독수도생활을 함으로써 그것마저 잃게 됩니다. 독수도생활을 할 때 정념이 전보다 훨씬 더 강력해집니다. 그때 독수도사를 자극하는 자가 누구인지 명백해집니다.

　사막에서 혼자 사는 독사는 누군가 접근하는 것을 감지하면 흉포함을 드러내는데, 정념에 물든 사람도 그렇게 행동합니다. 이런 사람이 독거하는 것은 덕을 향한 성향이나 사막의 요구 때문이 아닙니다. 그렇기 때문에 그는 접근하는 사람을 붙잡고 독을 쏟아냅니다.

5. 성 바르사누피우스

한 형제가 원로에게 "내 정신은 내 영혼에는 다른 덕보다 독거가 필요하고 유익하다고 말합니다. 그 말이 옳습니까?"라고 물었습니다.

원로는 다음과 같이 대답했습니다: "정적이란 마음이 온갖 거래, 사람들의 마음에 들려는 것 등의 활동을 금하는 것입니다. 만일 당신이 바라는 것이 정적이라면, 세상 사람들과 거래하지 마십시오. 세상 사람을 멀리하는 한 당신은 고요함을 누릴 수 있을 것입니다. 주님은 '내가 긍휼을 원하고 제사를 원하지 아니하노라'(마 9:13)라고 말씀하십니다. 긍휼이 제사보다 더 가치가 있다는 것을 안다면, 마음이 긍휼을 지향하게 해야 합니다. 독거라는 핑계는 우리가 자신감을 갖기 전에, 다시 말해서 떳떳하게 되기 전에 오만으로 이끕니다. 우리는 십자가를 질 때만 내적으로 독거하며 살 수 있습니다. 그러므로 자기의 능력 이상으로 높이 오르려 하면, 이미 얻은 것을 잃게 된다는 것을 알아야 합니다. 지나침을 피하며, 이리저리 빗나가지 말고, 때가 악하므로(엡 5:16) 하나님의 뜻을 이해하면서 도로 중앙에 머무십시오."

형제는 "'이리저리 치우치지 말고 중앙에 머물라'는 말씀의 의미를 설명해 주십시오. 혹시 얼마 동안은 정적에 몰입하고, 또 얼마 동안은 물질에 관심을 두라는 의미입니까?"라고 물었습니다.

원로는 다음과 같이 대답했습니다: "담대하게 고요 속에 거하면서도 다양한 일을 멸시하지 않는 것이 실패 없는 중도입니다. 정적 속에서 피할 수 없는 분심에 대면하여 침착함과 깨어 경계함을 유지하고 정신을 집중하려면 겸손해야 합니다. 한순간이라도 그 시대에 속한 것을 말하지 않으면 마귀가 그것을 약탈하지 못합니다. 무슨 일이 닥치든지 이렇게 행동해야 합니다. 공주수도원의 형제들과 함께 고난을 겪어야 합니다. 이렇게 하는 수도사는 사도 바울의 명령을 실천에 옮깁니다(**롬 8:17; 고전 12:26**). 다시 말해서 공주수도원 내에 고통받는 사람이 있으면, 그의 고통을 덜어주고 위로하기 위해서 함께 고통을 느껴야 하며, 병든 사람의 치료를 도와주는 것이 좋습니다.

"의사는 환자를 치료해준 데 대한 보상을 받습니다. 그렇다면 고난을 겪는 이웃과 함께 고난을 겪는 사람은 얼마나 큰 보상을 받겠습니까? 이웃의 모든 고통이 아니라 특정의 고통만 함께 겪는 것은 하나님의 뜻을 따르는 것이 아니라 자기의 뜻을 따르는 것입니다. 사람은 겸손한 분량만큼 진보합니다. 지금 고통이 없기 때문에 수실에 머무는 것은 선한 것을 이루지 못할 것입니다. 만일 당신이 은둔생활과 정적 생활을 시작하기 전에 염려와 걱정이 없이 지냈다면, 인류의 원수는 당신이 절망하여 '차라리 태어나지 않았으면 좋았을 것을!'이라고 말하게 하려고 당신의 휴식을 더 심하게 어지럽힐 것입니다."

그 형제는 다시 "제 생각은 제가 어딘가에서 독수도생활을 하면 어느 정도 완전한 침묵에 이를 것이라고 말합니다. 저는 많은 죄를 지었다고 느끼는데, 거기서 벗어나고 싶습니다. 또 저는 사람들과 함께 살고 있기 때문에 눈물과 가책이 임하지 않습니다. 내가 사람들과 함께 지내는 한 이러한 은사를 얻지 못할 것이라는 생각이 듭니다. 아버지, 저의 약함을 불쌍히 여기시고, 이러한 악한 생각에서 벗어나려면 어떻게 해야 할지 말씀해 주십시오"라고 말했습니다.

원로는 다음과 같이 말해 주었습니다: "형제여, 빚진 사람이 먼저 빚을 해결하지 않으면, 도시든 시골이든 어디로 가든지 빚쟁이이므로 안식 상태에 머물 자유를 얻지 못할 것입니다. 그는 열심히 일해도 사람들의 정다운 농담에 수치를 느낄 것입니다. 그러나 빚을 해결하면, 어디서든지 자유롭습니다. 빚에서 벗어난 사람은 자신감을 가지고 담대하게 사람들과 함께 지내거나 자신이 원하는 곳에 머물 수 있습니다.

"그러므로 능력에 따라 자기가 범한 죄에 대한 모욕과 책망, 또는 분개와 피해를 참으면, 겸손과 수고를 배우고 죄사함을 받을 것입니다. 시편 기자는 '나의 곤고와 환난을 보시고 내 모든 죄를 사하소서'(시 25:8)라고 말합니다. 그리스도께서 십자가에 달리시기 전과 달리신 후에 얼마나 많은 모욕을 당하셨는지 생각해보십시오. '우리가 그와 함께 영광을 받기 위하여 고난도 함께 받아야 할 것이니라'(롬 8:17)라는 말씀을 염두에 두고서 그리스도께서 당하신 것과 같은 고난을 불평 없이 겪은 후에야 완전한 침묵에 이르러 거룩한 완전의 짧은 휴식을 누릴 수 있습니다.

"그러므로 오락가락하지 마십시오. 이것 외에 다른 구원의 길이 없습니다. 우는 것과 관련하여 다음과 같은 점에 주의해야 합니다: 당신이 사람들과 함께 있으면서 그들과 친해지지 않으려고 노력하지 않으면, 눈물과 가책이 임하지 않을 것입니다. 이러한 완전함을 획득하기 위해 사람들을 멀리하는 것은 경기장과 경기를 피하는 것임을 아십시오. 그러므로 사람들 가운데 있으면서 그들과 친해지는 것을 극복하려고 노력하십시오. '경기하는 자가 법대로 경기하지 아니하면 승리자의 관을 얻지 못할 것이며'(딤후 2:5)라는 말씀처럼, 노력하지 않으면 눈물과 가책을 얻지 못할 것입니다. 형제여, 힘껏 노력하십시오. 그리하면 하나님이 도와주실 것입니다. 무슨 일에서든지 겸손과 순종과 복종을 유지해야 한다는 것을 잊지 마십시오. 그렇게 한다면, 주님의 능력으로 구원받을 것입니다."

6. 게론티콘

1. 어느 원로의 말에 의하면, 사람이 백 년 동안 수실에서 살아도 수실에서 사는 방법을 터득하지 못할 수 있다.

2. 어느 원로의 제자가 여러 해 동안 모범적으로 순종했다. 그는 완전함에 이르지 못했음에도 혼자 살기를 원했다. 어느 날 그는 원로에게 가서 "아버지, 저를 독수도사가 되게 해주십시오"라고 말했다. 원로는 "적절한 장소를 찾아보게. 그러면 자네를 위해 수실을 지어주겠네"라고 대답했다. 그는 약 1.5km 떨어진 곳에서 알맞은 곳을 찾았다. 그는 이 사실을 원로에게 알렸고, 그들은 수실을 지었다. 원로는 제자에게 "자네가 찾던 것이 여기에 있네. 수실에서 지내면서 필요할 때 먹고 마시고 잠자게. 단 토요일까지 수실에서 지내고 그 후에 나에게 오게"라고 지시하고 떠나갔다.

형제는 이틀 동안 원로의 말대로 했다. 사흘째 되자 지루해져서 "사부님은 왜 이렇게 하라고 하셨을까?"라고 혼잣말을 했다. 그는 일어나서 많은 시편을 찬송하고, 해가 진 후에 음식을 먹었다. 그리고 기도한 후에 멍석 위에서 잠을 자려 했는데, 멍석 위에 에티오피아 사람이 누워서 자기를 향해 이를 갈고 있었다. 그는 수실을 나와 원로에게 달려가서 문을 두드리면서 "아버지, 나를 불쌍히 여겨 문을 열어 주십시오"라고 말했다. 그러나 원로는 새벽이 될 때까지 문을 열어주지 않았다. 새벽에 문을 열었는데, 제자가 눈물을 흘리면서 "나를 불쌍히 여기시고, 아버지 가까이에 머물게 해주십시오. 내가 자려고 하는데 사나운 에티오피아 사람이 멍석에 누워서 나에게 이를 갈고 있었습니다. 더는 그곳에서 지낼 수 없습니다"라고 말했다. 원로는 그를 불쌍히 여겨 수실 안에 데려갔다. 그 후 그의 능력에 맞추어 수도생활을 지도했고, 그는 차츰 노련한 수도사가 되었다.

3. 수실에서 홀로 생활하는 형제가 여러 가지 생각에 시달렸다. 그는 페르메의 압바 테오도르에게 가서 자기가 경험한 것을 이야기했다. 테오도르는 그의 말을 듣고서 "정신을 겸손하게 하세요. 형제들과 함께 지내면서 복종하세요"라고 말했다. 그 수도사는 테오도르의 말대로 했다. 그런데 얼마 후에 다시 테오도르에게 와서 "사람들 가운데서도 안식을 찾을 수 없습니다"라고 말했다.

테오도르는 "혼자서 안식을 찾을 수 없고 사람들과 함께 지내는 것도 견딜 수 없다면, 왜 수도사가 되었습니까? 고통을 참고 견디기 위해서 수도사가 되지 않았습니까? 수도사가 된 지 몇 년이 되었는지 말해보세요"라고 말했다. 그는 "팔 년입니다"라고 대답했다. 테오도르는 "형제여, 나는 꼬박 70년 수도생활을 했지만, 단 하루도 안식을 찾지 못했습니다. 그런데 당신은 고작 팔 년이 되었는데 완전한 안식을 찾으려 합니까?"라고 말했다.

그 수도사는 이 말을 듣고 힘을 얻어 떠났다.

4. 알렉산드리아의 에나톤 수도원에서 생활한 압바 테오도르와 압바 루키우스는 오십 년 동안 수도원을 떠나려는 생각에 시달렸다고 한다. 그들은 그 생각을 조롱하면서 "올해 겨울이 지나면 이곳을 떠나겠다" 라고 말했다. 겨울이 지나고 여름이 되면, "올해 여름이 지나면 이곳을 떠나겠다"라고 말하곤 했다. 그들은 이렇게 떠나는 것을 미루어 생각을 속이면서 죽을 때까지 그곳에 머물렀다.

6. 압바 이삭

형제여, 감지할 수 있는 덕, 즉 눈에 보이는 육체적인 덕을 통하지 않고서는 정념을 정복할 수 없습니다. 지성의 교만은 절묘한 영적 지식이나 경건한 일로만 극복할 수 있습니다. 이는 우리의 지성은 변덕스럽기 때문입니다. 그것은 깊은 묵상으로 묶어 놓지 않으면 쉬지 않고 방황합니다. 사람이 먼저 원수를 정복하지 않고서 어떻게 평화롭겠습니까? 지성 안에서 평화가 다스리지 않는데, 어떻게 평안 안에 얼마나 많은 선한 것이 저장되어 있는지 발견하고 이해할 수 있겠습니까? 정념은 영혼의 숨은 덕을 방해하는 장벽입니다. 외적으로 명백한 덕으로 이 정념을 넘어뜨리지 않고서는 내면에 있는 것을 볼 수 없습니다. 성벽 밖에 있는 사람은 성 안에 있는 사람과 교제할 수 없습니다. 마찬가지로, 덕이 정념의 안개에 싸여 있을 때는 덕을 볼 수 없고, 구름 속에서 해를 볼 수 없습니다.

하나님께 영적 갈망을 느끼는 능력을 달라고 구하십시오. 이 느낌이 주어지면, 당신은 세상에 대해 초연하고, 세상은 당신에게 초연할 것입니다. 다시 말해서, 당신의 영혼 안에서 물질적 애착이 활동을 멈출 것입니다. 지혜로우신 하나님은 이마에 땀을 흘리며 수고해야 이 빵을 찾을 수 있게 하셨습니다. 이것은 우리가 때가 되지 않았는데 성급하게 그것을 먹음으로써 배탈이 나서 죽지 않도록 하기 위한 것입니다. 덕이 덕을 낳습니다. 먼저 어미 덕을 획득하고 서둘러 그 자녀들을 붙잡지 않으면, 그것들이 영혼을 해치는 독사가 되므로, 그것들을 신속하게 내몰아야 합니다.

7. 압바 바르사누피우스

수실에서 혼자 침묵 생활을 하는 형제가 원로들의 책에서 진정으로 구원을 원하는 사람은 먼저 사람들과 교제하면서 모욕과 멸시와 치욕을 참고 견뎌야 한다는 것, 한마디로 먼저 감각을 바로잡고 그것들과의 전쟁에서 벗어나야 한다는 내용을 읽었습니다. 예수 그리스도는 먼저 수치와 치욕을 당하신 후에 십자가에 오르셨는데, 그것은 육과 정념의 죽음이요, 완전하고 거룩한 안식입니다. 우리도 완전한 정적을 획득하려면 이같이 해야 합니다.

헤시카스트인 이 형제는 이것을 공부한 후에 혼자서 이렇게 생각했습니다: "가련한 나는 이것들을 하나도 한 적이 없으면서도 나의 약함 때문에 모든 사람을 분개하게 하면서 인간 사회를 멀리했구나. 다시 사람들과 교제하면서 하나님의 도우심을 받아 교부들이 말씀하신 것을 모두 실천해야만 헛수고를 하지 않고 독수도생활을 시작할 수 있지 않을까?"

그는 이 생각을 원로에게 고백했습니다. 원로는 그의 말을 듣고서 "교부들의 말은 옳으며, 구원받는 다른 길이 없습니다. 그러나 사람이 스스로 선을 행하고 있다고 생각하게 하는 핑곗거리가 많고, 어떤 것들은 그로 하여금 자신에게 해를 끼치고 있다고 생각하게 하므로, 자신을 잘 지켜야 합니다. 당신은 여러 해 동안 혼자 수도생활을 하였으므로, 인간 사회로 돌아간다면 정신이 허영을 일으킬 것입니다. 당신이 세상에 거하면 두 가지 악이 생겨날 것이므로, 세상에 살지 않는 것이 좋습니다.

"당신이 '나는 무엇을 해야 하는지 알지 못한 채 수도생활을 했다'라고 말하면서 십자가에 오르는 데 필요한 것을 하지 않았다고 자신을 비난하는 경우에, 자책은 자아를 모욕하고 멸시하는 법을 압니다. 따라서 자책을 받아들이는 사람은 금욕생활이라는 참 십자가에 오릅니다."

제42장

이웃을 비난하지 말라.

선하다고 생각되는 일과 관련해서도 이웃을 비난하지 말며,
매사에 그에게 복종해야 한다.

1. 만드라의 성 시메온(주상성인)의 생애

성 시메온이 기둥 위에서 살면서 묵상하고 있을 때, 이 전례 없는 금욕생활 형태에 대한 소문이 사막 전체에 퍼졌다. 이 기이하고 이상한 일에 놀란 금욕수행자들은 몇 명의 대표자를 시메온에게 보냈다. 그들은 대표자들에게 한편으로는 시메온이 이 기이한 형태를 고안한 것을 질책하고, 또 다른 한편으로는 시메온에게 거룩한 교부들이 따른 친숙한 금욕주의의 길을 우습게 여기지 말라고 가르치라고 명령했다. 이는 많은 금욕수행자들이 그렇게 함으로써 천국에 가서 영원한 장막 안에서 쉼을 발견했기 때문이다.

그들은 성 시메온의 이러한 사상을 하나님이 기뻐하시지 않을까 두려워하면서 그 문제를 인간적으로 고려하여 대표자들에게 다음과 같이 지시했다. 만일 시메온이 고집을 버리고 그들에게 순종하여 기둥에서 내려온다면, 즉시 그를 저지하고 자기의 목적에 충실하라고 명령하라고 지시했다. 그리하면 그들은 시메온의 금욕 행위가 하나님이 명하신 것이라고 확신할 것이며, 그러한 금욕생활의 시작이 장차 선한 결과를 낳지 않을 것을 두려워하지 않게 될 것이었다. 그러나 만일 그가 분개하여

그들의 충고를 들으려 하지 않고 자기 뜻대로 고집스럽게 행하려 한다면, 그는 분명히 겸손하지 못한 사람일 것이다. 그럴 경우 이러한 사상을 그에게 제안한 것이 악한 자라고 말하지 않을 수 없을 것이다. 교부들은 그럴 경우에 완력으로라도 그의 뜻을 꺾고 기둥에서 끌어 내리라고 지시했다.

명령을 받은 특사들은 겸손하고 순종하는 교부 시메온에게 갔다. 그들은 그를 보고 인사하는 순간 존경심을 느껴 그의 얼굴을 쳐다보지 못했다. 그러나 자기들을 파견한 교부들의 명령과 임무였기 때문에, 그들은 교부들의 말을 상세히 전했다. 마음이 온유하고 겸손한 시메온은 조금도 반박하지 않고 그들의 질책을 받아들였다. 그는 화를 내지 않고 아무 말도 하지 않았다. 그는 즉시 책망을 받아들이고, 시선을 낮추고 친절한 표정으로 하나님께 감사했고, 자기에게 관심을 가져준 교부들에게도 감사를 표현했다. 그는 망설이지 않고 기둥에서 내려왔다. 특사들은 즉시 그를 저지하면서 교부들의 생각을 알려주고, 시메온에게 계속 기둥 위에 머물라고 청했다. 그가 꾸준히 수고하여 하나님에게서 확실한 안식을 발견할 수 있도록 좋은 결과를 기원하면서 그들은 떠나갔다.

2. 게론티콘

1. 압바 푀멘은 사람의 의지는 그 사람과 하나님 사이를 가로막는 놋 성벽이요, 우리를 차단하는 바위라고 말했다. 자기의 뜻을 버리는 사람은 "내 하나님을 의지하고 담을 뛰어넘나이다"(시 17:29)라고 말할 것이다. 그러나 만일 그의 뜻과 이기심이 협력한다면, 그 사람은 비탄에 빠질 것이다.

2. 어느 원로는 "말다툼은 화를 낳고, 화는 맹목을 낳고, 맹목은 온갖 악을 상습적으로 행하게 합니다"라고 말했다.

3. 압바 암모나스는 좁고 협착한 길이 무엇이냐는 질문을 받고서 다음과 같이 대답했다: "좁고 협착한 길이란 하나님을 위해서 자기의 생각을 무시하고 자기의 뜻을 베어버리는 것입니다. 이것이 '보소서 우리가 모든 것을 버리고 주를 따랐사온대'(마 19:27)라는 말의 의미입니다."

4. 압바 요한은 압바 아노웁, 그리고 혈육의 형제인 압바 푀멘과 다섯 사람에 대해 말했다. 그들은 처음에 스케테에서 함께 살았지만, 마지케족(Mazikes)[1]이 스케테를 황폐하게 한 후에 그곳을 떠나 테레무틴(Teremuthin)[2]으로 갔는데, 그곳에는 이교 신전이 있었다. 그들은 갈 곳을 정할 때까지 이 신전에서 잠시 지냈다. 그들 중 가장 연장자인 압바 아노웁이 압바 푀멘에게 "당신과 형제들에게 부탁합니다. 이제부터 각자 홀로 살면서 한 주일 동안 만나지 맙시다"라고 말했다. 푀멘은 "원하시는 대로 하지요"라고 대답하고, 그대로 실천했다.

그곳에 석상이 있었는데, 압바 아노웁은 일주일 동안 매일 아침 석상의 얼굴에 돌을 던지고 엎드려 "나를 용서하시오"라고 말했다. 그들은 토요일에 함께 만났는데, 푀멘이 아노웁에게 "압바, 이번 주일 내내 당

---

1) 리비아의 트리톤 강 서쪽에 살던 야만족이다. 현대 주석가들은 이 민족이 그리스의 역사가 헤로도투스가 마지에스라고 언급한 민족이라고 생각한다.
2) 아프리카의 도시(이집트의 타란네 근처의 콜 아부 빌루를 언급하는 듯하다).

신이 석상의 얼굴에 돌을 던진 후에 엎드려 용서를 비시는 것을 보았습니다. 이것이 신자가 행동하는 방식인지 말씀해 주십시오"라고 말했다.

아노웁은 "그것은 당신을 위해서 한 일이었습니다. 내가 석상에 돌을 던질 때 석상이 나에게 말을 하거나 화를 냈습니까?"라고 말했다. 푀멘은 그렇지 않다고 대답했다. 아노웁은 "내가 석상 앞에 엎드렸을 때 석상이 움직이거나 '너를 용서하지 않겠다'라고 말했습니까?"라고 물었고, 푀멘은 그렇지 않다고 대답했다. 아노웁은 "만일 당신들이 함께 지내기를 원한다면, 이 석상처럼 되어 모욕을 당하거나 칭찬을 받거나 동요하지 말아야 합니다. 이 신전에 출입구가 넷입니다. 이것을 원하지 않는다면, 각기 원하는 대로 가십시오"라고 대답했다. 형제들은 이 말을 듣고 엎드려 "아버지가 원하시는 대로 하며, 말씀하시는 것을 경청하겠습니다"라고 말했다.

압바 푀멘은 "우리는 압바 아노웁이 지시한 대로 일하면서 계속 함께 지냈습니다. 그분은 우리 중 하나를 청지기로 삼았고, 우리는 그가 차려주는 대로 먹었습니다. 우리 중에 누구도 '다른 음식을 주십시오'라거나 '이것을 먹고 싶습니다'라고 말하지 않고 내내 고요하고 평안하게 지냈습니다"라고 말했다.

5. 압바 알로니우스(Abba Alonios)는 "만일 내가 자아를 죽이지 않았다면, 나 자신을 새로 세울 수 없었을 것입니다. 다시 말해서 나의 뜻에서 비롯된 것, 내가 보기에 선한 것들을 모두 버리지 않았다면, 덕을 획득할 수 없었을 것입니다"라고 말했다.

6. 어느 형제가 압바 푀멘에게 "제가 살고 있는 곳에서 어떻게 행동해

야 합니까?"라고 물었는데, 푀멘은 "어디에서 살든지 나그네와 같은 태도를 취하십시오. 그리하면 말하려 하지 않으며, 영혼의 쉼을 발견할 것입니다"라고 말해 주었다.

7. 압바 푀멘은 "당신 뜻대로 하지 마십시오. 형제 앞에서 당신 자신을 낮추어야 합니다"라고 말했다.

8. 어느 형제가 원로에게 "구원받으려면 어떻게 해야 합니까?"라고 물었다. 그 원로는 "'나는 아무것도 필요하지 않다'라고 말하는 사람과 함께 하십시오. 그러면 안식을 누릴 것입니다. 다시 말해서 자기의 뜻을 원하지 않고 '나는 아무것도 바라지 않는다'라고 말하는 사람을 본받으면, 당신이 편안할 것입니다"라고 말했다.

9. 어느 원로는 제자들에게 겸손을 이해시키려고 다음과 같이 비유로 가르쳤다: "옛날 삼나무가 갈대에게 '우리는 매우 키가 크지만 부러지고 때로는 뿌리째 뽑히는데, 너희들은 약하지만 겨울에 부러지지 않는구나'라고 말했습니다. 갈대는 '겨울이 오고 바람이 불면, 우리는 바람이 부는 대로 이리저리 몸을 굽힌다. 이것이 우리가 부러지지 않는 이유이다. 너희들은 바람에 맞서기 때문에 위험을 자초하는 것이다'라고 말했습니다. 우리는 사람들이 욕할 때 항복해야 합니다. 그들과 맞서지 말고, 부적절한 생각을 하지 말며, 그들과 다투거나 문제를 일으키지 말아야 합니다."

10. 두 원로가 여러 해 동안 말다툼조차 하지 않으면서 함께 살았다.

그중 한 사람이 "한 번만 사람들이 하는 것처럼 해봅시다"라고 말했는데, 상대방은 "나는 언쟁을 시작하는 법을 모릅니다"라고 대답했다. 그 말을 들은 원로는 "보세요. 우리 사이에 작은 벽돌을 놓고서 내 것이라고 말하겠습니다. 그러면 당신은 '아닙니다. 그것은 내 것입니다'라고 대꾸하세요. 그렇게 하면 언쟁이 시작될 것입니다"라고 말했다. 그리고는 둘 사이에 작은 벽돌을 놓고서 "이것은 내 것입니다"라고 말했고, 상대방은 "아닙니다. 그것은 내 것입니다"라고 대꾸했는데, 그 말을 들은 원로는 "당신 것이면 가져 가세요"라고 대답했다. 결국 두 사람은 언쟁하지 못했다.

3. 성 에프렘

형제들과 함께 살려면, 그들에게 명령하려 하지 말고, 매사에 그들의 말에 순종하면서 선행의 본보기가 되어야 합니다. 혹시 말해야 할 필요가 생기면, 겸손하게 충고하듯이 당신의 견해를 말하십시오. 어느 형제가 당신의 말에 반박하면, 정신적으로 동요하지 말며, 평화와 사랑을 위해 당신의 뜻을 내려놓으십시오. 그리고 반대하는 사람에게 "복된 사람이여, 그렇게 말하는 것을 보니 당신은 나를 바보로 생각하시는군요. 내가 무지하여 그렇게 말한 것을 용서해 주십시오. 당신 말대로 하십시오"라고 온유하게 말해야 합니다. 이렇게 양보하면, 소란을 일으킨 마귀는 아무것도 이루지 못한 채 부끄럽게 돌아갈 것입니다.

당신의 뜻대로 하기를 고집하면, 소란과 화를 초래할 것입니다. 성경은 "노는 우매한 자들의 품에 머무름이니라"(전 7:9); "분노에 치닫다 보면 멸망에 이른다"(집회서 1:22)라고 말합니다. 그렇기 때문에 사도 바울은 "주의 종은 마땅히 다투지 아니하고"(딤후 2:24)라고 말합니다.

4. 안티오쿠스(법령집의 저자)

다투기를 좋아하는 사람은 가족들뿐만 아니라 나그네와도 화목하지 않습니다. 이는 그가 항상 다툼을 좋아하는 사고방식을 충족하려는 계획을 꾸미고 화를 내기 때문입니다. 게다가 그는 사람들의 정신을 흐리게 하므로, 그들은 결국 그를 미워하게 됩니다. 이런 유형의 사람에 관하여 창세기에 "에서가 사십 세에 헷 족속 브에리의 딸 유딧과 헷 족속 엘론의 딸 바스맛을 아내로 맞이하였더니 그들이 이삭과 리브가의 마음에 근심이 되었더라…리브가가 이삭에게 이르되 내가 헷 사람의 딸들로 말미암아 내 삶이 싫어졌거늘"(창 26:34~35; 27:46)이라고 말합니다. 이 구절은 신실하고 경건한 자들이 아니라 경건하지 않은 자들에게 호전성과 다툼이 어울린다는 것을 보여줍니다.

그리스도의 참 제자는 교사를 본받습니다. 그분에 대해 성경은 "그는 외치지 아니하며 목소리를 높이지 아니하며 그 소리를 거리에 들리게 하지 아니하며"(사 42:2)라고 말합니다. 이런 사람들은 어떤 문제든지 분쟁과 다툼으로 해결하지 않고, 인내와 기도, 순종과 희망으로 해결하려 합니다. 그들은 자기의 견해를 강요하지 말아야 한다고 생각하며, 주님이 "내가 하늘에서 내려온 것은 내 뜻을 행하려 함이 아니요 나를 보내신 이의 뜻을 행하려 함이니라"(요 6:38)라고 말씀하신 것처럼 되기를 바라고 주장합니다.

5. 압바 이사야

　당신이 어느 형제와 함께 살면서 무슨 일을 하려 하는데, 함께 사는 형제가 그것을 원하지 않는다면, 당신의 뜻을 포기하여 다툼과 고통을 피해야 합니다. 당신은 형제를 단기 체류객처럼 대해야 합니다. 무슨 일에서든지 그에게 명령하지 말고, 그보다 더 높은 것처럼 보이려 하지 마십시오. 만일 형제가 당신에게 하려 하고 싶지 않은 일을 하라고 명령한다면, 당신의 뜻을 꺾고 명령대로 행하십시오. 그리하면 당신은 그의 기분을 상하게 하지 않을 것이며, 형제와 조화롭고 화평하게 공존할 수 있을 것입니다. 만일 형제가 어떤 음식을 요리해 달라고 말한다면, 온유하게 "무엇이 먹고 싶습니까?"라고 물으십시오. 만일 그가 "당신 마음대로 해주세요"라고 말하면서 결정을 당신에게 맡긴다면, 하나님을 경외하면서 구할 수 있는 음식을 준비하십시오.

　대화 중에 성경 말씀을 언급할 때, 그 구절을 아는 사람은 자기의 뜻을 굽힘으로써 형제에게 기쁨과 안식을 주어야 합니다. 성경 말씀의 깊은 의미는 당신이 매사에 형제 앞에서 자신을 낮추는 데 있습니다.

　재림하실 재판관의 공정한 심판을 항상 염두에 두고 있는 사람은 그 두려운 때에 자신을 변호하지 못하는 일을 없애려고 가능한 일은 무엇이든지 할 것입니다.

　만일 당신이 그리 중요하지 않은 일로 외출하려 한다면, 형제를 무시하고 혼자 외출함으로써 그가 수실에서 섭섭함을 느끼게 하지 말고, "함께 외출하렵니까?"라고 물으십시오. 만일 그때 형제가 쉬고 있거나 아프다면, "지금 가야 합니다"라고 말하지 말고, 형제를 긍휼히 여기고 사랑으로 외출을 미루고 수실로 돌아가십시오. 무슨 일에서든지 형제에게 반대하여 괴롭게 하지 마십시오.

만일 당신이 형제들과 함께 살면서 수실 안에서든지 밖에서든지 일하고 있는데, 형제가 당신을 부른다면, "이 일을 마칠 때까지 기다려 주세요"라고 말하지 말고 즉시 그에게 순종하십시오. 당신과 함께 사는 사람이나 당신을 환대하는 사람이 무엇인가를 명령한다면, 화내지 말며, 공개적으로든지 은밀하게든지 그 명령을 어기지 마십시오.

당신이 영적 아버지나 형제와 함께 살고 있다면, 함께 사는 형제들 몰래 누군가와 교제하지 마십시오. 그렇게 한다면, 당신과 그 사람 모두가 멸망할 것입니다. 짐승이 사람에게 복종하듯이, 모든 사람은 하나님을 위해서 형제에게 복종해야 합니다. 우리는 함께 사는 사람뿐만 아니라 우리를 대적하는 사람 앞에서 자기 뜻이나 정신을 갖지 않는 짐승처럼 행동해야 하며, 무지한 사람에게 판단을 굽히며, 어리석은 사람에게 뜻을 굽혀야 합니다. 그리하면 우리 자신을 정확하게 알 것이며, 우리를 해치는 것이 무엇인지 깨달을 것입니다. 자신의 덕과 강직함을 신뢰하고 자기의 뜻을 고집하는 사람은 증오를 피할 수 없으며, 영혼이 한숨 돌릴 수 없고, 자신의 결점을 보지 못합니다. 그런 사람은 죽은 후에 하나님의 긍휼을 얻기 어려울 것입니다.

형제여, 당신의 내면에 악이 거하지 못하게 하려면 다툼을 멀리해야 합니다. 원수의 수중에 들어가지 않으려면 스스로 지혜롭다고 생각하지 마십시오. 항상 "용서해 주십시오"라고 말하면, 겸손이 당신에게 다가올 것입니다. 당신의 뜻을 이웃에게 굽히면, 당신의 정신이 그의 덕을 보기 때문입니다. 당신의 뜻을 고집하면서 이웃에 반대하는 것은 당신 자신의 무지를 드러내는 것입니다.

사랑하는 자여, 무슨 일에서든지 이웃에게 당신의 뜻을 굽히십시오. 당신의 뜻을 고집하면 모든 덕을 죽일 것입니다. 바르게 생각하는 사람은 뱀처럼 호전적인 것을 두려워하기 때문에 자기의 뜻을 꺾습니다. 호전성은 영적 도야를 파괴하고 영혼을 어둡게 하여 덕의 빛을 보지 못하게 합니다. 이 저주받은 정념은 덕과 섞여 있으면서 그것을 파괴합니다.

예수 그리스도는 사람이 이 부끄러운 정념을 제거하지 않으면 하나님에 따라 발전할 수 없다는 것을 보여 주시려고 유다를 제자들의 무리에서 쫓아내신 후에 십자가에 오르셨습니다(요 13:25~31). 호전성이라는 정념은 온갖 종류의 악을 낳으며, 다툼을 좋아하는 사람의 영혼 안에는 하나님이 미워하시는 모든 것이 거합니다. 우리의 뜻을 제거하면 덕들이 서로 화목하며, 영혼의 통치 원리가 평온해집니다. 하나님께서 특히 구하시는 덕은 자기의 뜻을 굽히고 매사에 이웃에게 복종하는 것입니다. 다음과 같은 악덕이 호전성을 낳습니다: 수다, 사람의 비위를 맞추기 위해 말을 바꾸는 것, 노골적인 말, 표리부동, 그리고 자신의 견해가 이기기를 바라는 것. 이 악덕들이 호전성을 낳으며, 이러한 악덕을 품은 사람의 영혼 안에는 온갖 종류의 정념이 거합니다.

6. 압바 마가

성경의 어려운 문제나 질문을 논쟁으로 해결하려 하지 말고, 영적인 법이 정한 수단, 즉 인내와 기도와 흔들림 없는 소망으로 해결하십시오.

7. 게론티콘

1. 압바 푀멘은 원치 않는 식사 초대를 받으면, 초대에 응하지 않아 형제를 괴롭히지 않으려고 눈물을 흘리면서 가곤 했다. 여기서 "형제"는 푀멘과 함께 생활한 압바 아노웁이나 다른 형제이다.

2. 어느 형제가 압바 푀멘에게 "공주수도원에서는 어떻게 살아야 합니까?"라고 물었는데, 푀멘은 공주수도원에 사는 사람은 모든 수도사를 한 형제처럼 여기고 입과 눈을 단속해야 안식을 찾을 수 있다고 대답했다.

제43장

항상 하나님의 섭리에 따라야 한다.

모든 일은 하나님의 공의로 말미암아 발생한다. 그러므로 신자는 항상 하나님의 섭리를 따라야 하며, 자기의 뜻을 따르지 말고 하나님의 뜻을 따라야 한다. 모든 일을 이런 식으로 받아들이지 않는 사람은 영적 안식을 누리지 못한다.

1. 어느 원로는 "만일 당신이 병들었는데, 당신에게 필요한 것을 누군가에게서 받으려 하지만 그 사람이 주지 않는다면 서운해 하지 말고, '내가 그것을 받을 자격이 있었다면, 하나님께서 그것을 나에게 주라고 그 형제에게 말씀하셨을 것이다'라고 생각하십시오"라고 말했다.

2. 그 원로는 또 "만일 어떤 사람이 당신을 애찬에 초대하고서 가장 낮은 곳에 앉힌다면, 불평을 품지 말고, 속으로 '나는 여기에도 앉을 자격이 없다'라고 생각하십시오. 믿음을 시험하기 위해서든지 죄 때문이든지 하나님께서 허락하시지 않는 한 우리에게 고통이 임하지 않습니다"라고 말했다.

3. 언젠가 교부들이 영적 성장을 위해서 모였다. 갑자기 그중 한 사람이 일어더니 깔고 앉아 있던 작은 방석을 붙잡았다. 그는 방석을 두 손으로 쳐들고 사람들 가운데 서서 동쪽을 바라보면서 "나의 하나님, 나를 불쌍히 여기소서"라고 기도하고, 곧바로 "내가 너를 불쌍히 여기기

를 원한다면, 들고 있는 것을 내려놓아라. 그리하면 내가 너를 불쌍히 여길 것이다"라고 스스로 대답했다.

그는 다시 "나의 하나님, 나를 불쌍히 여기소서"라고 말하고, 또 "앞서 말했듯이 들고 있는 것을 내려놓아라. 그러면 내가 너를 불쌍히 여길 것이다"라고 스스로 대답했다. 그는 이렇게 여러 번 반복하고 나서 자리에 앉았다. 교부들은 "이 행동이 무엇을 의미하는지 말씀해 주십시오"라고 말했다.

그 원로는 "내가 들고 있던 방석은 나의 의지를 상징합니다. 나는 내 의지를 들고 있으면서 하나님께 자비를 구했습니다. 하나님은 '네가 들고 있는 것, 즉 네 의지를 버리면, 너를 불쌍히 여기겠다'라고 말씀하셨습니다. 하나님께서 우리를 불쌍히 여기시기를 원한다면, 우리의 욕구를 버려야 합니다. 그때 우리는 하나님의 자비를 얻을 것입니다."

2. 압바 이사야

형제여, 당신이 하는 일에서든지 대화에서든지 생각에서든지 어려움을 만날 때, 자기의 뜻을 찾지 말고 하나님의 뜻이 무엇인지 찾아내고, 어려움이 따르더라도 그것을 실천하려고 노력하십시오. 하나님의 뜻이 인간의 이해를 초월하는 방식으로 당신에게 유익하다고 마음을 다해 믿어야 합니다. 하나님의 명령은 영생이며, 그것을 구하는 자는 선한 것을 빼앗기지 않을 것입니다.

3. 압바 마가

감지할 수 있는 것을 구분할 수 있는 사람들은 지혜롭다고 합니다. 그러나 자기의 의지를 통제하는 사람이 지혜로운 사람입니다. 자기의 의지를 하나님께 예속시키지 않는 사람은 자기의 활동에 얽히며, 원수의 노리개가 됩니다. 당신이 관련된 문제를 해결하려 할 때 하나님이 기뻐하시는 것이 무엇인지 찾으려 해야만 유익한 해법을 발견할 수 있습니다. 하나님이 만족하시는 일에서 피조세계 전체가 복종합니다. 그러나 하나님이 싫어하시는 일에서는 피조세계도 반대합니다. 괴로운 상황에 반발하는 사람은 부지중에 하나님의 명령과 충돌합니다. 그러나 그러한 상황을 받아들이는 사람은 그 원인을 알기 때문에 시편 기자처럼(시 40:1) 인내하며 주님을 기다립니다. 시험이 올 때 그 원인을 묻지 말고 화내지 말고 감사하면서 참고 견디십시오.

4. 성 디아도쿠스

우리는 하나님의 형상으로 피조되었습니다. 그러나 하나님의 모양은 큰 사랑으로 하나님께 복종하는 사람에게 속합니다. 다시 말해서, 우리는 자신에게 속하지 않을 때 사랑으로 우리와 화해하신 분을 닮습니다.

5. 게론티콘

압바 이시도스는 이렇게 말했다: "성인들의 지혜는 그들이 하나님의 뜻을 알아 보았다는 데 있다. 이는 사람은 하나님의 형상과 모양이므로 진리에 순종함으로써 모든 것을 극복하기 때문이다. 정념 중에서 가장 두려운 것은 자기의 마음을 따르는 것, 즉 하나님의 법에 복종하지 않고 자기의 뜻에 복종하는 것이다. 이 정념은 처음에는 사람에게 약간의 유예를 주지만, 나중에는 신적 경륜의 신비를 보지 못하고 자신이 걸어갈 하나님의 길을 찾지 못했기 때문에 내적 애통으로 변한다."

제44장

마귀는 겸손을 이기지 못한다.

마귀는 겸손을 이기지 못한다. 겸손은 어떻게 형성되며, 어떤 힘을 지니는가? 겸손은 다른 덕보다 더 구원받게 하는 힘을 지닌다.

1. 파코미우스의 생애

배우였던 실바누스라는 사람이 세상을 버리고 수도사가 되려고 파코미우스의 수도원에 갔다. 사람들이 그의 도착을 파코미우스에게 알렸고, 파코미우스는 그를 불러 "형제여, 무대 생활은 당신의 영혼을 가장 좋지 않은 것을 택하도록 압박합니다. 수도생활을 고되며, 깨어 있는 영혼과 순결한 생각을 요구합니다. 그리해야만 하나님의 은혜로 우리를 괴롭히는 자에게 저항할 수 있습니다"라고 말했다.

실바누스는 파코미우스가 말한 것을 따르겠다고 동의했고, 파코미우스는 그를 형제로 받아들였다. 그런데 오랫동안 분투하던 실바누스가 구원을 소홀히 하고 방탕하며 어리석은 농담을 즐기기 시작했다. 심지어 그는 수도원 형제들 앞에서 부끄러움 없이 극장 무대에서 부르던 음탕한 노래를 불렀다.

파코미우스는 즉시 실바누스를 소환했고, 이십 년 동안 금욕생활을 한 실바누스에게서 수도복을 벗기고 수도원에서 쫓아내라고 명령했다. 실바누스는 파코미우스 앞에 엎드려 "한 번만 용서해 주십시오. 병자를 구해주시는 주님이 나를 도우셔서 제가 이곳에 남아 지금까지 태만했던 것을 뉘우치면서 살게 해주실 것이라고 믿습니다. 그리하여 당신은 내 영혼의 변화로 말미암아 기뻐하고 하나님께 감사하게 될 것입니다" 라고 말했다.

파코미우스는 이 호소를 듣고 이렇게 말했다:

"나는 당신을 때리면서까지 여러 번 많은 일을 참아주었습니다. 다른 사람에게는 그렇게 한 적이 없습니다. 나는 다른 사람에게는 손을 내민 적도 없습니다. 그런데 당신에게는 어쩔 수 없이 완력을 사용했는데, 맞은 당신보다 때린 내가 더 고통스러웠습니다. 왜냐하면 우리는 영적인 긍휼로 연결되어 있기 때문입니다. 나는 당신의 잘못을 바로잡기 위해서, 당신의 구원을 위해서 이렇게 심한 조처를 취했습니다. 당신은 여러 번 권면을 받았지만 고치려 하지 않았습니다. 심지어 내게 맞은 후에도 당신에게 유익한 것을 선택하지 않았는데, 병든 지체인 당신이 그리스도의 양 떼와 교제하는 것을 허락할 수 있겠습니까? 한 사람에게 생긴 피부병이 모두에게 전염되며, 단기간에 많은 형제에게 해를 끼치지 않습니까?"

파코미우스가 이렇게 반박했지만, 실바누스는 계속 호소하면서 이제부터 잘못을 고치겠다고 다짐했다. 파코미우스는 같은 행동을 하지 않겠다고 보장할 사람을 요구했다. 거룩한 사람 페트로니우스가 실바누스가 약속을 지킬 것이라고 보장하기로 했으므로 파코미우스는 그를 용서했다. 파코미우스는 그를 축복한 후에 페트로니우스에게 넘겨주었다.

용서받은 실바누스는 자신을 무척 낮추었다. 그리하여 그가 획득한 덕과 경건한 눈물 때문에 형제들 전체의 귀감이 되었다. 그는 가책을 느껴 음식을 먹을 때도 흐르는 눈물을 억제할 수 없었다. 눈물이 음식과 섞였으므로, "나는 재를 양식 같이 먹으며 나는 눈물 섞인 물을 마셨나이다"(시 102:9)라는 다윗의 말이 그에게서 성취되었다.

형제들은 그가 나그네나 사람들에게 감명을 주려고 이렇게 행동한다고 말했는데, 그는 자신이 바로 그 이유 때문에 눈물을 억제하려 하지만 억제할 수 없다고 항의했다. 형제들은 그가 혼자 있으면서 기도할 때 가책 때문에 울 수 있지만, 식당에서 음식을 먹을 때는 자제해야 한다고 주장했다(그들은 영혼은 겉으로 눈물을 흘리지 않아도 항상 가책을 느낄 수 있다고 말했다). 그들은 끈질기게 그가 우는 이유를 찾아내려 하면서 그를 만류했다(그들은 "우리는 당신을 보면서 당황하여 얼굴이 붉어지며, 우리 중 많은 사람은 음식을 먹을 수 없습니다"라고 말했다).

그는 그들에게 "형제들이여, 무가치한 내가 거룩한 사람들의 시중을 받으면서 울지 않기를 바랍니까? 내가 슬퍼하지 않아야 합니까? 배우인 내가 거룩한 사람들의 시중을 받을 자격이 있는지 말해 보십시오. 형제들이여, 나는 날마다 악한 의도를 품고 더러운 손으로 지성소에서 분향하려 했던 다단과 아비람처럼 땅이 나를 삼킬까 두려워서 슬퍼합니다. 또 내가 알 만큼 알면서도 영혼의 구원을 소홀히 했기 때문에 두렵습니다. 이처럼 내가 지은 많은 죄를 알기 때문에 우는 것이 부끄럽지 않습니다. 나는 영혼을 넘겨주어야 한다 해도 이상한 일을 하지 않을 것입니다"라고 말했다. 실바누스가 꽤 오랫동안 노력했으므로, 어느 날 파코미우스는 모든 사람 앞에서 "형제들이여, 이 수도원이 설립된 후부터 나와 함께 사는 형제들 중에서 나를 본받아온 사람은 단 한 사람뿐임을 하나님 앞에서 선언합니다"라고 발표했다.

이 말을 들은 형제들 중 어떤 사람은 그 사람이 테오도르라고 생각했고, 어떤 사람은 페트로니우스라고 생각했고, 또 어떤 사람은 오르시우스라고 생각했다. 테오도르가 용기를 내어 파코미우스의 마음에 둔 사람이 누구냐고 물었지만, 파코미우스는 말하지 않았다. 테오도르가 더 강력하게 물었고 선임 형제들도 가세했으므로, 파코미우스는 다음과 같이 말했다:

"만일 내가 염두에 두고 있는 사람이 칭찬받을 때 오만해질 수 있다고 생각한다면, 나는 그가 누구인지 밝히지 않을 것입니다. 그렇지만 나는 그가 칭찬을 받을수록 그리스도의 은혜로 더욱 겸손해진다는 것을 알기 때문에 여러분이 그의 행동을 본받을 수 있도록 두려움 없이 그를 칭찬하겠습니다.

"테오도르와 이 수도원에서 분투하는 모든 사람은 마귀를 결박하여 참새처럼 내던졌고, 날마다 그리스도의 은혜로 마귀를 짓밟았습니다. 만일 여러분이 자신에 대해 부주의해진다면, 여러분이 사로잡은 마귀가 일어나 여러분을 공격할까 두렵습니다.

"그런데 얼마 전에 태만하다는 이유로 우리가 수도원에서 쫓아내려 했던 실바누스 형제는 마귀를 정복하고 죽였기 때문에 이제는 악한 자가 그의 앞에 나타나지 못합니다. 그는 극도의 겸손으로 마귀를 정복했습니다. 여러분은 고결하게 행동했다고 해서 지금까지 이루어온 것을 신뢰합니다. 그러나 그는 애써 노력할수록 사람들에게 자신을 초심자로 드러내며, 항상 자신이 무가치하다고 생각합니다. 이것이 그가 우는 이유입니다. 그에게는 자신을 비하하는 것이 쉬운 일입니다. 그는 자기가 이룬 것을 중요하게 여기지 않습니다. 혼을 다해 실천하는 참된 겸손이 마귀를 가장 약하게 합니다."

이미 이십 년 동안 수도생활을 한 실바누스는 다시 팔 년 동안 이런 식으로 금욕생활을 하다가 숨을 거두었다. 파코미우스는 그를 거룩하다고 선포했고, 거룩한 천사들이 기뻐하면서 그의 영혼을 영접하여 거룩한 제물로 그리스도께 바치려고 천국으로 올라가는 것을 보았다고 말했다.

2. 성녀 신클레티케의 생애

신클레티케는 다음과 같이 말했다. "겸손은 매우 큰 덕이므로, 마귀가 모든 덕을 흉내 낼 수 있지만 겸손이 무엇인지 생각조차 못합니다. 베드로는 겸손의 견고함과 안전함을 알기 때문에, 겸손이 우리에게서 떨어지지 않도록 겸손으로 허리를 동이라고 명합니다(벧전 5:5). 그리하면 다른 모든 덕이 함께 동여질 것입니다. 못이 없으면 배를 제작할 수 없듯이, 겸손이 없는 사람은 구원받지 못합니다. 세 젊은이의 노래를 깊이 생각해본 적이 있습니까? 그들은 다른 덕을 언급하지 않았는데, 순결한 자들이나 가난한 자들을 언급하지 않고 겸손한 자들을 찬송하는 사람들에 포함했습니다. 우리 주 예수 그리스도는 우리를 향한 섭리의 결실을 거두기 위해서 이 덕을 취하셨습니다: '나는 마음이 온유하고 겸손하니 나의 멍에를 메고 내게 배우라 그리하면 너희 마음이 쉼을 얻으리니'(마 11:29). 겸손이 선한 것의 시작이요 마지막이 되어야 합니다."

3. 게론티콘

1. 켈즈에 근면한 원로가 있었다. 그는 골풀로 짠 옷을 입었다. 언젠가 그가 압바 암모나스를 방문했다. 암모나스는 그가 골풀로 만든 옷을 입고 있는 것을 보고서 "그 옷은 조금도 좋지 않군요"라고 말했다. 원로는 암모나스에게 "아버지, 세 가지 생각이 저를 괴롭히고 있습니다. 저는 사막으로 들어가야 할지, 아무도 저를 알지 못하는 외국으로 떠나야 할지, 아니면 수실에 틀어박혀 지내면서 누구와도 거래하지 않고 이틀에 한 번 식사를 할 것인지 고민하고 있습니다. 무엇을 선택해야 할까요?" 암모나스는 "세 가지 생각 중 무엇을 선택해도 당신에게 유익하지 않을 것입니다. 수실에 머물면서 날마다 적게 먹고, 항상 세리의 말을 기억하는 편이 낫습니다(눅 18:13). 그렇게 하면 구원받을 수 있습니다."

2. 어느 형제가 페르메산에 사는 원로에게 가서 "압바, 제 영혼이 죽어가고 있습니다. 어찌해야 합니까?"라고 물었다. 원로는 그 이유를 물었다. 형제는 "저는 세상에 있을 때 기쁜 마음으로 금식하고, 자주 철야하고, 가책을 많이 느끼고, 열정이 있었습니다. 그런데 지금 내 영혼 안에서 선한 것을 전혀 보지 못합니다"라고 말했다. 원로는 다음과 같이 말했다:

"당신이 세상에 있을 때는 무슨 일이든지 허영심과 사람들의 칭찬을 받으려고 했기 때문에 하나님께서 받으실 수 없었습니다. 그러므로 사탄이 당신을 공격하지 않았습니다. 당신이 아무리 열심을 내도 거기서 유익을 얻지 못했으므로, 사탄이 당신의 열심을 깨는 데 관심이 없었습니다. 그러나 지금 사탄은 당신이 그리스도의 부르심을 받고 그분의 군사가 되어 사탄을 대적하려는 것을 알았으므로, 당신을 대적하려 합니다. 그러므로 이곳에서 가책을 느끼면서 한 편의 시편을 낭송하는 것이 세상에서 수천 번 낭송했던 것보다 더 하나님을 흡족하게 합니다. 세상에서 당신이 여러 주간 금식한 것보다 이곳에서 하는 적은 금식을 하나님은 더 기뻐 받으십니다."

형제는 고집스럽게 "압바, 내 영혼이 죽어가고 있습니다"라고 말했다. 원로는 "형제여, 내 말을 믿으세요. 나는 당신의 독거생활을 파괴하지 않으려고 이 말을 하지 않으려 했습니다. 그러나 사탄이 당신을 무관심의 상태로 몰고 갔다는 것을 알았으므로 말하겠습니다. 당신이 세상에 있을 때 선을 행하며 잘 살았다고 생각하는 것은 교만입니다. 성전에서 뽐내면서 이렇게 생각한 바리새인은 자기가 성취한 선을 모두 잃었습니다. 당신이 선한 것을 하고 있지 않다고 생각한다면, 구원받을 수 있습니다. 이는 그것이 겸손이기 때문입니다. 선한 것을 행한 적이 없는 세리는 이런 식으로 (겸손과 자기비하를 통해서) 의롭다 함을 받았습니다(눅 18:14). 선행을 많이 하지만 자기가 선한 것을 이루는 데 성공했다고 여기는 사람보다 악하고 태만해도 마음으로 통회하며 겸손한 사람을 하나님은 더 흡족해하십니다."

이 말을 듣고 유익을 얻은 형제는 원로에게 절하면서 "오늘 내 영혼이 당신 덕분에 구원받았습니다"라고 말했다.

3. 압바 에피파니우스는 가나안 여자가 소리 질러 응답을 받았고(마 15:22), 혈루증을 앓던 여인은 말없이 접근하여 칭찬받았고(막 5:24~34), 세리는 입을 열지 않았지만 하나님께서 그의 기도를 들어주

셨고, 바리새인은 소리쳤지만 정죄되었다고 말했다.

4. 압바 롱기누스는 "가장 큰 덕이 무엇입니까?"라는 질문을 받고, "나는 교만이 가장 큰 정념이라고 여깁니다. 왜냐하면 교만은 여러 존재를 하늘에서 내던질 수 있었기 때문입니다. 덕 중에서 최고의 덕은 겸손입니다. 이는 겸손에는 마귀 같은 죄인이라도 어두운 심연에서 끌어올리는 능력이 있기 때문입니다. 그렇기 때문에 주님은 심령이 가난한 자, 즉 겸손한 사람이 누구보다 복되다고 말씀하셨습니다(마 5:3)"라고 대답했다.

5. 압바 사르마티아스는 "죄를 짓지 않았으므로 자신이 고결하다고 생각하는 사람보다 죄지은 것을 인정하고 뉘우치는 사람이 낫다고 생각합니다"라고 말했다.

6. 어느 도시의 주교가 사탄의 활동으로 말미암아 음란죄를 범했다. 며칠 후 교회에서 전례를 거행했는데, 주교는 사람들 앞에서 "나는 음란죄를 범했습니다"라고 고백했다. 이렇게 말하고 나서 주교복을 벗어 제단 위에 놓고 "나는 이제 주교가 아닙니다"라고 말했다. 그의 고백을 들은 사람들은 탄식하면서 "이 죄를 우리에게 돌리고, 주교직을 유지해 주십시오"라고 말했다. 주교는 "제가 이곳에 머물면서 여러분과 함께 지내기를 원하신다면, 제 말대로 하십시오"라고 말하고, 즉시 교회의 문을 닫으라고 명령하고, 옆문 앞에 엎드려 "교회에서 나갈 때 나를 밟지 않는 사람은 하나님 편이 아닙니다"라고 말했다. 사람들은 모두 주교의 말대로 교회를 떠나면서 그를 밟고 나갔다. 마지막 사람이 나갈 때

하늘에서 "주교의 큰 겸손 때문에 그 죄를 용서하였다"라는 음성이 들려왔다.

7. 어느 원로는 "저는 교만으로 이룬 승리보다 겸손을 수반한 패배를 원합니다"라고 말했다.

8. 어느 원로는 "겸손은 노력하지 않고서 많은 사람을 구원했습니다. 이것은 몇 마디만 하고 구원받은 세리와 탕자가 증명합니다"라고 말했다.

9. 어느 교부는 "이전의 교부들은 엄격함으로 말미암아 하늘나라에 들어갔습니다. 그러나 우리는 엄격함에 친절함을 더함으로써 겸손으로 말미암아 하늘나라에 들어갑시다"라고 말했다.

10. 압바 이사야는 "우리에게 가장 필요한 덕은 겸손입니다. 우리는 무슨 말을 하든지 무슨 말을 듣든지, 무슨 일을 하든지 '용서해 주십시오'라고 말할 준비가 되어 있어야 합니다. 이는 겸손이 마귀의 악한 일을 저지하기 때문입니다"라고 말했다.

제45장

겸손의 특징과 그 열매에 관하여

겸손한 사람은 자신을 탓하고 낮추며, 자기가 행한 선한 행위를 무가치하게 여긴다. 겸손의 특징은 무엇이며, 그 열매는 무엇인가?

1. 게론티콘

1. 압바 안토니는 "나는 마귀의 덫이 온 땅에 퍼지는 것을 보고 신음하면서 '이 덫에 걸리지 않고 건너뛰는 것이 무엇일까?' 라고 말했습니다. 그때 '겸손이다' 라는 음성이 들려왔습니다"라고 말했다.

2. 압바 안토니는 압바 푀멘에게 "인간은 하나님 앞에서 자기의 죄에 대해 책임을 져야 하며, 숨을 거둘 때까지 유혹이 임할 것이라고 여겨야 합니다"라고 말했다.

3. 언젠가 귀신들이 수실에서 압바 아르세니우스를 공격하여 괴롭혔다. 아르세니우스의 시중을 드는 사람들은 수실 밖에서 그가 "나의 하나님, 나를 버리지 마십시오. 나는 하나님 앞에서 한 번도 선한 것을 행한 적이 없습니다. 그러나 하나님의 선하심에 따라 선을 시작할 수 있게 해주십시오"라고 소리쳐 기도하는 소리를 들었다.

4. 어느 형제가 압바 암모나스에게 "압바, 한 말씀 해주십시오"라고

말했는데, 다. 그는 일주일 동안 암모나스와 함께 지냈지만, 아무 말도 듣지 못했다. 그가 떠나려 할 때 암모나스는 그를 배웅하면서 "오늘에 이르기까지 내 죄가 하나님과 나 사이를 가로막는 어둠의 벽이 되어왔습니다"라고 말했다.

5. 압바 다니엘은 다음과 같은 이야기를 해주었다. 바벨론 총독의 딸이 귀신 들렸다. 총독은 자기가 알고 지내며 사랑하는 수도사에게 딸을 고쳐달라고 부탁했다. 수도사는 "제가 알고 있는 몇 명의 은수사들 외에는 따님을 고칠 사람이 없습니다. 그런데 그들은 겸손하기 때문에 우리가 부탁해도 그런 일을 하겠다고 하지 않을 것입니다. 그러니 다음과 같이 해볼 수 있습니다: 그분들이 손으로 만든 물건을 팔러 시장에 올 때 물건을 사려는 체하여 물건값을 치르겠다고 하여 그들을 총독님 댁으로 오게 하여 따님을 위해 기도해달라고 부탁하십시오. 그분들이 기도해준다면, 따님은 치유될 것입니다"라고 말했다.

그들은 시장에 가서 바구니를 팔려고 앉아 있는 어느 원로의 제자를 발견했다. 총독의 사람들은 물건값을 치르기 위해 그 사람을 총독의 관저로 데려왔다. 그런데 그 사람이 집에 들어서자마자 귀신 들린 처녀가 달려들어 뺨을 때렸다. 수도사는 "누구든지 네 오른편 뺨을 치거든 왼편도 돌려 대며"(마 5:39)라는 주님의 명령대로 다른 뺨을 돌려댔다. 이 행동이 귀신을 괴롭게 했기 때문에, 귀신은 섬뜩하게 "대단한 폭행이군. 예수의 명령이 나를 몰아내는구나"라고 소리치면서 처녀에게서 떠나갔다. 그 순간 처녀는 건강하고 바른 정신으로 돌아왔다. 이 일이 알려졌을 때 원로들은 하나님을 찬양했고, 그리스도의 계명이 고취하는 겸손만이 마귀의 교만을 죽일 수 있다고 말했다.

6. 압바 카리온(Abba Carion)은 "나는 제자 자카리아(Abba Zacharias)보다 더 힘들게 일해왔지만, 아직 그가 겸손과 침묵으로 획득한 덕의 분량에 이르지 못했습니다"라고 말했다.

7. 언젠가 압바 자카리아는 스케테에서 지내고 있으면서 환상을 보았다. 그는 즉시 그것을 스승인 압바 카리온에게 보고했다. 카리온은 이러한 현상에 대해 알지 못했으므로 자리에서 일어나 자카리아를 때리면서 그 환상이 마귀에게서 왔을 것이라고 말했다. 그러나 자카리아는 계속 환상을 보았으므로, 어느 날 밤에 수실에서 나와 압바 푀멘에게 갔다. 그는 푀멘에게 자기의 내면에 뜨거운 느낌이 있다고 말했다. 푀멘은 이 현상이 하나님에게서 온 것임을 깨닫고서 자카리아에게 "아무개 원로에게 가서 그분이 말해주는 것을 마음에 간직하세요"라고 말해주었다. 자카리아는 그 원로에게 갔다. 그 원로는 자카리아가 아무 말도 하기 전에 그의 상황을 자세히 이야기하면서 "이 환상은 하나님에게서 온 것이지만, 당신의 영적 아버지에게 복종하십시오"라고 말했다.

8. 언젠가 압바 모세가 압바 자카리아에게 "내가 어떻게 해야 할지 말해주게나"라고 말했다. 자카리아는 이 말을 듣는 순간 모세의 발 앞에 엎드려 "아버지, 저에게 물으십니까?"라고 말했다. 압바 모세는 "아들 자카리아여, 내 말을 믿으세요. 나는 성령이 당신에게 내려오는 것을 보았습니다. 그래서 당신에게 질문하지 않을 수 없습니다"라고 말했다. 자카리아는 쓰고 있던 모자를 벗어 바닥에 놓고 밟으면서 "이렇게 짓밟

히지 않는 사람은 수도사가 아닙니다"라고 말했다.

9. 압바 푀멘은 다음과 같은 이야기를 했다. 압바 자카리아가 임종할 때 압바 모세가 그에게 무엇을 보느냐고 물었다. 자카리아는 "아버지, 조용히 하는 편이 낫지 않을까요?"라고 대답했다. 모세는 "그래요. 조용히 하지요"라고 말했다. 자카리아가 숨을 거두는 순간 옆에 앉아있던 압바 이시도어가 하늘을 바라보면서 "자카리아, 기뻐하세요. 하늘 문이 당신에게 열렸습니다"라고 말했다.

10. 압바 에바그리우스는 "구원의 출발점은 자신을 책망하는 것입니다"라고 말했다.

11. 언젠가 압바 테오도르가 수도사들과 함께 쉬고 있었다. 그들은 음식을 먹으면서 말없이 잔을 들었지만, 늘 하던 대로 "나를 용서해 주십시오"라고 기도하지 않았다. 테오도르는 "수도사가 '나를 용서해 주십시오'라고 기도하지 않는 것은 무례입니다"라고 말했다.

12. "저는 계명을 실행하고 싶습니다"라고 말하는 형제에게 압바 테오도르는 다음과 같이 말했다: "언젠가 압바 토마스가 '하나님이 원하신다면 내 생각대로 실행하고 싶습니다'라고 말했습니다. 그리고 즉시 화덕에 가서 빵을 구웠습니다. 그는 빵을 달라고 요청하는 거지들에게 빵을 모두 주었습니다. 그리고 적선을 요청하는 다른 거지들에게 자기가 입고 있던 옷과 빵을 담는 바구니를 주었습니다. 그는 두건 달린 옷만 어깨에 두르고 수실에 들어갔습니다. 그렇게 구제하고서도 '나는 하

나님의 계명을 제대로 실행하지 않았다'라고 자책했습니다."

13. 어느 형제가 압바 테오도르에게 "저는 죽어가고 있습니다. 위로의 말을 해주십시오"라고 말했는데, 테오도르는 슬퍼하면서 "저는 지금 죽음의 위험에 처해 있습니다. 그러니 무슨 말을 할 수 있을까요?"라고 대답했다.

14. 존경받는 테오필루스 대주교가 니트리아 산에 갔는데, 그 산에 거주하는 금욕수행자들의 영적 아버지가 그를 찾아왔다. 대주교는 "아버지, 이 금욕생활의 길에서 더 발견한 것이 무엇입니까?"라고 물었다. 원로는 "모든 일에 대한 책임이 자신에게 있다고 여기고 자신을 책망해야 한다는 것입니다"라고 대답했다. 대주교는 "맞습니다. 그 외에 다른 길이 없습니다"라고 동의했다.

15. 이 테오필루스 대주교가 스케테에 갔을 때 형제들이 압바 팜보(Abba Pambo)에게 "대주교에게 덕을 세울 말씀을 해주십시오"라고 말했는데, 팜보는 "그분이 나의 침묵에서 유익을 얻지 못한다면, 나의 말에서도 유익을 얻지 못할 것입니다"라고 대답했다.

16. 암마 테오도라(Amma Theodora)는 금욕생활이나 곤경이나 온갖 종류의 고역으로 구원받지 못하며, 오직 진정한 겸손으로 구원받는다고 말했다. 그녀는 다음과 같이 말했다: "어느 은수사가 귀신들을 쫓아내려 했습니다. 그는 먼저 귀신들에게 '어느 능력이 너희들을 사람에게서 몰아내느냐? 금식이냐'라고 물었습니다. 귀신들은 '우리는 먹지 않고

마시지도 않는다'라고 대답했습니다. 그가 '철야냐?'라고 물었는데, 귀신들은 '우리는 잠을 자지 않는다'라고 대답했습니다. '세상을 버리고 떠나는 것이냐?' 귀신들은 '그렇지 않다. 우리는 사막에서 산다'라고 대답했습니다. 테오도라가 끈질기게 어떻게 해야 귀신들이 몰려나가느냐고 물었더니, 귀신들은 '겸손 외에 그 무엇도 우리를 이기지 못한다'라고 고백했다.

17. 난쟁이 압바 요한은 "겸손과 하나님을 경외하는 것이 모든 덕보다 우위에 있습니다"라고 말했다.

18. 난쟁이 압바 요한이 "요셉을 누가 팔았습니까?"라고 물었다. 한 형제가 "그의 형들입니다"라고 대답했다. 그런데 요한은 "아닙니다. 겸손이 그를 팔았습니다. 그는 팔릴 때 '나는 당신들의 동생입니다'라고 말하며 형들과 언쟁할 수 있었을 것입니다. 그러나 그는 침묵하면서 겸손하게 팔려 갔습니다. 겸손이 그를 애굽의 총독으로 만들었습니다"라고 말했다.

19. 그는 "우리는 가벼운 짐, 즉 자책을 내려놓고 무거운 짐, 즉 자기 정당화를 졌습니다"라고 말했다.

20. 어느 교부는 압바 요한이 겸손으로 말미암아 스케테 전체를 그의 손가락에 매달았다고 말했다.

21. 테베의 압바 요한은 "수도사는 무엇보다 겸손을 획득해야 합니다. 이는 그것이 '심령이 가난한 자는 복이 있나니 천국이 그들의 것임

이요.'(마 5:3)라고 말씀하신 주님의 첫째 계명이기 때문입니다"라고 말했다.

22. 압바 푀멘의 말에 의하면, 압바 이시도어는 매일 밤 야자 줄기 한 다발을 밧줄을 꼬았다. 그가 힘들게 일하는 것을 본 형제들은 "연세가 있으시니, 잠시 쉬세요"라고 간청했다. 그러나 그는 "사람들이 이시도어를 불태워 유골을 바람에 날린다 해도, 나는 쉬지 않을 것입니다. 왜냐하면 하나님의 아들이 우리를 위해 세상에 오셨기 때문입니다"라고 대답하곤 했다.

23. 압바 푀멘은 압바 이시도어 대해 다음과 같이 말했다. 이시도어는 "나는 이제 위대한 금욕수행자이다"라는 생각이 들면, "나는 압바 안토니만큼 위대한가? 압바 팜보만큼 완전해졌는가? 아니면 하나님을 기쁘시게 한 다른 교부들과 같은 위상에 도달했는가?"라고 생각했다. 이런 식으로 응답하면, 그러한 생각이 물러가고 도망쳤다. 영혼의 원수인 귀신들은 이시도어가 지옥에 갈 것이라고 말하여 낙심하게 하려 했는데, 그는 "내가 지옥에 간다고 해도, 내 밑에서 너를 발견할 것이다"라고 대응했다.

24. 압바 롱기누스(Abba Longinos)는 시체가 아무것도 느끼지 못하고 아무도 판단하지 않듯이, 마음이 겸손한 사람은 우상을 숭배하는 사람을 보아도 판단하지 못한다고 말했다.

25. 압바 마토에스(Abba Matoes)는 "인간은 하나님께 가까이 다가갈수

록 자신이 죄인임을 보게 됩니다. 이사야 선지자도 하나님을 뵙고서 자신의 비참함과 불순함을 고백하였습니다(사 6:5)"라고 말했다.

26. 압바 마토에스는 "나는 젊었을 적에 무언가 선한 일을 할 수 있을 것이라는 생각을 자주 했습니다. 그러나 늙은 지금 돌이켜 보니 한 가지도 선한 일을 한 것이 없다는 것을 알게 됩니다"라고 말했다.

27. 어느 형제가 압바 마토에스에게 "어떻게 해야 스케테의 수도사들이 계명에서 말하는 것보다 더 많은 일을 할 수 있습니까? 다시 말해서 이웃을 제 몸보다 더 사랑할 수 있습니까?"라고 물었다. 마토에스는 "나는 지금까지 나를 사랑하시는 분을 내 몸처럼 사랑하지 못했습니다"라고 대답했다.

28. 압바 야곱은 이렇게 말했다: "언젠가 나는 압바 마토에스를 찾아갔는데, 그곳을 떠나면서 '(은수사들이 거주하는) 켈즈를 방문하려 합니다'라고 말했습니다. 압바 야곱은 '압바 요한에게 안부 전해 주십시오'라고 말했습니다. 그래서 나는 압바 요한에게 갔을 때 '압바 마토에스께서 안부 전합니다'라고 말했는데, 요한은 기뻐하면서 '압바 마토에스는 참으로 이스라엘 사람입니다. 그 안에 거짓이 없습니다(요 1:47)'라고 말했습니다. 일년 후에 나는 다시 압바 마토에스를 방문하여 압바 요한의 인사를 전했습니다. 그분은 겸손하게 '저는 그분의 칭찬을 받을 자격이 없습니다. 그러나 이웃을 자기보다 더 공경하는 원로는 높은 고지에 이른 사람입니다. 이웃을 자기보다 더 공경하고 높이는 것이 곧 완전함입니다'라고 말했습니다."

29. 어느 형제가 압바 마토에스에게 "아버지, 저에게 유익한 말씀을 해주십시오"라고 부탁했다. 마토에스는 다음과 같이 말했다: "당신의 마음에 애통과 겸손을 달라고 하나님께 간청하세요. 항상 당신의 죄를 염두에 두고 다른 사람을 판단하지 말며, 다른 사람들보다 더 낮아지십시오. 당신 자신에게 친밀하지 말고, 입과 배를 억제하십시오. 어떤 주제에 관해 이야기하는 사람과 논쟁하지 마세요. 그 사람의 말이 옳으면 옳다고 말하고, 그르면 '무슨 말을 하는지 아십니까?'라고 말하되, 그의 말을 놓고 다투지 마십시오. 그것이 겸손입니다."

30. 압바 크산티아스(Abba Xanthias)는 "개가 나보다 낫습니다. 왜냐하면 개에게는 사랑이 있고, 판단하지 않기 때문입니다"라고 말했다.

31. 어느 형제가 압바 알로니우스에게 "자신을 낮춘다는 것의 의미가 무엇입니까?"라고 물었다. 알로니우스는 "당신이 자신을 말 못하는 짐승들보다 낮다고 여기며, 짐승들은 당신과는 달리 자기 행동에 대해 책임을 지지 않는다고 믿는 것입니다"라고 대답했다.

32. 압바 푀멘은 "자책하는 사람은 어떤 상황에서든지 참고 인내할 것입니다"라고 말했다.

33. 압바 푀멘은 "깨끗한 자들에게는 모든 것이 깨끗하나"(딛 1:15)라는 말씀의 의미를 이해하는 사람은 자신을 하나님의 모든 피조물보다 더 낮게 여긴다고 말했다. 이 말을 들은 어느 형제가 "어떻게 나를 살인자보다 더 낮게 여길 수 있습니까?"라고 물었는데, 푀멘은

"이 말씀처럼 깨끗함을 얻은 사람은 살인하는 사람을 보면 '저 사람은 이번에만 살인했지만, 나는 날마다 살인합니다'라고 말할 것입니다"라고 대답했다.

34. 이 형제는 압바 아노웁에게 같은 질문을 하면서 압바 푀멘의 견해를 말씀드렸다. 아노웁은 "그분의 말씀이 옳습니다. 그 말씀처럼 깨끗함에 이른 사람이 형제의 죄를 본다면, 자신의 덕의 힘으로 그 죄를 삼킬 것입니다(즉 못 본 체할 것입니다)"라고 말했다. 형제는 "그 덕은 무엇입니까?"라고 물었고, 아노웁은 "자책입니다. 자신을 책망하는 사람은 이웃을 의롭다고 하는데, 이 의가 이웃의 죄를 감춥니다"라고 대답했다.

35. 압바 푀멘은 다른 원로와 반대되는 견해를 주장하려 하지 않았다고 한다. 그는 상황에 상관없이 자기와 반대되는 견해를 주장하는 사람을 칭찬했다. 그를 아는 사람들은 다음과 같은 이야기를 했다: 그는 신자들이 그를 찾아오면, 먼저 그들을 자기보다 연장자인 압바 아노웁에게 보냈다. 압바 아노웁은 그들에게 "내 형제 푀멘에게 가십시오. 그에게 가르침의 은사가 있습니다"라고 말했다. 푀멘은 아노웁과 함께 있을 때는 아무 말도 하지 않았다.

36. 압바 푀멘은 압바 안토니가 "사람이 할 수 있는 가장 위대한 행위는 하나님 앞에서 자기 죄에 대해 책임을 지며, 숨을 거둘 때까지 유혹이 있을 것이라고 예상하는 것입니다"라고 말하는 것을 들었다.

37. 압바 푀멘은 다음과 같이 말했다: "규칙을 지키는 사람은 동요하지 않습니다. 우리가 많은 유혹을 당하는 것은 자신의 규칙과 관심사에 주의를 기울이지 않기 때문입니다. 구약성경에서 아비가일은 다윗에게 '이 죄악을 나 곧 내게로 돌리시고'(삼상 25:23)라고 말했고, 다윗은 그 말을 듣고 그녀를 사랑하게 되었습니다. 아비가일은 우리의 영혼을 상징하고, 다윗은 신격을 상징합니다. 만일 영혼이 하나님 앞에서 자신을 책망한다면, 하나님께서 그 영혼을 사랑하실 것입니다."

39. 압바 푀멘은 "사탄이 내던짐을 당하는 곳에서 나도 내던짐을 당합니다"라고 말했다.

40. 압바 푀멘은 "숨을 쉬는 데 공기가 필요하듯이, 사람에게는 겸손과 하나님 경외가 필요합니다"라고 말했다.

41. 압바 푀멘은 "하나님 앞에서 당신 자신을 무로 여기고 낮추며, 당신의 뜻을 내려놓으십시오. 이것들이 영혼의 도구입니다"라고 말했다.

42. 어느 형제가 압바 푀멘에게 "수실에 있을 때 무엇에 주의를 집중해야 합니까?"라고 물었는데, 푀멘은 "지금까지 나는 무거운 짐을 지고 목까지 진흙탕에 잠겨 하나님께 '나를 불쌍히 여기소서'라고 소리치는 사람이었습니다"라고 대답했다.

43. 압바 푀멘은 다음과 같이 말했다: "어느 형제가 당신을 찾아왔

는데, 당신이 그에게서 유익을 얻지 못한다고 여긴다면, 당신의 마음속을 들여다보면서 형제가 오기 전에 무슨 생각을 하고 있었는지 찾아내십시오. 이렇게 살펴봄으로써 이 사람의 방문을 무익하게 하는 것이 무엇인지, 그리고 그 원인이 당신에게 있다는 것을 알 수 있을 것입니다. 당신이 겸손하게 이 충고를 실행한다면, 당신은 자신을 탓하며 자신의 허물의 짐을 질 것이므로 이웃과 관련하여 흠이 없을 것입니다. 수실에 경건하게 지내는 사람은 죄를 짓지 않을 것입니다. 왜냐하면 하나님이 항상 그 앞에 계시기 때문입니다. 수실에서 경건하게 지냄으로써 하나님에 대한 경외심을 획득합니다."

44. 압바 푀멘은 다음과 같은 말을 했다: "언젠가 원로들이 식사할 때 압바 알로니우스가 일어서서 그들의 식사 시중을 들었습니다. 원로들이 그를 칭찬했지만, 그는 대꾸하지 않았습니다. 한 원로가 개인적으로 '원로들이 칭찬하는데 왜 아무 반응을 하지 않습니까?'라고 말했습니다. 압바 알로니우스는 '만일 내가 반응한다면, 그들의 칭찬을 받아들이는 셈이 될 것입니다'라고 대답했습니다."

45. 압바 푀멘은 "하나님께서는 겸손이라는 땅에서 제물을 드리라고 명령하셨습니다"라고 말했다.

46. 압바 이소에스는 "의도적으로 겸손을 소유하는 사람은 성경 전체를 실행합니다"라고 말했다.

47. 어느 형제가 안토니의 산에 사는 압바 시소에스를 방문했다. 그는 시소에스와 대화하면서 "아버지께서는 압바 안토니의 경지에 이르시지

않았습니까?"라고 물었다. 시소에스는 "나에게 압바 안토니의 생각 중 하나라도 있다면, 나는 불덩이 같을 것입니다"라고 대답했다.

48. 어느 형제가 압바 시소에스에게 "압바, 하나님에 대한 기억이 나에게 있는 것을 느낍니다"라고 말했다. 시소에스는 "당신의 마음이 하나님과 함께 있는 것이 중요한 것이 아닙니다. 중요한 것은 당신이 모든 피조물보다 낮다는 것을 아는 것입니다. 이런 까닭에 육체노동은 겸손으로 이어집니다"라고 대답했다.

49. 압바 시소에스가 어느 형제에게 "요즘 어떻게 지냅니까?"라고 물었는데, 그 형제는 "아버지, 세월을 허비하고 있습니다"라고 대답했다. 시소에스는 "내가 단 하루만 허비한다면, 감사할 것입니다. 다시 말해서 하루만이라도 죄를 더하지 않고 보낼 수 있다면 감사하겠습니다"라고 말했다.

50. 세 원로가 압바 시소에스에 대한 소문을 듣고 그를 방문했다. 그 중 하나가 "아버지, 어떻게 해야 이를 가는 것과 잠들지 않는 구더기로부터 구원받을 수 있습니까?"라고 물었지만, 시소에스는 대답하지 않았다. 둘째 원로가 "아버지, 어떻게 해야 이를 가는 것과 잠들지 않는 구더기로부터 구원받을 수 있습니까?"라고 물었지만, 이번에도 대답하지 않았다. 셋째 원로가 "아버지, 어떻게 해야 합니까? 저는 바깥 어둠을 기억하는 데 대한 두려움 때문에 숨을 쉴 수 없습니다"라고 말했다. 그제야 시소에스는 "저는 이런 것들에 대해서 생각하지 않습니다. 저는 궁휼하신 하나님께서 저를 불쌍히 여기실 것을 바랍니다"라고 대답했

다. 원로들은 이 말을 듣고 마음이 상하여 일어나서 떠나려 했다. 시소에스는 그들이 상한 마음으로 떠나는 것을 원하지 않았으므로 "형제들이여, 당신들은 복됩니다. 진실로 당신들이 부럽습니다. 당신들의 정신이 항상 그러한 생각의 지배를 받는다면, 죄를 지을 수 없을 것입니다. 마음이 완악한 나는 어떻게 해야 합니까? 나에게는 사람들에게 형벌이 있는지 아는 것조차 허락되지 않았습니다. 그렇기 때문에 나는 매시간 죄를 짓습니다"라고 말했다. 이 말을 들은 원로들은 자기들의 생각을 뉘우치고 "과연 소문대로이십니다"라고 말했다.

51. 압바 시소에스는 절제, 쉬지 않고 드리는 기도, 그리고 모든 사람보다 더 낮아지려는 노력이 겸손으로 이어지는 길이라고 말했다.

52. 압바 시소에스는 "구약 성경에 우상이 입이 있지만 말하지 않으며, 눈이 있지만 보지 않으며, 귀가 있지만 듣지 않을 것이라고 기록되어 있습니다. 수도사도 그렇게 해야 합니다. 우상은 혐오스러운 것이며, 수도사는 자신을 혐오스럽다고 생각해야 합니다"라고 말했다.

53. 어느 수도사가 압바 크로니우스에게 "아버지, 어떻게 해야 겸손에 이를 수 있습니까?"라고 물었는데, 크로니우스는 "하나님을 경외해야 합니다"라고 대답했다. 형제는 "그렇다면 어떻게 해야 하나님을 경외할 수 있습니까?"라고 물었다. 크로니우스는 "모든 것을 멀리하고, 노동에 전념해야 합니다. 가능하다면 영혼이 육신을 떠나는 것과 하나님의 심판에 대해 생각해야 합니다"라고 말했다.

54. 압바 마카리우스가 습지에서 야자잎을 채취하여 수실로 돌아가고 있었다. 도중에 마귀가 큰 낫을 가지고 나타나서 그를 치려 했지만 치지 못했다. 마귀는 "마카리우스, 너에게서 큰 영적 능력이 발산하기 때문에 내가 너를 공격할 수 없다. 나는 네가 하는 것을 모두 할 수 있다. 네가 하는 금식을 나도 한다. 너는 잠을 자지 않는데, 나는 전혀 잠자지 않는다. 그런데 단 한 가지 네가 나를 이기는 점이 있다." 마카리우스는 그것이 무엇이냐고 물었다. 마귀는 "너의 겸손이다. 그것 때문에 나는 너를 공격할 수 없다"라고 대답했다.

55. 압바 하리페레키우스(Abba Hyperechios)는 "겸손은 천국에까지 솟아오르는 생명나무입니다"라고 말했다.

56. 어느 원로는 "겸손한 사람은 쉽게 귀신들을 이깁니다. 겸손하지 않은 사람은 귀신들의 노리개가 됩니다"라고 말했다.

57. 이 원로는 "말만 겸손하게 하지 말고, 마음이 겸손해야 합니다. 겸손이 없으면 하나님의 일에서 칭찬받을 수 없습니다"라고 말했다.

58. 어느 은수사가 "사탄아, 왜 나를 공격하느냐?"라고 물었다. 사탄은 "네가 겸손으로 힘차게 나를 공격하기 때문이다"라고 대답했다.

59. 원로들은 "겸손은 수도사의 면류관입니다"라고 말하곤 했다.

60. 어느 원로는 "언제 영혼이 겸손을 획득합니까?"라는 질문에 대해 "영혼이 자신의 악덕에 대해 생각할 때입니다"라고 대답했다.

61. 어느 원로는 "지구가 절대 쓰러지지 않듯이, 자신을 낮추는 사람도 쓰러지지 않습니다"라고 말했다.

62. 혈육의 두 형제가 같은 장소에 살았다. 마귀는 그 둘을 떼어 놓으려 했다. 어느 날 동생이 등불을 켜는데, 귀신이 등잔 받침대를 넘어뜨려서 등잔이 쓰러졌다. 형은 화를 내면서 동생을 때렸다. 그런데 동생은 화내지 않고 엎드려 "형님, 용서해 주세요. 다시 등불을 켜겠습니다"라고 말했다. 동생의 겸손 때문에 즉시 주님의 능력이 임하여 귀신의 힘을 파괴했다. 귀신은 이교 신전에 있는 두목에게 이 사실을 보고했다.

귀신이 보고하는 것을 들은 이교 사제는 자기의 잘못을 깨닫고 세례 받고 수도사가 되었다. 그는 수도생활을 시작하면서부터 겸손하게 살면서 "겸손은 원수의 능력을 파괴합니다. 이것은 마귀에게서 직접 들은 것입니다. 마귀는 '내가 수도사들 가운데 소란을 일으켰는데, 그중 한 사람이 용서를 구하려고 엎드렸을 때 즉시 나의 능력이 완전히 사라졌다'라고 말했습니다"라고 말했다.

63. 어느 원로는 "겸손한 사람은 화를 내지 않으며, 다른 사람을 화나게 하지도 않습니다"라고 말했다.

64. 어느 원로는 "귀신들은 왜 우리를 공격합니까?"라는 질문을 받고서 "우리가 무기를 내버렸기 때문입니다. 무기란 치욕, 겸손, 소유욕을 버림, 그리고 인내를 말합니다"라고 대답했다.

65. 어느 원로는 "무엇이 겸손입니까?"라는 질문을 받고서 "형제가

당신에게 죄를 지었을 때 그가 용서를 구하기 전에 용서해주는 것입니다"라고 대답했다.

66. 압바 시소에스가 병이 들었다. 원로들이 그의 곁에 앉아서 "아버지, 무엇이 보입니까?"라고 물었다. 시소에스는 "어떤 존재들이 나를 데리러 왔는데, 나는 그들에게 회개할 시간을 달라고 간청하고 있습니다"라고 대답했다. 한 원로가 "그들이 허락한다면, 그 시간을 회개에 사용하실 수 있습니까?"라고 물었다. 시소에스는 "그렇게 할 수 없어도, 내 영혼 때문에 잠시 신음할 수 있는데, 그것만으로도 족합니다"라고 대답했다.

67. 어떤 사람들이 귀신 들린 사람을 고쳐 주려고 테베의 어느 원로에게 데려갔다. 원로는 자신이 그럴 자격이 없다고 여겼으므로 그들의 부탁을 거절했다. 그러나 그들이 여러 번 간청했기 때문에 그는 귀신에게 "하나님의 피조물에서 나와라"라고 말했다. 귀신은 "나가겠다. 그런데 누가 염소이고 누가 양인지 말해 보아라"라고 말했다." 원로는 "나는 염소이다. 양이 누구인지는 하나님이 아신다"라고 대답했다. 이 대답을 들은 귀신은 큰 소리로 "너의 겸손 때문에 나간다"라고 소리치면서 그 사람에게서 나왔다.

68. 원로들은 우리는 전쟁하지 않을 때 더 겸손해져야 한다고 말했다. 왜냐하면 우리의 약함을 아시는 하나님이 우리를 덮으시기 때문이다. 만일 우리가 거만하다면, 하나님이 우리에게서 보호를 거두실 것이며, 우리는 멸망한다.

69. 어느 형제가 원로에게 "하나님에 따라 진보해야 한다는 것은 무엇을 의미합니까?"라고 물었다. 원로는 "사람의 진보는 겸손입니다. 사람이 겸손으로 내려갈수록 그만큼 더 진보합니다"라고 대답했다.

70. 어느 원로는 사람이 자신을 낮추고 "용서해 주십시오"라고 말할 때 귀신을 태워버린다고 말했다.

71. 농부가 짐승의 눈을 가리지 않으면, 짐승이 돌아다니면서 농부가 수고하여 거둔 열매를 먹어 치운다. 같은 일이 우리에게도 일어난다. 우리는 하나님의 섭리로 말미암아 자신이 행하는 선행을 보고 스스로 복되다고 말하여 상을 잃는 일이 없게 하려고 우리 눈에 가리개를 썼다. 이런 이유로 하나님은 우리가 때때로 더러운 생각을 하는 것을 허락하신다. 우리는 자신을 비판하기 위해 그러한 생각에만 주목한다. 이러한 내면의 오염물들은 우리의 보잘것없는 선을 덮는 역할을 한다. 사람이 자신을 책망할 때 상을 잃지 않는다.

72. 어느 원로는 "겸손이 무엇입니까?"라는 질문을 받고 "겸손은 하나님의 위대한 사역입니다. 겸손으로 인도하는 길은 육체의 노동, 그리고 자신이 모든 사람 밑에 있는 죄인이라고 여기는 것입니다"라고 대답했다. 질문했던 형제가 다시 "모든 사람 밑에 있다는 것은 무엇을 의미합니까?"라고 물었는데, 원로는 "그것은 사람들의 죄에 관심을 두지 않고 자신의 죄에 관심을 두며, 쉬지 않고 하나님께 기도하는 것을 의미합니다"라고 대답했다.

73. 공주수도원에 형제들의 짐을 모두 자기가 맡으려 하는 수도사가 있었다. 그는 심지어 간음죄를 범했다면서 "제가 이 죄를 지었습니다"라고 말했다. 그의 덕을 알지 못하는 일부 수도사들이 그에 대해 "그 사람은 많은 악한 일을 행하고, 선을 행하지 않습니다"라고 불평했다. 이 수도사의 행위를 잘 아는 수도원장은 그를 비난하는 사람들에게 "나는 당신들이 교만으로 짠 많은 골풀 멍석보다 그가 겸손으로 짠 하나의 골풀 멍석을 택합니다. 당신들이 원한다면, 하나님께서 그 증거를 주실 것입니다"라고 말했다. 그리고 그는 불을 켜라고 말했다. 그는 각 수도사에게 자기가 짠 멍석을 가져오게 했고, 비난받는 수도사도 그가 짠 멍석을 가져오게 했다. 원장은 멍석을 모두 불에 던지라고 명령했다. 그들은 멍석을 불에 던졌는데, 비난하는 수도사들의 멍석은 불에 탔지만, 비난받은 형제의 것은 타지 않았다. 비난하던 수도사들은 이 기적을 보고 놀라 자기들이 비난하던 수도사 앞에 엎드렸다. 그 후 그들은 그를 교부로 공경했다.

74. 어느 수도사는 자기의 기분을 상하게 한 사람 앞에 엎드렸다.

75. 어느 원로는 다음과 같은 사건을 말해 주었다: 세상에 두 사람이 살았다. 그들은 세상을 버리고 수도사가 되기로 합의했다. 그들은 고자가 되는 것이 죄라는 것을 알지 못했기 때문에 하늘나라를 위해 고자가 되는 것이 복음의 교훈을 실천하는 것이라고 생각하고서 스스로 고자가 되었다. 이 소식을 들은 대주교는 그들을 파문했다. 그들은 자기들의 행동이 옳다고 여겼으므로 대주교에게 화를 냈다. 그들은 예루살렘 대주교에게 가서 그 일을 보고했는데, 그도 역시 그들을 파문했다. 그들은

이번에는 안디옥의 대주교에게 갔지만, 역시 파문당했다. 마지막으로 로마 교황이 대주교들 중에서 으뜸이라고 여겨 교황에게 갔지만 역시 같은 판결을 받았다.

당황한 그들은 서로 "그들은 종교회의에 함께 참석하므로 서로 의견이 같습니다. 키프로스의 주교 에피파니우스에게 가봅시다. 그분은 예언자요 편파적인 사람이 아니므로 분명히 진실을 말해주실 것입니다"라고 말했다. 그들이 키프로스에 가까이 왔을 때, 하나님이 그들의 의도를 에피파니우스에게 알려주셨다. 에피파니우스는 즉시 그들을 맞이하도록 사람을 보내면서 도시에 들어오지 말라고 명했다. 그제야 그들은 자기들이 지은 죄에 대한 혼란에서 벗어나 "참으로 우리가 죄를 지속해왔습니다. 우리는 주교들이 우리를 부당하게 파문했다고 생각하고 있었습니다. 이 예언자도 우리를 부당하게 대할까요? 보세요. 하나님께서 우리의 의도를 그에게 알려주셨습니다"라고 말하고, 엄격하게 자신을 정죄하기 시작했다.

하나님께서 그들의 마음이 겸손해진 것과 잘못을 인정한 것을 보시고 알려주셨으므로, 에피파니우스는 자발적으로 그들을 불러들이고 위로한 후에 성찬에 참여하게 해주었다. 그는 즉시 알렉산드리아의 대주교에게 "당신의 영적 자녀들을 받아주십시오. 그들은 진심으로 회개했습니다"라고 편지를 썼다.

에피파니우스는 사람이 치유된다는 것은 자기의 잘못을 깨닫고 하나님 앞에서 잘못에 대한 책임을 인정하는 것이라고 결론지었다. 이렇게 한다면, 하나님의 은혜가 그 사람의 회개와 영적 상태를 사람들에게 알려줄 것이다.

76. 켈즈에 매우 겸손한 형제가 살았다. 그는 항상 "주님, 저를 번개로 쳐 주십시오. 저는 건강할 때 주님께 복종하지 않습니다"라고 기도했다.

77. 어느 원로는 "사람이 자기 영혼을 과시하지 않고 책망하고 낮춘다면, 결국 영혼은 자신이 개나 짐승보다 가치가 없다고 믿게 될 것입니다. 이는 개나 짐승은 조물주를 화나게 하거나 판단하지 않기 때문입니다. 그러므로 나는 일어서서 판단하지 않고 영원히 벌을 받아야 합니다"라고 말했다.

78. 어느 수도사가 원로를 방문하여 "아버지, 어떻게 지내십니까?"라고 물었는데, 원로는 "좋지 않아요"라고 대답했다. 형제는 "아버지, 그 이유가 무엇입니까?"라고 물었다. 원로는 "나는 십팔 년 동안 하나님 앞에 서서 날마다 '교만하여 저주를 받으며 주의 계명들에서 떠나는 자들을 주께서 꾸짖으셨나이다'(시 119:21)라고 기도하면서 나 자신을 저주했습니다"라고 말했습니다. 형제는 원로가 자책하는 말을 듣고 그 겸손함에 큰 교훈을 받고 떠나갔다.

79. 어느 원로는 "수실에서 침묵할 때 자신이 중요한 일을 하고 있다는 생각을 받아들이지 말고, 당신 자신을 사람을 물었기 때문에 마을에서 쫓겨난 개로 여기십시오"라고 말했다.

80. 어느 원로는 다음과 같이 말했다: "사막에 살면서 하나님께서 당신을 돌보신다는 것을 깨달을 때 교만해지지 말아야 합니다. 만일 교만

해진다면 하나님께서 도우심을 거두어 가실 것입니다. 당신은 자신에게 '내가 약하고 태만하기 때문에 지치지 않고 견뎌낼 수 있게 하시려고 하나님은 나에게 긍휼을 베푸시는 것이다'라고 말하십시오."

81. 어느 원로는 다음과 같이 말했다: "만일 당신이 거룩한 교부들의 놀라운 삶에 대해 듣고 마음이 뜨거워져서 그들을 본받으려 한다면, 당신이 택한 일을 할 수 있는 힘을 달라고 주님의 이름으로 기도해야 합니다. 만일 하나님의 도우심으로 이 목표를 성취한다면, 당신을 도와주신 분께 감사하십시오. 그러나 목표를 이루지 못한다면, 당신의 연약함을 인정하고 죽는 날까지 당신 자신을 서툴고 보잘것없고 조급하다고 여기십시오. 어떤 일을 시작하여 완성하지 못한 데 대해 당신 자신을 책망해야 합니다. 이렇게 하면 구원받을 수 있습니다."

82. 압바 마카리우스가 압바 팜보의 축일에 스케테를 떠나 니트리아 산으로 갔다. 원로들은 "형제들에게 교훈이 되는 말씀을 해주십시오"라고 부탁했다. 마카리우스는 이렇게 말했다:

"나는 아직 수도사가 되지 못했습니다. 그렇지만 수도사들을 본 적이 있습니다. 언젠가 내가 스케테의 수실에 있을 때 '사막으로 가서 그곳에서 보는 것에 주목해라'라는 생각에 시달렸습니다. 나는 오 년 동안 그것이 귀신들에게서 온 것일까 두려워하면서 이 생각과 싸웠습니다.

"그런데 그 생각이 계속되었으므로, 나는 사막으로 갔습니다. 그곳에 호수가 있고, 가운데 섬이 있었습니다. 사막의 들짐승들이 이 호수에 와서 물을 마셨습니다. 이 짐승들 가운데 벌거벗은 두 사람이 있었습니다. 나는 그들이 귀신일 것으로 생각하여 겁을 먹었습니다. 그들은 겁먹은 나에게 '두려워하지 마십시오. 우리는 사람입니다'라고 말했습니다. 나는 그들에게 '어디서 오셨습니까? 이 사막에서 어떻게 지내십니까?'라고 물었습니다. 그들은 '우리는 공주수도원에서 왔습니다. 우리는 합의하여 이곳에 와서 지금까지 사십 년 동안 살고 있습니다. 우리 중 한 사람은 에티오피아 사람이고, 또 한 사람은 리비아 사람입니다. 세상이 어떻게 되어가는지 말씀해 주십시오. 물이 넉넉하고, 수확이 풍성합니까?' 나는 그렇다고 대답하고서 '제가 어떻게 해야 수도사가 될 수 있는지 말씀해 주십시오'라고 부탁했습니다. '이 세상에 속한 모든 것을 버리지 않으면 수도사가 될 수 없습니다'라고 그들은 대답했습니다. 나는 '나는 약해서 당신들처럼 할 수 없습니다'라고 말했는데, 그들은 '그렇다면 수실에서 당신의 죄에 대해 울며 지내십시오'라고 말했습니다. 나는 '겨울이 되면 추위에 떨고, 열대 지방의 더위에 몸이 타지 않습니까?'라고 물었는데, 그들은 하나님께서는 우리가 겨울 추위에 떨지 않고, 뜨거운 햇볕에 타지 않도록 섭리하셨습니다'라고 대답했습니다."

마카리우스는 "이것이 제가 아직 수도사가 되지 못했지만 수도사를 보았다고 말한 이유입니다. 형제들이여, 나를 용서해 주십시오"라고 마무리했다.

83. 언젠가 대 안토니가 수실에서 기도하고 있는데 "안토니야, 너의 덕은 아직 알렉산드리아에 사는 구두 수선공의 상태에 이르지 못했다"라는 소리가 들려왔다. 그래서 안토니는 아침에 일어나서 야자나무 지팡이를 들고 이 구두수선공을 찾아갔다. 그는 구두 수선공의 집에 들어가 인사한 후에 그의 곁에 앉아서 "형제여, 당신의 행동에 대해 말해 주

십시오"라고 말했다. 구두 수선공은 "압바, 저는 아침에 일어나 작업실에 앉아서 '이 도시에서 가장 작은 자들부터 가장 위대한 사람에 이르기까지 모든 주민이 그들의 의 때문에 천국에 들어가는데, 나는 죄 때문에 지옥에 갈 것이다'라고 말하고, 저녁에 잠자리에 들기 전에 같은 말을 저 자신에게 말하는 것 외에 달리 선한 일을 한 적이 없습니다"라고 말했다. 안토니는 이 말을 듣고 "진실로 당신은 금세공인과 같습니다. 당신은 집에 앉아 쉬면서 천국을 유산으로 받았지만, 나는 분별력이 부족하여 평생 사막에서 살면서도 당신을 따라잡지 못했습니다"라고 말했다.

이 이야기를 분별하지 못하고 단순하게 이해하여 교훈을 얻기보다 해를 입지 않도록 조심하십시오. 당신은 세상에 사는 사람의 이 한 가지 행동, 본질상 힘든 노동이 필요치 않은 이 행동이 자신의 수고에 비례하여 상을 받았고, 하나님께서 그를 다른 교부들보다 더 영화롭게 하셨으며, 하나님이 계신 곳에 배정된 금욕생활의 창시자요 지도자의 금욕생활보다 바람직하다고 생각하지 마십시오.

만일 구두 수선공이 오로지 경건한 생각 때문에 어느 성인의 말처럼 세상에 거주하는 모든 사람을 비추어준 불기둥 같은 성 안토니보다 더 낫다면, 구두 수선공을 모든 사람이 본받아야 할 본보기로 제시해야 하지 않겠습니까? 구두 수선공을 본받는 것이 쉬운 일인데, 만일 그가 안토니보다 더 낫다고 생각한다면 왜 그를 닮으려고 노력하지 않습니까? 우리 수도사들이 구두 수선공을 제치고 안토니의 삶을 원형으로 삼고 그 삶과 동등한 삶을 살려고 노력하는 이유가 무엇입니까? 그를 닮는 것이 매우 힘들며 성공하는 사람이 극히 적은데도 불구하고, 왜 우리는 그의 삶을 본받으려 합니까?

　그러므로 하나님께 헌신하는 사람들을 낮추시는 하나님, 여러 계시를 받은 것이 지극히 크므로 너무 자만하지 않게 하시려고 바울에게 육체의 가시를 주신 하나님(고후 12:7~9)은 영적 업적과 은사가 가득한 성 안토니가 자신이 이룬 완전함을 확인하려 했을 때 겸손으로 보호해 주셨음이 분명합니다. 인간을 사랑하시는 하나님은 이 금욕고행자가 아직 구두 수선공의 수준에 도달하지 못했다는 것을 보여주셨습니다. 하나님께서 제시하시는 수준은 무엇입니까? 세상에 살면서 자기를 높이지 않고 종종 양심의 책망을 받은 구두 수선공은 이 덕의 수준에 도달했습니다. 그러므로 신중하게 자신의 잘못을 인정한 이 사람은 마음으로 모든 사람이 고결하고 의롭고 천국에 들어갈 자격이 있다고 여기면서 자기를 정죄하고 영원한 벌을 받아야 한다고 여겼습니다.

　구두 수선공은 그러한 태도로 살았으므로 칭찬받아야 합니다. 그러나 이런 이유 때문에 그가 성 안토니보다 더 고결한 것이 아니었습니다. 그는 단지 자신을 모든 사람보다 더 악하다고 여겼기 때문에 성인을 능가했습니다. 성 안토니는 마음이 겸손했고, 그의 내면에서 일하시는 성령의 에너지 덕분에 자신이 가치가 있다고 여겨지 않았지만, 끊임없이 그의 업적과 영적 은사를 상기시키는 의식적 인식이 있었는데, 그는 많은 사람이 그러한 인식을 버렸다는 것을 잘 알고 있었습니다. 이런 까닭에 그는 할 수 있는 한 자기를 낮추려 했지만, 구두 수선공처럼 자신을 다른 사람들보다 악하다고 여길 수 없었습니다. 이런 점에서 구두 수선공이 성 안토니를 이겼습니다. 하나님은 안토니에게 구두 수선공을 지적하시면서 진실을 말씀하시고, 은혜로 안토니를 더욱 겸손하게 이끄셨습니다. 하나님으로부터 비슷한 계시나 음성을 들은 다른 성인들의 차이점도 바로 이것입니다.

2. 성 에프렘

1. 열매 맺기의 출발점은 꽃이요, 겸손의 출발점은 주님 안에서 복종하는 것입니다. 복종을 획득하는 사람은 순응하고, 기꺼이 복종하고, 온유하고, 작은 자나 큰 자를 존경합니다. 이런 사람은 주님에게서 영생을 상으로 받을 것입니다.

2. 어느 형제가 이렇게 말했습니다; "저는 주님에게 이 은총을 요청했습니다. 즉 형제가 나에게 무슨 일을 하라고 말할 때 속으로 "그는 네 주인이다. 그의 말을 들어라' 라고 말하는 것, 어느 형제가 나에게 무슨 일을 지시할 때 마음속으로 '그는 네 주인의 동생이다' 라고 말하는 것, 어린 소년이 무슨 일을 하라고 명령할 때 '네 주인의 아들의 말을 들어라' 라고 말하게 해달라고 기도했습니다." 그 형제는 그에게 겸손을 주신 하나님의 은혜와 협력하여 이렇게 적대적인 생각을 대적하면서 명령받은 모든 것을 동요됨이 없이 실천했습니다.

3. 압바 이사야

1. 겸손한 사람은 태만한 사람이나 자기를 무시하는 사람을 책망하지 않으며, 다른 사람의 잘못을 지켜보지 않으며, 영혼에 유익하지 않은 말을 듣지 않습니다. 그는 자기의 죄 외에 다른 것에 관심을 두지 않습니다. 그는 우정 때문이 아니라 하나님의 명령 때문에 모든 사람과 화목합

니다. 사람이 겸손의 길을 걷지 않으면, 엿새 동안 금식하며 힘들게 일해도 헛수고입니다.

2. 형제여, "용서해 주십시오"라고 말하는 데 익숙해지십시오. 그리하면 당신이 겸손해질 것입니다. 겸손을 사랑하십시오. 겸손이 당신을 죄에서 보호해줄 것입니다.

3. 무슨 일에서든지 무기력해지지 말아야 합니다. 노동과 곤경과 침묵은 겸손을 낳습니다. 그리고 겸손은 모든 죄를 용서합니다. 사람은 부주의한 분량만큼 마음속으로 자신이 하나님의 친구라고 생각합니다. 만일 그가 정념에서 벗어난다면, 자신이 하나님에게서 얼마나 멀리 떨어져 있는지 보기 때문에 부끄러워서 하나님 앞에서 하늘을 바라보지 못할 것입니다.

4. 어떤 사람이 두 명의 종을 수확하러 밭에 보냈습니다. 한 종은 주인이 명령한 대로 실천하려고 전력을 다했지만, 그 일이 그의 능력을 초월하는 것이었기 때문에 완수하지 못했습니다. 다른 종은 게을렀기 때문에 "누가 매일 그렇게 많은 일을 할 수 있겠어?"라고 생각했습니다. 그는 명령을 무시하고 잠이 들었습니다. 그는 한 시간 동안 잠자고 나서 또 한 시간을 하품하곤 했습니다. 그다음 한 시간 동안 열고 닫히는 문처럼 이리저리 뒤척거렸습니다. 그는 이렇게 목적 없이 하루를 보냈습니다. 밤이 되어 두 사람은 주인에게 갔습니다. 주인은 두 사람에게 질문했습니다. 주인은 첫째 종이 배정받은 일을 다 하지는 못했지만 많은 일을 해낸 것을 알고서 그의 열심에 감명을 받아 칭찬했습니다. 그러나

주인은 명령을 무시한 게으른 종을 집에서 쫓아냈습니다.

　시련을 당하거나 힘든 일을 당할 때 겁내지 말고, 힘을 다해 겸손하게 일해야 합니다. 하나님께서는 힘써 일한 성인들과 함께 우리를 받아주실 것입니다.

　5. 이웃의 양심에 상처를 입히지 않는 것이 겸손을 낳습니다. 겸손은 분별을 낳고, 분별은 정념들을 서로 분리한 후에 모두 죽입니다. 농부가 밭을 일구듯이 먼저 경작하지 않으면 분별을 얻을 수 없습니다. 영혼의 유익을 위해서는 먼저 다른 사람의 행위를 바라보는 일을 멈추어야 합니다. 이러한 고요한 태도가 금욕을 낳고, 금욕은 눈물을 낳고, 눈물은 하나님 경외를 낳고, 하나님 경외는 겸손을 낳고, 겸손은 분별을 낳고, 분별은 예지를 낳고, 예지는 사랑은 낳습니다. 사랑은 영혼을 건강하게 하고, 정념에서 풀어줍니다. 이 모든 과정을 거친 사람은 이러한 덕들이 없는 사람이 하나님에게 얼마나 멀어지는지 이해합니다.

　6. 하나님이 우리의 노력을 흡족해하신다는 것을 믿지 않으면 하나님의 보호를 받지 못합니다. 믿음으로 성실하게 마음을 하나님께 바친 사람은 자기가 하나님의 마음에 드는지에 관한 생각에 사로잡히지 않습니다. 양심이 좋지 않은 행위를 책망하는 한 우리는 자유를 알지 못합니다. 책망하는 것(양심)이 있으면 고발하는 것(죄)이 있습니다. 고발이 있으면, 자유가 없습니다.

4. 압바 마가

뉘우치는 사람이 교만할 수 없고, 고의로 죄짓는 사람의 마음이 겸손할 수 없습니다. 겸손은 양심의 고발이 아니라, 하나님의 은혜와 인류를 향한 긍휼에 대한 가장 깊고 확실한 지식입니다. 우리가 겸손을 배양했다면, 징계가 필요하지 않습니다. 우리에게 발생하는 악과 재앙은 교만의 결과입니다. 바울이 자만하지 않도록 시험하기 위해 사탄의 사자가 주어졌는데, 교만한 우리가 겸손해질 때까지 사탄이 우리를 짓밟을 것입니다.

우리의 선조들은 가장으로서 재산을 소유하고 아내와 자녀들을 부양하면서도 무한히 겸손했기 때문에 하나님과 교제했습니다. 그러나 우리는 자신이 하나님과 가깝다고 생각하면서 세상과 친척과 재산을 버렸지만, 교만하기 때문에 귀신들이 우리를 조롱합니다. 교만한 사람은 자신을 알지 못합니다. 우리 자신 및 자신의 어리석음과 약함을 안다면 교만하지 않을 것입니다. 자신을 알지 못하는 사람이 어떻게 하나님을 알 수 있겠습니까? 자신의 어리석음을 깨닫지 못하여 하나님의 지혜와 거리가 먼 사람이 어떻게 하나님의 지혜를 이해하겠습니까?

하나님을 아는 사람은 영혼 안에서 거울로 보듯이 하나님의 위엄을 보고 겸손해집니다. 욥은 "내가 주께 대하여 귀로 듣기만 하였사오나 이제는 눈으로 주를 뵈옵나이다 그러므로 내가 스스로 거두어들이고 티끌과 재 가운데에서 회개하나이다"(욥 42:5~6)라고 말했습니다. 욥을 본받는 사람은 하나님을 봅니다. 하나님을 보는 사람은 하나님을 압니다. 그러므로 우리가 하나님 보기를 원한다면, 자신을 불쌍히 여기고 마음이 겸손해져야 합니다. 그리하면 하나님을 대면하여 볼 뿐만 아니라 하나님 안에서 즐거워하고, 하나님이 우리 안에 거하시게 됩니다. 하나님의 지혜로 말미암아 우리의 어리석음이 지혜롭게 되며, 하나님의 능력으로 말미암아 우리의 약함이 강해질 것이며, 그것이 주 예수 그리스도 안에서 우리의 기운을 돋우어줄 것입니다.

5. 성 디아도쿠스

겸손의 덕은 획득하기 어렵습니다. 큰 겸손을 얻으려면, 더 큰 노력이 필요합니다. 그것은 거룩한 지식을 취하는 사람에게 두 가지 방식으로 임합니다. 첫째, 신앙을 얻기 위해 노력하는 사람은 영적 경험의 길의 중도에 있을 때 육체적 약함 때문에, 의를 추구하는 사람을 적대시하는 사람 때문에, 또는 악한 생각 때문에 어느 정도 더 겸손한 태도를 취합니다. 둘째, 하나님의 은혜가 지성을 비추고, 지성이 이 조명을 의식하고 확신할 때, 영혼은 겸손을 본성적 속성으로 소유합니다. 하나님의 은혜가 가득한 영혼은 하나님의 계명을 실천할 때도 영광에 대한 사랑으로 오만해질 수 없습니다. 영혼은 하나님의 관용과 교제하기 때문에 자신을 더 비천하게 여깁니다.

이 두 형태의 겸손 중 영적 경험에서 비롯되는 것에는 대체로 슬픔과 낙담이 동반되며, 다른 겸손에는 기쁨과 지혜로운 경외가 동반됩니다. 첫째 형태의 겸손은 한창 노력하는 사람에게 임하지만, 둘째 형태의 겸손은 완전함에 접근하고 있는 사람에게 하나님이 주시는 것입니다. 그렇기 때문에 세속적인 번영은 첫째 방식에서 발생하는 겸손을 조롱하는 듯하며, 둘째 형태의 겸손은 이 세상 나라의 모든 것이 주어져도 그 영향을 받지 않으며, 완전히 영적이어서 물질적인 선물을 알지 못하므로 죄의 화살을 느끼지 않습니다. 그러므로 겸손을 얻기 위해 노력하는 사람이 둘째 형태의 겸손에 이르려면 첫째 형태의 겸손을 통과해야 합니다. 하나님의 은혜는 정념의 공격으로 시험함으로써 우리의 아집을 부드럽게 한 후에 영적 겸손을 주십니다.

6. 성 막시무스

겸손은 눈물과 고역이 결합된 꾸준한 기도입니다. 이는 그것이 항상 하나님께 도움을 구하며, 무모하게 자기의 능력과 지혜를 신뢰하거나 다른 사람에게 오만하게 행동하는 것을 허락하지 않기 때문입니다. 이런 것들은 교만이라는 정념의 위험한 질병입니다.

7. 압바 이삭

자기의 약함을 깨달은 사람은 겸손과 하나님에 대한 지식에 이른 사람입니다. 이런 까닭에 그는 항상 감사하며, 그에게는 은혜의 은사가 풍부합니다. 항상 입으로 하나님께 감사하는 사람은 하나님의 축복을 받습니다. 마음에 하나님께 대한 감사가 충만한 사람에게는 하나님의 은혜가 증가합니다. 교만이 시험에 선행하듯이, 겸손이 은혜에 선행합니다.

제46장

자신을 책망할 때

자신을 책망할 때 얻는 유익

1. 게론티콘

조시마(Zosimas)는 다음과 같이 말했다: "제가 잠시 압바 게라시무스(Abba Gerasimos)의 대수도원에 머무는 동안 사랑하는 형제가 생겼습니다. 어느 날 우리는 앉아서 영적으로 유익한 일에 관해 이야기하다가 매사에 자신을 비난하는 사람이 영적 안식을 발견한다는 압바 푀멘의 말을 기억했습니다. 또한 니트리아 산의 압바가 '아버지, 이 길에서 더 발견한 것이 무엇입니까?'라는 질문을 받고 '항상 자신을 비난하고 책망해야 한다는 것입니다'라고 대답했고, 질문했던 사람은 '이것만이 완전에 이르는 길입니다'라고 말하면서 이 대답의 지혜를 확인했다는 것을 기억했습니다.

"우리는 이러한 지혜로운 말을 기억하면서 놀라서 서로 '성인들의 말에는 큰 능력이 있어요!'라고 말했습니다. 대 안토니가 말했듯이, 그분들의 말은 생활과 경험에서 나온 실질적인 것이기 때문에 능력이 있습니다. 어느 현자는 '당신의 말을 삶으로 확인하십시오'라고 말했습니다. 이런 문제에 관해 대화하던 중에 사랑하는 형제는 '나는 이러한 말을 실천함으로써 영혼에 임하는 안식의 가치를 경험한 적이 있습니다'

라고 말했습니다.

"이 대수도원에 참된 형제요 친구가 있었습니다. 그는 부제였습니다. 이 부제는 어떤 근거에서인지 모르지만 나에게 죄가 있다고 의심하고서 나를 무례하게 대했습니다. 그가 나에게 몰인정하게 행동했기 때문에, 그 이유를 물었더니, 그는 '당신의 행동 때문에 짜증이 납니다'라고 대답했습니다. 아무리 생각해도 그가 말하는 행동을 한 적이 없었으므로, 나는 이 일이 왜 벌어졌는지 이해할 수 없다고 말했습니다. 그러나 그는 납득하지 않고 '용서해 주십시오. 나는 당신의 말을 믿지 않습니다'라고 말했습니다.

"수실에 돌아와서 내가 그런 일을 한 적이 있는지 더 깊이 생각해보았지만, 그런 일은 한 적이 없었습니다. 그 후 나는 이 형제가 거룩한 잔을 들고 형제들에게 성찬을 베푸는 것을 보았습니다. 나는 그가 들고 있는 것의 이름으로 그가 말한 행동을 한 적이 없다고 말했지만, 역시 그를 납득시키지 못했습니다.

"나는 다시 마음을 가라앉히고 과거를 살피면서 앞에서 언급했던 거룩한 교부들의 말을 기억했습니다. 그리고 그 말의 진리를 믿으면서 지금까지 생각하던 데서 정신을 돌려 나 자신에게 '부제는 나를 진지하게 사랑하며, 이 사랑 때문에 마음으로 생각하고 있는 나의 잘못을 말할 용기를 내지 못하고 있다. 그러니 정신을 차리고 앞으로 다시는 잘못을 범하지 말자. 불쌍한 영혼아, 너는 '나는 그 일을 한 적이 없다'라고 말하는데, 네가 범하고도 기억하지 않는 다른 악을 고려하면 네가 어제 행한 모든 것을 기억하지 못하는 것처럼 그가 말하는 것을 행하고도 잊고 있다고 가정하는구나'라고 말했습니다. 나는 이렇게 생각하면서 내가 실제로 부제가 확신하는 행동을 하고서 잊고 있다고 마음으로 다짐했습니다. 그런 후에 하나님과 부제에게 감사하기 시작했습니다. 왜냐하면 부제로 말미암아 내가 죄를 인정하고 뉘우칠 수 있게 되었기 때문입니다.

"이렇게 묵상한 후 일어나서 부제 앞에 엎드려 용서를 구하고 감사하기 위해 부제의 수실에 도착하여가서 문을 두드렸습니다. 부제는 문을 열고 나를 보더니 즉시 내 앞에 엎드려 '용서해 주십시오, 귀신들이 나를 가지고 놀았습니다. 그래서 나는 당신이 이 문제에 연루되어 있다고 의심했습니다. 그런데 당신이 이 일과 관련이 없고 알지도 못한다고 하나님이 알려 주셨습니다'라고 말했습니다. 내가 답변을 시작하자마자 그는 나를 저지하면서 '더 말할 필요가 없습니다'라고 말했습니다."

압바 조시마는 결론적으로 다음과 같이 말했다: "진정한 회개가 진심으로 바라는 사람의 마음을 움직여 부제의 비난을 받지 않게 했습니다. 부제는 알지 못하면서 그가 어떤 일을 했다고 의식하고 뚜렷한 이유가 없이 그를 슬프게 했고, 그의 해명을 받아들이지 않았습니다. 그는 이 모든 일에 대해 속상해하지 않았을 뿐만 아니라 자신이 범하지 않은 죄를 자신에게 돌렸습니다. 왜냐하면 부제의 말이 자기의 마음보다 더 신뢰할 수 있다고 여겼기 때문입니다. 그뿐만 아니라 그는 부제 앞에 엎드려 자신이 알지 못하는 죄에 대한 책임에서 벗어나게 해준 데 대해 감사하려 했습니다.

"겸손, 다시 말해서 자책이 얼마나 큰 능력을 지니는지 아시겠습니까? 겸손을 소유한 사람을 영적 진보의 고지에 올라갑니다. 그러므로 우리가 이런 식으로 마음을 돌보며 겸손을 생각하면서 훈련한다면, 원수가 우리 영혼 안에 악한 씨를 뿌릴 곳을 찾지 못할 것입니다. 그러나 선한 생각이 없거나 우리가 스스로 악을 향하는 것은 원수에게 우리 안에 씨를 뿌릴 기회를 제공하는 것입니다. 그리하여 원수는 우리를 사람이 아닌 귀신으로 만듭니다.

"사람들을 혼란스럽게 하는 것이 귀신들의 기능입니다. 주님은 구원을 갈망하며 선한 생각을 배양하고 선을 향한 갈망을 나타내는 영혼에게 은혜를 주시며, 그 은혜로 말미암아 영혼은 단기간에 높은 진보의 수준에 오릅니다. 성경은 '하나님을 사랑하는 자 곧 그의 뜻대로 부르심을 입은 자들에게는 모든 것이 합력하여 선을 이루느니라'(롬 8:28)라고 말합니다."

제47장

명예나 특혜를 바라지 말라.

명예나 특혜를 바라지 말아야 한다. 사람이 명예로 여기는 모든 것은 하나님께 혐오스러운 것이다.

1. 성 에프렘

　형제여, 어찌하여 마귀의 유혹에 빠져 아무 유익을 주지 못할 신분상의 유익을 얻기 위해 자신에게 영예를 수여하는 잘못을 범합니까? 사도 바울은 "옳다 인정함을 받는 자는 자기를 칭찬하는 자가 아니요 오직 주께서 칭찬하시는 자니라"(고후 10:18)라고 말합니다. 주님은 "너희가 서로 영광을 취하고 유일하신 하나님께로부터 오는 영광은 구하지 아니하니"(요 5:44)라고 말씀하십니다. 사랑하는 자여, 정신 차리십시오. 당신이 헛된 삶과 마귀와 교만을 버리고 세상일을 생각하지 않는 이유를 깊이 생각해 보십시오. 이웃에게 치욕을 주는 것은 야기심과 허영의 죄라는 것을 모르십니까? 다음과 같은 사실을 생각해 보십시오: 당신은 자신을 형제보다 더 존중했고, 경쟁심과 이기심 때문에 당신 자신을 형제보다 우위에 두었습니다. 이것은 당신이 형제 앞에서 자신을 낮추려 하지 않기 때문입니다. 이 허영이 당신을 하나님께 추천하며, 천국에서 당신에게 우선권을 주겠습니까? 그렇지 않습니다. 하나님은 "너희 중에 누구든지 크고자 하는 자는 너희를 섬기는 자가 되고 너희 중에 누구든지 으뜸이 되고자 하는 자는 너희의 종이 되어야 하리라"(마

20:26~27)라고 말씀하십시다.

내 형제여, 형제보다 우위에 서려다가 다음 세상에서 마지막이 되지 않도록 조심하십시오. 영예를 사랑하던 부자가 꺼지지 않는 불 속에서 고통을 당하면서 "너는 살았을 때에 좋은 것을 받았고"(눅 16:25)라는 말을 들었음에 주목하십시오. 성경은 "사람 중에 높임을 받는 그것은 하나님 앞에 미움을 받는 것이니라"(눅 16:15)라고 말합니다. 형제여, 당신이 세상에 대해 죽었다는 것과 당신의 생명이 그리스도와 함께 하나님 안에 감추어졌다는 것을 기억하십시오(골 3:3). 우리의 생명이신 그리스도께서 나타나실 때 당신도 그분과 함께 영광 가운데 나타날 것입니다(골 3:4). 현 상황에서는 사람의 영광을 사랑하지 마십시오. "모든 육체는 풀과 같고 그 모든 영광은 풀의 꽃과 같으니 풀은 마르고 꽃은 떨어지되"(벧전 1:24)라는 사도의 말처럼 이 세상의 영광이 당신을 영원히 지속시켜 주지 못합니다. 형제여, 그러므로 원수의 멍에와 교만을 벗어버리고, 주님의 쉬운 멍에를 메십시오. 주님은 "무릇 자기를 높이는 자는 낮아지고 자기를 낮추는 자는 높아지리라"(눅 14:11)라고 말씀하십니다. 또 베드로는 "하나님은 교만한 자를 대적하시되 겸손한 자들에게는 은혜를 주시느니라"(벧전 5:5)라고 말합니다.

사랑하는 자여, 의로운 재판관이신 하나님께서 우리에 대하여 "그들은 사람의 영광을 하나님의 영광보다 더 사랑하였더라"(요 12:43)라고 말씀하실까 두려워하며, 주님을 위해서 사람들 앞에서 자신을 낮춤으로써 하늘과 땅에서 쉼을 얻으려 하십시오. 주님은 "나는 마음이 온유하고 겸손하니 나의 멍에를 메고 내게 배우라 그리하면 너희 마음이 쉼을 얻으리니"(마 11:29)라고 말씀하십니다. 형제여, 세상에서는 웅변을 잘하는 사람이 칭찬받지만, 수도생활에서는 정적과 침묵을 사랑하는 사람이 하나님 보시기에 큽니다. 세상 사람들 중에서는 몸을 치장하고 옷을 자주 갈아입는 사람이 칭찬받지만, 수도원에서는 옷차림을 무시하고 육체에 반드시 필요한 것에만 관심을 두는 사람이 칭찬을 받습니다. 사도 바울은 "우리가 먹을 것과 입을 것이 있은즉 족한 줄로 알 것이니라"(딤전 6:8)라고 말했습니다. 이런 식으로 생각하고 행동하는 사람은 천국의 영광을 확보합니다.

또 세상에서는 육체의 힘이나 재산을 자랑하는 사람을 위대하다고 여기지만, 수도생활에서는 겸손과 절약을 사랑하는 사람이 탁월하고 고귀합니다. 성경은 "그러나 하나님께서 세상의 미련한 것들을 택하사 지혜 있는 자들을 부끄럽게 하려 하시고 세상의 약한 것들을 택하사 강한 것들을 부끄럽게 하려 하시며 하나님께서 세상의 천한 것들과 멸시 받는 것들과 없는 것들을 택하사 있는 것들을 폐하려 하시나니 이는 아무 육체도 하나님 앞에서 자랑하지 못하게 하려 하심이라"(고전 1:27~29)라고 말합니다. 그러므로 감사하는 선한 종으로서 주님이 기뻐하시는 것을 사랑하며, 사람의 마음에 들려 하지 마십시오. 온 세상이 악한 자에게 속하였으므로(요일 5:19), 사도 바울은 "내가 지금까지 사람들의 기쁨을 구하였다면 그리스도의 종이 아니니라"(갈 1:10)라고 말했습니다.

제48장

칭찬받을 때 방심하지 말라.

때에 맞지 않게, 또는 지나치게 겸손한 체하는 것은 해롭다.
칭찬받을 때 어떻게 행동해야 하는가? 칭찬은 방심하지 않고
집중하는 사람에게 해를 끼치지 못한다.

1. 게론티콘

어느 형제가 압바 세라피온을 방문했다. 세라피온은 그에게 관습에 따라 기도하라고 권했지만, 그는 자신이 죄인이며 수도사 자격이 없다고 말하면서 순종하지 않았다. 세라피온이 그의 발을 씻어주려 했지만, 그 형제는 같은 말을 하면서 동의하지 않았다. 세라피온은 식탁을 차린 후에 함께 식사하자고 했다. 세라피온은 음식을 먹으면서 "아들이여, 덕을 쌓기를 원한다면, 인내하면서 수실에서 지내면서 당신 자신과 일에 집중하세요. 외출하는 것과 사람들을 방문하는 것은 수실에 머무는 것만큼 유익을 주지 못합니다"라고 권면했다.

그 형제가 세라피온의 말을 들으면서 눈에 뜨일 정도로 얼굴 표정이 변했다. 그리하여 세라피온은 "지금까지 당신은 자신이 죄인이라고 말하면서 자신을 비난했고, 심지어 살 자격도 없다고 판단했습니다. 그런데 내가 사랑으로 당신에게 조언하니 마치 들짐승처럼 화를 내는군요. 당신이 겸손해지기를 원한다면, 사람들이 하는 말을 담대히 받아들이고 내용이 없이 멋진 말을 들어놓지 마십시오"라고 말했다. 그 형제는 이

말에 큰 교훈을 얻고, 세라피온 앞에 엎드려 절한 후에 떠나갔다.

2. 성 바르사누피우스

어느 형제가 원로에게 "교부들은 '실제 행위보다 더 큰 명성을 얻는 사람에게 화가 있다'라고 말하는데, 자신에 대해 사람들이 하는 말에 해를 입지 않으려고 자신의 명예를 잠재우려면 어떻게 해야 합니까?"라고 물었습니다.

원로는 "사람들의 칭찬에 만족을 느끼지 않고 동의하지 않는다면, 실제 업적보다 더 큰 명성을 얻는 것이 해롭지 않습니다. 이는 실제로 살인하지 않았는데 살인자라고 비방 받는 사람이 하나님 앞에서 죄인이 아닌 것과 같습니다. 칭찬받을 때 '사람들은 나의 실체를 알지 못하기 때문에 나를 존경한다'라고 생각하십시오"라고 말했습니다.

제49장

옷차림에 관하여

영적 아버지들은 옷차림을 검소하게 했다. 신실한 사람은 어떤 상황에서든지 검소해야 한다.

1. 자선가 요한(St. John the Merciful)의 생애

총대주교 요한은 말할 수 없이 검소하게 생활했다. 그의 옷은 초라했고, 침구는 검소했다. 그는 의복이나 침구 등과 관련하여 일반인들보다 더 좋은 것을 소유하려 하지 않았다. 언젠가 그 도시에 사는 요한의 지인이 그가 어떻게 사는지 알고서 값비싼 털외투를 사서 보내면서, 거절하지 말고 입으라고 간절히 호소했다.

총대주교는 부탁하는 사람의 신뢰성, 그리고 그의 끈질기고 간절한 호소 때문에 이 호의를 받아들이려 했다. 요한은 가까이에 있는 사람들이 이 사실을 알게 되었을 때 밤낮으로 자신을 비하하면서 다음과 같이 말했다:

"그리스도 안에 있는 내 형제들이 추위에 떨고 야외에서 고생하면서도 싸구려 누더기조차 입지 못하고 있는데, 내가 값비싼 옷을 입으니, 누가 나를 비난하지 않겠는가? 형제들은 먹지 못하여 거지 나사로처럼 내 식탁에서 떨어지는 부스러기라도 먹기를 원하고 있지 않은가?

"이 도시에 도착하는 많은 나그네들과 여행자들은 머리둘 데가 없어 배고프고 목마른 상태로 장터에 누워 잠을 자는데, 나는 온갖 종류의 좋은 것을 받고 있다. 나는 이미 많은 편의 시설을 누리고 있는데, 이제 비싼 옷을 입었다. 주님이 재림하실 때 나에게 무엇이라고 말씀하실까? '너는 살았을 때에 좋은 것을 받았고 가난한 사람들은 고난을 받았으니 이것을 기억하라 이제 그들은 여기서 위로를 받고 너는 괴로움을 받느니라'(눅 16:25)라고 말씀하실 것이다. 요한은 이제 이 비싼 옷을 입지 않고, 그만한 가치의 옷을 가난한 사람들에게 주겠다."

그는 날이 밝자 외투를 팔러 시장에 보냈다. 그런데 외투를 기증했던 사람이 그것을 보고 다시 사서 총대주교에게 가져갔다. 총대주교는 그것을 받았지만, 즉시 시장에 팔러 보냈다. 이런 일이 여러 번 되풀이 되자 요한은 외투를 기부한 사람에게 "팔려는 내가 먼저 지칠지, 그것을 다시 사서 나에게 가져다줄 당신이 먼저 지칠지 두고 봅시다"라고 말했다. 이 사람은 아주 부자였으므로, 요한은 그에게서 돈을 받아 가난한 사람들에게 사용하려고 이렇게 말했다.

2. 성 아르세니우스의 생애

위대한 아르세니우스는 이 세상에 속한 것은 가치가 없다고 여겨 혐오하여 세상 것을 보는 것조차 견디지 못했다. 그는 과거 궁궐에서 입고 지냈던 화려한 옷에 대한 반감으로 싸구려 옷을 입고 지냈으므로 찢어지고 해진 옷을 입은 가난한 농부와 전혀 다르지 않았다. 아르세니우스는 내면생활에 더 관심을 두었고, 육신보다 영혼을 치장하기를 원했으므로, 보잘것없는 옷에 만족했다.

3. 게론티콘

어느 형제가 원로에게 "상의를 두 벌 갖는 것이 좋습니까?"라고 물었는데, 원로는 "두 벌의 상의를 소유하고, 악을 습득하지 마십시오. 그것은 몸과 영혼을 더럽게 합니다. 영혼에는 악이 필요하지 않지만, 몸에는 옷이 필요합니다. 우리에게 반드시 필요한 것이 있다면, 바울의 말처럼 그것에 만족해야 합니다(딤전 6:8)"라고 대답했다.

4. 압바 이사야

허영에 빠지지 않으려면 몸이 보기 흉하게 더러워지는 것을 허락하지 마십시오. 그러나 젊은 사람은 몸을 철저히 보기 흉하게 하는 것이 유익합니다. 옷이든지 허리띠든지 모자든지 이웃의 것을 탐내지 말고, 비슷한 것을 만들어 당신의 욕구를 충족시키지 마십시오. 당신에게 책이 있다면, 그것을 장식하지 마십시오. 그렇게 하는 것도 정념이 될 수 있습니다. 몸을 단장하는 것은 영혼의 멸망입니다. 그러나 하나님을 경외하면서 이러한 물질을 맡는 것은 선한 일입니다.

5. 압바 이삭

당신이 가지고 있는 보잘것없는 옷을 사랑하십시오. 그리하면 오만처럼 내면에서 자라는 욕망을 죽일 수 있습니다. 우아한 것을 사랑하는 사람은 겸손한 생각을 획득할 수 없습니다. 이는 겉으로 보이는 것이 마음에 반영되기 때문입니다.

6. 게론티콘

1. 압바 이삭은 형제들에게 "교부들과 압바 팜보는 야자 섬유로 만든 더덕더덕 기운 옷을 입고 지내셨는데, 여러분은 값비싼 옷을 입고 있습니다. 여러분은 이곳을 폐허로 만들었으니, 이곳에서 떠나십시오"라고 말했다. 그는 추수하러 가면서 형제들에게 "여러분이 내가 지시한 것을 지키지 않으므로, 이제 더는 지시하지 않겠습니다"라고 말했다.

2. 압바 이삭은 "압바 팜보는 수도사는 수실 밖에 던져 사흘 동안 버려두어도 너무 낡았기 때문에 아무도 주워가지 않을 옷을 입어야 한다고 말씀하셨습니다"라고 말했다.

7. 성 에프렘

좋은 옷으로 단장하는 사람은 영혼을 해칩니다. 사치한 옷은 수도사의 영혼을 부끄럽게 합니다. 이는 그것이 영혼 안에 교만을 일으키기 때문입니다. 수도사에게는 검소한 옷차림이 유익합니다. 수도사는 도움이 되지 않는 벽을 장식하지 말고, 내적인 일에 관심을 두어야 합니다. 아름다운 수실이 수도사에게 인내심을 주지 않습니다. 우리는 절대적으로 필요한 것을 구해야 합니다. 분심을 야기하는 과다한 것은 해롭고 위험합니다.

제50장

정욕적인 욕망을 가지고 일하지 말라.

무슨 일을 하든지 자기의 욕구를 충족시키려 하지 말며, 정욕적인 욕망으로 일하지 말아야 한다.

1. 성 파코미우스의 생애

파코미우스는 자기의 수도원 중 하나에 교회를 짓고, 그 둘레에 아름다운 기둥과 벽돌로 현관을 세웠다. 건물이 완성되었을 때 그는 자신이 아름다운 건물을 완공한 데 만족했다. 그러나 자신의 업적에 놀라거나 만족해서는 안 된다고 생각하여, 밧줄로 기둥을 묶고서 형제들에게 기둥이 휘어 보기 흉하게 될 때까지 힘껏 당기라고 명령했다. 그 후에 그는 "형제들이여, 여러분도 손수 행한 것을 지나치게 장식하지 마십시오. 그보다는 그리스도의 은혜와 성령의 은사로 여러분이 만든 것을 (허영이나 야심)이 공격하지 못하게 되며, 여러분의 솜씨에 대한 칭찬으로 말미암아 정신이 불안정해지고 마귀의 먹이가 되지 않게 해달라고 기도해야 합니다. 이는 마귀의 계책이 무척 많기 때문입니다"라고 말했다.

2. 성 바르사누피우스

어느 형제가 원로에게 "나는 수도원 청지기입니다. 나의 수중에 들어온 물건을 수도원 일에 사용했는데, 내가 그것에 애착하고 있다는 것을 알게 된다면, 내가 그것을 취한 것이 정념입니까?"라고 물었습니다.

　원로는 다음과 같이 대답했습니다: "만일 당신이 그 물건을 사용하면서 그것에 애착하는 생각과 싸운다면, 그 생각에게 '이것은 나의 순종을 실천하기 위해 필요한 것이다. 그런데 왜 너는 그것을 소유하려는 욕망을 나에게 주입하려 하느냐?'라고 말하십시오. 만일 그 정념이 당신 안에서 활동을 멈춘다면, 그 물건을 취하십시오. 그러나 만일 멈추지 않고 당신의 임무에 필요한 것이 다른 수단으로 쉽게 충족된다면, 다른 물건을 사용하고, 정념과 싸우십시오. 그러나 그렇게 할 수 없다면 그 물건을 사용하고, '그것이 필요하지 않다면, 취하지 말아야 할 것이다. 왜냐하면 나는 그것에 대한 애착에 정복되었기 때문이다'라고 자책하십시오.

　그 형제는 "만일 어떤 사람이 나에게 필요한 것을 제공했는데, 내 마음에 그것을 받으려는 정욕적인 욕망이 있다는 것을 깨닫는다면, 어떻게 해야 합니까? 나에게 필요한 것이니 기꺼이 받아야 합니까? 아니면 내가 그것에 애착하기 때문에 사양해야 합니까?"라고 물었습니다.

　원로는 다음과 같이 대답했습니다: "이에 대해서는 음식을 대하는 것과 같은 태도를 취하십시오. 우리에게는 날마다 양식이 필요합니다. 그러나 쾌락을 위해서 음식을 먹지 말아야 합니다. 만일 우리가 꼭 필요한 음식을 주신 하나님께 감사하면서 받되 자신이 그것을 받을 자격이 없다고 여긴다면, 하나님은 그것을 축복하시고 거룩하게 하실 것입니다. 그러므로 만일 당신에게 무엇이 필요하며 모든 것이 태평하다면, 당신이 행하는 것의 뒤를 따르시는 하나님께 감사하고, 당신을 자격이 없다고 정죄하십시오. 그렇게 하면 하나님이 당신에게서 애착의 느낌을 몰아내 주실 것입니다. 하나님에게는 모든 것이 가능합니다. 그러나 만일 당신에게 필요한 곳에 이 물건을 사용하려 하지 않는다면, 그것을 받지 마십시오. 왜냐하면 그것이 탐욕의 원인이 될 것이기 때문입니다.

색인

ㄱ

거룩한 사람 페트로니우스 530
게론티콘 13, 29, 49, 59, 71, 74, 81, 88, 106, 115, 116, 120, 128, 135, 138, 145, 159, 166, 171, 178, 183, 188, 191, 197, 203, 206, 212, 222, 236, 239, 258, 266, 272, 279, 283, 290, 293, 300, 327, 332, 339, 345, 351, 359, 365, 369, 372, 374, 387, 401, 417, 425, 437, 441, 448, 455, 460, 475, 490, 497, 507, 514, 523, 527, 534, 539, 571, 579, 583, 584
교부 스테픈 101
그레고리 대화자 93, 107, 108, 125, 126, 127, 141, 144, 184, 264, 393, 413, 421, 451, 452

ㄴ

난쟁이 요한 266

ㄷ

단순한 바울 42, 309, 310
담화집 211, 364

대 그레고리 452
대 바실 425
대 시메온 176
디아도쿠스 164, 210, 288, 333, 527, 568
디오스코루스 372

ㄹ

라코포스 159
레딤프타 97
론기누스 159
롱기누스 206, 536, 545
루키우스 159, 509
루포스 207, 208
리베르티누스 393, 394, 451, 452

ㅁ

막시무스 92, 94, 111, 202, 212, 350, 364, 386, 435, 486, 569
메룰루스 103, 104
멜리니아 305
모우에스 427
미오스 12, 29

ㅂ

바르사누피우스 191, 234, 248, 261, 288, 291, 430, 457, 504, 510, 580, 585

바실 34, 415, 416, 425, 426

부제 피터 108

ㅅ

사도 도마 112

사도헌장 322

사바스 104, 105, 218, 219, 220, 221, 222

사십 명의 순교자 157

사이스 427

성 안토니 73, 133, 135, 200, 226, 266, 478, 562, 563

성 클레멘트 96, 149

소-마카리우스 323

수도자 다니엘 105

시리아 사람 이삭 63

시메온 153, 176, 177, 178, 513, 514

시소에스 31, 106, 160, 360, 361, 402, 427, 457, 550, 551, 552, 555

신 안토니 395

신클레티케 25, 87, 331, 360, 373, 470, 533

실루안 130, 131, 181, 240, 241, 426, 427

실바누스 529, 530, 531, 532, 533

ㅇ

아가톤 74, 75, 279, 359

아노웁 183, 515, 516, 523, 548

아르세니우스 67, 74, 77, 280, 283, 401, 447, 448, 455, 539, 582

안토니 11, 31, 42, 73, 102, 103, 106, 119, 133, 134, 135, 191, 192, 200, 206, 226, 266, 307, 308, 309, 310, 311, 359, 395, 396, 397, 398, 399, 400, 448, 478, 539, 545, 548, 550, 551, 561, 562, 563, 571

안티모스 104, 105

안티오코스 269

안티오쿠스 298, 433, 519

알로니오스 39

알리피우스 152, 153, 154, 155, 367, 368

암마 테오도라 475, 543

암필로치오스 34

압바 다니엘 67, 267, 455, 540

압바 롱기누스 536, 545

압바 마카 49, 63, 181, 201, 210, 213, 271, 287, 299, 333, 380, 434, 467, 502, 522, 527, 567

압바 마카리우스 128, 227, 272, 294, 449, 477, 553, 560

압바 마토에스 545, 546, 547

압바 모세 39, 207, 226, 244, 340, 360, 541, 542

압바 세라피온 232, 579

압바 시소에스 31, 106, 160, 360, 361, 402, 427, 457, 550,

551, 552, 555
압바 아트레 428, 429
압바 아폴로 245, 246
압바 알로니우스 283, 516, 547, 550
압바 야곱 546
압바 엘리아스 83
압바 오르 428
압바 올림피우스 448
압바 요셉 212, 332
압바 요한 40, 41, 198, 294, 352, 387, 402, 515, 544, 546
압바 이사야 46, 80, 92, 162, 183, 206, 243, 271, 282, 285, 333, 365, 371, 379, 429, 498, 520, 526, 537, 564, 583
압바 이삭 61, 143, 165, 202, 204, 231, 271, 282, 334, 342, 349, 384, 509, 569, 583, 584
압바 이시도스 527
압바 자카리아 541, 542
압바 자카리우스 449
압바 제논 223, 239, 240
압바 크산티아스 547
압바 토마스 542
압바 푀멘 30, 31, 40, 59, 74, 167, 181, 182, 183, 199, 206, 209, 227, 258, 259, 275, 284, 290, 294, 332, 352, 359, 407, 514, 515, 516, 517, 523, 539, 541, 542, 545, 547, 548, 549, 550, 571

압바 하리페레키우스 553
에데사 443
에바그리우스 81, 82, 174, 267, 306, 542
에프레피우스 171
에프렘 45, 60, 78, 89, 116, 170, 203, 213, 230, 241, 267, 277, 280, 291, 295, 300, 314, 324, 329, 342, 346, 354, 369, 375, 389, 408, 429, 440, 443, 444, 462, 476, 494, 518, 564, 575, 584
에프티미우스 143, 422, 423, 467, 468, 469, 470
열심당원 엘리야 338
요안니키우스 188, 367
이시도르 189, 192, 360
이아코포스 171, 218, 219, 220, 221, 222

〈ㅈ〉

자선가 요한 74, 581
조시마 339, 571, 573
주상 고행 수도자 다니엘 105

〈ㅊ〉

총대주교 요한 74, 581

〈ㅋ〉

카리온 188, 189, 294, 541
카시아누스 199, 211, 231, 244, 318, 361, 364, 381, 403, 502
카이레몬 366

코프리스 352
크로니우스 290, 307, 552
크리사우리우스 110, 111
클레마티우스 467, 469, 470
클레멘트 96, 149, 151, 425

ⓣ

테베 사람 바울 119
테오도라 303, 304, 305, 416, 417, 470, 471, 472, 473, 474, 475, 543, 544
테오도르 67, 84, 109, 110, 154, 175, 176, 187, 293, 424, 444, 445, 446, 447, 497, 508, 509, 532, 542, 543
테오도시우스 23, 205, 206, 221, 222, 414, 415, 416, 447
테오펨프토스 228, 229
테오필루스 138, 543
티토에스 170

ⓟ

파이시오스 206
파코미우스 119, 120, 174, 175, 176, 187, 301, 302, 312, 313, 394, 424, 444, 445, 446, 447, 529, 530, 531, 532, 533, 585
파프노우티오스 51, 52
파프누티우스 200
팔라디우스 23, 27, 45, 67, 82, 173, 197, 198, 215, 217, 263, 307, 323, 465
팜보 207, 305, 359, 543, 545, 560, 584
페르메의 테오도르 67
페트로니우스 530, 532
포르투나투스 421
푀멘 30, 31, 40, 59, 74, 167, 181, 182, 183, 184, 199, 200, 206, 209, 227, 258, 259, 275, 284, 290, 291, 294, 332, 352, 359, 407, 514, 515, 516, 517, 523, 539, 541, 542, 545, 547, 548, 549, 550, 571
프톨레미 216, 217
플라키두스 413
플로렌티우스 264, 265
피오르 173

ⓗ

하이페레키우스 208
히페레키우스 89